U0666677

歷代「朱陸異同」文類彙編

第三册

明代卷　下

王耐剛　編撰

上海古籍出版社

王漸逵

王漸逵（一四九八——一五五九），字鴻山，一字用儀，號青蘿山人，番禺（今屬廣東）人。正德十二年（一五一七）進士，授刑部主事，告侍養以歸。著有青蘿文集。生平詳見張時徹贈光禄寺少卿刑部主事王青蘿先生漸逵墓志銘。

性論

性至難言也，必原於天，遡於命，驗於人，衷於聖，會於心，放之天下，準之古今而皆合焉，斯得之矣，是故性至難言也。得其要，一人論之而有餘；不得其要，千萬言演之而不足。性果可以易言哉！吾嘗即古今之論性者而折衷之。商書曰「降衷下民，若有恒性」，詩曰「民之秉彝，好是懿德」，劉子曰「民受天地之中以生」，此以理言也。易之大傳曰「一陰一陽之謂道，繼之者善也，成之者性也」，子思子曰「天命之謂性，率性之謂道」，此亦以理言也。記曰「民有血氣心知之性」，則墮於氣質矣，在孟子之時，有爲杞柳之説者矣，有爲湍水之説者矣，有爲無善無不善之説者矣，曰「食色性也」，又曰「生之謂性」，此又專以形質而言也。孟子之後有荀子，荀子曰「人之性惡，其善者僞也」；荀子後有董子，董子曰「性者，生之質也」；董子後有揚子，揚子曰「人之生也善惡混，修其善者爲善人，修其惡者爲惡人」；揚氏之後有佛氏，佛氏曰「作用是性」。夫荀子之言是專夫氣之偏塞者言之也。「生之質」，氣也；「善惡混」，亦氣也；「作用」者，知覺運動之謂也，亦以氣言也。唐時有韓子，韓子曰「性有三品」，蓋酌乎荀、揚之間者也。宋時有周子，周子曰「性者，剛柔善惡中而已矣」；又有眉山蘇氏，蘇氏曰「古之君子以可見者言性，皆性之似也」；蘇氏之後有胡氏，胡氏曰「性者，天地鬼神之奧，善不足以名之，孟子言性善猶佛所言善哉，贊嘆之辭也」；胡氏之後有象山陸氏，陸氏曰「人之性惡，告子論性强孟子」，斯又黨於告子者也。夫言三品，言告子論性强孟子，氣質之説疑之也。「剛柔善惡之中」中，性存焉，雖未離乎氣，而已別乎氣矣。「可見者性之似」，以吾心之不測言之，「鬼神之奧」，以吾心之至虛言之也。嗟夫，盈天地間，理氣合一而已矣。太極者，理也；陰陽五行者，氣也。人之生，得乎太極之理以成性，得乎陰陽五行之氣以成形，故太極之理落在人心則爲之性，本無不同也。但人稟於陰陽五行，雜揉不齊，則有昏明强弱之異耳。故程子謂「論性不論氣，不備；論氣不論性，不明」。夫性善也，蔽於氣則昏矣，故性猶寶珠也，落之清水則明，落之濁水則暗，是水之清濁不齊，而珠之明暗以之，然終非水之所能溷也，過則明矣。故孔孟後千百年而得張子、程子。張子曰：「有天地之性，有氣質之性，善反之則天地之性存，故氣質之性，君子有弗性者焉。」張子之言又足程子之所未足也。雖然，程子以性言性，而氣質歸之氣質，則亦張子「弗性」之意矣。即是而觀孟子、子思以上論性，是舉其上焉而論之也，所謂「生之理」是也。荀、揚諸子是舉其下焉者而論之也，所謂「氣質之渣滓」是也。胡氏、蘇氏之説，又以虚靈竅妙言之，則涉於佛矣。周子之中，所以别乎氣而言之矣。噫，張子、程子既發於前，而朱子又分析於後，世無二三子，則性善之論終或疑之，而氣質之説，諸子可以自解矣。雖然，程子以性、氣對言，張子以天地、氣質互舉，則以氣質爲性者尚未脱然，所以致後世之紛紛者，吾猶憾焉。愚則曰：具於心者謂之性，成於形者謂之質，則性固性也，氣質固氣質也，性則至善，氣質則有昏明强弱之不同焉。以是而言，則性不混於氣質，而氣無與於性，是故不必謂不備、不明，不必謂「君子有弗性」之論，而使天下曉然知吾性之本善，聖賢可學而至，氣質雖有昏明，可善反而復之，則天下之性一，天下之性一則天下之見一，天下之見一則天下之論一矣。愚蓋以此而足張、程未足之意，以證古人性善未疏之旨。明文海卷九四

答王龍溪書

别後兩辱手教遠及，足見吾丈與人爲善之心，不以時忘，不以遠遺，蓋恐此道之或晦於

天下，故與天下共倡而明之，衛道之功切矣。諷誦之餘，感激當何如！某僻居山中，與城市邈隔，今歲春間出省下，得會郡侯胡公，始接來札，又會推府駱公，乃知吾丈復解官東歸，時事如此，可嘆可嘆。雖然，賢者出處關乎世運盛衰，固非偶然，安以俟之而已。來教所謂致良知之説，以僕之質性魯鈍，學力粗淺，固未能窺其微奥，然以是稽之孔門，反之吾心，殆尚有可疑處。夫今之學者，多主於白沙、陽明二先生之教，白沙之學在於求孔顔樂處，陽明之學在於致良知，二者固聖賢法門，但以此爲教，恐學者流於漭蕩，無實下手得力處。夫孔顔之樂大矣，必有躬踐實際，而後可以契其樂之真。良知之體明矣，必有涵養操持，而後可以得其明之用。不然，則所謂樂亦虚談其光景之可愛，而於獨知之地，但凝之於静，而不能不汩之於動，融之於心，而不能不滯之於事者多矣。某嘗以論語一部，真千古聖賢入手之要訣，何也？其旨在乎心與事合一而已矣。以心而貫於事物，隨處致力，隨處照管，故心事合一，鍛鍊純熟，打成一片，然後謂之真境實際，方無走作，乃有受用處。苟或玄想於胸臆，致測於景象，徒抱夫虚靈之體，而昧夫流行之用，以之資講説則可，以是而求聖賢之實學則未也。故某亦以孟子「先立其大者」之語爲立言太寬，然必以集義爲事，乃見入手脉路處。今之學者，往往流於孟浪無依，皆以其守心太過而略於事爲，是以心事歧而爲二，支離涣散而不能相合，失孔門隨事致察之訓，以至於此。此其所以高者流於禪定之歸，而下者則混於理欲之無辨，而認賊作子者多矣，故丹書之戒以敬怠，言之盡矣，而又以義對欲言，易大傳「敬以直内」可矣，而又必以「義以方外」，德始大而不孤，皆隨事致察之明驗也。夫平地而説相輪，與由階級而直造其頂者，其所見何如也？某遠處遐陬，無明師友講習之益，其所得所聞如此，吾丈以爲何如？人便不惜再示教愛，尤爲望幸。明文海卷一六五

王畿

王畿（一四九八——一五八三），字汝中，號龍溪，山陰（今浙江紹興）人。嘉靖十一年（一五三二）進士，官至南京兵部武選司郎中。王氏爲王守仁高弟，謂虛寂微密是聖人相傳之秘，以本體爲無，爲虛寂，又主於良知妙悟，故學者多謂其有狂禪之嫌。著有龍溪全集等。明史卷二八三、明儒學案卷一二有傳。

王龍溪全集卷一 撫州擬峴臺會語

壬戌仲冬，先生自洪都趨撫州，元山曾子、石井傅子、偕所陳子率南華諸同志扳蒞撫州擬峴臺之會。諸生執簡以請曰：「撫爲吾象山先生首善之地，自信本心，以先立其大爲宗，

逮朱陸同異之議起，晦且數百年。及陽明先師爲之表章，陸學始顯於世。兹遺言具在，請發師門未竟之語，以示大同而顯宗説，俾吾黨知所歸向，惠孰大焉？」先生曰：「諾。」遂條次其語答之。

象山先生曰：「顏子問仁之後，夫子許多事業皆分付顏子了。顏子没，夫子哭之曰『天喪予』，蓋夫子事業無傳矣。曾子雖能傳其脉，然『參也魯』，豈能望顏子之精蘊？幸曾子傳之子思，子思傳之孟子，夫子之道至孟子而一光。然夫子所分付顏子事業亦竟不復傳也。」

先生曰：「師云：『顏子没而聖人之學亡，此是險語。』畢竟曾子、孟子所傳是何學，此須心悟，非言詮所能究也。略舉其似：曾子、孟子尚有門可入、有途可循、有繩約可守，顏子則是由乎不啓之扃，達乎無轍之境，固乎無縢之緘。曾子、孟子猶爲有一之可守，顏子則已忘矣。喟然一歎蓋悟後語：無高堅可着，無前後可據，欲罷而不能，欲從而無由，非天下之至神，何足以語此？」

此道與溺於利欲之人言猶易，與溺於意見之人言却難。道在心傳，是謂先天之學，才涉意見即屬後天。道不屬見，見不能及，著見即非道。

利欲溺人，如腐索纏縛，易於解脱。意見如無色線，方以爲寶，解之甚難。非志於道

一、號無所藉於外者未易以語此也。

今之學者大抵多是好事，未必有切己之志。有切己之志自不暇閑圖度、閑議論，終日對越上帝，那有工夫説閒話、管閒事？

或問：「先生之學當來自何處入？」象山曰：「不過切己自反、改過遷善。」象山之學自信本心，平生功夫嚴密如此，世人概以禪學目之，非惟不知象山，亦不知禪矣！

元晦欲去兩短、合兩長，吾以爲不可，既不知尊德性，焉有所謂道問學？「建安亦無朱元晦，青田亦無陸子静。」此是象山見得大處，千古聖學只有個尊德性，問學正是尊之之功。 外德性别有問學，即是泛問，即是異學。

世有議象山者：「除了『先立乎其大者』一句，全無伎倆。」象山聞之曰：「誠然。」世有議先師者：「除了致良知一句，更無伎倆。」先師嘆曰：「我原只有這些伎倆。」

復齋問象山曰：「吾弟在何處做工夫？」象山答曰：「在人情事勢物理上做工夫。」事勢物理只在人情中，此原是聖門格物宗旨。

後世言學者須要立個門户，此理所在，安有門户可立？又要各護門户，此尤鄙陋。

學原爲了自己性命，默默自修自證，纔有立門户、護門户之見，便是格套起念，便非爲己之實學。

二程見周茂叔後，吟風弄月而歸，有「吾與點也」之意。後來明道此意卻存，伊川已失了。

學者須識得與點之意，方是孔門學脉，方爲有悟，不然只成擔死版。伊川平生剛毅，力扶世教，以師道爲己任，明道自以爲有所不及。不知明道乃是巽言以教之，惜乎伊川未之悟也。學問到執己自是處，雖以明道爲兄，亦無如之何，況朋友乎？

秦不曾壞了道脉，至漢而大壞。祖龍焚書，道脉未嘗壞，至漢，將聖門道學著爲典要，變動周流之旨遂不復見於世，是謂跡似情非，所以大壞。

吾於人情研究得到。或曰：「察見淵中魚，不祥。」然吾非苛察之，謂研究得到，有扶持之力耳。

識人病痛極難。譬之秦越人治病，洞見五臟，量人元氣虚實、病情標本以爲攻補、先後、深淺，方爲妙手。此所謂扶持之力也。

今世人淺之謂聲色臭味，進之爲富貴利達，進之爲文章技藝，又有一般人都不理會，卻談學問，吾總以一言斷之曰：勝心。

才有勝心，即非謙受之益，縱使博學多聞、進退古今、表裏人物，徒增勝心耳。

或問：「先生談道，恐人將意見來會，不及釋子談禪，使人無所措其意見。」先生云：「吾雖如此談道，反有虛見虛説皆來這裏使不得，所謂德行恒易以知險，恒簡以知阻也。談禪者雖爲艱難之説，其實反可寄托意見。吾於百衆人前，開口見膽。」

學者須自不落意見，方能勘破人意見。不然，只成泥裏洗土塊，彼此皆無清脱處。

或有説先生之教人專欲管歸一路者，先生曰：「吾亦只有此一路。」

爲學貴於專一，人之根器不同，聖賢立教，淺深輕重豈能一律齊得？然其要使之歸於一路而已，才有別路可走，即是支離之學。

吾於踐履未能純一，然才警策，便與天地相似。

踐履未能純一，習氣未消，才警策便與天地相似，非悟入者不能。先師亦云：『如舟之有柁，一提便醒。』學者須得把柄入手，方有主腦。

世人只管理會利害，皆自謂惺惺，曾知道名利如錦覆陷阱，使人貪而墮其中，到頭贏得大不惺惺去。

知利名如錦覆陷阱，此猶是利害上起對算。學者須務實勝義以爲質，自無所貪，方是惺惺漢。

或問：「先生何不著書？」對曰：「六經注我，我注六經。韓退之倒做了，蓋欲因文而學道。歐公極似韓，其聰明皆過人，然不合初頭俗了。二程方不俗，然聰明卻有所不及。」

道在人心，六經，吾心注脚。雖經祖龍之火，吾心之全經未嘗忘也。韓、歐欲因文而學道，是倒做了。要初頭免得俗，須是知學。不然，聰明如韓、歐亦不免於俗。聰明固不足恃也。

韓退之原性，卻將氣質做性説了。

孟子論性，亦不能離氣質。蓋性是心之生理，離了氣質即無性可名。天地之性乃氣質之精華，豈可與氣質之性相對而言？韓子因文見道，出於料想，實未嘗知性也。

子夏之學，傳之後世猶有害。

孔子告子夏曰：「女爲君子儒，無爲小人儒。」謂之儒者，不是爲人爲利，篤信謹守，依仿末節細行以自律，必信必果，硜硜然是個小家伎倆，所以謂之小人儒。孔門專務求仁，仁者與物同體。小人儒即非同體之學，所以傳之後世猶有害，不可不察也。

學者不可用心太緊。深山有寶，無心於寶者得之。

人心如天樞之運，一日一周天，緊不得些子，慢不得些子。緊便是助，慢便是忘。故曰：「天行健，君子以自强不息。」不緊不慢，密符天度，以無心而成化，理學之的也。

伊川解「頻復，厲」：「過在失，不在復」，極是。有失則有復，聖人無復，以未嘗有失也。復爲卦名，六爻皆是求復之義。初爻不遠而復，復之善者也。二比于初以下仁，故爲休復。三不能仁守，故爲頻復。四應于初，不泥於陰，故爲獨復。五當位得中，故爲敦復。上六本欲求復而失其所主，是爲迷復。故曰：「反君道也。」若曰迷而不復，則非名卦之義矣。

學者規模，多系於見聞。孩提之童，未有傳習，豈能有此？是故所習不可不謹。

習氣爲害最重。一鄉之善不能友一國，一國之善不能友天下，天下之善不能友上古，習氣爲之限也。處其中而能拔者，非豪傑不能。故學者以煎銷習氣爲急務。

束書不觀，游談無根。吾人時時能夠對越上帝，無閑漫之時，然後可以無藉於書。書雖是糟粕，然千古聖賢心事賴之以傳，何病於觀？但泥於書而不得於心，是爲法華所轉，與游談無根之病其間不能以寸，不可不察也。

古人統體純是道義，後世賢者處心處事，亦非盡無禮義，特其心先主乎利害而以禮義行之耳。

禮義利害原非兩事，趨吉避凶，趨利避害，聖賢未嘗有異於人。但古人所論利害與後世不同。後世殺身舍生、成仁取義，順而行之，亦以爲利也。故曰：「古人理會利害便是禮義，後世理會禮義卻是利害。」

夫子没，老氏之説出，至漢，其術益行：曹參避堂舍，蓋公言治道貴清淨而民自定，及入相，一遵何之約束。漢家之治，血脉在此。

文帝亦因黄老之術，見賈誼論治體、欲興禮樂，便以爲多事。宣帝以下，事尚綜核，漸至煩擾，其後浸成廢墜不振，並老氏之旨而失之，勢使然也。

象山掌庫三年，所學大進，曰：「這方是執事敬。」

象山之學從人情物理磨煉出來，實非禪也。

有學者請問：「如何是窮理盡性以至於命？」象山曰：「吾友是泛然問，老夫不是泛然答。」

學者貴切問。若不以見在所見所疑請問，皆非爲己求益之道，只成閑圖度耳。

善學者如關津，不可胡亂放人過。

一念不謹，無窮之憂。才放出路，便是自恕，便是姑待，便非克己之勇。此吾人之通病，不可不猛省也。

王文中中説與揚子雲相若，雖有不同，其歸一也。子雲好論中，實不知中。文中幾於聖學，惜乎早死，非子雲所能及也。

觀春秋、易、詩、書，經聖人手，則知編論語者亦有病。論語一書，多出於有子、曾子門人之手，微言隱義間有存者。至如鄉黨一篇，只記得孔子皮膚影像。若是傳神手筆，絶塵而奔，非步步趨趨所能及也。

天下若無着實師友，不是各執己見，便是恣情縱欲。道義由師友有之。執己見是無師承，恣情欲是無嚴憚。

「讀介甫書，見其凡事歸之法度，此是介甫敗壞天下處。堯、舜、三代雖有法度，何嘗專恃此？當時辟介甫者，無一人就法度中言其失，但云喜人同己、祖宗之法不可變，介甫才高，如何便服？」或問：「介甫比商鞅何如？」答：「商鞅是脚踏實地，亦不問王伯，立定規模，只要事成。介甫慕堯、舜、三代之名，不曾踏得實地，故所成就者王不成、伯不就。」

介甫人品清高，一切勢利撼他不動，只是不知學，所以執己愈堅，害天下愈大。

存養是主人，點檢是奴僕。

學問得主，百體自然聽命，如主人在堂，奴僕自然不敢放縱。若只以點檢爲事，到底只成東滅西生，非存養本然之功也。

這裏是刀鋸鼎鑊的學問。

須捨得性命，無些子可湊泊處，方是刀鋸鼎鑊工夫。

學者要知所好。此道甚淡，人多不知好之，只愛事骨董。朋友相資，須助其知所好者，若引其外，即非也。

道如玄酒，天下之至味存焉，有滋味便是欲。人不好淡，卻只好鬧熱，一切逐外，有精神可逞，皆鬧熱心也。

人心有消殺不得處便是私意，便去引文牽義爲證、爲靠。只是咽喉下不肯著此一刀，捨不得性命，所以引文義容他出路。若當下捨得，不爲姑容，便是人微功夫。

算穩底人好，然又無病生病；勇往底人好，然又一概去了。然欲勇往底人較好，算穩底人有難救者。

算穩之人似狷，勇往之人似狂。算穩底人少過，自謂可以安頓此身，未嘗有必爲聖之志，須激勵他，始肯發心。不然，只成鄉黨自好者而已，所以難救。勇往底雖多過，卻有爲聖之志，若肯克念慎終，便可幾於中行。孔子思狂，不得已而次及於狷，亦此意也。

學者大率有四樣：一雖知學路，而恣情縱欲不肯爲；一畏其事大且難，不爲；一求而不得其路；一未知路而自謂能知。

見得良知自無四者之病。良知自有天則，縱恣不肯爲，只是違了天則。良知不學不慮，爲之在我，何畏之有？良知即是入聖之路，求則得之，非有待於外也。知與未知，良知瞞不得些子。未知而自謂能知，是自欺也。是故良知之外無學矣。

夫子曰：「知德者鮮矣。」皋陶言亦行有九德，乃言曰：「載采采。」事固不可不觀，畢竟是末。不於其德，而徒繩檢於其外行與事之間，使人作僞。德不可以僞爲。若論事，小人有才者皆能辦。觀人者不於其德，徒在事上繩檢，是舍本而逐末也。

古人精神不閑用，不做則已，一做便不徒然，所以做得事成。須要一切蕩滌，莫留一些方得。

精神不凝聚則不能成事。今欲凝聚精神，更無巧法，只是將一切閑浪費精神徹底勿留些子，盡與蕩滌，全體完復在此，觸機而應，事無不成，是謂溥博淵泉而時出之。故曰：「心之精神謂之聖。」

莫厭辛苦，此學脉也。

今人類以快活爲學，不知快活從辛苦中來根基始實，始不涉虚見。古云：不是一番寒徹骨，争得梅花撲鼻香。此言可以喻道。才有厭心，便是廢學。

因陰晴不常言人之開塞：「若無事時有塞亦無害，忽有故而塞，須理會方得。」人心無事時，有開有塞，乃是氣機相乘，徐以待之，自復。若有故而塞，即是習氣世情忽來填障，要須追尋來歷，徹底掃蕩，方得開霽。不然，習緣愈積，情境愈熟，暗中埋没，卒難廓清，不可不早覺而亟反也。

老衰而後佛入。

儒衰而後老入。老氏見周末文盛，故專就此處攻破儒術，以申其説。老氏類楊，佛氏類墨。逃墨而歸於楊，逃楊而歸於儒，其反正之漸如此。

獅子捉兔捉象皆用全力。

聖學遇事，無大無小，皆以全體精神應之，不然，便是執事不敬。善射者雖十步之近，亦必引滿而發，方是彀率。康節云：「唐虞揖讓三杯酒，湯武征誅一局棋。」須知三杯酒亦卻用揖讓精神，一局棋亦卻用征誅精神，方是全力。

一友方侍坐，象山遽起，亦起，象山曰：「還用安排否？」

此即是良知無思無爲、自然之神應。學者於此識取，便是入聖血脈路。

一友侍坐，無所問，象山謂曰：「學者能嘗閉目亦嘉。」因此無事則安坐瞑目，用力操存，夜以繼日，如此者半月，忽覺此心已復，澄瑩中立，竊異之。象山曰：「此理已顯也。」友問：「先生何以知之？」曰：「占之眸子而已。」

識此便是仁體，此是聖學之胚胎。存此不息便是聖功。白沙所謂「静中養出端倪」，亦此意。然此理不必專在瞑坐始顯。日用應感，時時存得此體，便是此理顯處，便是仁體充塞流行。象山因此友於瞑坐中有得，故指此以示之，在人善學而已。

皋陶謨、洪範、吕刑乃傳道書也。

皋陶兢業萬幾以代天工，洪範敬用五事以建皇極，吕刑敬忌以作元命，皆傳道之書。

象山曰：「吾講學，問者無不感發，獨朱益伯鶻突來問，答曰：『益伯過求，以利心求，故所求在新奇玄妙。』」

所求在新奇玄妙，於平安本色、近裏之言便不耐聽，此利心也。近來學者，其病多坐在此。

人情物理之變何可勝窮？稷之不能審於八音，夔之不能詳於五種，可以理揆。伏羲之時未有堯之文章，唐虞之時未有成周之禮樂，非伏羲之智不如堯，而堯舜之智不如周公。古之聖賢更續緝熙之際尚可考也。物有本末，事有終始，堯舜之智而不遍物，若其標末，雖古之聖人不能盡知也。王澤既竭，利欲日熾，先覺不作，民心横奔，浮文異端轉相熒惑，而爲機變之巧者又爲魑魅罔蜴其間。後世恥一物之不知，亦恥非其恥而恥心亡矣。

古先聖賢無不由學。伏羲尚矣，猶以天地萬物爲師，俯仰遠近，觀取備矣，於是始作八卦。孔子自謂：「我非生而知之者，好古敏以求之者也。」人生不知學，學而不求師，其可乎哉？

秦漢以來，學絶道喪，世不復有師，至宋始復有師。學道者不求師，與求而不能虚心以聽，是乃學者之罪。學者知求師矣，能虚心矣，所以導之者非其道，師之罪也。先師首揭良知之教以覺天下，學者靡然宗之，此道似大明於世。凡在同門，得於見聞之所及者，雖良知宗説不敢有違，未免各以其性之所近，擬議攙和，紛成異見。有謂良知非覺照，須本於歸寂而始得，如鏡之照物，明體寂然，而妍媸自辨，滯於照，則明反眩矣。有謂良知無見成，由於修證而始全，如金之在礦，非火符鍛煉，則金不可得而成也。有謂良知是從已發立教，非未發無知之本旨。有謂良知本來無欲，直心以動，無不是道，不待復加銷欲之功。有謂學有主宰，有流行，主宰所以立性，流行所以立命，而以良知分體用。有謂學貴循序，求之有本末，得之無内外，而以致知別始終。此皆論學同異之見，差若毫釐，而其謬乃至千里，不容以不辨者也。寂者，心之本體，寂以照爲用。守其空知而遺照，是乖其用也。見入井之孺子而惻隱，見呼蹴之食而羞惡，仁義之心，本來完具，感觸神應，不學而能也。若謂良知由修而後全，撓其體也。良知原是未發之中，無知無不知，若良知之前復求未發，即爲沉空之見矣。古人立教，原爲有欲設，銷欲正所以復還無欲之體，非有所加也。主宰即流行之體，流行即主宰之用，體用一源，不可得而分，分則離矣。所求即得之之因，所得即求之之證，始終一貫，不可得而別，別則支矣。吾人服膺良知之訓，幸相默證，以解學者惑，務求不失其宗，庶爲善學也已。

書曰：「思曰睿，睿作聖。」孟子曰：「思則得之。」爲道切近而優游，切近則不失己，優游則不滯物。

爲學但當實致其良知。此心於日用間，戕賊日少，光潤日著，聖賢垂訓，向以爲盤根錯節，未可遽解者不過先得我心之同然，將渙然冰釋，怡然理順，有不加思而得者矣。若固滯於言語之間，欲以失己滯物之智强探而力索之，方寸自亂，自蹶其本，非徒無益，而反害之。不可不慎也。

或問象山學從何受，象山曰：「因讀孟子而自得之。」

象山自信本心終始受用在「先立乎其大者」一句公案。雖因言而入，所自得者多矣。其論格物知在先，行在後，未離舊見。以爲人要有大志，常人汩没於聲色富貴間，良心善性都蒙蔽了，如何便解有志？須先有知識始得。先師所謂議論開闔時有異者，皆此類也。蓋象山之學得力處全在積累。因誦「涓流積至滄溟水，拳石崇成太華岑」，先師曰：「此只説得象山自家所見，須知涓流即是滄海，拳石即是泰山。」此是最上一機，所謂無翼而飛，無足而至，不由積累而成者也。非深悟無極之旨，未足以語此。

王龍溪全集卷二水西同志會籍

端者，人心之知，志之所由以辨也。夫志有二，知亦有二。有德性之知，有聞見之知。德性之知求諸己，所謂良知也；聞見之知緣於外，所謂知識也。毫釐千里，辨諸此而已。在昔孔門，固已有二者之辨矣。孔子曰：「蓋有不知而作之者，我無是也。」言良知無所不知也。若多聞多見上擇識，未免從聞見而入，非其本來之知，知之次也。以多聞多見爲知之次，知之上者，非良知而何？其稱顏子曰「有不善未嘗不知，知之未嘗復行」，以爲庶幾矣。夫庶幾者，幾於道也。顏子心如止水，才動即覺，才覺即化，不待遠而後復，純乎道誼，一毫功利之私無所攖於其中，所謂知之上也。子貢、子張之徒，雖同學於聖人，然不能自信其心，未免從多聞多學而入，觀其貨殖干祿，已不免於功利之萌，所謂知之次也。

王龍溪全集卷二書婺源同志會約

嘉靖丁巳五月端陽，予從齊雲趨會星源，覺山洪子偕諸同志館予普濟山房，聚處凡數十人，晨夕相觀。因述先師遺旨及區區鄙見，以相訂釋，頗有所發明。同志互相參伍，亦頗有所證悟。或者曰：「婺源爲紫陽闕里，今日之論，不免於有異同，盍諱諸？」予曰：噫！鄙哉！是何待晦翁之薄，而視吾道之不廣也？夫道，天下之公道；學，天下之公學，公言之而已。今日之論不能免於異同者，乃其入門下手之稍殊，至於此志之必爲聖人，則固未嘗有異也。蓋非同異不足以盡其變，非析異以歸於同，則無以會其全。道固如是，學固如是也。使千聖同堂而坐，其言論風旨亦不能以盡合。譬之五味相濟，各適其宜而止。若以水濟水，孰從而和之哉？今所論不同之大者，莫過於大學之先知後行，中庸之存養省察。晦翁以格致誠正分知行爲先後，先師則以大學之要惟在誠意，致知格物者，誠意之功，知行一也。既分知行爲先後，故須用敬以成其始終。先師則以誠即是敬，既誠矣，而復敬以成之，不幾於綴已乎？孔門括大學一書爲中庸首章，戒懼慎獨者，是格致以誠意之功也。未發之中與發而中節之和，是正心修身之事。中和位育，則齊家治國平天下之事也。若分知行爲先後，中庸首言慎獨，是有行而無知也。後分尊德性道問學爲存心致知，是有知而無行也。一人之言，自相矛盾，其可乎哉？晦翁既分存養省察，故以不睹不聞爲己所不知，獨爲人所不知，而以中和分位育。夫既已所不知矣，戒慎恐懼孰從而知之？既分中和位育矣，天地萬物孰從而二之？此不待知者而辨也。先師則以不睹不聞爲道體，戒慎恐懼爲修道之功。不睹不聞即是隱微，即所謂獨。存省一事，中和一道，位育一原皆非有二也。晦翁隨處分而爲二，先師隨處合而爲一，此其大較也。至於大學致知、中庸未發之中，此古今學術尤有關係，不容不辨者也。夫良知之與知識，争若毫釐，究實千里。同一知也，良知者，不由學慮而得，德性之知，求諸己也；知識者，由學慮而得，聞見之知，資諸外也。未發之中是千古聖學之的。中爲性體，戒懼者，修道復性之功也。故曰：戒慎恐懼而中和出焉。體用一源，常人喜怒哀樂多不中節，則可見其未發之中未能復也。夫良知即是未發之中，譬如北辰之奠垣，七政由之以效靈，四時由之以成歲，運乎周天，無一息之停，而實未嘗一息離乎本垣，故謂之未發也。千聖舍此更無脉路可循，古今學術之同異尤不容不辨者也。然此特晦翁早年未定之見耳。逮其晚年，超然有得，深悔平時所學，虛内逐外，至謂「誑己誑人」，謂「延平先生嘗令體認未發以前氣象，此是本領功夫，當時貪着訓詁，未暇究察，辜負此翁耳」，其語象山有云「所喜邇來工夫，頗覺省力，無復向來支離之病」，其語門人有云「向來全體精神用在故册子上，究竟一無實處，只管談王説霸，别作一項伎倆商量」，諸凡此類此者，所謂「晚年定論」，載在全書，可考見也。學者蔽於舉業，無暇討求全書，徒泥早年未定之見，揣摸依倣，瑕瑜互相掩覆，使不得爲完璧，其薄待晦翁亦甚矣！夫晦翁平生之志，在必爲聖人，而其制行之高，如太山喬嶽，一毫世情功利不足以動乎其中，故其學之足以信今而傳後，亦以此也。吾人未有必爲之志，未免雜於故習，行不足以孚於人，而嘵嘵然於分合異同之迹，譬之隋和之寶不幸綴於窶人垢衣之内，人孰從而信之？雖然，此猶泥於迹也。今日之學，惟以發明聖修爲事，不必問其出於晦翁、出於先師，求諸其心之安而信焉可也。學者不因其人之窶而並疑其寶之非真，斯善學也已。

王龍溪全集卷四東遊會語

楚侗子曰：「陽明先師拈出『良知』二字，固是千古學脉，亦是時節因緣。春秋之時，功利習熾，天下四分五裂，人心大壞，不復知有一體之義，故孔子提出個仁字，唤醒人心。求仁便是孔氏學脉。到孟子時，楊墨之道塞天下，人心戕賊，不得不嚴爲之防，故孟子復提出義，非義則仁無由達。集義便是孟氏學脉。梁晋而下，老佛之教，淫於中國，禮法蕩然，故濂溪欲追復古禮，横渠汲汲以禮爲教。執禮便是宋儒學脉。禮非外飾，人心之條理也。流傳既久，漸入支離，心、理分爲兩事，陽明先生提出良知以覺天下，使知物理不外於吾心。致知便是今日學脉。皆是因時立法，隨緣設教，言若人殊，其主持世界，扶植人心，未嘗異也。」

王龍溪全集卷四留都會紀

處濱張子曰：「今日諸公，皆説致良知，天下古今事物之變無窮，若謂單單只致良知便了當得聖學，實是信不及。」先生曰：「此非一朝一夕之故，不但後世信此不及，雖在孔門子貢、子張諸賢便已信不及，未免外求，未免在多學多聞多見上湊補助發。當時惟顔子信得此及，只在心性上用工，孔子稱其好學，只在自己怒與過上不遷不貳，此與多學多聞多見有何干涉？孔子明明説破，以多學而識爲非，以聞見擇識爲知之次。所謂一，所謂知之上何所指也？孟子願學孔子，提出良知示人，又以夜氣虛明發明宗要，只此一點虛明，便是入聖之機，時時保任此一點虛明，不爲旦晝牿亡，便是致知。只此便是聖學，原是無中生有。顔子從裏面無處做出來，子貢、子張從外面有處做進去。無者難尋，有者易見，故子貢、子張一派學術流傳後世，而顔子之學遂亡。後之學者，沿習多學多聞多見之説，乃謂初須多學，到後方能一貫，初須多聞多見，到後方能不藉聞見而知，此相沿之弊也。初學與聖人之學，只有生熟不同，前後更無兩路。若有兩路，孔子何故非之以誤初學之人，而以聞見爲第二義？在善學者，默而識之。齊王見堂下之牛而觳觫，凡人見入井之孺子而怵惕，行道乞人見呼蹴之食而不屑不受。真機神應，人力不得而與，豈待平時多學而始能？充觳觫一念便可以王天下，充怵惕一念便可以保四海，充不屑不受一念義便不可勝用，此可以窺孔孟宗傳之旨矣！」

一友問：「『學是學於己，問是問於人，內外交養』，此意何如？」先生曰：「學問是不可離的吃緊話頭，才學便有問。才説學以聚之便説問以辨之，曰學問之道，曰道問學，皆不可離。譬如行路，學行路的出門便有歧路，須問，問了又行，若只在家坐講歧路，恰似説夢。後世講學正如此。無歧路可問便是不曾學，因學而始有問，學者學此也，問者問此也。只是一事，不是內外交養。學問之道只爲求放心，道問學只爲尊德性，外心外德性另有學問，即是支離。」

一友問：「伊川存中應外、制外養中之學，以爲內外交養，何如？」曰：「古人之學，一頭一路，只從一處養。譬之種樹，只養其根，根得其養，枝葉自然暢茂。種種培壅、灌溉、修枝、剔葉，删去繁冗，皆只是養根之法。若既養其根，又從枝葉養將來，便是二本支離之學。晦庵以尊德性爲存心，以道問學爲致知，取證於『涵養須用敬，進學在致知』之説，以此爲內外交養。知是心之虛靈，以主宰謂之心，以虛靈謂之知，原非二物。『舍心更有知，舍存心更有致知之功』，皆伊川之説誤之也。」

王龍溪全集卷五慈湖精舍會語

馮子曰：「或以慈湖之學爲禪，何也？」先生曰：「慈湖之學得於象山，超然自悟本心，乃易簡直截根源。説者因晦庵之有同異，遂鬨然目之爲禪。禪之學，外人倫，遺物理，名爲神變無方，要之不可以治天下國家。象山之學，務立其大，周於倫物感應，荆門之政，幾於三代，所謂儒者有用之學也。世儒溺於支離，反以易簡爲異學，特未之察耳。知象山則知慈湖矣。」

王龍溪全集卷五與陽和張子問答

問：「良知不分善惡，竊嘗聞之矣！然朱子云『良者本然之善』，恐未爲不是。『繼之者善』，『孟子道性善』，此是良知本體。顔子『有不善未嘗不知』，即良知也；『知之未嘗復行』，即致良知也。學者工夫，全在於知善知惡處爲之力、去之決，如好好色，如惡惡臭，必求自慊而後已，此致知之實學也。若曰『無善無惡』，又曰『不思善不思惡』，恐鶻突無可下手，而甚者自信自是，以妄念所發皆爲良知，人欲肆而天理微矣。請質所疑。」

「性無不善，故知無不良。善與惡對，相對待之義，無善無惡是謂至善，至善者心之本體也。性有所感，善惡始分，本體之知未嘗不知也。致其本體之知，去惡而爲善，是謂格物。知者寂之體，物者感之用，意者寂感所乘之機也。毋自欺者，不自欺其良知也。如好好色，如惡惡臭，良知誠切，無所作僞也。真致良知，則其心常不足，無有自滿之意，故曰此之謂自慊。才有作僞，其心便滿假而傲，不誠則無物矣。知行有本體，有功夫，良知良能是知行本體。顏子『有不善未嘗不知，知之未嘗復行』，皆指功夫而言也。人知未嘗復行爲難，不知未嘗不知爲尤難。顏子心如明鏡止水，纖塵微波，纔動即覺，纔覺即化，不待遠而後復，所謂庶幾也。若以未嘗不知爲良知，未嘗復行爲致良知，以知爲本體，行爲功夫，依舊是先後之見，非合一本旨矣。『不思善不思惡』，良知知是知非而善惡自辨，是謂本來面目，有何善惡可思得？非鶻突無可下手之謂也。妄念所發認爲良知，正是不會致得良知，誠致良知，所謂太陽一出，魍魎自消，此端本澄源之學，孔門之精藴也。」

王龍溪全集卷六致知議略

徐生時舉將督學敬所君之命，奉奠陽明先師遺像於天真，因就予而問學，臨别，出雙江、東廓、念庵三公所書贈言卷，祈予一言以證所學。三公言若人殊，無非參互演繹，以明師門致知之宗要，予雖有所言，亦不能外於此也。

夫良知之與知識，差若毫釐，究實千里。同一知也，如是則爲良，如是則爲識；如是則爲德性之知，如是則爲聞見之知，不可以不早辨也。良知者，本心之明，不由學慮而得，先天之學也。知識則不能自信其心，未免假於多學億中之助，而已入於後天矣。良知即是未發之中，即是發而中節之和，此是千聖斬關第一義，所謂無前後内外、渾然一體者也。若良知之前别求未發，即是二乘沉空之學；良知之外别求已發，即是世儒依識之學。或攝感以歸寂，或緣寂以起感，受症雖若不同，其爲未得良知之宗，則一而已。爰述一得之見，釐爲數條，用以就正於三公，並質諸敬所君，且以答生來學之意。

獨知無有不良，不睹不聞，良知之體，顯微體用通一無二者也。戒慎恐懼、致知格物之功，視於無形，聽於無聲，日用倫物之感應而致其明察者，此也。知體本空，著體即爲沉空；知本無知，離體即爲依識。

易曰「乾知大始」，乾知即良知，乃混沌初開第一竅，爲萬物之始，不與萬物作對，故謂之獨。以其自知，故謂之獨知。乾知者，剛健中正，純粹精也。七德不備，不可以語良知，中和位育皆從此出，統天之學，首出庶物，萬國咸寧者也。

良知者，無所思爲，自然之明覺，即寂而感行焉，寂非内也；即感而寂存焉，感非外也。

動而未形，有無之間，幾之微也。動而未形，發而未嘗發也，有無之間不可致詰。此幾無前後、無内外，聖人知幾，賢人庶幾，學者審幾，故曰：「幾者，動之微，吉之先見者也。」知幾故純吉而無凶，庶幾故恒吉而寡凶，審幾故趨吉而避凶。過之則爲忘幾，不及則爲失幾。忘與失，所趨雖異，其爲不足以成務均也。

顔子有不善未嘗不知、未嘗復行，正是德性之知、孔門致知之學，所謂不學不慮之良知也。纔動即覺，纔覺即化，未嘗有一毫凝滯之迹，故曰「不遠復，無祇悔」。子貢務於多學，以億而中，與顔子正相反。顔子殁而聖學亡。子貢學術易於湊泊，積習漸染，至千百年而未已也。先師憂憫後學，將此兩字信手拈出，乃是千聖絶學。世儒不自省悟，反鬨然指以爲異學而非之，夜光之珠，視者按劍，亦無怪其然也。孔子曰：「吾有知乎哉？無知也。」言良知之外别無知也。鄙夫之空空與聖人之空空無異，故叩其兩端而竭。兩端者，是與非而已。空空者，道之體也。口惟空，故能辨甘苦；目惟空，故能辨黑白；耳惟空，故能辨清濁；心惟空，故能辨是非。世儒不能自信其心，謂空空不足以盡道，必假於多學而識以助發之，是疑口之不足以辨味，而先漓以甜酸；目之不足以别色，而先泥以鉛粉；耳之不足以審音，而先淆以宫羽，其不至於爽失而眩聵者，幾希矣！

學，覺而已。自然之覺，良知也。覺是性體，良知即是天命之性。良知二字，性命之宗。格物是致知日可見之行，隨事致此良知，使不至於昏蔽也。吾人今日之學，謂知識非良知則可，謂良知外於知覺則不可；謂格物正所以致知則可，謂在物上求正而遂以格物爲義襲則不可。後儒謂纔知即是已發，而别求未發之時，所以未免於動静之分，入於支離而不自覺也。

良知無奇特相，無委曲相，心本平安，以直而動。愚夫愚婦未動於意欲之時，與聖人同；纔起於意、萌於欲，不能致其良知，始與聖人異耳。若謂愚夫愚婦不足以語聖，幾於自誣且自棄矣！

王龍溪全集卷六致知議辨 節録

雙江子曰：「克己復禮、三月不違是顔子不遠于復，竭才之功也。復以自知，蓋言天德之剛，復全於我，而非群陰之所能亂，卻是自家做主宰定，故曰自知，猶自主也。子貢多識、億中爲學，誠與顔子相反，至領一貫之訓而聞性與天道，當亦有今于具足之體，要未可以易視之也。先師良知之教本於孟子，孟子言孩提之童，不學不慮、知愛知敬，蓋言其中有物以主之，愛敬則主之所發也。今不從事於所主，以充滿乎本體之量，而欲坐享其不學不慮之成，難矣！」

先生曰：「顔子德性之知與子貢之多學以億而中，學術同異，不得不辯，非因其有優劣而易視之也。先師良知之説倣於孟子，不學不慮，乃天所爲，自然之良知也。惟其自然之良，不待學慮，故愛親敬兄，觸機而發，神感神應。惟其觸機而發，神感神應，然後爲不學不慮自然之良也。自然之良即是愛敬之主，即是寂，即是虚，即是無聲無臭，天之所爲也。若更於其中有物以主之，欲從事於所主以充滿本然之量，而不學不慮爲坐享之成，不幾于測度淵微之過乎？孟子曰：『凡有四端於我，知皆擴而充之，若火之始然，泉之始達。』天機所感，人力弗得而與，不聞于知之上復求有物以爲之主也。公平時篤信白沙子『静中養出端倪』與『欛柄在手』之説，若舍了自然之良，别有所謂端倪欛柄，非愚之所知也。吾人致知之學不能入微，未免攙入意見知識，無以充其自然之良，則誠有所不免。若謂自然之良未足以盡學，復求有物以主之，且謂覺無未發，亦不可以寂言，將使人並其自然之覺而疑之，是謂矯枉之過而復爲偏，不可以不察也。」

王龍溪全集卷七華陽明倫堂會語

諸生請問知行合一之旨。先生曰：「天下只有箇知，不行不足謂之知。知行有本體，有功夫，如眼見得是知，然已是見了，即是行；耳聞得是知，然已是聞了，即是行。要之，只此一箇知，已自盡了。孟子説，孩提之童無不知愛其親，及其長，無不知敬其兄，止曰知而已。知便能了，更不消説能愛、能敬。本體原是合一，陽明先師因後儒分知行爲兩事，不得已説箇合一。知非見解之謂，行非履蹈之謂，只從一念上取證，知之真切篤實即是行，行之明覺真察即是知。知行兩字，皆指工夫而言，亦原是合一的，非故爲立説，以强人之信也。」

王龍溪全集卷九答聶雙江

伏誦教言及所致緒山書，知我丈之學日造精深，洞悟未發之旨以爲發用流行之根，謂良知自能知能覺，而不以知覺爲良知，故孩提之愛敬令人於未發處體驗。師門正法眼藏，得我丈一口道破，當下便有欛柄入手，不犯道理知解分疏，有功于師門大矣！竊意良知無分於已發、未發，所謂無前後内外，而渾然一體者也。纔認定些子，便有認定之病。後儒分寂分感，所争亦只在毫釐間。所謂致知在格物，格物正是致知實用力之地，不可以内外分者也。若謂工夫只是致知，而謂格物無工夫，其流之弊，便至於絶物，便是仙佛之學。徒知致知在格物，而不悟格物正是致其未發之知，其流之弊，便至於逐物，便是支離之學。争若毫釐，然千里之謬，實始於此，不可不察也。吾人一生學問只是改過，須常立於無過之地，方覺有過，方是改過真工夫。所謂復者，復於無過者也。良知真體，時時發用流行，便是無過，便是格物。其工夫之難易精粗，存乎所造之淺深，而以改過爲宗，則一而已。吾人之學，所以異於仙佛，正在於此。過是妄生，本無安頓處，纔求個安頓所在，便是認著，便落支離矣。讀念庵兄來教，可謂心服，某之心非有異也，緒山當能面致詳款，中有契悟未盡，不惜垂示。雲巖九月能如期枉教，請益當不遠也。

王龍溪全集卷九答章介庵

伏領來教，併附東廓丈二書，知我丈憂道苦心，愛我良切。聖賢立教，皆爲未悟者説。因其未悟，所以有學。來教謂：「周子『無欲故静』，朱子以心無妄動爲静，正是吾人學則。因其有欲，故須寡之以至於無欲；因其有妄，故須反之以復於無妄。自然無欲無妄者，聖人也；勉强以至於無欲無妄者，學者之事也。中間淺深難易、生熟分限，何啻什百，然其求端用力，只有此一路。辟之學字，從寫倣書以至於羲、獻，精神轉折，萬萬不同。然其布紙下筆，同此一畫，但有巧拙生熟之分耳。聖人自有聖人之學，上達不出下學之中。若以聖人不假修習超然上達，則虞廷精一之功果何所事也？」夫孩提知愛，及長知弟，此是德性良知本體，不由見聞而得，聖人與衆人所同有，非因悟始有。衆人爲世緣欲妄所纏，不能從德性用功，未免被少艾妻子、得失境界引奪將去。大舜終身慕父母，亦只是終身有個德性之學,良知時時做得主宰,不被境界所引奪,此方是真悟入。使衆人知學、克念,良知做得主宰,便是作聖。使聖人一時不克念,良知做不得主宰,便是作狂。聖狂之分,只在克與妄之間,實非有二事也。因其有妄,故須掃除,若本無妄,掃除個恁?聖人主静,是德性真體時時做得主宰,便是聖人之學。修者修復此真體而已,悖者悖棄此真體而已。閒散撥遣,原不是學。」吾丈拈此,正以勵吾黨耳。高虚狂誕,正是倚靠虚見,包藏欲根,不肯實落在德性上克念以收掃蕩之功,乃倚靠包藏之爲害,非良知有所不足,須假借聞見以助益之也。大易艮背行庭之旨,正是學者求止功夫,其吃緊正是「艮其背」上用功。衆人爲外境所遷引,只是不知止。艮止功夫不分寂感,時時是寂,時時是感,時時在感應上做得主宰,不爲外境所遷,是謂敵應。不相與也,是以「不獲其身」,「不見其人」,忘己忘物,而得無咎也。賢如温公,終身未能到此,只爲未悟艮止之意,未免爲中所繫縛。大抵敦行與悟入功夫須有辨。自古豪傑而未至聖人者,只少此一著耳。若以虚見爲悟入,何啻千里!此是公天下萬古學術,非一人之私有,進我者幸時賜教詔,緣此得終請益,文修之幸也!

王龍溪全集卷九答季彭山龍鏡書

令嗣、令坦回自江右,兩辱手教,且譴執禮,迂疏譾薄,愧無相益,徒有抗顔。二子質性頗粹，習氣未深，況久在爐鞲中，意思自好。但未能數會，共致切劘之情耳。來教亹亹數百言，及與月山所論龍鏡一書，深懲近時學者過用慈湖之弊。足知任道勤懇，憫時憂衆之懷，某不佞敢忘佩服？細繹來旨，尚有毫釐欲就正處，兹處其略以請，非敢質言，正以求益也。吾丈云「今之論心者，當以龍而不以鏡，惟水亦然」云云。夫人心與物無對，無方體，無窮極，難於名狀，聖人欲揭以示人，不得已取諸譬喻，初非可以泥而比論也。水鏡之喻，未爲盡非。無情之照，因物顯象，應而皆實，過而不留，自妍自醜，自去自來，水鏡無與焉。蓋自然之所爲，未嘗有欲。聖人無欲，應世經綸裁制之道，雖至於位天地、育萬物，其中和性情、本原機括不過如此而已。著虚之見，本非是學，在佛老亦謂之外道。只此著便是欲，已失其自然之用，聖人未嘗有此也。丈又云「龍之爲物，以警惕而主變化者也，自然是主宰之無滯，曷嘗以此爲先哉？坤道也，非乾道也」云云。其意若以乾主警惕，坤貴自然，警惕時未可自然，自然時無事警惕，此是墮落兩邊見解，易道宗原恐未可如是分疏也。夫學當以自然爲宗，警惕者，自然之用。戒謹恐懼，未嘗致纖毫力，有所恐懼，則便不得其正，此正入門下手工夫。乾乾不息，終始互根而不以爲勞，省力而不以爲息，道並行而不相悖也。自古體易者莫如文王，文王「小心翼翼，昭事上帝」，迺是真自然；「不識不知，順帝之則」，迺是真警惕。乾坤二用純亦不已，是豈可以先後而論哉？孔子「發憤忘食，樂以忘憂」，孟子「必有事焉而勿正」，義皆類此。或者以爲聖人本體自然無欲，學者工夫豈能徑造？是殆未知合一之旨也。夫道一而已矣！滕文公未嘗學問，孟子開口便教以法堯舜、師文王，豈漫爲之説以誣世哉？誠見道之本一，而學之不容以異也。聖人學者本無二學，本體工夫亦非二事。聖人自然無欲，是即本體便是工夫，學者寡欲以至於無，是做工夫求復本體。故雖生知安行，兼修之功未嘗廢困勉；雖困知勉行，所性之體未嘗不生而安也。舍工夫而談本體謂之虛見，虛則罔矣！外本體而論工夫，謂之二法，二則支矣！此在吾人自思得之，非可以口舌爭也。其云「以警惕而主變化」，不若以無欲而主變化更爲得理。警惕只是因時之義，時不當故危厲生，惟惕始可至於無咎，非龍德之全也。無欲則自然警惕，當變而變，當化而化，潛見飛躍，神用無方，不涉蹤迹，不犯安排，吾心剛健之象、帝命之不容已者正如此。習懶偷安，近時學者之病則誠有之，此卻是錯認自然，正是有欲而不虛。若便指爲先迷失道，以坤體言虛，一入於此，便有履霜之戒，則不惟辜負自然，亦辜負乾坤矣！若楊慈湖「不起意」之説，善用之未爲不是。蓋人心惟有一意，始能起經綸，成德業。意根於心，心不離念，心無欲則念自一，一念萬年，主宰明定，無起作，無遷改，正是本心自然之用。艮背行庭之旨，終日變化酬酢而未嘗動也，纔有起作，便涉二意，便是有欲而罔動，便爲離根，便非經綸裁制之道。慈湖之言，誠有過處，無意無必乃是聖人教人榜樣，非慈湖所能獨倡也。惟其不知一念用力，脱卻主腦，莽蕩無據，自以爲無意無必，而不足以經綸裁制，如今時之弊，則誠有所不可耳。又云「良知因動而可見，知者主也」，恐亦未爲定論。易曰「乾知大始」，良知即乾知，靈明首出，剛健無欲，混沌初開第一竅，未生萬物，故謂之大始，順此良知而行，無所事事，便是坤作成物。本義訓「知」爲「主」，反使聖人喫緊明白話頭含糊昏緩，無入手處。只一知字且無下落，致知工夫將復何所屬耶？夫良知兩字，性命之根，至微而顯，徹動徹靜，徹内徹外，徹凡徹聖，徹古徹今，本無污染，本無增損得喪，寂感一體，非因動而後見也。老師雖爲拈出示人，原是聖門宗旨，蓋「有不知而作，我無是也」，「吾有知乎哉，無知也」，「夫婦之愚可以與知，聖人天地所不能盡」，蓋指此良知而言也。範圍天地，曲成萬物，其要只在通乎晝夜之道而知。即此知是良知，即此知是致知；即此知是本體，即此知是工夫。純此之謂乾，順此之謂坤，定此謂之素定，覺此謂之先覺，主此謂之主静，盡此謂之盡性，致此謂之致命：非有二也。顏子發聖人之藴以教萬世，所學何事？顏子有不善未嘗復行，不遠而復，復者復此良知而已。惟此良知精明，時時作得主宰，纔動便覺，纔覺便化，譬如明鏡能察微塵，止水能見微波，當下了截，當下消融，不待遠而後復，謂之聖門易簡直截根源。當時子張、子貢、子夏諸賢信此良知不及，未免在多見上擇識、言語上求解悟、億上求中，湊泊幫補，自討繁難，所以不及顏子，故顏子没而聖學遂亡。説者謂明道之學有似顏子，觀其「動亦定，静亦定」、「應迹自然」、「澄然無事」之論，原委條貫，亦可概見。今日良知之學乃千聖相傳密機，顔子、明道所不敢言者，後之儒者不明宗旨，祇是傳得子張以下學術，顧疑良知孤單，不足以盡萬物之變，必假知識聞見而合發之，反將直截根源賺入繁難蹊徑上去，其亦不思甚矣！夫良知之於萬物，猶目之於色、耳之於聲也。目惟無色，始能辨五色；耳惟無聲，始能辨五聲；良知惟無物，始能盡萬物之變。無中生有，不以迹求，是乃天職之自然，造化之靈體，故曰「變動不居，周流六虚」，「不可爲典要，惟變所適」，易即良知也。今疑此爲不足，而猶假聞見以爲學，是猶假色於目以爲視，假聲於耳以爲聽，如之何其可也？夫良知未嘗離聞見，而即以聞見爲知，則良知之用息；耳目未嘗離聲色，而即以聲色爲視聽，則耳目之用廢。差若毫釐，謬實千里。豈惟不足以主經綸而神變化，擰閉靈竅、壅閼聰明，將非徒無益，而反害之也！愚竊有隱憂焉。雖然，孔門諸賢誦法孔子，皆以聖人爲學，雖不免意見之雜，然未嘗落於世情。今時之弊，則又十百千萬於此矣！蓋自霸術以來，功利世情漸漬薰染，入於人之心髓已非一朝一夕之故，吾人種種見在好名、好貨、好色等習，潛伏膠固，密制其命，不求脱離，終日倚靠意見，牽搭支撐，假借粉飾，以任情爲率性，以安逸因循爲自然，以計算爲經綸，以遷就爲變通，以利害成敗爲是非，以憤激悻戾爲剛大之氣，方且圖度影響同異，駕空獵虚，談性説命，傲然自以爲知學，譬如夢入清都，自身正在溷中打眠，全無些子受用。今日學問所以不能光顯於天下而致兹多口，在吾人誠有不得不任其咎者矣！此事關涉甚大，豈可强爲？吾人欲與直下承當，更無巧法，惟須從心悟入，從身發揮，不在凡情裏營窠臼，不在意見裏尋途轍，只在一念獨知處默默改過，徹底掃蕩，徹底超脱。良知真體，精融靈洞，纖翳悉除，萬象昭察，緝熙千百年之絶學，以抵於昌大休明，使人不以西河致疑于夫子，始爲報答師恩耳。某本貧人，無可受用，然説金處自信頗真。執事，師門猗頓也，倘忘其乞食之嫌，相信弗疑，不以世情意見參次其間，則此學真如精金，將益光顯於世，德日崇而業日廣，人心世道庶乎有一變之機矣！聞與東廓、雙江諸友曾劇論，并往一通質之。同心一體，休戚相關，千里毫釐，辨之在早，有進我者，不吝往復，終教之益也。

王龍溪全集卷九與陶念齋二

自世丈處天曹，同虞坡公協恭贊治，仕路清明，成師師之化，儒者有用之學，信不誣矣。吾世丈深信先師良知之學，一切應感，能直心以動，不作安排否？致知無巧法，無假外求，只在一念入微處討真假，一念神感神應便是入聖之機。孟子所謂集義，是時時求慊於心，纔有億度，便屬知解，纔有湊泊，便落格套，纔有莊嚴，便涉氣魄，皆是義襲，王霸誠僞之所由分也。唐虞之時，所讀何書？危微精一之外無聞焉。後儒專以讀書爲窮理，循序致精，居敬持志，隔涉幾許程途？揣摩依，將一生精神寄頓故紙堆中，忘卻本領工夫，談王説霸，別作一項伎倆商量。晦翁晚年亦已自覺其非矣！所謂君子之過，聖賢之用心也。先師信手拈出良知兩字，不學不慮，以直而動，乃性命之樞，精一之宗傳也。邇者浙江撫按連疏申舉先師從祀，以補聖朝之缺典，已蒙平泉宗伯題請。荷聖旨俞允會議，近今未見題覆。聖天子睿知夙成，童蒙之吉，柔中之德，臨之於上，諸大老以剛中之德應之於下，剛柔相濟，大義自定，雖有紛紛之論，無自而入也。吾世丈既已深信其學，又當可爲之時，會須明目張膽，一陳昌言，使此學曉然光顯於天下，已信者益堅其信心，未信者漸釋其疑慮，使忌者獻誠，慢者致恭，所謂萬代瞻仰清明，一盛事也。夫學有嫡傳，有支派，猶家之有宗子與庶孽也。良知者，德性之知。性無不善，故知無不良。明睿所照，默識心通，顏子之學，所謂嫡傳也。多學而識，由於聞見以附益之，不能自信其心，子貢、子張，所謂支派也。蓋良知不由聞見而有，而聞見莫非良知之用。多識者所以畜德。德根於心，不由多識而始全，內外毫釐之辨也。顏子没而聖學亡，後世所傳者，子貢、子張支派學術，沿流至今，非一朝一夕之故。先師所倡良知之旨，乃千聖絶學，孔門之宗子也。漢唐以來，分門傳經，訓詁注述之徒，所謂庶孽者，昂然列於廡下，而爲宗子者尚泥於紛紛之説，不得並列於俎豆之間，以承繼述之重，豈亦有似是而難明者乎？向來臺諫言事者，每以薛文清與陽明先師並舉從祀，説者謂文清之學舉世皆以爲是，而陽明尚有議而非之者，久之以待其定。夫丈夫蓋棺，事已定矣，何待於久？若以是非之有無爲高下，恐非所以卜人品而明學術也。自良知之學不明於世，人人失其本心，未免以毁譽爲是非，是其所非、非其所是，容有之矣！是非者，好惡之所從出也。孔子云：「不如鄉人之善者好之，不善者惡之。」若徒以毁譽爲是非，鄉愿之媚世反若賢於仲尼也，而可乎哉？世有冒認宗傳，以庶易嫡，是非無從而明者，則滴血以爲證。良知者，是非之則，千聖相傳真滴血也。人品之高下，係學術之邪正；學術之邪正，係吾道之盛衰；吾道之盛衰，係世運之污隆。此在當局諸公主持世教之責，非區區阿好所得而私也。

王龍溪全集卷九答茅治卿 節録

向承以所見録示，足知信道之勇、求悟之切。細閲來教，見處不無，大都從意解上湊泊，不免纏繞文義，未見有超然悟入之趣。昔人謂葛藤窠，其信然耶！某非不欲答，恐分疏得明時，反滋葛藤之病，姑爾遲遲，非敢自外也。再辱手教，令人心目開明，未得謂得，未證謂證，是兄真實不誑語。某今則可以言矣。中略。來教疑致知反在格物之先。夫先師格物致知之旨，本無先後。致知者，致不學之知，是千古秘密靈明之竅；格物者，格見在之物，是靈明感應之實事。故致知在於格物，則知非空知；格物本於致知，則物非外物。此孔門一貫之旨，無内外、無精粗而不可以先後分者也。世固有以明心見性爲致知者矣，而遺棄人倫物理，則真性便有不遍之處，是謂落空。亦有以窮至物理爲格物者矣，而以知識爲知，反在事物上求個定理，則内外便成對法，是謂玩物。二見紛紜而聖學始亡，道之不明於世，有自來矣！來教云「湯武以下用何工夫而至此」云云。夫良知本來是真，不假修證，只緣人我、愛憎分别障重，未免多欲之累，才有所謂學問之功。堯舜清明在躬，障蔽淺，是即本體便是功夫，所謂性之之學。湯武以下，嗜欲重、障蔽深，是用功夫求復本體，所謂反之之學。其用力雖有難易深淺不同，而於良知本來實未嘗有所加損也。然非獨聖賢有是也，人皆有之。雖萬欲沸騰之中，若肯反諸一念良知，其真是真非炯然未嘗不明，只此便是天命不容滅息所在，只此便是人心不容蔽昧所在。此是千古入賢入聖真正路頭，舍此更無下手用力處矣。吾人甘心不學則已，學則當以顔子爲宗。顔子不遠而復，且道顔子是何學？迺孔門意見直截根源，先天之學，非可以知解想像而求者也。自此義不明，後世所傳，惟以聞見臆識爲學，揣摩依倣，影響補凑，種種嗜欲，反與假借包藏，不肯歸根反源，以收掃蕩廓清之績，是殆壅閼靈明而重增障蔽也。沿流以至於今，其濫觴又甚矣，豈不可哀也哉？先師一生苦心，將良知兩字信手拈出，直是承接堯、舜、孔、顔命脉，而其言則出於孟氏，非其所杜撰也。世儒不此之察，顧一倡群和，鬨然指以爲禪，將易簡宗旨反墮於支離繁難而不自覺，豈不重可哀也哉？惟兄撤去舊見，一意篤信弗疑，將全體精神打併歸一，時時惟以寡欲去蔽爲事，蔽障愈闢，神明愈顯，從此悟入，一得永得，更又何事？千古絶學，庶幾有望，而前所疑諸説，可不待分疏而涣然融釋矣。

王龍溪全集卷一〇答吴悟齋

首秋領兄鎮江發來書，亹亹數百餘言，辭嚴意懇，惟恐吾人緇於習染，陷身於有過，重爲此學之羞。世之疵詬此學者，不特暴棄之徒指爲口實，雖賢智同講者亦且病之。真如洊雷警耳，令人修省之不暇。非兄直諒誼深篤於一體之愛，能如是乎？佩服，佩服！細繹來教所論致知格物之旨，尚有可商證處。此古今學術同異之辨，苟徒譽言相酬以示無迕，似反以薄待兄，非捶撻相期、一體之初心也。敢舉崖略以請。

來教云：「園中對晤信宿，多所悦服。其略牴牾，不在本體上，正在行持保任上。千載學脉，原自昭朗，學者不自昭朗耳。」意謂先師提點良知，令人言下直見本體，若無難者，學者只緣在格物上看得太輕，忽於行持保任工夫，使人不信其行，并不信其言。不若一等高明操勵之人，猶足以立此身於無過之地。是則然矣。乃不肖所欲汲汲求正之意，卻正在本體上，是非忽於行持保任也。真見本體之貞明，則行持保任自不容已，不復爲習染之所移。譬之飲食養生，真知五穀之正味，則蒸溲漬糁自不容已，不復爲雜物之所汩。凡溺於習染者，不知貞明者也；淆於雜物者，不知正味者也。孟氏云：「是集義所生者，非義襲而取之也。」集義只是致良知。良知不假學慮，生天生地生萬物，不容自已之生機。致良知是求慊於心，欲其自得也。苟不得其機，雖日從事於行持保任，强勉操勵，自信以爲無過，行而不著，習而不察，到底只成義襲之學。豪傑而不至於聖賢者以此，古今學術同異毫釐之辨也。

來教謂：「文公篤信舊聞，不敢自立知見，故以窮至事物之理訓格物，推極知識訓致知。」所謂「窮理」者，易文也。知識與良知之旨未嘗差別，是義也，先師與人論學書、區區與雙江議辨言之詳矣。吾兄殆忽而未之省耶？易曰：「窮理盡性以至於命。」心一也，以其全體惻怛而言謂之仁，以其得宜而言謂之義，以其條理而言謂之理，以其明覺而言謂之智。仁極仁而後爲窮仁之理，義極義而後爲窮義之理。不外心以求仁，不外心以求義，獨可外心以求理乎？繫辭所謂「窮理」，兼格致誠正而言，聖學之全功也。故曰：「只窮理便盡性以至於命。」若專指格物爲窮理，而求理於事事物物之中，不惟於繫辭之義有偏，亦非大學之本旨矣。心之知一也，根於良則爲德性之知，因於識則不免假於多學之助，此回、賜之學所由以分也。果信得良知及時，則知識莫非良知之用，謂吾心原有本來知識亦未爲不可。不明根因之故，沿習舊見，而遂以知識爲良知，其謬奚啻千里而已哉！

來教云：「格物者，吾心靈明，上格天，下格地，明格人物，幽格鬼神，大而五典，小而三千三百，無不貫通透徹。無有内外，無有動静，何在非物，何在非格？曰『體物而不遺』，曰『感而遂通天下之故』，皆所謂格物。格物者，致知之實地。吾儒所以異於禪家者，此也。」此説似是而非。蓋緣平時理會文公或問慣熟，宛轉通融，附成己見，即「天地之所以高深，鬼神之所以幽顯，物理固非度外，人倫尤切於身」之意也。先師自謂：格物之旨，其於或問兩條、九條之説，皆已包羅統括於其中，但爲之有要而作用不同，特毫釐之差耳。若曰「何在非物、何在非格」，求端用力之地，果何所事事耶？良知不見不聞，微而顯，以體天地之饌，而後謂之格物。良知無思無爲，寂而感，以通天下之故，而後謂之格物。致知在格物，而格物本於致知，合内外之道也。其曰「儒佛之異，在於格物」，則誠是矣，但未知作用之同與否果何如耳？佛氏遺棄倫物感應，而虚無寂滅以爲常，無有乎經綸之施，故曰「要之不可以治天下國家」。孰謂吾儒窮理盡性之學而有是乎？大人之學，通天下國家爲一身。身者，家國天下之主也；心者，身之主也；意者，心之發動；知者，意之靈明。物即靈明感應之迹也。良知是非之心，天之則也。正感正應，不過其則，謂之格物，物格則知至矣！是非者，好惡之公也，自誠意以至於平天下，不出好惡兩端。是故如惡惡臭，如好好色而毋自欺，意之誠也。好惡無所作，心之正也。無作則無辟矣，身之修也。好惡同於人而無所拂，家齊國治而天下平也。其施普於天下，而其機原於一念之微，是故致良知之外無學矣。此爲之之要，經綸之用也。

來教云：「某之所謂格與陽明所謂格者稍似而不相似，大都悟入之途雖異，而所悟之宗旨則同。某之格與晦庵、陽明之格二説皆具，不必專主此説爲是，而盡謂彼説爲非。」兄欲調停兩家之説，使會歸於一，自謂己之格二説皆具，其用意誠厚矣，但未知所爲稍似而不相似與所悟之同異，果從何處得來？文公云：「天下之物皆有定理。」先師則曰：「物理不外於吾心，心即理也。」兩家之説，内外較然，不可得而强同也。孟氏云：「規矩，方圓之至。」規矩誠設，則不可欺以方圓，而方圓之理含規矩，孰從而定之哉？縱得其情，亦不過多學之億中耳。其於屢空之學，變動不居，周流六虚，無方圓之規矩，而天下之方圓從此而出，相去何遠哉。此入聖之微機，無典要之大法，不可以不察也。或謂：「心之良知，非假事物之理爲之證，師心自用，疑於落空。」此正所謂毫釐之辨也。夫萬物皆備於我，非意之也。目備萬物之色，耳備萬物之聲，心備萬物之情，天然感應，不可得而遺也。目惟空，始能鑒色；耳惟空，始能别聲；心惟空，始能類情。苟疑其墮於空也，而先塗之以黑白，聒之以清濁，淆之以是非，存爲應物之準，豈惟不足以取證，聰明塞而睿知昏，其不至於聾聵而眩者幾希矣！此學公於天下，公於萬世，非一家之私事。望兄舍去舊聞，虛心以觀兩家之説，孰是孰非，必有的然之見，有不待辨而自明矣！

來教云：「今時講學之弊有二：其一以良知本來無可修證，纔欲修證，便落二乘，其弊使人懸空守寂，截然不著事物工夫；其一以知即是行，一切應迹皆可放過，其弊使人見這光景，自以爲足，不復修行，乾没於僞欲而不自以爲非，是看格物爲不要緊工夫。二者緣於良知本體未曾徹悟，非教使之然也。」此二者之弊，世間無志甘於染習與稍有志而狃近利、泥虚見者或誠有之，先師設教之旨，與吾人相與講學之意，則殊不然。兄以爲傳流之誤，雖若爲吾人出脱罪過，亦時使然也。良知不學不慮，本無修證，格物正所以致之也。學者復其不學之體而已，慮者復其不慮之體而已，乃無修證中真修證也。若曰懸空守寂，無所事事，則格物果將何所屬耶？知即是行，非謂忽於行持，正以發不行不足，謂之知之意，使人致謹於應迹也。若曰見這光景，自以爲足，没於僞欲而不自知其非，烏得謂之良知也哉？末謂緣於良知本體未曾徹悟，可謂一句道盡，乃復曰不在本體上，不自相牴牾也耶？

來教謂區區所議論「文公讀書窮理尚隔幾重公案」爲過情。持此進修，可以寡尤，不失爲躬行之君子。若倒這公案，任意糊塗，其弊爲無忌憚之中庸。講者多不修，修者多不講，總於大道未聞也。夫千古聖學，惟在理會性情，舍性情則無學，未發之中，性之體也，其機在於獨知之微，慎獨即致知也。此修道之功，復性之基，大本立而達道行，天地萬物皆舉之矣。孔子稱回之好學，惟曰「不遷怒，不貳過」，而用其功，惟曰「有不善未嘗不知」、「未嘗復行」，未嘗求之於外，可謂約矣。子貢從事於多學而識，以言語觀聖人，夫子誨之曰「汝與回也孰愈」，蓋進之也。顏子没而聖學亡，後世所傳，乃子貢一派學術。濂溪主静無欲之旨，闡千聖之秘藏，明道以大公順應，發天地聖人之常，龜山、豫章、延平遞相傳授，每令觀未發以前氣象，此學脉也。文公爲學則專以讀書爲窮理之要，以循序致精、居敬持志爲讀書之法，程門指訣，至是而始一變。迨其晚年，自信未發之旨爲日用本領工夫，深悔所學之支離，至以爲誑己誑人，不可勝贖。若文公可謂大勇矣。或謂先師嘗教人廢書，否，不然也。讀書爲入道筌蹄，束書不觀，游談無經，何可廢也？古人往矣，誦詩讀書而論其世，將以尚友也，故曰：「學於古訓乃有獲。」學於古訓，所謂讀書也。魚兔由筌蹄而得，滯筌蹄而忘魚兔，是爲玩物喪志，則有所不可耳。較之程門公案已隔幾重，回、賜之所由以殊科也。兄謂守此進修，可以寡尤，此固然矣，然必有志而後能守，苟甘於暴棄，無所忌憚，雖有公案，且將視爲長物，孰從而持？躬行君子必本於慎獨，道修性復，始可謂之躬行。若依倣古人之迹，務爲操勵，以自崇飾，而生機不顯，到底只成義襲作用，非孔門之所謂君子也。進修正所以修德，改過遷善，講學之事也。若曰「講而不修」，所講又何事耶？

來教欲吾人「翻槽洗臼，從格物上講明，以身爲教，無俾良知爲空談，學者有所率循。中人以上者由之可以超悟，下者亦可不失尺寸」。此昔賢忠告之道，敢不祗領？孟氏云：「百里奚之適秦，年已七十矣，曾不知食牛干主之爲污也？」賢者與鄉黨自好，分明是兩條路徑。賢者自信本心，不動情於毁譽。自信而是，舉世非之而不顧；自信而非，得天下有所不爲。若鄉黨自好，不能自信，未免有所顧忌。以毁譽爲是非，於是有違心之行，其所自待者疏矣。不肖於師門晚年宗説幸有所聞，數十年來，皇皇焉求友于四方，豈惟期以自輔，亦期得一二法器相與共究斯義，以綿師門一脉如線之傳。此學原爲有志者説，爲豪傑者説。自古聖賢，須豪傑人做，然豪傑而不聖賢者，亦容有之。或任氣魄承當，或從知解領會，或傍名義，恃以爲清修，或藉玄詮，負以爲超悟，或鄙末學之卑陋，侈然自以爲高，或矜舊見之通融，充然自以爲足。種種伎倆，有一於此，皆足爲道障之因，此豪傑之病也。夫道有本而學有機，自萌蘖之生以至於扶蘇，由源泉之混以至於洋，終始條貫，原無二物。故曰：「天地之道，可一言而盡。其爲物不貳，則其生物不測。」此千古聖賢之學脉也。凡可以言顯者，大旨不出於此。若夫不可以言而顯者，在兄默成而自得之。此固報賜之情，亦捶撻相期之初心也。

王龍溪全集卷一〇答吴悟齋二

再領手教，亹亹千餘言，反復開諭，宛如面命，且將提其耳而誨之，世之相愛，孰有如兄之懇到者哉？感慰何可云喻。兄自謂於陽明先師，始若仇敵，一變而若吾宗師，不期親而自親，始疑而終信乃深。此豈世人依托名義，藉其聲援者可得比而同哉？然竊窺教意，尚覺於師門宗説契悟有所未盡，未免憑執己見强爲差排，故於不肖所請之説，亦未免牴牾，有所未合，非漫然同異而已也。所謂未盡之旨，大端有三：曰良知心之本體，曰知行合一，曰意之所用爲物。先師一生苦心，精密校量，簡易浩博，自謂可以考三王而不謬，俟後聖而不惑，千古學脉也。

何謂良知心之本體？良知者，性之靈，性無不善，故知無不良，良知即是未發之中。只此二字，足以盡天下之道。良知之外更無知，致知之外更無學矣。兄謂：「吾心原自有一片不見不聞、無思無爲明白地，乃人之靈氣，結而爲心，所謂中也。當是時，何有良知可言。若良知，則是此點靈氣微顯之機、寂感之通，乃人之生機，故曰良知良能皆屬用，非靈根也。」此正所謂後儒之餘唾，特異其名耳。夫心無動静，故學無動静。後儒以不見不聞爲己所不知，屬静；以獨知爲人所不知，屬動。或又以不見不聞爲天根，獨知爲天機，是即動静所謂未發之説也。若先師之意，則以爲不見不聞正指獨知而言，微之顯，誠之不可掩也。所謂未發在已發之中，而已發之前，未嘗別有未發者在，無前後内外而渾然一體者也。易稱「復其見天地之心」，程子謂「静見天地之心非耶」，邵子指天根，亦以一陽初動而言。蓋窮上反下，一陽初動，所謂復也。天根如樹之根，天機如根之生意，名雖異而實則一，不可以動静分疏。若以天根爲未發之體，天機爲已發之用，分動分静，存養省察，二用其功，二則支而離矣！兄自謂初悟時，其於此一片明白地，皎皎然在其胸中，亦且三月其後不能行持保任，漸漸磨滅，恨不能再見此也。兄平生以此學自任，一二十年勤苦修鍊，不肖豈敢以未證爲證致議於兄？然竊窺兄之樊，尚未免以光景爲妙悟，若存若亡，入於恍惚杳冥而不自知，所以有漸漸磨滅之恨，終是信良知未及。良知是斬關定命真本子，若果信得及時，當下具足，無剩無欠，更無磨滅，人人可爲堯舜，不肖以爲千聖學脉，非誇言也。

何謂知行合一？有本體，有功夫。聖人之學，不失其本心而已。心之良知謂之知，心之良能謂之行。孟子只言知愛知敬，不言能愛能敬，知能處即是知，能知處即是能，知行本體原是合一者也。「知之真切篤實處謂之行，行之明覺精察處謂之知」，知行功夫，本不可離。只因後世學者分作兩截用功，故有合一之説。知非篤實，是謂虚妄，非本心之知矣。行非精察，是謂昏冥，非本心之行矣。故學以不失其本心者，必盡知行合一之功，而後能得知行合一之體。故事親而知行合一，得其本心之孝；事兄而知行合一，得其本心之敬；應事接物而知行合一，得其本心之條理。異於後世之知而不行，行而不知，入於虚妄昏冥，而不得其本心者也。夫知行合一發於先師，而非始於先師。中庸曰：「道之不行，知者過之，愚者不及也；道之不明，賢者過之，不肖者不及也。」此便是孔門知行合一真指訣。孟氏曰：「智譬則巧，聖譬則力。」智與聖，知行之謂也。巧者力之巧，力者巧之力。引弓發矢，巧力俱到，巧有餘而力不足，力有餘而巧不足，皆不足以言中。此合一之説也。先師曰：「致知在格物，良知是知行之本體，致是知行之功夫，格物正所以致之也。」先師一生教人喫緊處，只有「在格物」三字。吾人一生學道切要處，亦只有「在格物」三字。此儒釋毫釐之辨，未嘗以爲易而忽之。然所謂格物者，合知行功夫而後謂之格。若以良知本體屬知，以致知工夫屬行，知之體員，易於流動而不居，格則有矩存焉。格物者，行其所知也。謂今之學者只在知上發明，未曾在行上發明，則是能知而不能行，知行分而爲二，所以有不在本體上、正在行持保任上之説。自謂在格二字討得明白，而謂鄙人之説纏繞，反成穿鑿，亦無怪其然也。

何謂意之所用爲物？大學之要，務於誠意；誠意之功，在於格物；誠意之極，在於止至善；止至善之則，在於致知。一也。心之虚靈明覺，所謂本然之良知也。其虚靈明覺之良知應感而動也謂之意，有知而後有意，無知則無意矣。意之感動必有所用之物，有是意斯有是物，無意則無物矣。良知者，寂然之體；物者，所感之用；意則寂感所乘之幾也。有物必有則，良知是天然之則。格者，正也。物者，事也。格物者，致吾心良知之天則於事事物物之中也。吾心之良知，所謂理也，物得其理之謂格。正感正應，不過其則，則物得其理矣。故曰：「至善無惡者心之體也，有善有惡者意之動也，知善知惡者良知也，爲善去惡者格物也。」如好好色謂之爲善，如惡惡臭謂之去惡。戒自欺而求自慊，惟在察諸一念之微，所謂慎獨也。舍慎獨之外，更無所謂格之之功矣。若曰何在非物，何在非格。當克己即克己，克己一格物也。當窮理即窮理，窮理一格物也。當應感即應感，應感一格物也。「格於上下」，上格天，下格地也。「有恥且格」、「格君心之非」，明格人物也。「神之格思」，幽格鬼神也。則是未有是意，先有是物，善何從而爲，惡何從而去？且意無所用，又何從而用其致知之功乎？天地間只有一感一應而已，應感是誠意真脉路，不可須臾離也。克己窮理正是爲善去惡，乃誠意日可見之行。而概以當字並舉而貫之，含糊泛漫，不知何取於義而云爾也？至於天地人物鬼神格物之説，分明是或問舊見解，兄特習之而不自察耳。先師自謂格物「其於或問九條之説，皆包羅統括於其中」，兄亦自謂格物「其於九條之説皆包羅統括於其中」，是則然矣，但爲之有要而作用不同，所謂毫釐之差，不可以不察也。文公曰：「人之所以爲學，心與理而已。心雖主乎一身，而體之虛靈，實以管乎天下之理。理雖散在萬事，而用之微妙，實不外人之一心。」是其一分一合之間，已不能無啓學者心理爲二之弊。若先師於格物之旨，則是物理不外於吾心，虛靈不昧，衆理自此而具，萬事由此而出，合心與理而爲一者也。文公謂：「天下之物，方圓輕重長短皆有定理，必外之物格，而後内之知至。」先師則謂，事物之理皆不外於一念之良知，規矩在我，而天下之方圓不可勝用，無權度則無輕重長短之理矣。毫釐千里之謬，不於良知察之，亦將何所用其學乎？是不以規矩而欲定天下之方圓，不以權度而欲定天下之輕重長短，揣摸依，乖張錯戾，日勞而無成也已。文公分致知格物爲先知，誠意正心爲後行，故有游騎無歸之慮。必須敬以成始，涵養本原，始於身心有所關涉。若知物生於意，格物正是誠意功夫，誠即是敬，一了百了，不待合之於敬而後爲全經也。兄於斯三者果能契悟得徹，則凡來書所謂本體功夫之説、求仁一貫之説、理會性情讀書窮理之説、良知知識體用之説、天道人道大小之説皆可迎刃而解，其於不肖所請之意，有若函蓋之相值，不期合而自合矣。孔子告顔子克己復禮，告曾子則曰一貫，一貫即所謂復禮，非有二也。不可分一貫爲天道，復禮爲人道。天道人道，一而已矣。子貢曰：「夫子之言性與天道，不可得而聞。」，性與天道，夫子未嘗不言，聞非耳聞，聞與不聞存乎學者之自悟。性與天道非一貫而何？曾子既唯一貫之傳，及語門人則曰：「夫子之道，忠恕而已矣。」忠恕，夫子所以告仲弓者，忠恕即一貫之異名，及門之士，未嘗不聞，但有悟與未悟之殊。曾子用心於内，學將有得，故夫子呼告之以速其悟。其次子貢穎悟可幾於道，故夫子亦呼告之以開其疑。一如樹之根，貫如樹之枝葉。曾子用心於内，知在根上用功，但由之而不自知耳。夫子只與點破，遂應之速而無疑。説者謂曾子隨事精察而力行之，但未知體之一。一者，心也，精察即是心去精察。若曰夫子至此方與栽根下種，恐未必然。説者又謂曾子一貫以行言，子貢一貫以知言，是癡人前説夢，可慨也已。

良知與知識，所争只一字，皆不能外於知也。良知無知而無不知，是學問大頭腦。良知如明鏡之照物，妍媸黑白，自然能分別，未嘗有纖毫影子留於鏡體之中。識則未免在影子上起分別之心，有所凝滯揀擇，失卻明鏡自然之照。子貢、子張多學多見而識，良知亦未嘗不行於其間，但是信心不及，未免在多學多見上討個幫補，失卻學問頭腦。顔子便識所謂德性之知。識即是良知之用，非有二也。識之根雖從知出，内外真假毫釐卻當有辨。苟不明根因之故，遂以知識爲良知，其謬奚啻千里已哉？「發育萬物，峻極於天」，良知也。「禮儀三百，威儀三千」，格物以致其良知也。發育峻極者，德性之體；禮儀威儀者，學問之功。學者學此也，問者問此也，正所以尊之也。孔門博文約禮，博文是約禮之功夫，無非此意。兄謂：「發育峻極，吾心之性之靈，所以生萬物之真機，大德之敦化也，天之道也。禮儀威儀，吾心之天之則，貫於事物之中，小德之川流也，人之道也。凡人道所以承天也。」似以天道屬本體未發之中，而以人道屬良知之用，將大小分作兩截，不遂以良知爲本體。至於先師博約説，亦以爲附會牽强，反失聖人本旨，是皆所謂毫釐之辨也。

兄謂：「陽明先生學問有功來學，所以深信者在此。自謂此意理會有年，實見得原自有個真未發氣象。良知屬用，不可以良知爲本體。」噫，難言之矣！良知如明鏡，萬物畢照而鏡體未嘗動也。若謂良知非本體，別有未發之中，是反鑑而索照也。前於「良知心之本體」條下已言之詳矣。

兄謂先師「讀書之法，何可廢也？然居敬持志，亦不可少，但在見獨不見獨耳」。不見獨而讀書持志，固爲冥修。若見獨，仍須是讀書，仍須是居敬，仍須是持志，此則不肖所未解也。慎獨即是誠意，居敬持志即是誠意之功，讀書是意所用之事，非有二也。若以慎獨與居敬持志、讀書仍須分作幾路，不知獨從何處見在？於「意之所用爲物」條下亦已言之詳矣。古本序云：「不務於誠意而徒以格物者謂之支，不事於格物而徒以誠意者謂之虛，不本於致知而徒以格物誠意者謂之妄。支與虛與妄，其於至善也遠矣！」此三轉語，大學本旨，千聖之絶學，於此參得透、悟得徹，從前種種辨説盡成葛藤剩語，可以忘言矣！

兄謂：「遍宇宙窮古今，只此一點真心，舍此不成宇宙，不成世界。」此兄自信大擔子，萬里程途，非神驥莫能達，敢不策勉以從馳驅？吾人講學，第一怕有勝心與執己見。此學原自古今公共之物，非吾人所得而私。若以勝心行乎其間，是自私也，所講何學？格致之旨、本體作用，大同中惟有小異。故極諫竭辨，共求合并，原非以求勝也。凡有辨析，所見未合，不妨暫舍，以虚相受，棄短集長，以明此學。朱陸兩家紛紛異同，數百年未已，只是不能忘見，吾人不可不以爲戒也。

王龍溪全集卷一一與莫中江

吾兄決意還山，豈徒優游好遁，求以適逸？遐覽遠期，尚友千古，如鳳之翔，如龍之潛，神變隨時，固有非衆人之所能識者矣。吾兄素信此學，但平時記撰功深，鑽研力久，未能即忘聞見之心。若光光只信良知，自足以盡天下之變，恐亦未能脱然無疑也。良知是性之靈竅，本虚本寂。虚以適變，寂以通感，一毫無所假於外。譬之規矩之出方員，規矩在我則方員不可勝用，泥方圓而求規矩，則規矩之用息矣！此學未嘗廢聞見，但屬第二義。能致良知，則聞見莫非良知之用；若藉聞見而覓良知，則去道遠矣。顔子德性之知，子貢多學之識，毫釐之辨，在孔門已然，況後世乎？吾人此生，只此一事，學未入竅，終涉皮膚。即今請究知與識何辨、回與賜孰賢？反諸一念之微，細細别白，所謂第一義者何在？得個真的路頭，姑舍所已得者，務求其所未得者。教學相長，日著日察，使此學炳然光顯於世，于師門庶爲有補，方不辜負丈夫出世一番耳。惟兄念之！

王龍溪全集卷一一答孟會源

頃荷開心俯教，雅意惓惓，不肖譾菲，何足以當之？東還，復承翰諭，益見虚受之懷。大學一書乃千聖心脉，徹首徹尾，徹體徹用，只好惡兩字盡之。吾丈揭此兩字以爲聖學之宗，可謂一口道盡，至博而至約者矣。孟子論夜氣好惡與人相近，正是指出良心本來真頭面。箕子陳範，以無有作好、無有作惡爲王道錫民之極，平旦虚明之養，養此而已，皇極之建，建此而已，非有二也。大學者，大人之學，天地萬物本吾一體，慎獨致知一循乎好惡之自然而無所作，位育之微機也。故自意、身、心以至國、家、天下，皆以好惡發之，首尾相承，體用一源也。中庸戒懼慎獨誠意之功，莫見莫顯，必有所感之物。慎獨者，正所以致知而格物也。好惡本于性情，無有作好作惡，正是未發之中，發而中節之和。未發之中，正心之屬；中節之和，修身之屬。致中和，則本立而道行，天自此位，萬物自此育，家齊國治天下平而王道備矣。此聖修之極功，大學之能事也。後儒以誠意之前另有致知之功，分知行爲先後，則中庸由教而入者爲無頭學問，將何所藉而從入乎？吾丈謂「格物致知原非缺漏，無待于補」，可謂得其旨矣。但謂「明德是慎獨之功，未與物接，至親民始與物接」，似未免于分析之過。夫明德是萬物一體之體，親民是明德感應之迹，正所以達其一體之用也。聖人之學，恒寂恒感，無間于有事無事，而豈限於物之接與未接乎？大學論絜矩之道，惟曰「所惡于上，毋以使下；所惡于下，毋以事上」，上下，所感之物也，所惡於上下，是謂良知，毋以使下事上，即是物格致知。平天下之要本諸好惡，好惡之真本諸良知而已。大人事業可當兒戲？惟丈其重圖之！

王龍溪全集卷一一與郜仰蘧

首夏獲奉教義，去往匆匆，未盡所請。即如執事自敘初年真純之志，不同流俗，超脱之興，已是入聖血脉路徑。後被世習混染，乃是鏡體之明偶被塵翳，及其刮拭既淨，固無傷于鏡體也。伯玉欲寡過未能，執事以仰蘧爲號，其所存可知矣。且執事平好惡以宜民，以政爲學，不事空談口説，迺聖門致知格物之宗旨。盡天下是非不出好惡，良知者，好惡之機，是非之則也，隨事隨物致此良知即是格物，實落致此良知而無所期必即是誠意正心。所謂一貫之精義，與後世分知行爲兩事，以窮至事物之理爲格物者，不但毫釐千里。此古今學術同異之辨也。宛陵諸拙稿、與楚侗公問答稿，無非發明此意，會中士友能傳之，諒已入閱。人生惟有此事。學貴有根，如吾執事初年之志，即是入道之根，一切行持保護應感酬酢，不過培壅灌溉此根，使之充長而已，他無所事也。千萬自愛！

鄭曉

鄭曉（一四九九—一五六六），字窒甫，號淡泉，海鹽（今屬浙江）人。嘉靖二年（一五二三）進士，授兵部主事，官至刑部尚書。以忤嚴嵩落職，卒於家。隆慶初，追謚端簡。鄭氏諳悉掌故，博洽多聞，著述亦豐，著有古言、吾學編、端簡鄭公集等。明史卷一九九有傳。

古言卷上

朱陸之學本不同，余不知學，亦未知孰是。禮，哭師、哭友，哭所之各有其處，朱子帥門人詣佛寺爲位哭子静，蓋斥爲禪學也。趙東山贊子静云：「儒者曰『汝學似禪』，佛者曰『我法無是』，超然獨契本心，以俟聖人百世。」

薛甲

薛甲，字應登，號畏齋，江陰（今屬江蘇）人。嘉靖八年（一五二九）進士，授兵科給事中，官至江西按察司副使。薛氏篤信象山、陽明易簡之學，以爲古今學術至陽明漸爾昭融。著有畏齋薛先生緒言、藝文類稿等。事詳見張時徹江西副使薛次公甲傳，明儒學案卷二五有傳。

畏齋薛先生緒言卷一

今世言學問之大者，不過讀書。然讀書者豈惟記誦而已乎？將以致知、集義、求放心也。致知、集義、求放心，非所以尊德性乎？發育峻極之盛，苟不於三千三百求之，則茫茫浩浩，何處下手？道問學即所以尊德性也。然道問學而若朱子之成，則尊德性在其中矣，但其爲教也，既尊德性又道問學，未免岐而二之，此則失之煩且支耳。蓋尊德性而離道問學，則德性無所持循，其失也流于空虚。道問學而非以尊德性，則學問無所主宰，其失也流于口耳。今並列其功，而使下學之士從事其間，則德性未必能尊，而學問之煩多者，先已分散其精神，遑遑乎無所之，惟有取便于口耳之習，以成其矜眩之私而已，此固流弊之失也。至若陸子簡易之説，可不爲孔門之嫡傳乎？然其與朱子並生一時，而覺悟其煩，故其爲學，未免有矯枉過直之失。夫矯枉而不得其中，則理有未窮，學問有未道，而德性有未尊，此所以議論之間尤未免於尚氣之失也。然今之尊尚陸子者，亦不過口耳之習耳，非真有見於陸子也。嗚呼！朱、陸二先生千古道學之傳也，朱子去兩短合兩長之説，亦千古不決之斷案也。明于此者，道其可望乎！

畏齋薛先生緒言卷二

問：「尊德性、道問學從來分作兩截事，先生只作一事説，其欲以端莊静一爲尊德性，講學問難處爲道問學，如何？」先生曰：「此章子思正爲後世學術分心與事爲二，故合而言之，以明德性、問學非有兩事。尊德性要在道問學上見，道問學正所以尊德性也。如以講學問難爲道問學，則學是學個恁麽，問是問個恁麽？只爲心有未明，故從事于問學，是問學無非爲心而設，則道問學即所以尊德性矣。如以端莊静一無與于問學，則端莊静一終，不然是稿木死灰，一念之發未免着于事上，着于事處便是道問學矣。若必以德性、問學判然爲二物，則方其尊德性時，倘有一事感于前，則將舍其尊德性之心，而從事于問學乎？抑將尊德性之心而去道問學乎？如舍其尊德性之心而去道問學，則尊德性之心又將焉往乎？蓋學也者覺也，不必讀書纔謂之學，凡動静坐立莫非學也。問不必有疑難問于人纔謂之問，凡與人交接，一言莫非問也。但要心在裏面照管，則爲尊德性；不由于心，則謂之口耳。德性、問學果二乎哉？」

朱子與象山論學云：今日須是去兩短合兩長。此非大賢功深力到，不能爲此言。蓋朱子課程最密，只爲源頭差了些，所以費了許多功夫，晚年方悟到合一處。象山見處雖到，然終是少了朱子一段工夫，故從之游者，意見雖高，而持循處少，往往失之虚玄，又不知如學朱子者有着落也。

學者學晦翁之學，須透得象山門户，則晦庵學問方有受用處。然不從事於晦庵之學，欲逕從象山門户而入，亦有未易能者。蓋聖賢立教，雖云中才皆可與能，然必使之歷盡艱辛，備嘗憤悱，期於自得，乃爲牢固。故以子貢之穎，不輕授以一貫之道，其餘則四教雅言，問仁問知，隨其材質，多其條貫，有終身不得聞，而亦不以告者，然造就來，亦自成得個好人。蓋材質限定，有非聖賢所能强者，聖賢只得如此。今人只見白沙、陽明二先生之言，明白痛快，傾心慕之，便自謂一蹴可到，不知白沙從吴聘君游若干年，歸而静坐又若干年，與陽明之居夷處困，其所經歷、其所備嘗者多矣。此皆從晦庵學問透入象山門户者也。某少習舉業，嘗是朱而非陸，既又經歷世故，略知頭腦，則又是陸而非朱。今而自知皆非也。聖門若無雅言四教，只靠著一貫四勿，則法堂前草深一丈矣。故學問須自求自得，靠不得聖人言語，若自得之後，雅言四教亦是一貫，晦庵、象山之學，豈有異哉！

畏齋薛先生緒言卷三

陽明知行合一之説，從精一、博約、一貫、忠恕上體貼出來，學者須從這上細心體玩，方知知行分不得。精是此心精純，無少夾雜，只有這一個道理在此應用，故謂之一。言精而一在其中矣。博是此心無少遮蔽，照看得到，事至面前，其理自形，在我嘗有個把柄，不須窮索，故謂之約。言博而約在其中矣。一則理通於人貫得去，忠則理同於人推得去，都是合一的，分説不得。所以言知而行在其中，言行而知在其中，兼言亦得，單言亦得。其餘致知格物、主善協一、明善誠身、窮理盡性、擇善固執與夫尊德性道問學，即此可以類推。

致廣大須是盡精微，極高明須是道中庸。盡精微者，致廣大之功也。道中庸者，極高明之功也。如天之廣大，其氣須從地中出，方能發育萬物。學者有如天之崇之知，則必有如地之卑之禮以充擴之。此三千三百之文，所以爲發育峻極之具也。象山之見豈不廣大？終欠文理密察一段工夫。其徒楊敬仲遂至六經之言亦不肯信。夫六經乃聖人所删定，于此不信，則所謂廣大、中庸者，于何而致之哉？故學者識得象山之學，則晦翁工夫更不可少。但要自家有箇把柄，不隨文逐義轉耳。

子貢之學，多而能識，多學不妨，徒識則不可。古之多識將以畜德，若徒識則反累心，故夫子告以一貫，使知畜德之要。此與告曾子者不同。曾子是力到功深，學已到此地位，故夫子以一貫授之，而曾子亦遂領略無疑。及其答門人之問，又只説忠恕是自己平生經歷工夫，使學者持循之，可至於一貫者。授受處各有端緒，此道統之傳所在也。子貢聰明雖過人，都用在耳目上去，不曾在心地上用功，所以雖聞一貫之言，而終不知所入。若子貢之聰明能如顔子，用之於内，又非曾子所及矣。然吾人只合學曾子，若顔子亦未易學。何者？不如顔子之天資也。或問：「晦翁工夫比曾子何如？」曰：「晦翁分明學曾子，只是于文義上忒分疏，使學者役精神于此，且文義亦未免有誤處。如以致知爲窮盡天下之物；修道之教不説戒懼慎獨，而説禮樂刑政；又戒懼慎獨只是一事，而分爲動静兩功，至使中和、知行、誠明之類都合不得。又如集義是闢義襲之非，宜在心上説，卻欲事事求合于義，此等處將使學者循之以求，事心之功其將何所入哉？故其被象山説破，亦遂無可奈何。至於晚年而悔，則規矩已成，學者循習已定，不可改矣。然其科條節目有可執守，更少不得，不似象山之漫無歸着。學者但識得他誤處，自討分曉，而一循其科條節目，以爲持循執守方，至於力到工深，則與曾子之所以教人者無少違異，而象山之見亦在其中矣。此正去兩短合兩長至見。謂欲去己之短以合象山之長，于以見晦翁之公心，有望于天下後世之人者爲不淺也。夫道之所在，無人我，無古今，而世之人乃有仍訛踵誤，每議及晦翁者，輒怒罵而指斥之。是晦翁欲去己之短，而吾反爲護其短；晦翁欲合人之長，而吾反爲掩其長；晦翁以曾子之學望天下，而吾反以子貢之學事晦翁。事之以迹，而不事之以心，是豈晦翁所安乎？吾之師晦翁，以心不以迹。九原之下，晦翁亦必以予言爲『啓予』。雖有罪我者，吾無恤焉。」

訓詁俗學做成片段，舉世趨之，學者一時没溺其中，要透得出亦甚難。與陽明争辨者，皆當世知名之士，如困知録之類。明者觀之，良可惜也。故學道之人寧可踽踽涼涼，不可使一鄉皆稱愿人，自以爲是。又不可透入别教，流爲異端，但只在本心上尋求，久之，自有惺悟處。到得惺悟時，則訓詁俗學莫非妙理，稊稗瓦礫皆爲至道矣，一念是丹，訓詁亦藥。

畏齋薛先生緒言卷四

上略。迨至有宋，周、程諸儒始尋蹊徑，表而出之，而一時學者相沿舊説，終未能脱訓詁之習。朱子功夫雖密，而於學、庸問答之間拘泥亦多，未能使學者超然於言語文字之外，以神游唐、虞、周、孔之間也。我朝白沙、陽明就人本心探良知以示人，可謂至明且切，復還淳古矣。而今之學者尤未能因所已明而益明所未明，至使良知之説仍落，訓詁口語相仍而無實得。嗚呼，三代聖人之法，秦之絶之如彼其難，宜後之復之甚易，而更千百年以來，終未有能復之者。則漢氏君臣因循之責，豈得而逃哉？學者尚不以已知爲已足，而因以益求所未知，不以良知之説爲出於二先生，而自求吾之所謂良知者，則口耳不得而膠之，訓詁不得而困之，其游於周、孔之庭也有日矣。

心學最難，才高固易入，卻又不專事於才。聖門學者如顔子之才最高，他何嘗用，但專從事於心，外面退然如愚，而其中則神明内悟，才與心合故也。子貢之才，豈不如顔子，只爲他用之於外，爲多識之學，不知心也者，虚明無物，一無所着者也。識愈多則心愈累，去道愈遠。如何入得？他卻又不知識之爲累，只説識得還少，自以爲歉，尚與顔子計較多少於聞見間。這樣人欲其屏聞見、黜聰明，以從事於屢空之地，如舞竿之人屏去其竿，更動不得。所以雖夫子屢發，終説他不轉來。心學之難明如此。夫以顔子之學，子貢尚學不上，況其他乎？乃若曾子之才，不如子貢，雖與顔子見道有遲速，卻又入得，何也？爲其專求於内，功夫有可持循，心學明故也。以此知雖才高之人不從事於心學，人不得道。若肯從事心學，雖無才亦可入道。觀於聖門，概可識矣。千載而下，明道之學似顔子，伊川之學似曾子；得明道之傳者，象山也；得伊川之傳者，晦翁也。學術趨向之極，定於此矣。多識雖非究竟法，然有所持循，與談空説妙者不同。若識而不已，其功終當豁然貫通，有誤入處，但不如顔子之省力耳。故子貢晚年悟入性與天道，夫子亦遂以一貫告之。此亦聖門一法，夫子不謂其不是也。後世訓詁之學，分明是多識，又不合將知行、動静、誠明、尊德性道問學分爲二途，使學者費力愈多。然在高才，用功日久，自能改轍；下學之士，循而行之，縱改不來，亦不失爲遵道而行之人。況從此悟入，則曾子之一貫，亦可馴致，決不入於老釋，惑世誣民。此去短合長之機要，學者不可不審也。

藝文類稿卷一大學説贈孔文谷編修

明德、親民、止至善，即良知良能之全體也。道以器寓，故雖良知良能童子之所本有，亦必假洒掃應對之具以養之，養之雖以其具，而所以養之者，固在全其知能之良，不在習其事也。養之而久，知能已全，而無待乎其外，即爲明德親民止至善，即爲大學。大學者即存乎幼小所學之中，以習其事而言，謂之小學，以悟其理而言，謂之大學。小學之外，無大學，小學之熟即大學。道器合一，離器則無道。洒掃應對，與精義入神一理也。何以知洒掃應對之通於性命也？洒掃應對雖事，而所以洒掃應對者以心，由心而洒掃而應對，則所以爲之者將以習其心也。既出於心，既以習其心，則良知不蔽處即明德也，良能不奪處即親民也，明德親民非性命之理而何？信乎，小學之事即大學之功，非有二也。若曰學有大小，工有精粗，小學乃粗淺之迹，而非精微之理，則心迹有二矣。離迹於心，則其迹也僞，既習於僞，豈復有大學之可求，本心之可得乎？其所謂「進於大學」云者，乃德至此而漸進，學自此而漸成，如志學以至而立，乃自得之妙，以其大於道者言耳。世之學者膠滯口耳，不知精粗本末合一之功，明德親民止至善爲不落口耳，不涉擬議之地，而於小學之外别立大學之法。以爲某項工課童子所習也，通曉其事而已，此爲小學。某項工課大人所習也，講明其理而已，此爲大學。而於事心之功，一無所求，則不惟失小學之旨，并所謂大學者而失之矣。以此窮理，是乃求之事物，而不求之本心；以此致知，是乃習之聞見，而不習之本心。寧不兩失之哉？昔者顔子之論學也，自謂求之於事，而有高堅前後之疑；求之於心，始有卓爾之妙。豈高堅前後之外，别有所謂卓爾乎？學之而熟，并高堅前後者而忘之，即卓爾之境也。然則所謂大學者可知矣，此顔子之學所以爲見道也。曾子之爲此書，其在唯一貫之後乎？忠恕是小學，一貫是大學，支離者失之固，頓悟者失之虚，皆非也。孔君文谷與予相遇于上谷，論及大學，辱以予言爲信，臨别索贈，書予説以貽之，時嘉靖丙申八月日也。

藝文類稿卷四示門人書

昔象山先生譏晦翁先生字字而議，句句而論，以爲不可。此説未必然也。古今學術，從虞廷「精一」之傳説來，只有人心、道心兩端。資諸口耳者，從事人心者也；反諸身心者，從事道心者也。口耳之學，記誦愈多，而身心愈晦，則雖主敬致知之説日陳於前，亦如程子所謂「脊梁□過」，於吾身心無分毫補益。其爲字字句句議論，誠有如象山之所譏者矣。若求心之學，則耳目所及皆爲思齊内省之資。吾人今日去聖日遠，舍誦詩讀書外，無可用其心者，則字字句句可放過乎？某與諸友相聚於此，終日所言皆字字而議，句句而論者也，某豈敢自謂有得於晦翁，有得於象山？特據本心所明，與諸友商確，不敢隱其所知，欺其所不知，爲就正地耳。若諸友能各就自心所見，反而求之，或有合焉，則某一得之愚，不爲無益；相與致力可也。或未合焉，則猶某心之有蔽也，以教於某，使某得因而爲自反之資，是亦所以進某也。若徒資辨説，依舊於朱陸同異處比擬校量，而不反諸心之所安，則某今日之言，實啓争端，某乃二先生之門之罪人也，豈某所願就正於諸友者之意哉？

藝文類稿卷四答陳南衡儀部書節録

上略。大抵近世學術之弊，病在言詮，則多言固不可，然無言亦不可。如陽明先生發明知行合一之説，本以救訓詁之弊，只因不曾於四書諸經爲之毫分縷析，使人無所持循，故從事其學者不免有虛玄之病。下略。

藝文類稿卷四與周衡陽推府書

傳習録奉覽，此書發明心地甚切，但俗學膠固，未易入耳。執事今日之疑，即僕昔日之疑也。然久而有得，可以一洗支離之習，又當有手舞足蹈、不言而喻者。深山有寶，惟不惜足力者得之，未可以道遠而遽止也。先儒諸書雖多，亦須擇其要者觀之。如程氏遺書、象山語録最爲緊要，而象山之言提醒尤切。必欲大做根基，絶塵而上，則釋、老二氏之書如楞嚴、如壇經亦不可少。蓋緣世人千病百痛，須以藥石百方攻治之，而後膏粱可施，此僕之舊證，賴明醫扶助，保此餘生。若高明禀受特異，原無病痛，則又無所事此矣。良工心苦，偶爲知己及之。

藝文類稿卷四與周衛陽推府書二

承諭讀書不能多記，此不足爲病。凡讀書而求記，記而求多，此正古今學術之弊，知道者不取也。蓋書之所載者道，道具於心□也。吾之讀書，將以明心也，反多記以爲心累乎？於此□法焉，凡觸吾目者，但思其理，理有未得，必反復思之，□求其明，而記與不記，無所容心，如此積久，則心愈明。而耳目所接，皆吾明心之用，問學之資，久久亦自能記，可見心與？則不求記而自記，務博則心愈塞，而記愈難，然則多記乃累心之道，夫子以多見而識爲知之次，蓋以此也。楞嚴一部，專破阿難多聞之病，聞執事究心於此，可以深□焉。

藝文類稿卷六贈蔣道林序節録

上略。聖賢六經，平正通達，本乎人心，而以告於本心。蔽錮未與湊泊之人，則簡編糟粕，適足以增有我之私，長偏駁之累，如使心無累者優游其間，咀茹其精華，而棄捐其糟粕，則理義中涵，光輝外徹，譬猶有生之藉於飲食矣。然高明之士，又或妄意易簡，脱略近功，以爲不假誦讀，可以頓悟，徑造而得之，則與因疾而廢食者奚以異哉？甲少支離記誦，中年得聞易簡之説於諸友間，而諸友之病亦或有如予之所云者，獨道林蔣君超出口耳，而又切近篤實，據事立言，無玄虛空寂之病，此予所願親炙而終事之者也。今幸同官於蜀，庶幾得諧所願以終吾志矣，而君又以宗祀禮成，將入賀天子，則予奚容無一言于其行也？爰書以贈。

藝文類稿續集卷一　擬論時政書觀政禮部試題 節録

上略。昔之論學術者多矣，然皆好惡成於一時，而是非定於萬世，未有如朱陸之辨，至今紛紛者也。今之厭繁勞、安簡便者，類以陸子爲宗；而其逞辨博、騖馳逞者，又竊取朱子之説，此二者皆非其實也。夫陸子之學，在先立其大，而朱子之學，主居敬窮理，是固殊塗同歸。學者苟能存「先立其大」之心，而務朱子之功，則所謂居敬者，居之心也，所謂窮理者，窮之心也，朱子之學是即陸子之學，非若風馬牛之不相及也。今之學者，果有得於此乎？務枝葉者賊本根，悦皮膚而遺骨髓。此以彼爲荒唐，彼以此爲淺近，紛紛議論，虚名是崇，要其流弊，皆將不免。不知辨此，而欲明好惡、正學術、一道德、同風俗，難乎其有成矣。下略。

藝文類稿續集卷一　與陸五臺少卿書

昨者邂逅倉卒，甚愜素懷，第晷刻有限，不得終教，爲此歉歉。次日行速，又不及一拜，負愧良深。方今海内同志，如晨星之落落，如吾丈者，豈不爲時重耶？僕少有志于學，中年以來始得聞陽明之説，不覺恍然有悟，然猶未敢自信也。歸田後幾三十年矣，日與諸友講習于庵院中，則六經、四子之旨，與陽明所謂「致良知」與知行合一、古本大學之説，無一不相合者，乃知聖門嫡傳，真確在此，雖欲膠固守舊而不可得也。不意諸友抄録，駸以成帙，而吾郡别駕冉公又取而刻諸邑中，至於前歲，巡撫念堂林公與今兵憲春臺蔡公又刻之于姑蘇。雖未敢自謂有得，然由此而尋陽明之蹊徑，亦庶幾有端緒矣。昔者韓子云「軻之死，不得其傳」，而又謂「荀、揚之書，擇不精，語不詳」。僕深服其語，以爲論道者須精且詳，精則理透，詳則意完。如「惟精惟一」之語，更建中建極，一貫性善，數聖賢發明而理始徹，豈非精耶？又本之以六經，輔之以四子，而意始完，豈非詳耶？然則精與詳，信乎不可闕一也。若孟氏以後，更歷千年而有明道、有象山、有陽明，可謂精矣，而享年不永，不獲有所著述以示後人，雖欲詳不可得也。至於朱子，字字而議，句句而論，可謂詳矣，然改易孔門大學，而以格物爲窮物之理，集義爲事事求合于義，則與「義襲而取」者何以異耶？循此而求之，雖欲精亦不可得也。故僕斷然以韓子之言爲不可易，而于陽明之言理析條分，以求至當者，意蓋在此。此書板今在蘇州府中，吾丈試取而閲之，以爲何如？又二氏之書，僕亦嘗致力于此。蓋吾人之身，于氣質上受病極多，人身有病須用藥攻之，而後五穀可進，二氏之書，應病之藥也。氣質受病之人而讀之,譬如病者而得甘露,豈不快耶?然病去自當進五穀,藥又無所用矣。若病去藥不除,又成藥病。故愚不敢爲吾丈道者,不敢以藥進諸無病之人也。若有病之人用之,自無所害。此僕所以敢類進于左右,冀吾丈覽之,轉爲有病者告也。偶便草草奉聞,伏惟台鑒,幸甚。

藝文類稿續集卷一 與春臺蔡兵備書

甲無似,於知道者,無能爲役,然管窺其間,亦有年矣,不意晚年得遇知己,謬蒙收録,且爲推行,既梓諸東南,惠我多士,而公又轉教西北,并將推而行之,此乃天意,非人力也,其斯道大明之一機乎!夫致知格物之説,夫子傳之曾子,曾子傳之子思,而有明善誠身之論。所謂明善即致知也,所謂誠身即誠意也,雖不言感物,然獲上治民,悦親信友,乃其驗處即格物也。至子思傳之孟子,則述師傳而備言之,而曰「至誠而不動者,未之有也」,則格物之爲感物,彰彰明矣。朱子解此章亦曰「乃子思所聞于曾子,而孟子所受于子思者」,何獨于經文而以格物爲窮究物理,捨吾之心知而求諸口耳之知,不求諸内而求諸外乎?孟子當時亦爲告子學術求義于外,故以良知良能别之,此如虞廷以道心别人心,千古而下,更動不得。陽明獨得此意,故以致良知釋致知,亦虞廷之意,孟子之意也。管見無他,獨有得乎此而已。夫論道與時尚不同，論道者求通于千古，千聖傳心之意也；從俗者遵制于一時，爲下不倍之意也。迹若相反，而理之所在，心實相通。今日科場之文，漸漸返古，日趨于理，非陽明之功，而誰之功乎？道待人而行，漢儒章句之習，至宋周、程而變，然而格物之解尚未明也。至我陽明以致良知發明之，而口耳之説遂不得行，此又一變也。今公奮然以斯道爲己任，安知非旋乾轉坤之機乎？老眼昏花，謹拭目以俟。知台駕將行，甚欲操舟一送，但暑天不能動履，懷仰方深，返辱賜儀遠加，益增感愧。然古人所貴，相諒以心，若僕之于公，雖謂之朝夕侍教可也，敢以形迹自外哉？使者行促，據案草草，情不能盡，聊附數言奉謝，伏惟台炤，前途有便，得賜平安二字足矣。

藝文類稿續集卷二心學淵源録序節録

上略。自聖賢不作，學者無所折衷，各以意見之私竊窺聖學，意見所在，千緒萬端，惟其所是，各自爲説，不合不公，而道術遂爲天下裂。蓋有竊附于吾儒之無，而欲絶物以求之者。不知吾儒之無，有而無者也，無待有而顯者也，離有言無，則無無所寓矣。棄君臣，絶父子，而漠然無情，以是言無，尚可以爲心乎？此離有于無之失也。又有竊附于吾儒之有，而欲襲義以取之者。不知吾儒之有，無而有者也，有待無而成者也，離無言有，則有失其原矣。棄根本，崇枝葉，而虚僞日長，以是言有，尚可以爲道乎？此離無于有之失也。間有知二氏之非，而爲易簡之學、訓詁之學者，雖其説自謂頓悟直截，融會貫通，而于德性道學之言終有未合，内外合一之旨終有所未明，則亦無以窺心學之淵源矣。善學者苟有志于道，必也不求速化，不膠耳目，惟沉潛精一之旨，而以吾心證之，則其是其非、其得其失有莫能逃吾之良知者，而心學之淵源，端可識矣。甲自蚤歲服膺聖謨，參考經傳，間有所得，筆之簡端，妄意撰次成書，以就正有道，而暮景侵尋，終莫之能逮也。爰遂裒集所言，而附鄙見于此，以爲心學淵源録云。渡河之筏，不棄朽株，後之君子，倘有與我同志者，當不以是罪予，而諒予之心可也。

藝文類稿續集卷二緒言引

昔日鵝湖之會，晦翁先生云：「今日之事，須去兩短合兩長。」學者因其言，遂謂晦翁晚年自悔舊學之誤，此未知晦翁者。夫子嘗有言曰：「丘也幸，苟有過，人必知之。」聖人示人，微意固自有在，初非人所易窺，晦翁之意亦猶是也。昔在聖門，子所雅言，詩、書、執禮，而性命與仁，則罕言之。聖人豈不欲直指道妙，使學者爲可幾及耶？顧學問貴乎深造，又必以道乃能自得。詩、書、執禮，深造之道也。若性命與仁，學者在自得之，其可驟而致乎？故在當時，雖卓唯如顔、曾，其于博約忠恕之條，不敢違越。自餘三千之徒，身通六藝者七十有二人，雖不能盡如顔、曾之卓唯，然德成材達，其所造詣，亦自成章。譬之百穀，皆有實用，不至流于空虚無住之歸者，由聖人教之有道也。易簡如象山，庶幾自得之矣，但其頓悟直截之學，與深造以道者大不相侔，則晦翁之功，其可少乎？學者不由晦翁之功，而遽希自得之效，鮮有不墮于空虚者。晦翁深爲此懼，故寧自任其短，而不欲使學者妄意象山之長。其所謂兩短、所謂兩長，學者默而會之，微意蓋可識矣。乃若文義之間，未免有誤，則晦翁之短誠不能無。愚于緒言中略已見其一二，但在執方之士，持而循之，有可據守，比于説妙談空者，不爲甚害。況善學者果能力到功深，超然自得，則雖博約忠恕，亦爲渡河之筏，登岸無所庸矣，況訓詁乎？此又不得因枝葉而病本根矣。

薛應旂

薛應旂（一五〇〇—一五七五），字仲常，號方山，武進（今屬江蘇）人。嘉靖十四年（一五三五）進士，授慈溪知縣，官至浙江提學副使。薛氏論學大體宗陸王，然亦頗受程朱影響，晚年撰考亭淵源録以和會朱陸。著有考亭淵源録、薛子庸語、方山先生文集等。

傳見名山藏卷七〇、明儒學案卷二五等。

考亭淵源録卷首重編考亭淵源録序

前廣東提學僉事莆陽宋公端儀曾編考亭淵源録，以未及詳定，自題曰「初稿」，無何而公卒矣。今御史中丞念堂林公與公同邑，謂是編關繫匪輕，而一時草創，尚未竟公之志，乃出以示旂删潤，且屬序諸簡端。旂三復之，作而嘆曰：宋公佩復先儒，林公表章墜緒，無非爲斯道計也。旂不類，竊有志焉久矣，敢不贊成斯美，以與學者共哉！夫道之在天下未嘗息，而其顯晦絶續之幾，則繫乎其時，亦存乎其人。即如考亭先生，學宗濂洛，遠紹洙泗，孰不謂其集諸儒之大成哉？然而異言喧豗，則未免焉。方其淳熙、慶元間，以小人而攻君子，固不足論。迨今理學大明之後，乃復有訓詁支離之議。正德間陽明王公嘗輯朱子之定論，以發明其造詣之精一。而依傍門户、未窺堂奥者，輒又二三其説，甚則詭異以徼近名，附和以希速化。邇數年來，蓋又難言之矣。此念堂公於兹編有不容但已也。旂受兹重委，不敢遜避，謹以宋公初稿稽諸往籍所載，質以平日所聞，反覆思惟，參互考訂，删其繁冗，增其未備，而一得之愚，亦不敢不盡。嘗觀考亭編伊洛淵源，首載濂溪，以追伊洛之所自，次及同時之友、及門之士，以見淵源之所漸，乃若龜山、上蔡、廣平，則皆程門高第弟子，傳之豫章，講之武夷，以及于延平、籍溪、屏山、白水，而考亭寔皆師之，一時若廣漢、金華、金谿、永康、東嘉皆以學名世，而考亭與之往復切磋，反覆論難，凡德性問學之端，王伯義利之辨，體統散殊之歸，精微嚴密之指，咸究其極，此正淵源之所在。初稿自廣漢、金華之外，咸未之録，余悉爲增入，仍仿濂溪之例，發端于延平，其諸次書之，上續伊洛之傳，下闡淵源之派。蓋必如是，則知考亭之集大成，而學者有所依據，當不爲衆言之所淆惑，偏見之所拘滯，合異以反同，會博而歸約，庶致知實踐有所措乎？道待時而行，人感時而發，而真儒輩出矣。編成，敬復於念堂公就正，以究宋公未竟之志，而僭踰之罪，知不能免也，因書以爲序。皇明隆慶戊辰冬十二月朔旦，後學武進薛應旂謹序。

考亭淵源録卷首書考亭淵源目録後

考亭淵源録成，余既序之矣。客有覽者，起而問曰：今之講學者所在有之，議論種種，蓋云衆矣。其號爲知學者，則爲陸氏之學，聖門之的傳也；朱氏之學，聖門之羽翼也。子是之編乃比而同之，次象山於考亭師友之列，豈亦近世道一編之遺意乎？曰：非然也。夫道原于天，而畀于人，人人有之，人人能言之，而知之者蓋鮮。講學者，將以明斯道而措諸行也，苟非深造自得者，是難於口舌争也。道一編者，無亦見朱、陸皆賢，而立論不同，故合二氏而彌縫之，其本來面目，真切血脉，恐亦未至深究也。旂雖寡陋，自童子時，即有志於學，三十年前，從事舉業，出入訓詁，章分句析，漫無歸著。一旦聞陽明王公之論，盡取象山之書讀之，直闖本原，而工夫易簡，正如解纏縛而舒手足，披雲霧而覩青天，喜悦不勝，時發狂叫，遂以爲道在是矣。如是者又三十年，然每一反觀，居常則覺悠悠，遇事未見得力，及徧視朋儕，凡講斯學者，率少究竟，乃復展轉於衷，年逾五十，猶未能不惑。及罷官歸，既已老矣，恐終無所得，而虚負此生，日以孔孟之書，反覆潛玩，賴天之靈，恍然而悟。始知朱子之言，孔子教人之法也；陸子之言，孟子教人之法也。今觀論語一書，言心者二，言性者一，克己復禮，唯以告顏子，而一貫之傳，自參、賜之外，無聞焉。其所雅言者，不過詩書、執禮，文行忠信，出孝入悌，事賢有仁，三戒三畏，六言六蔽，五行九思，與夫居處恭，執事敬，與人忠，出門如賓，使民如祭之類，無非欲學者隨事隨物，無時無處而不用其力也。故門人疑其有隱，而其自謂，則亦以中人以下，不可語上。夫以夫子之在當時，其成己成物之心，蓋將舉一世而甄陶之，以開萬世之太平，非不欲吾人之一蹴至道，而顧若珍秘之者，何也？寔以道雖各具於人心，而非實自致力者，不能體貼，若汎以語之，則人將褻玩，猶之夜光之璧，照乘之珠，漫以投人，不駭則疑矣，縱其祖父遺其子孫，若非克家繩武者，亦必輕視浪費，豈能慎守而永保之哉？此固夫子之微意也。迨至孟子之時，儀、衍横行，楊、墨塞路，吾道晦蝕，幾於盡矣。若不盡出其底裏以語之，夫誰與我？此所以孟子一見梁惠，遂言仁義，齊宣易牛，指其是心足王，而性善堯、舜之語，直以告之曹交、滕世子，而不少隱焉，其諸盡心、知性、養氣、集義之微，人皆得而聞之，不必及門之士也。旃嘗以爲，夫子韞櫝寶藏，盡爲孟子掀翻矣。此豈以君子之道誣人哉？憂世變而悲人窮，汲汲以拯天下之溺，不得不然也，故曰：「予豈好辨哉？予不得已也。」此孔、孟一道，而教人之法不同也。然自今觀之，孔門之所造就者，不特顏、曾、閔、冉，卓然爲殊絶人物，而宰、仲、言、卜之徒，皆彬彬君子也。若孟氏之門，樂克、告子，號稱高弟，已不當與孔門下士並論，而公孫丑、萬章之徒，直衆人耳。此其故可知矣。蓋孔門之聞道也難，故多務近裏着己、静思實踐之功，而隨其分量，各有所得。孟門之聞道也易，而身心性命之教，率皆視爲常談，而入耳出口，漫不經意，故鮮有所得。此其理與勢，蓋有必至者耳。象山之門，東南之士，群然趨之，而其所成就，自楊敬仲、袁和叔、沈叔晦、舒元質之外，罕有聞焉。考亭之門，則自黄直卿、蔡季通以下，率多名儒碩士。凡修己治人之道，化民成俗之功，行之當時而垂諸後世，凡列於兹録者，具在史册，歷歷可考見也。夫先難後獲，學者固不當有計功責效之心，而學問之真的，則自此可驗，而吾人當知所趨向也。先是，陽明王公輯朱子晚年定論，似若考亭有得於象山。今觀象山晚年教人讀書，須是反覆窮究，項項分明，博學、審問、慎思、明辨、篤行，日進無已，其有得於考亭者，蓋寔多也。道本一致，學不容二，二先生寔所以相成，而非所以相反也。具在録中，學者當自得之。其諸一二叛徒，固孔門之伯寮，程門之邢恕也，何足論哉！仍存初稿，亦可爲永鑒云。隆慶己巳春正月既望，後學薛應旂謹書。

薛子庸語卷二

薛子曰：六經者，吾心之散見也。不求諸吾心，而專事於六經者，罔也；專求諸吾心，而不事於六經者，殆也。

薛子庸語卷二

或問：「朱陸之同異如何？」薛子曰：「夫言豈一端而已哉？夫各有攸當也，皆欲人爲君子，而不欲人爲小人也。」又問。薛子曰：「『自誠明謂之性』，陸子之學也。『自明誠謂之教』，朱子之學也。誠則明，明則誠，其究一也。」

薛子庸語卷九

薛子曰：達磨謂「不立文字，見性成佛」，子静謂「六經注我」、「即心即聖」。人謂陸學爲禪，亦有自也。然子静晚年謂「讀書窮理，須要項項分明，學問思辨不當一事放過」，則固合内外而一之矣，豈得謂之禪學也哉？達磨，西來釋氏。

方山先生文録卷五與崔後渠公

日從者啓行，旂值病火，不能追餞江上，多負雅愛。小吏還自揚州，辱華劄高篇示教，深愧晚末無似，乃叨誤知如此，其何敢當，中間規勉之訓，敢不佩服。但慈湖學辯之序，終未解尊意。蓋慈湖之學出於象山，多説心之精神及人性本體，推究其極，恐未可遽謂之禪也。渭老别自有見，諒公當終不以爲然，恃愛敢略附左右，俟當細論請教。天氣尚暑，萬萬珍攝。

方山先生文録卷八寧波正學祠記

夫學所以明道也。道安從生哉？人有此心，心即是道，故曰「道不遠人」。孔子，道之宗也，自十五志學，以至于七十不知老之將至，至究其所自得，則曰「從心所欲不踰矩」。其於七十子之徒，獨稱顔子爲好學，及語其所好何學，則曰「其心三月不違仁」。嗚呼，學之源流斷可識矣。是故先孔子而聖者，堯舜是也，惟危惟微之論，莫非以此心相授受。後顔子而賢者，孟子是也，存良求放之喻，莫非以此心相提攜。豈大聖大賢皆趨簡便樂要約，而惡博厭煩哉？道之體本如是也。秦、漢、晋、唐上下千百餘年，出没于申、韓、老、佛、訓詁辭章之間，而豪傑之士亦不免淪胥以溺，於是正學失傳，而紛紛之論莫知所適從矣。宋興百有餘年，諸儒繼出，而立言著論固皆足以爲聖門之羽翼。至於直窺堂奥，上遡本真，而獨得夫傳心之學者象山陸氏，蓋不可誣也。當時游其門者，若慈谿楊敬仲、鄞袁和叔、定海沈叔晦、奉化舒元質，皆其高第弟子，以道義相切磨，而深有契夫陸氏之學。此其所得，豈可以汎常例論哉？特以其師之學與晦庵朱氏入門路徑微有不同，遂至往復論辨，真若忿争。雖其後會歸于一，驩然相合，而各得其本心，則固有人所不及知者矣，所以是朱非陸之説卒蔓延於天下後世，而不可以一二開導也。楊、袁、沈、舒之學得其宗，夫孰從而知之？夫天下之大，千百年之遠，得一人焉，斯亦難者。今以一明州之地，萃兹四賢，而久無專祀，不得與婺之何、王、金、許並列者，無亦朱陸之故也乎？有識者不能不爲之慨歎矣。嘉靖辛亥，舒氏之後以建祠請于部使者，適余視學兩浙，遂與寧波守成都孫君宏軾議合四公而祠祀焉。因即郡城鎮明庵廢址建正堂五楹，左神庫，右神厨各三楹，外爲門楣三楹，址横濶七丈四尺，縱長五丈八尺，周以磚垣，經始於壬子某月日，落成於某月日，立主題四公之謚，妥安如禮。夫朱陸之學異同者衆，然溺因襲之見，而主先入之説者，至今未盡決也。噫，是豈可以口舌爭也哉？唯是祠成，庶幾拜瞻者以心會心，其將有啓發矣乎？是舉也，值海上有兵事倥偬，卒獲告成事者，君子可以觀守之學究本原，而政先禮樂矣，余故樂爲之記。

方山先生文録卷九重刻朱子晚年定論序

曩歲乙巳冬，余以謫官赴盱江，道出武林，值文谷孔君董浙學政，送余浙江驛下，携所刻朱子晚年定論見示，蓋陽明先生所輯，謂將以撤蒙障也。越七年，余亦以視學至浙，進諸生而問焉，乃蒙障猶若未盡撤者，而文谷所刻則既散逸矣。余爲之慨悼者久之，檢諸故篋，向所示原本則固宛然在也，因命工繙刻之。夫朱子豪傑之才，聖賢之學，其論何至晚年而定哉？特以蚤歲亟於進人，不容忘言，解經釋傳，遂涉訓詁，而以言求者，於是多蹊徑矣。唯是晚年深自懊悔，屢形翰牘，亦冀學者之反求自得耳。觀其嘗自詠曰：「獨抱瑶琴過玉谿，琅然清夜月明時。只今已是無心久，卻怕山前荷蕢知。」又曰：「琴到無弦聽者希，古今唯有一鍾期。幾回擬鼓陽春曲，月滿虛堂下指遲。」噫！朱子之心胸可想矣。學者三復而質諸定論，當自有得矣。不然，則陽明之輯是，而吾黨之刻之也，不將爲贅庬也乎？

楊應詔

楊應詔（一五〇一—？），字邦彦，號天游山人，建安（今福建建甌）人。嘉靖十年（一五三一）舉人。楊氏從學於吕柟，其學以寡欲正心爲立本，以不愧天爲歸的。著有閩南道學源流、楊天游集等。事迹參見明儒學案卷八、閩中理學淵源考卷八六。

楊天游集

朱、陸之所可辨、所可議者，其言也。朱、陸之不可辨、不可議者，其人也。道之存於人，不貴於言久矣。苟不以人論學，而以言論學，不以人求朱、陸，而以言語求朱、陸，則今之紛紛，無怪其然。今之學者，出處無朱、陸三揖一辭之耿拔，取予無朱、陸裂石斷金之果決，義利不分，聲色不辨，無朱、陸青天白日之光明，而所爲黯闒垢濁，自以爲心傳乎孔、孟，而胸次則鬼魅跖尤，蠅營狗苟，入儀、秦、申、商之奸橐，而反呶呶於朱、陸之短長，可悲也夫！明儒學案卷八舉人楊天游先生應詔

李開先

李開先（一五〇二—一五六八），字伯華，號中麓，章丘（今屬山東）人。嘉靖八年（一五二九）進士，授户部雲南司主事，官至太常少卿。以詩文名於時，著有閒居集。事跡詳見殷士儋翰林院提督四夷館太常少卿李開先墓志銘，明史卷二八七附其傳於陳束傳後。

李中麓閑居集卷九涇野呂亞卿傳 節録

真醇道學在關中可繼張横渠者，涇野一人而已；在我朝可繼薛文清者，亦涇野一人而已。涇野姓呂，諱柟，字大棟，既而改字仲木，西安之高陵人也。居涇水之陽，四方學者共稱爲涇野先生。中略。有疑陽明之學者，則曰：「講其學而行非，勿信可也；不講其學而行是，信之可也。」有劾甘泉之學者，則曰：「聖君在上，賢臣在下，豈可使明時有僞學之禁之風。」有問朱陸之學者，則曰：「初時同法堯舜，師孔孟，雖入門路徑微有不同，而究竟本原，其致一也。」先生雖講學、應文無虚日，但非其人亦不願接。九卿請李序庵祭文，同僚浼蔡壜商墓志，俱不之許。先生上可庶幾乎周之精、程之正、邵之大、朱之著述，不但横渠，近可兼乎吳康齋、胡居仁、陳白沙之長，抑又不但文清。且古今經生史臣、騷卿墨客、才子術士、詩伯文人豈少哉？然或華而不實，是而不真。其圓靈雖足以洞性命之原，而檢迪之功或略於微隱；其警辯雖足以聳來游之慕，而持循之業或蕩於高虛；其流至於假借延緣，而標本殊觀德教爲二者容有之矣。先生所著有四書因問、易說翼、書說要、詩說序、春秋說志、禮問内外篇、史約、小學釋、寒暑經圖解、史館獻納、宋四子抄釋、南省奏稿、涇野詩文集，足以闡經翼聖，紹往開來，乃仁義之精華，而孔顔之道脉也。下略。

亢思謙

亢思謙（一五〇三—？），字子益，號水陽，閩縣（今屬福建）人，借籍臨汾（今屬山西）。嘉靖二十六年（一五四七）進士，選庶吉士，授翰林院編修，官至四川左布政使。著有慎修堂集。事迹見明三元考卷一〇。

慎修堂集卷一五朱陸同異辨

孟子曰：「夫道一而已矣。」易大傳曰：「天下同歸而殊途，一致而百慮。」蓋道之大原出於天，自昔聖人所以繼天而立極者，無不同也。道無不同，則學夫道者亦宜無不同矣。然智仁異稟，健順異能，則其所以爲學者，自有不能同者矣。所入之途雖異，所造之域則同，其有得於道均也，少或泥焉則非矣，故曰君子以同而異。明乎此，斯可以辨朱陸之學矣。朱陸之學，均之學聖人者也。學聖人亦既得之矣，則其始之異也，乃所以致其終之同也。執而議之，夫奚可哉？昔七十子皆躬業於孔子者也，子夏篤信聖人，曾子反求諸己，二子之學亦異矣，然其歸則皆弗背於孔子之道者也。矧朱、陸二先生倡明道學，於時君厲禁之年，遜志潛修，師心奮往，又焉能以必同哉？方其始會於鵝湖也，無極、太極之辨，支離、禪定之譏，誠冰炭之相反矣，然皆早年未定之見也。至其中若白鹿義利之講，伯恭、子壽之文，其疑信者尚相半也。迨其終，則書問之交修，友朋之議論，蓋有不約而自同者矣。是其始也，非立異也，所入之途異也。其終也，非苟同也，所造之域同也。蓋象山之質高明，故以尊德性爲主；晦庵之資篤實，故以道學問爲先。然其兼體而不遺，交修而並進者，固未始異也。此其所以均得道真而卓乎莫及也。支離禪定之非，乃其門人之流弊耳，豈二先生之學然哉？若其造詣淺深之異，則又有不可强而同者矣。晦庵義理玄微，旁通曲暢，且取善之公，宅心之廣，即其見於與陸學之始終，亦足以集諸儒之大成，純乎不可尚矣。而象山之蚤世，所養固以未醇，無極之疑則又其體認之偏所致也。是非優劣之分，誠有俟千聖而不惑者。而近世顧有師陸詆朱，自立門户，掇拾煩冗，著爲簡篇，以售其陽是陰非之計者，其於晦庵固失矣，於象山亦奚有得哉？噫！二先生之學固自在也，何加損耶？是亦毫釐千里之分，不可不辨者。

羅洪先

羅洪先（一五〇四—一五六四），字達夫，號念庵，吉水（今屬江西）人。嘉靖八年（一五二九）狀元，授翰林院修撰，官至春坊左贊善。嘉靖四十三年卒，隆慶初，追謚文恭。羅氏論學宗王守仁良知之説，以良知爲至善。黄宗羲謂羅氏學「始致力於踐履，中歸攝於寂静，晚徹悟於仁體」。著有念庵文集等。明史卷二八三、明儒學案卷一八有傳。

念庵文集卷二與唐荆川

旅中得與應德相依，而變故相促，遂至隔越，痛心痛心。初喪承朝夕撫視，不異骨肉，臨别又致奠賻，同袍之情至矣，感謝。歸家以十月襄事，學不得力，喪不用情，媿負何言？應德之學不患不實，所患者恐非本心流通耳。近日與龍溪商量何如？夫多學而識，聖門以爲第二義，然博學又孔門之訓也，究其所以異者，只緣多却有識之心，非一了百當，然則知識之痛豈小小哉？子貢一生精力，自視豈與諸子等，然畢竟不可以入道，概可見矣。廬居深悔向來悠悠之病，方深懲創，追思同心邈在千里外，風便何以惠之？初冬聞受薦入館，想得專精於學，惟勿惑于他岐，吾道之幸。

念庵文集卷一九白鹿洞

賢聖生不數，五百斯其期。獲麟事已遥，白鹿乃在兹。濂溪指迷途，朱陸分兩岐。其人雖不作，其言尚可師。嗟予不自量，獨往矢不疑。玄精惑異趣，難聞悲後時。荏苒歷二紀，彷佛見津涯。一望望足莫前，如有神鬼司。日月寧再與，虚知竟何裨。感此未皇安，三益恒所須。竭來遵故躅，庶幾或見之。精爽儼如在，荆榛多蔓枝。在昔義利談，聞者曾涕洟。悠悠今古心，豈伊異所思。川谷耀餘彩，竹樹含新滋。披衣岡阜巔，濯纓溪水湄。懷哉祗于役，日夕傷遲遲。

孔天胤

孔天胤（一五〇五—?），字汝錫，號文谷、管涔山人，汾州（今山西汾陽）人。嘉靖十一年（一五三二）榜眼，以王親補陝西提學僉事，歷官浙江右布政使。有孔文谷集等。事迹見明三元考卷一〇、乾隆汾州府志卷二〇。

孔文谷集卷三朱子晚年定論序

諸儒訓詁之學，至朱子稍稍折衷，是故有易、詩、四書等傳注。初意蓋欲繇講解以爲入道之門，若曰「博學而詳説之，將以反説約」焉爾，誠非其學之至論之定也。一時門人遂以綴輯而張大之，後儒遂守其説而不詳，忘其約而不反，至于信傳而不信經，從人而不從天，學術支離，道體蒙障，則章句爲有禍焉，此門人黨伐過矣。故朱子晚年既反約于詳説之餘，則盡悔其未詳之説之非，至以爲「自誑誑人，罪不勝贖」，斯學有所至，論有所定。朱子已非自誑，而學人之自誑者，於今猶烈也，可勝痛哉。適見陽明王子略取其言，稱其爲定論也。且曰：「世之學者徒守朱子中年未定之説，而不復知求其晚歲既悟之論，競相呶呶，以亂正學，不自知其入於異端。」信斯言也，則學者宜深省之，吾故刻其書以視同志。

許應元

許應元（一五〇六—一五六五），字子春，錢塘（今浙江杭州）人。嘉靖十一年（一五三二）進士，選庶吉士，授泰安知州，官至廣西右布政使。著有陭堂摘稿等。生平詳見侯一元廣西右布政使許公應元墓志銘。

陭堂摘稿卷六送敬所王先生赴廣東少參序

予嘗以謂道術之分也，固者以説溺經，而華者以辯破義，專錮黨伐之俗成，鉤釽離析之患作，棼然争乎同異之辯，而後功能之説得以抵巇罅，其便便巧之用，利一切之效速，而後真儒之澤，鬱滯不得施用。蓋學者好不相悦，而務相勝之過也。昔者夫子修六學以待來辟，有意乎後世，欲用其所未試。其後天下争于戰陳，六籍廢闕，七十子之轡既絶，而晚周之末，猶有子游氏之儒、子夏氏之儒、漆雕氏之儒，然亦並見詆呰云。或曰：三子學爲未得夫子意耶？詆者非也。曰：是末師之失也。偃試小邑，即務用禮樂。商居西河，西河之人疑于夫子。使漆雕開仕，對以未信，若是其懿也。豈與夫譁衆取寵，務趨合于亂國，苟以徼利撓世爲哉？然而去之彌遠，其失彌甚，則有離逖本真，舛馳末僞，安其所已知，毀所未見，于是辯説鬨于鬭訟，攻難急于操戈，啓異説之塗而立之幟，閱同氣于牆而不顧其外侮。于時法吏爲師，學士寖絀，有反離之目，被愚誣之譏。迄于暴秦，乃有儒禍，則是好不相悦而務相勝之罪也。宋之末造，朱陸之門人不能觀乎兩師之深，更是所聞，轉相姍議，同德比義之規滋缺，專己耀俗之風尤熾。天下交騖於雅辭矩步，而力行衰微矣。故至乎元，而儒之卑已甚。「子貢問子石：『子不學詩乎？』曰：『吾暇乎哉？父母求吾孝，兄弟求吾友，朋友求吾信，吾暇乎哉？』子貢曰：『請投吾學以師於子。』」彼其視日猶不給也，而暇捷捷佔佔爲乎？癸丑六月，被命入粤，副外臺之選。是時王先生新甫爲臺僉董學官，時時論學也，以予之言爲然。新甫曰：「有能紹明洙泗之絶業，振二季之餘敝，總方略，哲知行，進則仁者之效用著，退則先儒之典刑具，若是者吾願爲之執鞭。」蓋謂陽明先生云。他日盡以所得先生之書視予，又論著朱子、陸子原本所以不異，予於是乃有意陽明之學。明年春，新甫拜廣東布政使司參議，暨行，謂應元曰：「子無意規我哉？」應元進曰：「子王子，吾何以規子？夫學患不能行，行之患弗用也。今吾子學不詭於道，措注不違其言，可謂行矣。教於西粤，西粤之人士奮，里俗遷改，可謂用矣。夫兩粤固陽明子之所施用地也，子東矣，姑終子之緒，異日者有謂繼先生而起，著儒者之效于兹，使功能之士弭口不得關其説，果然，必子也。」新甫起拜曰：「非吾任也。雖然，子有言，敢不終業。」遂行。

歸有光

歸有光（一五〇六—一五七一），字熙甫，號震川，崑山（今屬江蘇）人。嘉靖四十四年（一五六五）進士，授長興知縣，官至太僕寺丞。歸氏以唐宋古文名家，論學宗程朱而排詆陸王。著有震川集等。明史卷二八七有傳。

震川集卷一〇送王子敬之任建寧序

余始五六歲，即知有紫陽先生，而能讀其書。迨長，習進士業，於朱氏之書頗能精誦之。然時虚心反覆於聖人之本旨，則於當時之論亦未必一一符合，而或時有過於離析附會者，然其大義固不謬於聖人矣。其於金谿往來論辯，終不能有同。後之學者，分門異户，自此而始。顧二先生一時所争，亦在於言語文字之間，而根本節目之大，未嘗不同也。朱子既没，其言大行於世，而世主方主張之。自九儒從祀，天下以爲正學之源流，而國家取士稍因前代，遂以其言立之學官，莫有異議。而近世一二君子乃起而争自爲説，創爲獨得之見。天下學者相與立爲標幟，號爲講道，而同時海内鼎立，迄不相下，餘姚之説尤盛。中間暫息，而復大昌。其爲之倡者，固聰明絶世之姿，其中必獨有所見。而至於爲其徒者，則皆倡一而和十，剿其成言而莫知其所以然。獨以先有當世貴顯高名者爲之宗，自足以鼓舞氣勢，相與踴躍於其間。此則一時士習好名高，而不知求其本心，爲遯世不見知，而不悔之學，則流風之弊也。夫孔氏之門，學者所爲終身孜孜不怠者，求仁而已。其後，子思爲尊德性、道問學之説，而高明廣大精微中庸新故之目，皆示學者爲仁之功，欲其全體不偏，語意如皋陶所稱直温寬栗之類也。獨用揭此以立門户，謂之講學，朱陸之辯固已啓後世之紛紛矣。至孟子所謂良知、良能者，特言孩提之童自然之知能如此，即孟子之言性善已盡之，又何必偏揭良知以爲標的耶？今世不求博學、審問、慎思、明辯、篤行之實，而囂然以求名於天下，聚徒數千人謂之講學，以爲名高，豈非莊子所謂「聖賢不明，道德不一，天下多得一察焉以自好」者也。夫今欲以講學求勝朱子，而朱子平生立心行事與其在朝居官，無不可與天地對者。講學之徒考其行事，果能有及於朱子萬分之一否也？奈何欲以區區空言勝之。余友王子敬舉進士，得建寧推官。余固慕遊朱子之鄉而未獲者，忻忻然願從之而不可得，因告之以凡爲吏取法於朱子足矣。間謁紫陽之祠，以瓣香爲余默致其祝，俾先生有神，知數百載之後，亦有余之自信不惑者也。

震川先生別集卷二下浙省策問對二道

問：今之浙省，古會稽并鄞郡之境，儒林之盛，著於前史。古未暇論，自洛學浸被東南，而浙士有親及程氏之門與受業于其門人者，其人果可稱歟？朱子集諸儒之大成，陸子靜崛起江右，二家門人傳受之緒，其可述歟？其與朱子並時而起者，果亦有聞于道歟？其能纂述朱氏之學，亦有可言歟？其以文章名世者，于道亦有所得歟？諸士子生長斯地，景行先哲久矣，願相與論之。

執事先生以浙中道學之傳，下問承學，顧愚非其人，何敢與聞于斯？然古者祀先聖先師于學，所謂先師，即其國之賢者，明有所嚮仰也。浙之諸君子，愚生亦竊識之矣。昔楚威王有問于莫敖子華。子華對以楚之先令尹子文以至蒙穀五臣之事，楚王太息，嘉其能善語其國之故。吾浙之儒者，所謂齊魯諸儒于文學，自古以來其天性也，敢無述焉。

蓋嘗謂士之所以自成者，莫貴于學，學莫貴于聞道。知所以求道矣，而後知其所以爲學；知其所以爲學矣，而後能有以自成，其于修身、齊家、治國、平天下不難也。秦漢以下，其經學、文章、功業、節行稱于天下，代不乏人，而大要歸于不知道而以氣質用事，故其所就不能庶幾于三代。蓋千五百年而宋河南程氏起而紹明之，其澤流被于閩粵間，此朱子所由以得其傳者也。至于兩浙，又河、洛、閩、粵所漸被者也。然程子之門惟游、楊、謝號稱高第弟子，而吾浙之士，及門者周行已能發明中庸之道，浙中始知有伊洛之學。而劉安節、戴述知求成己之方，以文行推重，而元承天資近道，敏于問學，此門人之尤章著者也。自龜山載道東南，學者多從之遊，而宋之才能得程氏正脉。榆櫄推明中庸、大學、論語之旨，王師愈從受易論，朱子稱其有本有文，德望爲東州之冠。此受業于程氏之門人者也。自羅從彥從學于龜山，再傳而爲李侗，侗授之朱子，學者以爲程氏正宗。陸九淵起于江西，超然有得于孟子「先立乎其大者」之旨。二家議論，初有不合，其全體大用之盛，皆能不謬于聖人。其學皆行于浙中。

輔廣、徐僑初事吕祖謙，後從朱子。僞學之禁，學者解散，廣不爲動，而五經解、詩童子問多所發明。僑以朱子之書滿天下，不過割裂掇拾以爲進取之資，求其專精篤實，能得其所以言者蓋鮮。其學一以真實踐履爲本。葉味道對策率本程子，告人主以帝王傳心之要。然朱子門人黄幹爲最著。何基師事幹，得聞淵源之義。王柏捐去俗學，從何基，基告以立志居敬之旨。金履祥事王柏，從登何基之門。論者以爲基之清介純實似尹和靖，柏之高明剛正似謝上蔡，而履祥親得之二氏，而並充于己者也。其後許謙學于履祥，適者也。

其學益振，及門之士，著録者千餘人。自基以下，學者所謂「婺之四先生」，以爲朱子之正

子静之門人，則楊簡篤學力行，爲治設施，皆可爲後世法，清明高遠，人所不及。而袁燮端粹專精，每言人心與天地一本，能精思慎守，則與天地相似。舒燐刻苦磨勵，改過遷善。沈焕人品高明，不苟自恕。朱子嘗言與子静學者遊，往往令人自得。蓋浙中尤尊陸氏之學，而慈湖其倡也。二家門人相傳之緒，于婺之四先生、四明之楊氏，可謂光明俊偉，能紹其傳者矣。雖末流門户各異，而朱子所謂「子静平日所以自任，欲身率學者一于天理，而不以一毫人欲雜于其間」者，其爲負出千古，不可誣也。

今推原程子之學，自龜山至于朱子，朱子之後爲婺之四先生；象山之學雖行于江西，而慈湖爲最著，則伊、洛、閩、粤、江西之學，豈復有盛于吾浙中者哉！虞集有云：「汝南周氏繼顔子之絶學，傳之程伯淳氏，而正叔氏又深有取于曾子之學，以成己而教人，而張子厚氏又多得于孟子者也。」顔、曾之學均出于夫子，豈有異哉！因其資之所及，而用力有不同焉者耳。然則所謂道統者，其可妄議哉！此可以爲二家傳授之定論也。

吕東萊以關洛爲宗，變化氣質，其所講畫將以開物成務。陳傅良于古人經制治法討論精博。陳亮才氣高邁，心存經濟。王褘以爲考亭朱子集諸儒之大成，而廣漢張子、東萊吕

子皆同心勠力，以閑先聖之道。而當其時，江西有易簡之學，永嘉有經制之學，永康有事功之學，雖其爲説不能有同，而要皆不詭于道者，豈不皆可謂聖賢之學矣乎？此與朱子並時而起，皆有得于道者也。至于項安世、黄震、方逢時、史伯璿之徒，無慮數十人，皆發明朱子之道者也。至于以文章名世，如黄溍、吴師道、吴萊、柳貫，皆爲一代之儒宗。而貫與師道，皆學于許文懿公。而文獻公嶷然獨任斯文之重，見諸論著，一本乎六藝，以羽翼聖道，謂文辭必原于學術，揆之聖賢之道，無媿也。宋景濂實出文獻公之門，遂爲本朝文字之宗。而國初設禮賢館，景濂與麗水葉琛、龍泉章溢，浙右儒者皆在焉。國朝崇尚理學實于是始，則今日論先正之有功于斯道者，豈可分道學、文藝爲二科哉？

抑士之相與爲斯學者，非苟爲名也，欲以明道也，故天下貴之。道苟明，施之于世，特舉而措之耳。宋之君子不能大有爲于世，蓋天命不欲興三代之治，而世莫能究其用也。而景濂獨謂諸儒後先相繼，推明闡抉，疏闢扶持，理無不章，事無不格，雖聖賢復生于後世，無以加矣。卒未有能繇其説而大有爲于天下，以爲其有志者鮮也。夫豈盡然耶？愚生特于浙中道學之傳，敢因明問及之，而道統之傳，尚未之悉也。伏惟進教焉。

何良俊

何良俊（一五〇六——一五七三），字元朗，號柘湖，松江（今屬上海）人。嘉靖中以歲貢生入國學，特授南京翰林院孔目。著有四友齋叢説。傳附明史卷二八七文徵明傳後。

四友齋叢説卷四

楊升庵云：「騖於高遠，則有躐等憑虚之憂；專於考索，則有遺本溺心之患。故曰『君子以尊德性而道問學』。」蓋高遠之蔽，其究也以六經爲注脚，以空索爲一貫，謂形器法度皆芻狗之餘，視聽言動非性命之理。所謂其高過於大學而無實，世之禪學以之。考索之蔽，其究也涉獵記誦，以雜博相高，割裂裝綴，以華靡相勝，如華藻之繪明星，伎兒之舞迓鼓。所謂其功倍於小學而無用，世之俗學以之。

朱子好將功夫分開説，如所謂省察存養之類，終難道教學者撇了省察方去存養，撇了存養又去省察，頭路忒多，如何下手，極是支離。陸象山只教人静裏用功，若存養得明白，則物欲之來，如鏡子磨得明浄，自然照得出。故後人以象山之學近於釋氏。然爲學本以求道，苟得聞道，則學者之能事畢矣，又何必計其從入之路耶？昔朱陸嘗會於白鹿洞，兩家門人皆在，象山講「君子喻於義」一章，言簡理暢，兩家門人爲之墮淚，亦多有去朱而從陸者，則知功夫語言，元不在多也。

我朝陳白沙、王陽明二公之學，功夫簡捷，最易入道，世或病其出於象山。余謂射者期於破的，渡者期於到岸，學者期於聞道而已。苟射者破的，渡者到岸，斯能事畢矣，又何必問其所從入哉？今存齋先生刻學則二書，獨象山之言簡明快暢，其喫緊爲人處甚多，讀之令人有感發猛省處。

程篁墩有道一編，大率言朱陸之學本出於一。愚謂顏子最明敏，孔子稱其聞一知十，則是顏子聞道以敏。又曰「參也魯」，則是曾子聞道以魯。然皆可入道，即孟子所序前古聖人，此皆道統授受所係。然禹以拜善言，湯以執中，文王以視民如傷、望道未見，武王以不泄邇忘遠，周公以思兼三王，孔子以作春秋，各有其道，不相沿襲。然皆能上繼道統，未必盡同。夫千蹊萬逕，皆可以入國，易曰「殊途而同歸，百慮而一致」，正此之謂也，則古人之所未必盡同者，安用强而同之哉。

尹臺

尹臺（一五〇六——一五七九），字崇基，號洞山，永新（今屬江西）人。嘉靖十四年（一五三五）進士，選翰林院庶吉士，授編修，官至南京禮部尚書。尹氏留心理學，不依傍門户。胡直稱其早年極崇信朱子之學，中年則與鄒守益、羅洪先所論相合。四庫全書總目則謂「其攻擊姚江之學甚力，亦可謂屹然不移」。著有洞麓堂集。事迹詳見國朝獻徵録卷三六胡直宗伯尹洞山先生臺傳、本朝分省人物考卷六八等。

洞麓堂集卷六與羅念庵

遡違良覿，拜奉德音，諄勤示誨，病憊中誦讀，頓覺沉疴去體。兄德學邁倫，本躬行心得者，垂教後學，講席大振，性命理學之宗，舍兄其誰。自愧慕道望洋，然一得之識，微有可陳佈者。吾儒之道，全體大用着着皆實，中和位育步步非虚，非謂可舍内而騖外，亦非謂可專守靈覺之心體，不假學問，而直截了當自能曠然神悟也。近世宗良知家者，心説沸揚，只緣金溪錯認孟子「先立乎其大者」一語。金溪所看「立」字，謂但存此心，則此理自明。孟子所謂立者，以其能思也，所思者心，所思而得之者理。今曰心即理也，但能靈覺便是聖人之道，於是遂以詩、書爲障聞見、爲外，一切屏去之，以求所謂靈覺者，然即實有所得，亦止此心靈覺之妙耳，並非所性之理也。彼釋氏者，有見於心，無見於性，陸氏之學，大率類是。朱陸異同，辨者紛綸不一，而又有回互兩可者，究竟此是則彼非，彼是則此非，奚容含糊？此日陸派盛行，至反有斥朱學爲異端者，且比朱子爲洪水猛獸者。微揆其故，大抵世之學者多畏難而趨易耳。何也？凌空駕虚之奇，一語可了，易於惑人，故從陸者易；窮理盡性，至命之學，積漸而成，故從朱者難。毋論其他，即朱子之徒，當時且有失傳，如吕氏、游氏寖入禪學。没後，勉齋、漢卿僅足自守，不再傳盡失其旨，如何、王、金、許皆濳畔師説，不止草廬一人也。至訓詁詞章之儒，出入口耳，外馳功利，放其心而不知求，宜乎致虚守寂，專求靈覺者得駕俗學之上。朱子亦早已斥之，豈可反執此以誣紫陽主道問學之流弊哉？兄主持正學，究辨似是之非，豈陸氏陽儒陰釋者比，但屏聞見守寂靜之説恐流入於禪學，不揣鄙陋敬佈，祈亮恕，不既。

唐順之

唐順之（一五〇七——一五六〇），字應德，號荆川，武進（今屬江蘇）人。嘉靖八年（一五二九）進士，改庶吉士，授兵部主事，官至右僉都御史。崇禎初，追謚襄文。唐氏以古文名家，又聞良知説於王畿，與羅洪先交，故論學深受王學影響。著有荆川集，編有諸儒語要等。明史卷二〇五、明儒學案卷二六有傳。

諸儒語要卷九朱晦庵辨陸象山

陸子静説良知、良能等處，且成片舉似經語，不可謂不是。但説便能如此，不假修爲存養，此却不得。譬如旅寓之人，自家不能送他還鄉，但與説云：「自有田有屋，大段快樂，何不便回去？」那人既無資送，如何便回去得？又如脾胃傷弱，不飲食之人，却硬要將肉將飯塞入他口，不問他喫得與喫不得。若是一頓便理會得，亦豈不好？然非生知安行者，豈有此理？便是生知安行者，也須用學。大抵子思説率性，孟子説存心養性，大段説破。夫子更不曾説，只説孝弟、忠信篤敬。蓋能如此，則道理便在其中矣。

或問：「陸象山大要説當下便是，與聖人不同處是那裏？」曰：「聖人有這般説話否？聖人不曾恁地説。聖人只説『克己復禮』，『一日克己復禮，天下歸仁』，而今截斷『克己復禮』，便道只恁地便了。不知聖人當年領三千來人，積年累歲，是理會甚麽？何故不説道，纔見得，便教他歸去自理會便了？子静如今也有許多人來從學，亦是長久相聚，還理會個甚麽？何故不教他歸去自理會？只消恁地便了？且如説『堯舜之道，孝弟而已矣』，似易，須是做得堯許多工夫，方到得堯；須是做舜許多工夫，方到得舜。」又曰：「某看來，如今説話只有兩樣。自淮以北，不可得而知。自淮以南，不出此兩者，如説高底，便如『當下便是』之説，世間事事都不管。這箇本是專要成己，而不要去成物；少間只見得上面許多道理，切身要緊去處不曾理會，而終亦不足以成己。如那一項，却去許多零零碎碎理會，事事要曉得。這個本是要成物，而不要成己；少間只見得下面許多羅羅嘈嘈，自家自無個本領，自無個頭腦了，後去更不知得那個真是是，那個真是非，都恁地鶻鶻突突，終于亦不足以成物。這是兩樣如此，真正一條大路，却都無人識，這個只逐一次第行將去。那一個只是過，那一個只是不及。到得聖人大道，只是個中。然如今説那中，也説得錯了。只説得恁地含糊，同流合汙，便喚做中。這個中本無他，只是平日應事接物之間，每事理會盡，教恰好，無一毫過不及之意。」

陸氏會説，其精神亦能感發，一時被他聳動底，亦便清明。只是虛，更無底簞。「思而不學則殆」，正謂無底簞便危殆也。「山上有木，漸，君子以居賢德善俗。」有堦梯而進，不患不到。今其徒往往進時甚鋭，然其退亦甚速。纔到退時，便如墜千仞之淵。

先生問仁傑：「别後見陸象山如何？」曰：「都下相處一月，議論間多不合。」因舉戊戌説皆與己不合。」

春所聞于象山者，都是分別「集義所生，非義襲而取之」兩句。曰：「彼之病處正在此，其説『集義』，都是『義襲』。彼之意，蓋謂學者須是自得，不爲文義牽制，方是集義。若以此爲義，從而行之，乃是求之于外，是義襲而取之也。故其弊自以爲是，自以爲高，而視先儒之説皆與己不合。」

必大因言：「金溪有言，『不是教人，不要讀書，讀書自是講學中一事。纔説讀，已是剩此一句。』」曰：「此語却是。」必大又言：「其學全在踐履之説。」曰：「此言雖是，然他只要踐履他之説耳。」

禪學盛則佛氏之説大壞。緣他本來是大段着工夫收拾這心性，今禪説只恁他容易做去。佛法固是本不見大底道理，只就他本法中是大段細密，今禪説只一向麄暴。

陸子静之學，看他千般萬般病，只在不知有氣稟之雜，把許多粗惡底氣都把做心之妙理，合當恁地自然做將去。向在鉛山得他書云：「看見佛之所以與儒異者，止是他底全在利，吾儒止是全在義。」某答他云：「公亦只見得第二着。」看他意，只説吾儒絶斷得許多利欲，便是千了百當，一向任意做去都不妨。不知初自受得這氣稟不好，今纔任意發出，許多不好底，也只都做好商量了。只道這是胸中流出，自然天理；不知氣有不好底夾雜在裏，一齊衮將去，道害事不害事？看子静書，只見他許多粗暴底意思可畏。其徒都是這樣，纔説得幾句，便無大無小，無父無兄，只我胸中流出底是天理，全不得些工夫。看來這錯處，只是不知有氣稟之性。」又曰：「『論性不論氣，不備。』孟子不説到氣一節，所以説萬千與告子幾個，然終不得他分曉。告子以後，如荀揚之徒，皆是把性做氣説了。」

吴仁父説及陸氏之學。曰：「只是禪。初間猶自以吾儒之説蓋覆，如今一向説得熾，不復遮護了。渠自説有見于理，到得做處，一向任私意做去，全不睹是。人同之則喜，異之則怒。至任喜怒，胡亂便打駡人。後生纔登其門，便學得不遜無禮，出來極可畏。世道衰微，千變百怪如此，可畏，可畏。」

陸子静之學，只管説一箇心本來是好底物事，上面著不得一個事，只是人被私欲遮了。若識得一個心了，萬法流出，更無許多事。他都是實見得個道理恁地，所以不怕天，不怕地，一向胡叫胡喊。又曰：「如東萊如何，不似他見得恁地直捷俊偉。東萊學者一人自執一説，更無一人守其師説，亦不知其緊要處是在那裏，都只恁地衰塌不起了，其害小。他學者只見得個物事，便都恁底胡叫胡説，實是卒動他不得，一齊恁地無大無小，便是『天上天下，惟我獨尊』。若我見得，我父不見得，便是父不似我；兄不見得，便是兄不似我。更無大小，其害甚大。不待至後世，即今便是。」又曰：「南軒初年説，却有些似他。如嶽麓書院記，却只恁[地]（他）説。如愛牛，如赤子入井，這個便是真心。若理會這個心了，都無事。

後來說却不如此。子靜却雜些禪，又有術數，或說或不說。南軒却平直恁地說，却逢人便說。」又曰：「浙中之學，一種只說道理底，又不似他實見得。若不識，又不肯道我不識，便含糊鶻突遮蓋在這裏。」又因說：「人之喜怒憂懼，皆人所不能無者，只是差些便不正。所以學者便要此處理會，去其惡而全其善。今他只說一個心，便都道自了，如何得？雖曾子、顏子是著多少氣力，方始庶幾其萬一。」又曰：「孟子便說性善與浩然之氣，孔子便全不說，便是怕人有走作，只教人克己復禮。到克去己私，復還天理處，自是實見得這個道理，便是貼實底聖賢。他只是恁地了，便是聖賢，然無這般顛狂底聖賢。聖人說『克己復禮』，便真實下工夫。『一日克己復禮』，施之于一家，則一家歸其仁；施之于一鄉，則一鄉歸其仁；施之于天下，則天下歸其仁。是真實從手頭過，如飲酒必醉，食飯必飽。他們便說一日悟得克己復禮，想是見天下歸仁，便是想像飲酒便能醉人，却似說『如飲醇酎』意思。」又曰：「他是會說得動人，使人恁地快活，便會使人恁地發顛狂。某也會恁地說，使人便快活，只是不敢，怕壞了人。他之說，却是使人先見得這一個物事了，方下來做工夫，却是上達而下學，與聖人下學上達都不相似。然他纔見了，便發顛狂，豈肯下來做？若有這個直截道理，聖人那裏教人恁地步步做上去？」

爲學若不靠實了，便如釋老談空，又却不如他說得索性。又曰：「近來諸處學者談空浩瀚，可畏，可畏。引得一輩江西人都顛了。」

聖賢教人有定本，如博學、審問、慎思、明辨、篤行是也。其人資質剛柔敏鈍，不可一概論，其教則不易。禪家教更無定，今日説有定，明日又説無定，陸子静似之。聖賢之教無内外本末上下，今子静却要理會内，不管外面，却無此理。硬要轉聖賢之説爲他説，寧若爾説，且作爾説，不可誣罔聖賢亦如此。

論子由古史言，帝王以無爲宗。因言：「佛氏學，只是任他意所爲，于事無有是處。」德明云：「楊敬仲之學是如此」先生曰：「佛者言『但願空諸所有，謹勿實諸所無』。事必欲忘却，故曰『但願空諸所有』；心必欲其空，故曰『謹勿實諸所無』。楊敬仲學于陸氏，更不讀書，是要不實諸所無；已讀之書，皆欲忘却，是要空諸所有。」

至之舉楊敬仲詩云：「『有時父召急趨前，不覺不知造淵奥。』此意如何？」曰：「如此却二心了。有個父召急趨底心，又有個造淵奥底心。纔二，便生出無限病痛。蓋這物事，知得是恁地便行將去，豈可便帖著一個意思在那上。某舊見張子韶有個文字論仁義之實云：『當其事親之時，有以見其温然如春之意，便是仁；當其從兄之際，有以見其肅然如秋之意，便是義。』某嘗對(某)[其]説，古人固有習而不察，如今却是略略地由，却加意去知。」因笑曰：「李先生見某説，忽然曰：『公適間説得好，可説一遍著。』」

向見陸子静與王順伯論儒釋，某嘗竊嘆笑之。儒釋之分，只争虚實而已。如老氏亦謂「惚兮恍兮，其中有物；窈兮冥兮，其中有精」，所謂物、精亦是虚。吾道雖有寂然不動，然其中粲然者存。

某向與子静説，子静以爲意見。某曰：「邪意見不可有，正意見不可無。」子静説：「此是閑議論。」某曰：「閑議論不可議論，合議論則不可不議論。」先生又曰：「大學不曾説無意，而説誠意。若無意見，將何物去擇乎中庸？將何物去察邇言？論語『無意』，只是無私意。若是正意，則不可無。」先生又曰：「他之無意見，只是胡撞將去。若無意見，成甚麽人在這裏。」

或問：「陸子静每見學者纔有説話，不曰『此只是議論』，即曰『此只是意見』。果如是，則議論、意見皆可廢乎？」曰：「既不是議論，則是默然無言而已。既不貴意見，則是寂然無思而已。聖門問學，不應如此。若曰偏議論、私意見，則可去，不當概以議論、意見爲可去也。」

有一學者云：「學者須是除意見。陸子静説顔子克己之學，非如常人克去一切忿欲利害之私，蓋欲于意念所起處，將來克去。」先生痛加誚責：「此三字誤天下學者。自堯舜相傳至歷代聖賢，書册上並無此三字。某謂除去不好底意見則可，若好底意見，須是存留。

如饑之思食，渴之思飲，合做底事思量去做，皆意見也。聖賢之言，如一條大路，甚次第分明。緣有『除意見』横在心裏，便更不自在做。如日間所行之事，想見只是不得已去做；纔做，便要忘了，生怕有意見。所以自視霄漢，悠悠過日，下稍只成得個狂妄。今只理會除意見，安知除意見之心，又非所謂意見乎？」

陸子静説「克己復禮」，云不但是克去己私利欲之類，別自有個克處，又却不肯説破。某嘗代之下語曰：「不過是要『言語道斷，心行路絶』耳。」因言：「此是陷溺人之深坑，學者切不可不戒。」因看金溪與胡季隨書中説顔子克己處，曰：「看此兩行議論，其宗旨是禪，尤分曉。此乃捉着真臟正賊，惜方見之，不及與之痛辨。其説以忿欲等皆未是己私，而思索講習却是大病，乃所當克治者。如禪家『乾屎橛』等語，其上更無意義，又不得別思義理。將此心都禁遏，久久自有明快處，方謂之得。『此之謂失其本心』，故下稍忿欲紛起，恣意猖獗，如劉淳叟輩所爲，皆彼自謂不妨者也。杲老在徑山，僧徒苦其使性氣，没頭腦，甚惡之，又戀着他禪。嘗有一僧云：『好捉倒剥去衣服，尋看他禪是在左脅下，是在右脅下，待尋得見了，好與奪下，却趕將出門去。』杲老所喜，皆是麄粗底人，如張子韶、唐立夫諸公是也。汪聖錫、吕居仁輩稍謹愿，痛被他薄賤。汪丈爲人淳厚，趕張子韶輩不得，又有許多記問經史典故，又自有許多鶻突學問義理，又戀着鶻突底禪。群疑塞腦，都没分曉，不自反躬窮究，只管上求下告，問他討禪，被他恣意相薄。汪丈嘗謂某曰：『杲老禪學實自有好處。』某問之曰：『侍郎曾見其好處否？』又却云：『不曾。』金溪學問真正是禪，欽夫、伯恭緣不曾看佛書，所以看他不破，只某便識得他。試將楞嚴、圓覺之類一觀，亦可粗見大意。釋氏之學，大抵謂若識得透，應千罪惡，即都無了。然則此一種學，在世上乃亂臣賊子之三窟耳。王履道做盡無限過惡，遷謫廣中，剗地在彼説禪非細。此正謂其所爲過惡，皆不礙其禪學爾。」

吾儒頭項多，思量着得人頭痺。似陸子静樣不立文字，也是省事。只是那書也不是分外底物事，都是説我的當道理，從頭理會過，更好。

因言讀書之法，曰：「一句有一句道理，窮得一句，便是這一句道理。讀書須是曉得文義了，便思量聖賢意指如何，要將作何用。」因坐中有江西士人問爲學，曰：「公門都被陸子静誤，教莫要讀書，誤公一生，使公到今已老，此心倀倀然，如盲無知之人，撞牆撞壁，無所知識。使得這心飛揚跳浪，渺渺茫茫，都無所主，若涉大水，浩無津涯，少問便會失心去。何故？下此一等，只會失心，别無合殺也。傅子淵便是如此。豈有學聖人之道，臨了却反自失心者？是甚道理？吁，誤人，誤人！可悲可痛！分明是被他塗其耳目，至今猶不覺悟。今教公之言，只討聖賢之書，逐日理會。且降伏其心，遜志以求之，理會得一句，便一句理明，理會得一段，便一段義明，積累久之，漸漸曉得。近地有朋友，便與近地朋友商量；近地無朋友，便遠求師友商量。莫要閑過日子，在此住得旬日，便做旬日工夫。公看此間諸公，每日做工夫者，是逐段逐句理會。如此久之，須漸見些道理。公今只是道聽塗説，只要説得贏。待若聖賢之道，只是説得贏，何須做工夫？只半日便説盡了。博學、審問、謹思、明辨，是理會甚事？公今莫問陸刪定如何，只認問取自己便了。陸刪定還替得公麽？陸刪定也須讀書來。只是公那時見他不讀書，便説他不讀書。他若不讀書，如何便做得許多人先生？吁，誤人，誤人。」又曰：「從陸子静者，不問如何，個個學得不遜。只纔從他門前過，便學得悖慢無禮，無長少之節，可畏，可畏。」

守約問：「吾徒有往從陸子静者，多是舉得這下些小細文義，致得子静謂先生教人只是章句之學，都無個脱洒道理。其實先生教人，豈曾如此？又有行不掩其言者，愈招他言語。」先生曰：「不消得如此説。是他行不掩言，自家又奈何得他？只是自點檢教行掩其言，便得。看自家平日是合當恁地。不是因他説行不掩其言，方始去行掩其言。而今不欲窮理則已，若欲窮理，如何不在讀書講論？今學者有幾個理會得章句？也只是渾淪吞棗，終不成，又學他于章句外別撰一個物事，與他鬬。」又曰：「某也難説他，有多多少少，某都不敢説他。只是因諸公問，不得不説。他是向一邊去拗不轉了，又不信人言語，又怎奈何他？自家只是理會自家是合當做。聖人説『言忠信，行篤敬』、『與人忠』等語，皆是實説鐵定是恁地，無一句虚説。只是教人就這上做工夫，做得到，便是道理。」

如「孝弟爲仁之本」一章，此等説話，陸象山都不看。凡是諸弟子之言，便以爲不是而不足看，其無細心看聖賢文字如此。凡説未得處，便將個硬説闢倒了，不消看。後生纔入其門，便學得許多不好處，便悖慢無禮，便胡説亂道，更無禮律，只學得許多粗暴，可畏可畏。不知如何學他許多恁地不好，恁地快。

符舜功問子静君子喻於義口義。曰：「子静只是拗。伊川云：『惟其深喻，是以篤好。』子静必要云『好後方喻』。看來人之于義利，喻而好者多。若全不曉，又安能好？然好之則喻矣。畢竟伊川説占得多。」

子静云：「涵養是主人翁，省察是奴婢。」陳正己力排其説。曰：「子静之説無定常，要云今日之説自如此，明日之説自不如此。大抵他只要拗，纔見人説省察，他便反而言之，謂須是涵養；若有人向他説涵養，他又言省察以勝之。自渠好爲訶佛駡祖之説，致令其門人『以夫子之道反害夫子』。」

江西士風好爲奇論，恥與人同，每立異以求勝。如陸子静説告子論性强孟子，又説荀子性惡之論甚好，使人警發，有縝密之功。昔荆公参政日，作兵論稿，壓之硯下。劉貢父謁見，值客，坐于書院，竊取視之。既而以未相見而坐書院爲非，遂出就客次。及相見，荆公問近作，貢父以近作兵論對，乃竊荆公之意，而易其文以誦之。荆公退，碎其硯下之稿，以所論同于人也，皆是江西之風如此。

頃有一朋友作書與陸子静，言陸子之學蕩而無所執。陸復書言，蕩本是好語。「君子坦蕩蕩」，堯「蕩蕩無名」，詩云「蕩蕩上帝」，書云「王道蕩蕩」，皆以蕩爲善，豈可以爲不善耶？其怪如此。

至之問告子「不得于言，勿求于心」。朱先生云：「陸子静不着言語，其學正似告子，故常諱這些子。」至之云：「陸常云，人不惟不知孟子高處，也不知告子高處。先生語陸云，試説看，陸只鶻突説過。」先生因語諸生曰：「陸子静説告子也高，也是他尚不及告子。告子將心硬制得不動，陸遇事未必皆能不動。」

子静常言：「顔子悟道後于仲弓。」又曰：「易繫决非夫子作。」又曰：「孟子無奈告子何。」陳正己録以示人。先生申言曰：「正己也乖。」

象山死，先生率門人往寺中哭之。既罷，良久，曰：「可惜死了告子。」

問正淳：「陸氏之説如何？」曰：「癸卯相見，某于其言不無疑信相半。」曰：「信是信恁處？疑是疑恁處？」曰：「信其論學，疑其訶詆古人。」曰：「須是當面與他隨其説上討個分曉。若一時不曾分疏得，乃欲續後于書問間議論，只是説得皮外；他亦只是皮外答來，越不分曉。若是他論學處是，則其他説話皆是，便攻訶古人今人，亦無有不是處。若是他訶詆得古人不是，便是他説得學亦不是。向來見子静與順伯論佛云：『釋氏與吾儒識見亦同，只是義利公私之間不同。』此説不然。如此，却是吾儒與釋氏亦同一個道理。若是同時，何緣得有義利不同？只被源頭便不同，吾儒萬理皆實，釋氏萬理皆空。」又曰：「他尋常要説『集義所生者』，其徒包敏道至説成『襲義而取』，却不説『義襲而取之』。他説如何？」陳正淳曰：「他説須是實得，如義襲只是强探力取。」曰：「如人心知此義理，行之得宜，固自内發。人性質有不同，或有性質魯鈍，或一時見不到得，他人説出來，反之于心，見得爲是，從而行之，亦内也。金溪以爲此乃告子之見，直是自渠心裏見得底，方謂之内。若以他人之説爲義而行之，是求之于外也，遂於事當如此，亦不如此。不知此乃告子之見耳。如『生而知之』與『學而知之，困而知之』，『安而行之』與『利而行之，勉强而行之』；及其知之行之，則一也。豈可一一須待自我心而出，方謂之内？所以指文義而求之者，皆不爲内？故自家纔見得如此，便一向執著，將聖賢言語便亦不信，更不去講貫，只是我底是，其病痛只在此。只是專主生知、安行，而學知以下，一切皆廢。又只管理會一貫。且如一貫，只是萬理一貫，無内外本末，隱顯精粗，皆以一貫之。此正同歸殊塗，百慮一致，無所不備。今却不教人恁地理會，却只尋個『一』，不知去那裏討頭處。」

汪長儒說：「江西所說主靜，看其語是要不消主這靜，只我這裏動也靜，靜也靜。」先生曰：「若如其言，天自春了夏，夏了秋，秋了冬，自然如此，也不須要輔相裁成始得。」

江西之學，無了惻隱辭讓之心，但有羞惡之心，然不羞其所當羞，不惡其所當惡。有是非之心，然是其所非，非其所是。潘恭叔說：「象山說得如此，待應事，都應不得。」曰：「可知是他所學所說盡是杜撰，都不依見成格法。他應事也是杜撰，如何得合道理？」

子靜學者欲執喜怒哀樂未發之中，不知如何執得？那事來面前，就只得應他，當喜便喜，當怒便怒，如何執得？

子靜說，只是一心，一邊屬人心，一邊屬道心，那時尚說得好在。

舜功云：「子靜不喜人說性。」曰：「怕只是自理會不曾分曉，怕人問難。又長大了，不肯與人商量，故一截截斷了。然學而不論性，不知所學何事。」

許行父謂：「陸子靜只要頓悟，更無功夫。」曰：「如此說不得。不曾見他病處，說他不倒。大抵今人多是望風便罵將去，都不曾根究到底，見他不是，須仔細推原怎生不是始得，此便是窮理。既知他不是處，須知是處在那裏。他既錯了，自家合當如何，方始有進。子靜固有病，而今却不曾似他用功，如何便說得他？所謂『五穀不熟，不如稊稗』，恐反爲子靜之笑也。且如看史傳，其間有多少不是處，見得他不是，便有個是底在這裏，所以無往非學。」

他只説天命之性人爲貴，人所以貴與靈者，只是這心。其説雖詳，只恁衮去。先生曰：「信如斯言，雖聖賢復生與人説，也只得恁地。自是諸公以時文之心觀之，故見得他個是時文也。莫道時文説得恁地，便是聖賢之言也。公也須自反，豈可放過？」

因説子静，言：「江南人未有如他八字着脚。」

諸儒語要卷九陸象山論朱晦庵

伯恭與汪聖錫書云：「陸君相聚五六日，淳篤敬直，流輩中少見其比。」又與陳同甫書云：「陸子静相待累日，又留七八日，昨日始行。篤實淳直，朋游間未易多得。渠云：『雖未相識，每見尊兄文字，開豁軒翥，甚欲得相聚。』覺其意甚勤，非論文者也。」

吕伯恭約先生與季兄復齋，會朱元晦諸公于信之鵝湖寺。復齋曰：「伯恭約元晦爲此集，正爲學術異同，某兄弟先自不同，何以望鵝湖之同？」遂與先生議論致辨，又令先生自説，至晚罷。復齋曰：「子静之説是。」次早，先生請復齋説，復齋曰：「某無説，夜來思之，子静之説極是。方得一詩云：『孩提知愛長知欽，古聖相傳只此心。大抵有基方築室，未聞無址忽成岑。留情傳注翻榛塞，着意精微轉陸沉。珍重友朋勤切琢，須知至樂在于今。』」先生曰：「詩甚嘉，但第二句微有未安。」復齋曰：「説得恁地，又道未安，更要如何？」先生曰：「不妨一面起行。」及至鵝湖會，伯恭首問復齋別後新功。復齋舉詩，纔四句，元晦顧伯恭曰：「子壽早已上子静船了也。」舉詩罷，遂致辨于復齋。先生曰：「某途中和得家兄此詩，云：『墟墓興衰宗廟欽，斯人千古不磨心。涓流積至滄溟水，拳石崇成泰華岑。易簡功夫終久大，支離事業竟浮沉。』」舉詩至此，元晦失色。及至「欲知自下升高處，真僞先須辨只今」，元晦大不懌，於是各休息。翼日，元晦與伯恭商量數十折議論來，先生莫不悉破其説。繼日凡致辯，其説隨屈。伯恭甚有虚心相聽之意，竟爲元晦所尼。方會之時，朱、吕二公話及九卦之序，先生因亹亹言之。大略謂：「復是本心復處，如何列在第三卦，而先之以履與謙？蓋履之爲卦，上天下澤，人生斯世，須先辨得俯仰乎天地而有此身，以達于所履。其所履有得有失，又繫于謙與不謙之分。謙則精神渾收聚于内，不謙則精神渾流散于外。惟能辨得吾一身所以在天地間舉措動作之由，而斂藏其精神，使之在内而不在外，則此心斯可得而復矣。次之以常固，又次之以損益，又次之以困。蓋本心既復，謹始克終，曾不少廢，以得其常，而至于堅固。私欲日以消磨而爲損，天理日以澄瑩而爲益，雖涉危蹈險，所遭多至于困，而此心卓然不動，然後于道有得，左右逢其原，如鑿井取泉，處處皆足。蓋至于此則順理而行，無纖毫透漏，如巽風之散，無往不入，雖密房奧室，有一縫一罅，即能入之矣。」二公大服。朱亨道書云：「鵝湖講道誠當今盛事。伯恭蓋慮陸與朱議論猶有異同，欲歸會于一，而定其所適從，其意甚善。伯恭蓋有志于此語，自得則未也。」

鵝湖之會，論及教人。元晦之意，欲令人泛觀博覽，而後歸之約。二陸之意，欲先發明人之本心，而後使之博覽。朱以陸之教人爲太簡，陸以朱之教人爲支離，此頗不合。

元晦見二詩不平，似不能無我。

淳熙八年春，先生訪元晦于南康。時元晦爲南康守，與先生泛舟樂，曰：「自有宇宙以來，已有此溪山，還有此佳客否？」乃請先生登白鹿洞書院講席，先生講「君子喻于義，小人喻于利」一章畢，乃離席言曰：「熹當與諸生共守，以無忘陸先生之訓。」再三云：「熹在此不曾説到這裏，負愧何言。」乃復請先生書其説。先生書講義曰：「此章以義利判君子小人，辭旨曉白，然讀之者苟不切己反觀，亦恐未能有益也。某平日讀此，不能無所感。竊謂學者于此，當辨其志。凡人之所喻由其所習，所習由其所志。志乎義，則所習必在乎於義，所習在義，斯喻于義也。志乎利，則所習必在乎利，所習在利，斯喻于利矣。故學者之志不可不辨也。科舉取士久矣，名儒鉅公皆由此出。今爲士者固不能免此。然場屋之得失，顧其技與有司好惡如何耳，非所以爲君子小人之辨也。而今世以此相尚，使汩没於此而不能自拔，則終日從事者，雖曰聖賢之書，而要其志之所向，則與聖賢背而馳者矣。推而上之，則又惟官資崇卑、廪禄厚薄是計，豈能悉心力于國事民隱，以無負於任使哉？從事其間，更歷之多，習講之熟，安能不有所喻？顧恐不在于義耳。誠能深思是身，不可使之爲小人之歸，其于利欲之習，怛然爲之痛心疾首，專志乎義而日勉焉，博學審問，愼思明辨而篤行之。由是而進于場屋，必能皆道其平日之學、胸中之藴，而不詭于聖人。由是而仕，必皆共其職，勤其事，心乎國，心乎民，而不爲身計。其得不謂之君子乎？秘書先生起廢以新斯堂，其意篤矣。凡在斯堂者，必不殊志。願與諸君勉之，以無負其志。」元晦跋講義云：「陸兄子静來自金溪，熹率僚友諸生，俱至白鹿洞書院，請得一言以警學者。子静既不鄙而惠許之。至其所以發明敷暢，則又懇到明白，而皆有以切中學者隱微深痼之病，蓋聽者莫不竦然而動心焉。熹又恐其久而或忘之也，復請子静筆之于簡，受而藏之。凡我同志，于此反身而深察之，則庶乎其不迷于入德之方矣。」先生云：「講義述于當時，發明精神不盡。當說得來痛快，至有流涕者，元晦深感動，天氣微冷，而汗出揮扇。」元晦又與楊道夫云：「曾見陸子静義利之説否？」曰：「未也。」「這是子静來南康，熹請説書，卻説得這義利分明，是説得好。如云：『今人只讀書便是利，如取解後，又要得官，得官後，又要改官，自少至老，自頂至踵，無非爲利。』説得來痛快，至有流涕者。」

朱元晦書：「比約諸葛誠之在齋中相聚，極有益。浙中士人，賢者皆歸席下，比來所得爲多，幸甚。」再書云：「歸來臂痛，病中絶學損書，卻覺得身心收管，似有少進處。向來泛濫，真是不濟事。恨未得欵曲承教，盡布此懷也。」

「大抵子思以來，教人之法惟以尊德性、道問學兩事爲用力之要。今子静所説尊德性，而某平日所聞却是道問學上多。所以爲彼學者持守可觀，而看道理全不仔細。而熹自覺于義理上不亂説，却于要緊事上多不得力。今當反身用力，去短集長，庶不墮一邊耳。」先生聞之曰：「朱元晦欲去兩短合兩長，然吾以爲不可。既不知尊德性，焉有所謂道問學？」

朱元晦語録云：「今浙東學者多子静門人，類能卓然自立，相見之次，便毅然有不可犯之色。自家一輩朋友，又卻覺不振。」又云：「子静之門，如楊簡輩，躬行皆有可觀。」又與詹侍郎書云：「高教授能留意學校甚善。渠從子静學，有意爲己，必能開導其人也。」又與劉仲復書云：「陸丈回書，其言明當，且就此去持守，自見功效，不須多疑多問，却轉迷惑。」

先生又云：「學者至本朝而始盛，自周茂叔發之。」又云：「韓退之言，軻氏之死不得其傳，故不敢誣後世無賢者，然直是至伊洛諸公，得千載不傳之學，但草創未爲光明。今日若不大段光明，更幹當甚事。」又云：「二程見茂叔後，吟風弄月而歸，有『吾與點也』之志。後來明道此意却存，伊川已失此意。」

朱元晦喜晴詩云：「川源紅緑一時新，暮雨朝晴更可人。書册埋頭何了日，不如抛卻去尋春。」先生聞之色喜，曰：「元晦至此有覺矣，是可喜也。」

與陶贊仲書略云：「太極圖説，乃梭山兄辨其非是，大抵言『無極而太極』與周子通書不類。通書中言太極不言無極，易大傳亦只言太極不言無極。若于『太極』上加『無極』二字，乃是蔽于老氏之學。又其圖説本見於朱子發附録，朱子發明言陳希夷太極圖傳在周茂叔，遂以傳二程，則其來歷爲老氏之學明矣。周子通書與二程言論，絶不見『無極』二字，以此知三公蓋已知無極之説爲非矣。以晦翁之高明，猶不能無蔽，道聽塗説之人，亦何足與言此哉？」再書云：「與元晦二書可精觀熟讀，此數文皆明道之文，非止一時辨論之文也。吾文條析甚明，所舉晦翁書辭皆寫其全文，不增損一字。吾書坦然明白，吾所明之理，乃天下之正理、實理、常理、公理，所謂『本諸身，徵諸庶民，考諸三王而不謬，建諸天地而不悖，質諸鬼神而無疑，百世以俟聖人而不惑者也』。」

論私立門户之非，與唐司法書略云：「學者求理，當惟理之是從，豈可苟私立門户？理乃天下之公理，心乃天下之同心，聖賢之所以爲聖賢者，不容私而已。顔、曾傳孔子之道，不私孔子之門户，孔子亦無私門户與人爲私商量也。」

朱元晦論學徒競辨之非，答諸葛誠之云：「示諭競辨之論，三復悵然。愚深欲勸同志者兼取兩家之長，不輕相詆毁。就有未合，亦且置勿論，而力勉于吾之所急。吾人所學喫緊着力處，正天理人欲相去之間，如今之論，則彼之因而起者，于二者之間果何處乎？子静平日自任，正欲身率學者於天理，不以一毫人欲雜於其間，恐決不至如賢者之所疑也。」包顯道侍晦庵，有學者因無極之辨貽書詆先生者，晦庵復其書云：「南渡以來，八字着脚理會着實工夫者，惟某與陸子静二人而已。某實敬其爲人，老兄未可以輕議之也。」

洪垣

洪垣（一五〇七—一五九三），字峻之，號覺山，婺源（今屬江西）人。嘉靖十一年（一五三二）進士，授永康知縣，官至温州知府。洪垣受學於湛若水，調停湛、王二家之學。著有覺山先生緒言等。明史卷二〇八、明儒學案卷三九有傳。

覺山先生緒言卷二

晦翁謂：「聖門只説爲仁，不曾説知仁。上蔡一變而爲張子韶，上蔡所不敢衝突者，子韶盡衝突了。近年陸子静又衝突張子韶之上。」夫「知仁」二字與「學者先須識仁」，似不足爲上蔡病，其所病者，從性日意雲之説失之耳，張子韶上，恐子静更無可衝突處。

朱子謂：「儒以理爲不生不滅，釋氏以神識爲不生不滅。」夫理因神識以發，儒豈能外神識以自存？但吾儒理與神識爲一物，而釋之神識，恐理爲之障耳。理豈爲障？障之者意也。象山曰「善最害心」，故晦翁疑之。

答徐存齋

昨遽以甘泉翁集序上請，蒙不見却，復賜教云：「當知湛、王二公之所以同，又知其所以異，吾人又當自知，曾於二公異同處用功，孰得孰失。」誠爲確語，愚固自審之矣。慨自慎獨之旨不明於天下，雖曾力行篤信，師法古人，猶謂有不得預聞於道者。自二公以所不睹不聞性之體發之，學者曉然知天德王道，真從此心神化，相生相感，不復落於事功形迹之末，其有功於後學不淺。此非其所同乎？雖然，其所同在此，而其所異，與吾人用功之有得失者亦在此。何者？微之顯，誠之不可掩，聖人之學脉也。于微顯處用功，内省不疚，無惡於志，又進而敬信，渾然至于上天之載，無聲無臭，以復此顯微之體，此聖學工夫也。夫方工夫本體講論大明之時，而猶異同明晦，終有未盡合者，固由於學之不善，其亦救偏補弊之過有以致之與？陽明公之言曰：「獨知之知，至静而神，無不良者。吾人順其自然之知，知善知惡爲良知；因其所知，而爲善以去惡爲致良知。是於行上有功，而知上無功。」蓋其所謂知，自夫先天不雜於欲時言之，是矣。至復語人以「不識不知」，及楊慈湖之不起意，爲得聖學無聲臭命脉，一時學者喜於徑便，遂概以無心之知爲真知，不原先天，不問順帝之則，如尊教所爲，任性而非循性者，是過懲意識之故也。故嘗謂陽明公門弟之學，似倚於微而無上天之載，失之倚，非良矣。愚故尊之喜之，取以爲益。雖嘗學焉，而未得也。甘泉公竊爲此懼，乃大揭堯舜授受執中心法，惓惓補以中正之語。故其言曰：「獨者，本體也，全體也。非但獨知之知爲知，乃獨知之理也。纔知即有物，物無内外，知體乎物而不遺，是之謂理。」即上文「所不睹不聞之所」，下文「未發已發之中和」，末章「上天之載」是也。中庸不云：「或學而知之乎！」知者，達道也，理也，學者致良知也。致知而學，以求知此天理，是乃致知在格物，君子學以致其道之謂。若謂學以致此良知，斯無謂矣。後來學者，因有執中之謂，亦惑於感應之際。舍初念，而逐善惡是非之端，以求所謂中正者，恐未免涉於安排，而非性體之自然。故嘗謂甘泉公門弟之學，似又倚於顯而有處，失之倚，非中矣。愚實尊之信之，視以爲法。雖嘗學焉，而未至也。顯之失，尚有規矩可循，微之失，則漸入於放而蕩矣。雖然，微之失未必無所由起，而顯之失，乃誠吾人之不善爲擇也。忘助俱無，中斯見矣，擇斯得矣。夫忘助俱無者，非心之規矩乎？雖云正心本於誠意致知，然良知不能爲一身主宰，其所以致知擇中，而爲一身主宰者在心。故堯舜開心學之源，曰：人心道心。夫子曰「其心三月不違仁」。謂仁與良知天理，非心不可，然心者，實天理良知之管攝也。求之心，則二公之異同，亦可得其一二矣，其可併以支離病哉？乞訂證數言，以俟百世。明儒學案卷三九郡守洪覺山先生垣

趙貞吉

趙貞吉（一五〇八—一五七六），字孟静，號大洲，内江（今屬四川）人。嘉靖十四年（一五三五）進士，選庶吉士，授編修，以禮部尚書兼文淵閣大學士入閣，卒謚文肅。世謂其善王守仁良知之學，黄宗羲等批評其學近禪。著有趙文肅公文集。明史卷一九三、明儒學案卷三三有傳。

趙文肅公文集卷一六重刻陽明先生文粹序

初編陽明文粹而刊之者，都御史宋陽山氏也，今重刻於扶風者，僉事帶川梁君也。梁君名許，昔爲御史，請從祀王先生，今復刊其書。二君子皆以一日之長視予，宿知予之不能

藏其狂言也。序曰：是編多録與閩論意指異者，蓋王先生學入理界最初之論，故能擴摧理路之礙而曉然示人以行也。嗟乎，吾生有知即知誦説先生之言，見世之儒生始駭王先生之異而攻之，中喜王先生之爲異而助之衍，終羨王先生之持異乃欲駕其説，於是王氏之學又若自異矣。有童子聞予言之，進曰：「聞之天下無二道，聖人無兩心，學奚貴異哉？」予曰：「嘻，小子何知！夫學未至於聖人之地，而假名言以脩心，其勢不容於不異也。昔閩洛之儒異唐漢矣，唐漢之儒異鄒魯矣，三千七十之流各持其異，入孔門而欲争之，皆喪其名言而如愚以歸，故曰『雖欲從之，末由也已』，然後異者合而道術一矣。此曷故耶？以得聖人爲之依歸也。是故聖人者，群言之家而道之岸。夫衆車離麗馳於康莊，而前卻之異者，策使之也；衆舟沿遡於廣津，而洄突之異者，枻使之也；衆言淆亂於名言，而喧聒於是非之異者，見使之也。至若行者抵家，則并車釋之矣，何有於策；渡者抵岸則并舟釋之矣，何有於枻；學者而至於聖人之門，則并其名言喪矣，何有於見。故知聖人者，以自度爲家也，不令己與人異也；以度人爲岸也，不令人與己異也。如使閩浙二大儒遇孔子而事之，必有以塞其異之源，而不令其末之流也。」童子曰：「丈夫何以知之？」曰：「予嘗觀夫子荅問群弟子，而知道術之可一也。噫，希矣，可易言哉。班固曰『仲尼没而微言絶，七十子逝而大義乖』，於是百家之異論又競起，遂至不可勝究矣。孟子輿折以雄辯，而不能熄也，莊子怵和以天籟而不能齊也，使後生者不幸，而不覩古人之純全，紛紛籍籍以至於今，悲夫！」

趙文肅公文集卷二一 復廣西督學王敬所書其四

二月初至家，六月有量移之報，忽臨粤使，又枉尺書及所編定朱文，幸甚幸甚。僕昔在館中櫝蓄此書，每讀之，未嘗不惜我晦翁之不嗇於言，而勇於争論也。或曰：「不直則道不明。」然則翁直也，非争也。答曰：「嗟乎，是殆難與人言也。」往予讀荀卿之譏孟子「略法先王，而不知其統」，未嘗不駭也，及探道日久，心稍有知，回視孟子之禽獸楊墨，則竊謂持論之過嚴矣。夫二子之學要有所本也，墨子本於禹，楊子本於黄帝、老子，二子皆當世高賢，其學本以救世，至其徒之失真，則非二子之罪也。遽極其討伐而擬諸禽獸焉，非不深究先王之學術，亦各有在之過乎？謂之「略法」者，以言不深考云耳。夫孟子法孔子者，嘗謂孔子自生民以來未之有，則于孔子之前上聖至人，誠亦有所不暇考，乃荀氏之言亦未爲過，至謂「不知其統」，則雖予亦不以荀言爲然。何則？統者，道之宗也，言之所由出也。立言而無其宗，如瞽在途，觸處成窒，豈宜以論孟氏也？孟氏之宗，持志養氣是也，是孟氏之三昧也，義即子思之中和也。夫晦翁法孔孟，法堯舜，堯之授舜曰「執中」，而子思訓中爲喜怒哀樂之未發，翁則以爲人自嬰兒以及老死無一息非已發，其未發者，特未嘗發耳。其非子思之旨明矣。至其末年，乃嘆師門嘗以爲教，顧己狃於訓詁文義，而未及求。至老年尚起望洋之嘆，不知翁之將姑爲是謙退耶，抑所造實若此耳。夫使翁之所造實如此，則翁所法孔子之統者何在？夫晉鄙之未遇魏公子也，猶三軍之主也，及公子一旦奪符而鄙休矣，故三軍從符而不從將者也。夫千聖之統一，符也。千古之聖賢人一，公子也。千古智愚之心靈一，三軍也。翁之統一諸子者，不能合符孔氏，則雖評騭之工，説彈之盡，椎擊之便，剥剔之精，但服其口而不能服其心，後之人尤依望諸子，有搴旗擊空之能而不遽去也。嗟乎，是殆難與人言也。蓋孔子既没，大義已乖，而微言將絶，于是紛紛好飲食而斮廉耻，以詩、書發冢者塞路矣，故荀卿斥之爲賤。而莊生欲齊物論也，夫物論者，謂人各是其是而非其非，故曰「大言炎炎，小言詹詹」，如衆竅之號，而各據其翏翏刁刁以相争於靡然之途者也。夫莊子之雅意，欲息諸子之争論，以相忘於道術之中云耳。顧雖程、邵大儒亦不之察，乃去其「論」字，直以莊生爲欲齊物，如孟子稱「物之不齊」之「物」，乃曰「莊生欲齊物而物終不可齊」。嗟乎，文義尚未知解，況肯會其意乎！後之善談道術若莊生，又莫過太史公也。太史公嘗論六家指要矣，曰：「吾於道家取其長焉耳，吾於儒家取其長焉耳，吾於墨家、名家、法家、陰陽家皆取其長焉已耳。其短者吾將棄之已耳。」所貴於折群言之衷者，不當若此乎？

今觀晦翁之書，其所評騭千古，説彈百家，椎擊名士，剥剔群言，不遺餘力矣。有曰：「吾於某而取其某長者乎？」有曰：「古之學術有在於是者，某聞其風而興者乎？各以其術鳴而同於一吹目爲天籟者乎？」或曰：「晦翁自任之重，故闢邪距詖，不得不嚴本孟子也，烏得以莊生、史談之論道術比？」予曰：嗟乎，此所謂殆難與人言者矣。且學術之歷古今，譬之有國者，三代以前如玉帛俱會之日，通天下之物，濟天下之用，而不必以地限也。孟、荀以後，如加關譏焉，稍察阻矣。至宋，南北之儒殆遏糴曲防，獨守谿域，而不令相往來矣。陳公甫嘗嘆宋儒之太嚴。惟其嚴也，是成其陋者也。夫物不通方則國窮，學不通方則見陋。且諸子如董、楊以下，蘇、陸以上，姑不論。翁法程、張矣，而不信程、張；尊楊、謝矣，而力闢楊、謝。凡諸靈覺明悟通解妙達之論，盡以委於禪，目爲異端，而懼其一言之污也。顧自處於日，看案上六經、論、孟及程氏文字，於一切事物理會以爲極致，至太極、無極、陰陽、仁義、動静、神化之訓，必破碎支離之爲善，稍涉易簡疏暢，則動色不忍言，恐墮異端矣。夫如此學道，烏得不陋！昔項氏父子起江東，以其尊號與楚心，劉伯升兄弟起南陽，以尊號與更始，皆謂授人以柄而後争，則久已出其下矣。晦翁之論以爲闢禪，而不知其實尊禪矣。夫均一人也，其始可以學禪，亦可以學儒也。謂靈覺明妙禪者所有，而儒者所無，何耶？非靈覺明妙則滯窒昏愚，豈謂儒者必滯窒昏愚，而後爲正學耶？子思曰：「惟天下聰明睿知，足以有臨。」大傳曰：「古之聰明睿知神武而不殺。」是豈塵埃濁物昏沉鑽故紙而已耶？雖然，翁固未易測也。予嘗考其世，設處翁之地，而論翁之心，其拒禪甚力，惡蘇尤深，詆陸太露，其意亦略可觀矣。蓋南渡之後，高、孝二帝極愛蘇氏文章，所謂「家藏蘇氏之書，人講眉山之學」也。二帝又皆好禪，故皆内禪以畢其功。予嘗見佛照禪師奏對録，而知朱仲晦之不遇孝宗決矣，況於光、寧之朝耶？翁忠孝天性，剛奮有餘，欲復二帝之讐，而無一旅之託，其文章議論，至於國勢安危之幾，君子小人升降之際，則芒寒正色，恢拓奇崛，使人凜凜聽之不倦，視其講學訓解，如出二手，誠有以激之也。陸氏之異則出不相下，所謂「明其爲賊，乃可服之」意耳。夫僕往之讀朱子大全之日，其論如此。又欲以暇日披覽，抉摘取其合者爲一編，别爲一書以表白諸子凡經朱氏掊擊者，明其學之各有宗也，附於莊氏道術篇之後，以繼鄒魯縉紳之論，以關涉頗大，力未必得，遽爲而止也。今讀公所抄，若有意焉，故肆發其狂愚，不知有合於公之意否？便中幸一批教焉。夫我輩之於斯世，出諸老之後，以論學知言爲任者也。又遇良友，烏得不盡，勿外其狂而疏絶是幸。適抱采薪之憂，詞不發越，不得達此衷曲，冀鑒其略云耳。

朱衡

朱衡（一五一二——一五八四），字士南，號鎮山，萬安（今屬江西）人。嘉靖十一年（一五三二）進士，授福建尤溪知縣，官至工部尚書。著有道南原委録。事迹詳見于慎行榮禄大夫太子太保工部尚書鎮山朱公衡行狀，明史卷二二三有傳。

重刊傳習録序

昔濂溪周子倡獨悟之學于天下，當其時乃有疑其所自出者，至于久而後定。宋儒既遠，經生牽制文義久矣。陽明先生揭良知之旨，力拯群迷，而四方之人始而駭，繼而疑，至呶呶以相訕。先生處群猜衆咻之中，而不自恤，於是疑信者相半之。夫周子之學後世所宗，奚獨疑于當時之人哉？彼人之情膠于故，而又伐乎異也。無極之極，自柳子言之，以其出自柳子而疑之也固宜，若乃良知之學，根諸孟氏，而大學以致知爲教，此不可以信哉。先生之學簡易直截，然非徑造者所能至；其爲教也，神機無方，然要其宗旨則一。言之垂于世者夥矣，而其剖析精明，讀之而易入，觸之而易從，自謂無意中得此一助者，即今所傳傳習録是已。今去先生之世餘二紀，讀其書者靡不悦而宗之，私淑之士多于及門之徒，則先生之學，人固翕然信矣。雖然，微言日湮，中行復鮮，士往往以資之所近、見之所及以爲學，故有厭物情之紛撓，懲訓述之支離，而遺境言心，任識作悟，恣意爲率性者，而又或求先生于無不知不能之中，揣摩湊合，自以爲道在是矣。嗟乎，心之本體虚靈變化，至神至易，而範圍曲成，通知之道，寓乎其中，戒慎恐懼，全此本體，三千三百，悉自此而出之，初無寂感内外之可言，而可岐而二之、襲而取之也乎？故昔之學者，古訓是式，擇準繩而蹈之，然猶有執古而行，行不越軌之士，其究也迂曲而不通。方今也，或是之亡也。昔之人其學未必是，而其人則可信；今之人其學未必非，而問其人則不然矣。故曰賢不肖者，道不明之故也。子夏有聖人之一體，乃流之爲莊周，倍師説而淫于佛老者，非程氏之門人與？聖賢之學，何嘗弊哉？不由心得，其流則然爾。學者果有作聖之志，從心悟入，既竭其才，協于天，則取先生之言，而顯證焉可矣。乃若誦其言而爽焉失其故，毅然自任，行著習察，則不失爲緣聞入悟之士，是之曰躬行心得之學，而合異堅離，相應相求，使風俗莫不一于正，以助國家元氣，則先生之學大明于世，其誰不信之哉。侍御古林沈君，學先生之學者也，按閩之暇，取傳習録、大學問、朱子晚年定論，手訂付梓，播諸學官弟子員。噫！君之嘉惠多士至矣哉。濂溪之學擴大于程氏，乃有載之以南者，遂開八閩道學之盛，至方以鄒魯。先生之學，今既南矣，古林又章明而振導之，豪傑林立，夫非昔之闔與？篤信力行，自成自道，引先生之緒而遡濂洛之源，俾鄒魯之盛復見于今日，兹非所望于多士者乎？某不敏，媿無以先之，敬書簡末，用申告焉。明文海卷二一七

高拱

高拱（一五一三—一五七八），字肅卿，號中玄，新鄭（今屬河南）人。嘉靖二十年（一五四一）進士，選庶吉士，授編修，嘉靖、隆慶間入内閣，官至吏部尚書、中極殿大學士，卒謚文襄。高氏論學主張「驗之以行事，研之以深思」，著有春秋正旨、問辨録、高文襄公集等。明史卷二一三有傳。

高文襄公集卷二九本語

問：「朱陸之於聖人之道也，孰爲得？」曰：「聖人之道如良玉然，既精瑩又温厚。晦翁猶帶石意，着而未融；象山如水晶，虚而不厚。」

「朱、陸相攻謂何？」曰：「其所紀録，皆門人鬭勝之過。二公非如此也，而亦不免各有

勝心動氣處。夫學求爲己，只當忘人忘己，虚心以求其是。人苟是，便當從；如其不是，不從而已。吾苟是，便當守；如其不是，改之而已。如果吾是而彼非，的見其然，不妨再告，反復而不聽，則姑已之，俟其自悟可也，何爭辯爲？明道先生謂吴師禮云：『爲我盡達諸介甫，我亦未敢自以爲是，如有説，願往復。此天下公理，無彼我，果能明辯，不有益於介甫，則必有益於我。』何等心平氣和，不惟受益無盡，亦自能感動人，釋其勝心。」

高文襄公集卷三〇本語

博學、審問、慎思、明辨、篤行，聖人示人爲學之目，昭如日星，學者但當循是以學，則聖人之域可至，乃舍此不務，却只説誰家尊德性，誰家道問學，誰家知行合一，彼可此否，紛紛無已，只鬭口語，到底成箇甚？

宋儀望

宋儀望（一五一四—一五七八），字望之，永豐（今屬江西）人。嘉靖二十六年（一五七四）進士，授吴縣知縣，官至大理寺卿。宋氏從學於聶豹，傳良知之旨。嘗著陽明先生從祀或問，力主陽明從祀孔廟。著有華陽館文集。明史卷二二七、明儒學案卷二四有傳。

華陽館文集續刻卷一陽明先生從祀或問 并序

僕閒居，日與同志講古人之學，頗悉今昔學術之辨，以爲我朝理學，敬齋薛公倡之，白沙陳公繼之，至於力求本心，直悟仁體，則餘姚王陽明公致良知一脉，直接孔孟不傳之秘，自濂溪、明道以後，一人而已。近聞科臣欲舉薛、陳、王三公從祀孔子廟庭，甚盛典也。未幾，即下禮部，集諸儒臣會議，時刑部侍郎鄭公因見議論紛起，遂上疏深詆餘姚，其事遂寢。同志中因究論陽明之學，與宋儒所以異同之故，言人人殊。僕乃作爲或問，反覆辯難，以極折衷之旨。雖於先生之學，未敢謂盡其底藴，而於古今學術之辯，或有得其梗概云爾。時隆慶己巳十月說記。

或有問於予曰：「古今學問，自堯、舜至於孔、孟，原是一箇，後之談學者，何其紛紛也？」予答之曰：「自古及今，人同此心，心同此理。所謂理者，非自外至也。易繫曰：『天地之大德曰生。』人得天地生物之心以爲心，所爲生理也。此謂生理，即謂之性，故『性』字從心從生。程子曰：『心如穀種。』又曰：『心生道也。』人之心，只有此箇生理，故其真誠惻怛之意，流行於君臣、父子、兄弟、夫婦、朋友，以至萬事萬物之間，親親疏疏，厚厚薄薄，自然各有條理，不俟安排，非由外鑠，是所謂天命之性，真實無妄者也。自堯舜以來，其聖君賢相，名儒哲士，相與講求而力行者，亦只完得此心生理而已。此學術之原也。」

或曰：「人之心只有此箇生理，則學術亦無多説，乃至紛紛籍籍，各立異論，何也？」予曰：「子何以爲異也？」曰：「精一執中，説者以爲三聖人相與授受，萬世心學之原至矣。成湯、文、武、周公以後，又曰『以禮制心，以義制事』，曰『緝熙敬止』，曰『敬以直内，義以方外』。孔門之學，專務求仁，孟子又專言集義，曾子、子思述孔子之意，作大學、中庸，聖門體用一原之學，發明殆盡。至宋儒朱子，乃本程子而疑大學古本缺釋格物致知，於是發明其説，不遺餘力。説者謂孔子集群聖之大成，而朱子則集諸儒之大成。其説已三百餘年，至陽明先生始反其説。初則言『知行合一』，既則專言『致良知』，以爲朱子格物之説，不免求理於物，梏心於外。此其説然歟，否歟？」予答之曰：「上古之時，人含淳樸，上下涵浸於斯道而不自知。伏羲氏仰觀俯察，始畫八卦，以通神明之德，以類萬物之情。然當時未有文字，學者無從論説。至堯、舜、禹三大聖人，更相授受，學始大明。其言曰：『人心惟危，道心惟微，惟精惟一，允執厥中。』蓋此心本體純一不雜，是謂道心，即所謂中也；若動之以人，則爲人心矣，非中也。微者，言乎心之微妙也，危則殆矣。精者，察乎此心之不一，而一於道心也。一者，一乎此心之精，而勿奪於人心也。如此則能『允執厥中』，天命可保矣。此傳心之祖也。『以禮制心』者，言此心只有此箇天理，禮即天理之謂也，故制心者惟不欺此心之天理，則心之體全矣。『以義制事』者，言天下之事，莫非吾心流行之用，制事者惟順吾心之條理裁制，而不以己私與焉，則心之用行矣。此體用合一之説也。若謂禮屬心，義屬事，是心與事二矣。孟子曰：『心之所同然者，何也？謂理也，義也。』説者謂在物爲理，處物爲義，審如此説，是理與義果爲二物乎？心外無理，心外無義，心外無物。自我心之條理精察而言，則謂之理；自吾心之泛應曲當而言，則謂之義，其實一也。緝熙者，言心本體自光明，緝熙則常存此光明也。敬止者，言此心無動無静，無内無外，常一於天理而能止也。文王緝熙光明，使此心之本體常敬，而得所止，故曰『純亦不已』，文王之德之純』，此之謂也。『敬以直内』者，言心之體本直，但能常主於敬，則内常直矣。『義以方外』者，言心之神明，自能裁制萬物萬事，但能常依於義，則外常方矣。敬者，義之主宰，在内而言謂之敬。義者，敬之裁制，在外而言謂之義。惟其敬義一致，内外無間，則德日大，而不習無不利矣。故曰『性之德也，合内外之道也，故時措之宜也』。嗟乎，堯、舜、禹、湯，聖君也；文王、周公，聖臣也。古之君臣，相與講究此學，先後一揆，其力量所到，特有性反之不同耳。若相傳學脉，則千古一理，萬聖一心，不可得而異也。時至春秋，聖君賢相不作，人心陷溺，功利横流，孔子以匹夫生於其時，力欲挽回之，故與群弟子相與講明正學，惓惓焉惟以求仁爲至。夫仁，人心也，即心之生理也。其言曰：『夫仁者，己欲立而立人，己欲達而達人。』解之者曰：『仁者以天地萬物爲一體，手足痿痹即爲不仁。』此仁體之説也。當時在門之徒，如予、賜、由、求最稱高等，然或膠擾於事功，出入於聞見，孔子皆不許其爲仁。惟顔子請事竭才，直悟本體，故孔子贊易之後曰：『有不善，未嘗不知，知之未嘗復行，顔氏之子，殆庶幾焉！』此知行合一之功，孔門求仁宗旨也。孟子集義之説，因告子以仁爲内，是以己性爲有内也，以義爲外，是以己性爲有外也，故孟子專言集義。義者，心之宜，天理之公也。言集義，則此心天理充滿，而仁體全矣。大抵古人立言，莫非因病立方，隨機生悟，如言敬義，或止言敬，言忠恕，或止言恕。孔子答顔子問仁，專在復禮，至答仲弓，又言敬恕，要之莫非所以求仁也。至於大學之書，乃孔門傳授心法，析之則條目有八，合之則功夫一敬。蓋千古以來，人心只有此箇生理，自其主宰而言謂之心，自其發動而言謂之意，自其靈覺而言謂之知，自其著見而言謂之物。故心主於身，發於意，統於知，察於物，即是一時原無等待，即是一事原無彼此，此大學本旨也。家國天下，莫非格物也，格物誠正，莫非修身也，其實一也。朱子既以致知格物專爲窮理，而正心誠意功夫又條分縷析，且謂窮理功夫與誠正功夫各有次第，又爲之説以補其傳。其言曰：『人心之靈莫不有知，天下之物莫不有理，惟於理有未窮，故其知有未盡。』又曰：『心雖主乎一身，而實管乎天下之理；理雖散在萬事，而實不外乎吾之一心。』説者謂其一分一合之間，不免析心與理而二之。當時象山陸氏嘗與反覆辨論，謂其求理於物，梏心於外，非知行合一之旨。兩家門人，各持勝心，遂以陸學主於尊德性，而疑其近於禪寂；朱學專於道問學，而疑其涉於支離。三百年間，未有定論。至我朝敬齋薛氏、白沙陳氏起，而知行合一之説，稍稍復明。世宗始以陸氏從祀孔庭，甚大惠也。正德、嘉靖間，陽明先生起，而與海内大夫學士講尋知行合一之旨。其後因悟大學、中庸二書，乃孔門傳心要法。故論大學，謂其『本末兼該，體用一致，格物非先，致知非後，格致誠正，非有兩功，修齊平治，非有兩事』。論中庸，則謂『中和原是一箇，不睹不聞，即是本體，戒慎恐懼，即是功夫。慎獨云者，即所謂獨知也。慎吾獨知，則天德王道，一以貫之，固不可分養静、慎獨爲兩事也。』學者初聞其説，莫不詫異，既而反之吾心，驗之躬行，考之孔孟，既又參之濂溪、明道之説，無不脗合。蓋人心本體，常虚常寂，常感常應，心外無理，理即是心，理外無事，事即是理。若謂致知格物爲窮理功夫，誠意正心又有一段功夫，則是心體有許多等級，日用功夫有許多次第，堯、舜、孔、孟先後相傳之學，果如是乎？至於致良知一語，又是先生平日苦心懇到，恍然特悟，自謂得千古聖人不傳之秘。然參互考訂，又却是學、庸中相傳緊語，非是懸空杜撰，自開一門户，自生一意見，而欲爲是以立異也。後來儒者不知精思反求，徒取必在物爲理之一語，至析心與理而二之。又謂『生而知之者義理耳，若夫禮樂名物，古今事變，亦必待學而知』。如此則禮樂名物，古今事變，與此心義理爲兩物矣。此陽明先生所以力爲之辨，而其學脉宗旨，與時之論者，委若冰炭黑白，此又不可强爲之説也。」

或曰：「陽明先生言知行合一，其説詳矣。其在六經，亦有不甚同處，不可不辨。傅説之告高宗曰：『非知之艱，行之惟艱。』是知在先，行在後。易繫曰：『乾以易知，坤以簡能。』是知屬乾，行屬坤。中庸言未發、已發，亦屬先後，生知、學知，安行、利行，亦有等級。大學：『物有本末，事有終始，知所先後，則近道矣。』凡如此説，皆可例推。今陽明先生却云『知之真切篤實處即是行，行之精察明覺處即是知』，如此是知行滚作一箇，更無已發、未發，先後次第，與古先哲賢亦是有間。又如程子以格物爲窮理，易繫亦言『窮理盡性以至於命』，今陽明言格致誠正原是一事，而極言格物窮理之説，似爲支離，其説可得聞歟？」予曰：「自天地生物以來，惟人也得其秀而最靈。所謂靈者，即吾心之昭明靈覺，炯然不昧者也。人自孩提以來，即能知愛知敬。夫知愛知敬，即良知也。知愛而愛，知敬而敬，即良能也。此謂不待慮而知，不待學而能也。極而至於參天貳地，經世宰物，以至通古今，達事變，亦莫不是循吾良知，充吾良能，非外此知能，而别有一路徑也。故曰：『大人者，不失其赤子之心也。』此知行合一之原也。傅説所謂『非知之艱，行之惟艱』者，言人主一日之間，萬幾叢集，多少紛奪，多少牽引，非真能以天地萬物爲心，以敬天勤民爲事，則怠樂易生，生機易喪，非不知賢士大夫之當親，邪佞寵倖之當遠，而有不能親不能遠者欲奪之也。故爲人主者，惟在親賢講學，養成此心，知而必行，不爲邪佞摇惑，不爲寵倖牽引，乃爲知而能行，故曰『知之非艱，行之惟艱』。此傅説所以惓惓於高宗也。『乾以易知，坤以簡能』者，天地之氣原是一箇，乾以一氣而知大始，有始則終可知，故曰易；坤以一氣而作成物，能成則始可見，故曰簡。若天地之氣，各自爲用，則感應不通，二氣錯雜，造化或幾乎息矣。人心之生理，即乾坤之生理也。率吾良知，則無所不知，故曰『易則易知』；率吾良能，則無所不能，故曰『簡則易從』。知者，知乎此也；能者，能乎此也，實一理也，故曰『易簡而天下之理得矣』。此又知行合一之旨也。中庸『未發』、『已發』云者，言人心本體，常虚常寂，常感常應，未應不是先，已應不是後，故體即是用，故用即是體。後來儒者，正是此處看得不透，却去未發上做守寂功夫，到應事時，又去做慎動功夫，却是自入支離窠臼。明道云：『心一也，有指體而言者，寂然不動是也；有指用而言者，感而遂通天下之故是也。』周子恐人誤認中和作先後看，故曰：『中也者，和也，中節也，天下之達道也。』孟子指親親敬長爲達之天下，即達道之説也。親親敬長，良知也，達之天下，良能也，又何嘗有先後？李延平令學者看喜怒哀樂未發以前氣象，夫未發氣象，即孟子夜氣之説。若未發之中，原無氣象可言。譬之鏡然，置之廣室大衆之中，無所不照，未嘗有動也；收之一匣之内，照固自在，未嘗有寂也。陽明先生正恐人於此處未透，故其答門人曰：『未發之中即良知也，無前後内外，而渾然一體者也。有事無事，可以言動静，而良知無分於有事無事也。寂然感通，可以言動静，而良知無分於寂然感通也。動静者，所遇之時，心之本體，固無分於動静也。從欲則雖槁心一念，而未嘗静也。有事而感通，固可以言動，然而寂然者，未嘗有增也；無事而寂然，固可以言静，然而感通者，未嘗有減也。』其言發明殆盡矣。『生知安行』、『學知利行』等語，乃就人品學問力量上看。譬之行路者，或一日能百里，能六七十里，能三四十里，其力量所到，雖有不同，然同此一路，非外此路而别有所知也。同此一行，非外此行而别有所行也。但就知而言，則有生知、學知、困知不同，就行而言，則有安行、利行、勉行不同，故曰『及其知之與其成功一也』，又何嘗截然謂知與行爲兩事哉！大學『本末』、『始終』、『先後』等語，極爲分曉。蓋此心本體，即至善之謂。至善者，心之止處。易曰：『艮其止，止其所也。』學問功夫，必先知吾至善所在，看得分曉，則生意流動，曲暢旁通，定静安慮，自然全備，易所謂『知至至之，可與幾也；知終終之，可與存義也』，亦是此意。先儒所謂『知止爲始，能得爲終』，言一致也。從生天生地生人以來，只是一箇生理，由本達末，由根達枝，亦只是此箇生理。先儒謂『明德爲本，親民爲末』，本即體也，末即用也，民者對己而言。此身無無對之時，亦無無用之體。體常用也，民常親也。明德者，心之體也；親民者，明德之用也。如明明德以事父，則孝之德明；明明德以事君，則忠之德明。此本末之説，一以貫之。陽明先生辨之已詳，若夫『知所先後，則近道矣』二句，其義最精。夫率性之道，徹天徹地，徹古徹今，原無先後，聖人全體此心，通乎晝夜，察乎天地，亦無先後可言。吾人心體與聖人何嘗有異，惟落氣質以後，則清濁厚薄迥然不同。氣禀既殊，意見自分，仁者見之謂之仁，知者見之謂之知，百姓則貿貿焉日用不知，而君子之道鮮矣。大學一書，發明明德親民，而止於至善。所謂至善者，即本然之良知，而明德親民之極則也。是良知也，至虚至靈，無古今，無聖愚，一也。故意念所動，有善有不善，有過有不及，而本體之知，未嘗不知也。吾人但當循吾本然之良知，而察乎天理人欲之際，使吾明德親民之學，皆從真性流出，真妄錯雜，不至混淆，如此而後，可以近道。道即率性之道也。苟或不知真性一脉，而或入於空虚，或流於支離，如二氏、五霸，其失於道也遠矣。中庸所謂『知遠之近，知風之自，知微之顯，可以入德』，意正如此。孔門作大學，而歸結在於『知所先後』一語，雖爲學者入手而言，然知之一字，則千古以來學脉，惟在於此。此致良知之傳，陽明先生所以喫緊言之，故曰：『乃若致知，則存於心悟，致知焉盡矣。』若易言『窮理盡性以至於命』，非所謂窮至事物之理之謂也。理也、性也、命也，一也。明道云『只窮理便盡性至命』，窮字非言考索，即『窮盡吾心天理』之『窮』。故窮仁之理，則仁之性盡矣；窮義之理，則義之性盡矣。性，天之命也，窮理盡性，則至命也，所謂知天地之化育也。且格物窮理之說，自程朱以至今日，學者孰不尊而信之？今朱子或問具在，試取其說而論之。如云：『大學之道，先致知而後誠意。』夫心之所發爲意，意之所在爲物，今曰『先致知而後誠意』，則所知者果何物耶，物果在於意之外耶？又曰：『惟其燭理之明，乃能不待勉强而自樂循理，聖人之事也，豈誠意功夫又在循理之後耶？又云：『學莫先於正心誠意。欲正心誠意，必先致知格物。凡有一物，必有一理，窮而至之，所謂格也。格物亦非一端，如或讀書講明道義，或論古今人物而别其是非，或應接事物而處其當否，皆窮理也。』又曰：『窮理者，非必盡窮天下之理，又非止窮得一理便到，但積累多後，自當脱然有悟處。如窮孝之理，當求所以爲孝者如何。若一事上窮不得，且别窮一事，或先其易者，或先其難者，但得一道而入，則可以類推而通。』又謂：『今日格一物，窮一理，久則自然浹洽貫通，此伊川先生窮理格物之説也。』今試反之吾心，考之堯舜精一之旨，與此同乎、異乎？夫人同此心，心同此理，理即天理也。學者所以學乎此，心也。如讀書窮理，講論古今，豈是不由意念所發，輒去讀書講明古今之理？如事親從兄，豈是不由意念所發，輒去窮究事親從兄之理？或應接事物，而處其當否，不知舍意念，則何從應接，何從處得當否？又謂『今日格一物，明日窮一理』，則孔子所學功夫，自志學至於不踰矩，原是一箇，若必待盡窮事物之理，而後加誠正功夫，恐古人未有此一路學脉。且人每日之間，自鷄鳴起來，便將何理去窮，何物去格？又如一日事變萬狀，今日從二十以後，能取科第，入仕途，便要應接上下，躬理民社，一日之間，豈暇去格物窮理，方纔加誠正一段工夫？又豈是二十年以前，便將理窮得盡，物格得到，便能做得好官，幹得好事？一如此想，便覺有未通處。若陽明先生論大學古本，則謂『身心意知物，一事也，格致誠正修，一功夫也。』何也？身之主宰爲心，故修身在於正心；心之發動爲意，故正心在於誠意；意之所發有善有不善，而此心靈明，是是非非，昭然不昧，故誠意在於致知；知之所在則謂之物，物者其事也，格，正也，至也，格其不正以歸於正，則知致矣，故致知在於格物。詩云：『天生蒸民，有物有則。』孟子云：『萬物皆備於我。』夫大人之學，以天地萬物爲一體者也，故言物則知有所察，意有所用，心有所主，是不可以先後彼此分也。大學一書，直將本體功夫一下説盡，一失俱失，一得俱得，先生大學或問一篇，發明殆盡，而世之論者，猶或疑信相半，未肯一洗舊聞，力求本心，以至今議論紛然不一。以愚測之，彼但謂致良知功夫，未免專求於內，將古人讀書窮理，禮樂名物，古今事變，都不講求，此全非先生本旨。大學有體有要，不先於體要，而欲從事於學，謬矣。譬之讀書窮理，何嘗不是。如我意在於讀書，則講習討論，莫非致知，莫非格物；我意在於事親，則温清定省，服勞奉養，莫非致知，莫非格物。故物格則知至，知至則意誠，意誠則心正，心正則身修，此孔門一以貫之之學也。晦翁晚年定論，亦悔其向來所著亦有未到，且深以誤己誤人爲罪，其答門人諸書可考也。至於伊川門人，亦疑格物之説非程子定論，具載大學或問中，是其説在當時已未免異同之議，非至今日始相牴牾也。」

或曰：「知行合一之説，則既聞教矣，先生又專提出『致良知』三字，以爲千古不傳之秘，何也？」予答之曰：「此先生悟後語也。大學既言格致誠正，中庸又專言慎獨，獨即所謂獨知也。程子曰：『有天德便可語王道，其要只在慎獨。』意蓋如此。孔門之學，專論求仁，然當時學者各有從入，惟顔子在孔門力求本心，直悟全體，故易之復曰：『有不善未嘗不知，知之未嘗復行，顔氏之子，殆庶幾焉。』此致良知一語，蓋孔門傳心要訣也。何也？良知者，吾人是非之本心也，致其是非之心，則善之真妄，如辨黑白，希聖希天，别無路徑。孔子云：『道二，仁與不仁而已。』出乎此則入乎彼。大學所謂誠意，中庸所謂慎獨，皆不外此。此致良知之學，先生所以喫緊語人，自以爲入聖要訣，意固如此，吾輩當深思之。」

或曰：「陽明之學既自聖門正脉，不知即可稱聖人否？」予答之曰：「昔人有問程子云：『孟子是聖人否？』程子曰：『未敢便道他是聖人，然學已到至處。』先生早歲以詩文氣節自負，既有志此學，乃盡棄前業，確然以聖人爲必可至，然猶未免沿襲於宋儒之理語，浸淫於二氏之虚寂。龍場之謫，困心衡慮，力求本心，然後真見千古以來人心，只有此箇靈靈明明，圓圓滿滿，徹古今，通晝夜，無内外，兼動静，常虚常寂，常感常應之獨知真體。故後來提出『致良知』三字，開悟學者。竊謂先生所論學脉，直與程子所謂『已到至處』，非過也。」

或曰：「子謂我朝理學，薛、陳、王三公開之，然其學脉果皆同歟？」予答之曰：「三子者，皆有志於聖人者也。然薛學雖祖宋儒居敬窮理之説，而躬行實踐，動準古人，故其居身立朝，皆有法度，但真性一脉，尚涉測度。若論其人品，蓋司馬君實之流也。白沙之學，得於自悟，日用功夫，已見性體，但其力量氣魄，尚欠開拓。蓋其學祖於濂溪，而所造近於康節也。若夫陽明之學，從仁體處開發生機，而良知一語，直造無前，其氣魄力量似孟子，其斬截似陸象山，其學問脉絡蓋直接濂溪、明道也。雖然，今之論者，語薛氏則合口同詞，語陳、王則議論未一，信乎學術之難明也已。」

或曰：「陽明之學，吾子以爲得孔門正脉，是矣。然在當時，其訾而議者不少，至於剿擒逆濠，其功誠大矣。然至今尚憎多口，此何故也？」予答之曰：「從古以來，忌功妬成，豈止今日？江西之功，先生不顧覆宗滅族，爲國家當此大事，而論者猶不能無忌心。奉天之變，德宗歎河北二十四郡無一忠義應者，當時非顔魯公兄弟起，則唐社稷危矣。宸濠蓄謀積慮，藉口内詔，左右親信，皆其心腹。其後乘輿親征，江彬諸人，欲挾爲變。先生深機曲算，内戢凶倖，外防賊黨，日夜如對勁敵。蓋先生苦心費力，不難於逆濠之擒，而難於調護乘輿之輕出也。其後逆濠伏誅，乘輿還京，此其功勞，誰則知之？當其時，内閣銜先生歸功本兵，遂扼其賞，一時同事諸臣，多加黜削，即桂公生長江西，猶横異議。近來好事之徒，又生一種異論，至於金帛子女議公，此又不足置辨。先生平日輕富貴，一死生。方其疏劾逆瑾，備受箠楚，間關流離，幾陷不測，彼其死生之不足動，又何金帛子女之云乎哉！甚矣，人之好爲異論，而不反視於事理之有無也！善乎司寇鄭公之言曰：『王公才高學邃，兼資文武，近時名卿，鮮能及之，特以講學故，衆口交訾。蓋公功名昭揭，不可蓋覆，惟學術邪正，未易詮測，以是指斥，則讒説易行，媚心稱快耳。今人咸謂公異端，如陸子静之流。嗟乎，以異端視子静，則游、夏純於顔、曾，思、孟劣於雄、況矣。今公所論叙古本大學、傳習録諸書具在，學者虚心平氣，反覆融玩，久當見之。』嗟乎，使鄭公而愚人也則可，鄭公而非愚人也，則是豈非後世之定論哉！」

或曰：「近聞該部止擬薛文清公從祀，王、陳二公姑俟再論定，何也？」予答之曰：「當時任部事者，不能素知此學，又安能知先生？孔子，大聖也，其在當時，群而議者，奚啻叔孫武叔輩。孟子英氣下視千古，當時猶不免傳食之疑。有明理學，尚多有人，如三公者，則固傑然者也。乃欲進薛而遲於王、陳，其於二公又何損益？陸象山在當時皆議其爲禪，而世宗朝又從而表章之。愚謂二公之祀與否不足論，所可惜者，好議者之不樂我國家有此盛舉也。」

海瑞

海瑞（一五一四——一五八七），字汝賢，號剛峰，瓊山（今屬海南）人。嘉靖二十八年（一五四九）舉於鄉，署南平教諭，官至南京右都御史，卒謚忠介。海氏以剛介耿直名世，論學宗陸抑朱。著有備忘集等。事迹詳見國朝獻徵録卷六四南京都察院右都御史海忠介公瑞傳，明史卷二二六有傳。

備忘集卷二朱陸

朱陸之論定久矣，何自而辨之？辨之以吾之心而已。維天之命，其在人則爲性，而具於心，古今共之，聖愚同之。得此而先，堯、舜、禹有危微精一、允執厥中之傳；得此而後，孟子有求放心，先立乎其大之論。未有舍去本心，别求之外而曰聖人之道者。軻之死，不得其傳，而人心之天則在也。孟子曰：「大人者，不失其赤子之心者也。」恃有赤子之心，故雖出之千百載之前，其事千百載之下可以一言而定。陸子門人問陸子「學以何進」，曰「得之孟子」，則精一執中之旨，陸子得之矣。乃朱子其學則異於是。大學「致知在格物」，借之爲誠意正心之用也，猶之惟精乃惟一之功，明善乃誠身之功，功在格致，道在誠正。朱子篤信大學，平生欲讀盡天下之書，議盡天下之事，引而伸之，觸類而長之，天下之事畢矣。天下之書可得而盡讀之乎，事可得而盡議之乎？韓退之原道言誠正不及格致，朱子指爲無頭學問，是以格物致知爲大學頭一事矣。入門一差，是以終身只做得大學先之之功，不盡得大學後之之益，無得於心，所知反限。王陽明謂晦翁氣魄極大，合下便要繼往開來，少年已著了許多書，然則此非其誤認之，故毫釐之差而爲千里之謬者乎？夫顔子曾有一著述乎？聖人以其躬行心得之餘，出之於威儀、文辭之末，富於中見於外，不可强，而亦不得而飾也。心齋坐忘，不遷不貳，顔子之著述大矣。舍去本心，日從事於古本册子，章章句句之，好勝之私心，好名之爲累。據此發念之初，已不可以入堯舜之道矣。聖人不廢學，以爲涵養，是以中庸有「尊德性而道問學」之説。賢人而下，不廢學以求復初，是以孟子有「學問之道，求其放心」之説。子思、孟子傳自堯舜，陸子識之，然陸子不免應舉子業，即其語録、文集、年譜可見。餘力學文，尚不如是也，自傳心之法視之，猶俗學也。朱子反謂其專務踐履，盡廢講學。輪對五劄言涵心性，乃自其所心知者出之，如孔子答哀公修道誠身，孟子告齊梁仁義孝弟，亦推本之論也。朱子答之書而戲之云「這些子恐是葱嶺帶得來」，天下之人只一性命而事物在焉，朱子只要人讀書講説，研究於外，予不知朱子之所謂矣。儒學、禪宗其判不啻千里，而要其初，只是毫忽。儒道寂守其心，中涵事物，有天下國家之用；禪宗廢棄百應，徒爲空虚寂滅之養。朱子指陸爲禪，然則將不講其心，就外爲天下國家之用，呻吟其佔畢，而曰「某章某句如此，某章某句如彼」，然後爲能學歟？顔子終日不違如愚，夫子以道統寄之。生丁朱子之時，言論相及，不知其如之何而爲禪之詆矣？陸子不免少溺於俗，然心知其然，平日拳拳以求放心，先立其大爲教。聞彼也，自聞而已；見彼也，自見而已，猶有得之。朱子則楚辭、陰符、參同契、韓文，皆其年年月月訓詁之册，不知此一訓詁，何日而已也。末年之悔，謂「令此心全體都奔在册子上」。若有得矣，而先入之深，讀書爲主，而待其餘，未見其真能脱去舊習，收功一原也。危疾一日前猶解「誠意」章，在溺於誦説，没身不復。聖人六經，躬行心得之餘，爲之養盛之充，因著其用。朱子則先意於此，讀書爲先，求心反爲後。繭絲牛毛，識者以集大成歸之，謂擇諸家之訓什而纂其長，則亦可矣，謂道在是，則周元公或可，而朱不然矣。説者又謂朱子羽翼六經，嘉惠後學，其功不淺。夫朱子自少至老，無一日不在經書子史間，平生精力盡於訓詁，而其所訓又多聖人之經，賢人之傳也，夫豈得無功於後聖？真以此破碎，道一由此支離，又不能不爲後人之誤。功過并之，而使人繫於枝葉，昧厥本原，其過爲大。三代而後，學之陷溺如朱者，比比然也。朱子欲以其學爲天下宗，天下亦以此信宗於朱子，故予不及其他，獨指朱子爲過。陸子謂此老平生志向不汩於利禄，當今誠難其匹。夫朱子豈不知心之爲大，而求之心哉，誤認格致爲入門，指著述爲功業，途轍既乖，所得隨之。韓退之因文以見道，而非明道以爲文，日月至焉而已矣，無乃朱子過歟？欲往京師，心識國都之所在，行遠自邇，計日可到，懵於定向，執途之人而訊之，歧路之中又有歧焉，訊之所不及，失之矣。大抵天下得意忘言，區區於文義講説之間，真趣薄矣，深造自得者當見之。顔子默契道體，孔子「予欲無言」，天淵禪學，而其致虚之篤，一而已矣。然則朱子無乃得言而自薄於其意歟？自得之則有居之安、資之深之益，日從事於故紙堆中，外强中乾。呂東萊謂「銖銖而析之，寸寸而較之，無復有詩矣」，朱子之謂歟？朱子平生誤在認格物爲入門，而不知大學之道誠正乃其實地，以故一意解書。其解書，其論人，心術見焉。謂司馬温公「只恁行將去，無致知一段」，朱子日日經史，其不滿於實心實事、無私無黨，有餘力而後學文之君實，無足怪矣。大凡人言語文字皆心爲之。陽明致良知，其釋經不取朱子之説者，多説在心性上，朱子釋經全説在多學而識上。陽明鶻突其説，誠有之，然猶不失爲本原之養也，猶第一義也，朱子則落而下之，離而去之矣。道問學之功蓋爲尊德性而設，正與孟子學問求放心同義。朱子解之曰：「非存心無以致知，而存心者又不可以不致知。」崇禮、中庸，行也，以屬之知，姑勿論；所云「致知」非程子「進學則在致知」根心著己之知，亦姑勿論，乃其意則全重致知矣。細玩「尊德性而道問學」，曾有此口氣乎？存疑録謂朱子平生所得在是，所失亦在是，見非於陸子静亦在是，得之矣。其訓中庸分章分句，分爲相屬，明費、隱、天道、人道、小德、大德，分中分和，道不可離，此言素位，此言不願，太極、通書，此言陽之動，此言陰之静，支離爲甚。「默而識之」，識言知之於心，平聲字，朱子作去聲解，音志，謂記之於心，不以聖賢説聖賢，以己之所誤説之，能説之耶？得人之得，適人之適，難言之矣；自得其得，自適其適，天機之觀，不言之喻，將能之也哉？然又非止言語文字之間，鵝湖、白鹿往返議論之差而已。荆公祠記，千百年大公案也。學問偏枯，識見昏昧之故，其詆之不遺餘力，與初之指爲禪會無異。今世之儒士，自謂得正心誠意之學者，皆風痺不知痛癢之人也。舉一世安於君父之大仇，而方且揚眉拱手以談性命，不知何者謂之性命乎？正諸儒人膏肓之病也，使在周、邵聞之，喜過而樂與之矣。孝弟忠信，常不足以應天下之變，而才術辨智，常不足以定天下之經，亦此意也。朱子遺婺人書乃謂諸君子聚頭磕額，理會何事，乃致有此等怪論？少見朱唐交惡録，齊則失矣，楚亦未爲得也。光風霽月，灑落襟懷，有如周元公、邵康節其人者，寧有此言説舉措耶？情見乎辭，行如其心，涵養未融，克伐爲祟，晦庵不能無大不滿於後學之意矣。後人爲朱陸之議，聶雙江以黨同伐異、挾勝祟私言之。然當其時，門弟子則已然矣，豈非朱子身自作則，一時門下習氣，而又因以貽之後乎？自宋至今，五百餘年，是朱非陸所在群如也，正雙江黨伐挾崇之謂。陽明之所稱，今之尊信晦翁，無異於戰國之尊信楊墨也，抑何從而辨之乎？孟子曰：「是非之心人皆有之。」請以是爲朱陸之辨。

備忘集卷五學問之道無他求其放心而已矣

不免從事於外，凡以致養乎吾内也。夫心之爲大也，已則失之矣，能無求之於外乎？學問、人心合一之道，孟子揭以告人。蓋謂諷詠於詩、書、典故，事事物物，惟其所在而考求之，謂之學；儀式刑今之君子，日與周旋，不知則質之，疑則辨之，謂之問。古先聖人以二端教天下，天下後世聽之，人間世一學問也。學問言外也夫，曰求之於外而已乎？蓋天之生此人也，賦之仁德具于心，既生之後，蔽於物欲，形而後有亦或拘於氣稟，心放而仁非己有矣。古之經典，先王精神心術在焉。事事物物天地間，又莫非仁之呈露也。既放之心，危微精一，考之於此，而可見今之君子精神心術。比方古人，天地間事事物物，我先覺也，既放之心，操存舍亡，求之於此，而可明講習討論之功，切磋琢磨之益。君子盡其在我而已，夫豈有他哉？學也者，學吾之心也。先聖人得心所同然於古，是以有古之學，學非外也。問也者，問吾之心也。賢人君子得心所同然於今，是以有今之問，問非外也。學問之功爲求放心而設，然則厥初天與，靡不有終。生而知之、安而行之曰聖人也，無事於學乎？曰：下焉者，就學復其初；上焉者，涵泳從容，得養於正。聖人之學與人不同，聖人不廢學也。放其心而不之求，怠於仁者也。維彼視學問爲辭章，視爲爵禄階級，甚至假之以快其遂私縱欲之心，扇之以熾其傷善敗類之燄，失聖人學問之意矣。道問學之功爲尊德性而設，與此同義。朱子乃謂能如是則氣質清明、義理昭著，自能尋向上去。此以之解他書一道也，以之什此，是即非存心無以致知，而存心者又不可以不致知之誤。林次崖謂朱子平生所得在是，所失在是，見非於陸子静亦在是。吁！學者有會於是，陸子謂「亂道之書滿屋，吾無與也」，任自讀書無差步矣，朱陸之辨焕如矣。

盧宁忠

盧宁忠，字獻甫，號冠巖，南海（今屬廣東）人。嘉靖二十三年（一五四四）進士，歷官南京刑部郎中、登州知府。盧氏受學於黄佐，慕王守仁之學，又與湛若水書札往來。著有獻子講存等。傳略見明儒學案卷五四、道光肇慶府志卷六等。

獻子講存

陽明子謂：「無善無惡者心之體，有善有惡者意之發，知善知惡者知之良，爲善去惡者物之格。」蓋學未知孰善孰惡，必不能爲善而去惡，如所云是先爲善去惡，而後求知善惡，大學當以誠正居先，而格物在致知之後矣。此所以起學者之疑也。陽明之學主致良知，故只格物便一了百當，然此上智之事，非可概中才以下也。後學推演其義者，則曰：「致良知也，虚靈不昧，天之性也。致者，充極其虚靈之本體，不以一毫意欲自蔽，而明德在我也。物格者，感而遂通天下之故，而修齊治平一以貫之，明明德於天下也。」是以致知爲體，格物爲用，致知在先，格物反居後，未免於大學條次不倫，且既無一毫意欲之蔽，而充極乎天命之性，即無事矣，又何勞誠意於好善惡惡也耶？至以鏡譬之，謂「知如鏡之明，致則磨鏡，格則鏡之照物」。夫鏡必磨而後照，今格以照之，而後致以磨之，是先用之照而後磨也。大學曷不言致知而後格物耶？明儒學案卷五四盧冠巖先生宁忠

致良知之旨，非始於陽明也。朱子謂康炳道曰：「致得吾心本然之知，豈復有所陷

溺？」本然之知，非良知乎？心不爲物欲所陷溺，不可入聖乎？但朱子止就一義説，陽明認得十分端的，故執此一説，左來右去，直窮到底，累千萬而不離。明儒學案卷五四盧冠先生宁忠

知行一，中人以上事也。知而行，中人以下事也。明儒學案卷五四盧冠巖先生宁忠

蔡汝楠

蔡汝楠（一五一五——一五六五），字子木，號白石，德清（今屬浙江）人。嘉靖十一年（一五三二）進士，授行人，官至南京工部侍郎。蔡氏少聽湛若水講學，而從王門入手加以闡釋。著有説經劄記、自知堂集等。事迹詳見茅坤通議大夫南京工部右侍郎白石蔡公汝楠行狀，明儒學案卷四〇有傳。

自知堂集卷一五陽明先生像贊

宋學分門，異同紛擾。明良知翁，易從易曉。一時群英，見者傾倒。不著絲毫，階入大道。翁今逝矣，儀刑炳如。傳習一編，斯道之輿。載道有具，唯人自驅。於乎鑒者，尚其念諸。

端居寤言

象山先生每令學者戒勝心，最切病痛。鵝湖之辨，勝心又不知不覺發見出來，後乃每歎鵝湖之失。因思天下學者，種種病痛，各各自明，只從知見得及工夫未懇到處，罅縫中不知不覺而發。平居既自知，發後又能悔，何故正當其時，忽然發露？若用功懇到，雖未渾化，念頭動處，自如紅爐點雪。象山勝心之戒，及發而復悔，學者俱宜細看，庶有得力工夫。蓋象山當時想亦如此用功也。明儒學案卷四〇侍郎蔡白石先生汝楠

羅汝芳

羅汝芳（一五一五——一五八八），字惟德，號近溪，南城（今屬江西）人。嘉靖三十二年（一五五三）進士，除太湖知縣，官至布政使參政。羅氏學承王畿，「以赤子良心不學不慮爲的，以天地萬物同體，徹形骸、忘物我爲大」，亦有譏其近禪者。著有一貫編、明道録等。傳附明史卷二八三王畿傳後，明儒學案卷三四亦有傳。

近溪羅先生一貫編四書總論

諸生侍坐，朗誦會語，或嘆曰：「我師談道，每當天人合一與心跡渾融處，真是令人豁然有省，而躍然難已。在我昭代，當特稱一宗，而大事因緣，關係世道民生，非云小可也。」大衆聞之，同聲欣慶。羅子因舉格物之論爲問。或笑而言曰：「此事有個公案，請正。宋時晦庵先生意似向外，乃於無極太極再四稱是；象山先生意似向裏，乃於無極太極再四相非。近如我師，歸宗性地，卻又以至善爲聖訓格言，門下獨不謂然，則又留心經解之最篤者也，豈非古今一異事也哉？」曰：「此處關鍵頗重，故不敢苟從。但爾等蓄疑不放，久當沛決江河也。」或静默久之，曰：「老師以孝弟慈喫緊提掇性體，且於諸家講説非排特甚，故居常謂老師言，固尊信聖謨，而已身不免相背。」曰：「此卻兩下各有個意思，須要分别明白。蓋爾將至善看作純全天理之極，謂是人人性體。予則謂此體雖同然，惟至聖乃能先得。今且莫説純全極處，衆不能知，即近易粗淺，如一個孝弟慈，若非大學懇切提撕，誰人曉得從此起手？起手之差，其初不過毫釐，而究竟結果，其終將謬千里。故知爾天理純全，雖似近而反不近。如鄙見所憑聖訓格則，雖似遠而實不遠。予則只得孟子之道性善一邊，鄙見則并孟子言必稱堯舜兩邊兼得也。」

近溪羅先生一貫編論語上

或問體仁制欲之辨。羅子曰：「『好仁者惡不仁者』，孔氏之訓本並舉之，則二端誠不可偏廢矣。但先言『好仁者』，後言『惡不仁者』，亦孔訓也，則二端又可無次序也哉？細玩此章曰『好仁者無以尚之』，則不仁之惡自不待言。曰『惡不仁者，其爲仁矣，不使不仁加乎其身』，則非爲仁之外另去惡不仁，而不仁之惡，好仁故足以該之也。故仁爲萬善之長，識仁爲學者之先。程伯子得宗孔孟，其最的是此一個『先』字。蓋仁心之端，原只不忍，物且不忍，況己身哉？不忍親以其身爲不善，便叫做體仁，又叫做制欲，但中間暗藏次序，視之學問無頭者，其難易順逆，萬萬天淵。譬之奕棋，只先一着，便成勝局也。明道、伊川二先生，至親昆季，此意竟不通融；晦庵、象山二先生，一時豪傑，此辨竟成仇敵。今若再不以的訓，準而一之，則衆見紛勝，學脉之亂，將無紀極矣。」其友憮然爲間，曰：「昨聞公論，某以舊聞，謂人欲若不浄盡，天理安得流行？終日終夜，意甚梗塞。後思原憲克伐怨欲，至於不行，人欲可謂浄盡矣，孔子乃曰『仁則吾不知』，又何嘗天理遂流行哉？今聞雅論，始知天下道理，體共海寬，吾儕識見，活當圓轉也。」

近溪羅先生一貫編心性上

問：「陽明學問似微與諸儒不同。」羅子曰：「豈惟陽明爲然？即宋時諸儒，學問亦難盡同。周子則學在主静，程子則學在主敬，朱子則學在窮致事物之理。至我朝陽明先生，則又獨謂學在致其良知。此雖各有所見，然究其宗旨，則皆志於學聖，故少有不同，而不失其爲同也。蓋聖之爲聖，釋作通明。如周子説無欲，則静虚動直，静虚則明，明則通顯，是主於通明也。程子説主敬，則聰明睿知皆由此出，是亦主於通明也。朱子説窮致，則全體大用無不明，是亦主於通明也。是三先生之學，皆主於通明，但其理必得之功效，而其時必俟諸持久。若陽明先生之致其良知，雖是亦主於通明，然良知卻即是明，不屬效驗，良知卻原自通，又不必等待，況從良知之不慮而知，而通之聖人不思而得，從良知之不學而能，而通之聖人不勉而中，渾然天成，更無斧鑿。恐三先生如在，亦必當爲此公首肯，而心契也已。」

按，此亦見近溪子明道録卷七。

近溪羅先生一貫編心性上

商：「朱、陸論學不合，何也？」羅子曰：「二先生氣禀不同，以己律人，各有持也。如晦翁原是渾厚之質，便要天下人皆從聞見鑽研而入。象山原是英敏之資，便要天下人皆從德性超悟而入。豈知人各所稟不一，有不可盡以己律之者。」曰：「然則何如合一也？」曰：「學于古訓，晦庵所以開萬世群蒙；先立乎大，象山所以善讀孟子也，且與孔子『博學於文，約之以禮』相合。」

近溪子明道録卷四 節録

上略。嘗觀吾人，却也有一種生來便世味淡薄，物欲輕少者，然於此一着亦往往不悟，縱説亦往往不信，此却果如陽明先生所謂「個個人心有仲尼，自將聞見苦遮迷」也。蓋人自幼年讀書，便用集説講解，其支離甚可鄙笑，何止集説，即漢儒去聖人未遠之日，注疏汗牛充棟，而孝弟之道却看得偏輕，不以爲意，蔓延以至後世，又何足怪？故某嘗謂，人之不悟蔽於物欲者固多，而迷於聞見者實不少也。下略。

胡直

胡直（一五一七——一五八五），字正甫，號盧山，泰和（今屬江西）人。嘉靖三十五年

（一五五六）進士，授比部主事，官至福建按察使。師從歐陽德、羅洪先，論學大體以王陽明爲宗，以爲理在心、不在天地萬物，以程朱格物窮理爲非。著有胡子衡齊、衡盧精舍藏稿等，生平學履參見明儒學案卷二二，明史卷二八三略載其事於王時槐傳後。

衡盧精舍藏稿卷二〇答程太守問學 節録

上略。孟子之後真儒不獨晦翁，如濂溪、明道二公不謂真儒，孰爲真哉？且不論其學問，足下試觀其治行爲何如。其它如邵康節，即宋之柳下惠也。象山之學，盡出孟子，荆門之政，有三代風。蓋皆以其大本達道，不爲支離虚寂，可以直接堯舜一派之學，故謂之真儒。今足下謂孟子之後無真儒，且謂是孟子出語突兀所致，則似求之太過，而失之愈遠矣。何如？下略。

衡盧精舍藏稿卷二〇啓江陵張相公 節録

上略。又議論嘵啃，罔覩大體，即如陽明先生從祀，争論不一，殊鮮平和，匪獨不知陽明學脉所繇，乃亦不知朱子學術所底。以某近日細觀朱子晚年學術，即陽明無異耳。而談者徒自燕越，隨人附和以爲妍媸，可不悲哉。至於多種浮議，此自古非常之人所不免者，如大舜有臣父之譏，伊尹有要君之誚，孔子蒙尤不尠小。近代篤行如程伊川，人猶詆之爲市井五鬼之魁，則聖賢何嘗不挂當時之多口哉？此事惟在相公審擇。如陽明果不詭于孔子之學，即自與一二執事君子定決之耳，又焉用紛紛爲也。雖然，今日之人心猶未回也，説者猶多，智識者以鼓動致然耳，自非在位大人一以重大體、正人心、明學術爲上務，其能使回心嚮往哉？且翰館，儲相地也，即如相公及淮南公，咸由前哲以斯學淬磨成之，故今天下食福不鮮，今相公豈不欲爲後人地乎？此仁體先事也，故云「爲天下得人謂之仁」，不然則相公之仁窮矣。計相公已先得之，非遠臣所知，特一言之，爲泰岱加飛埃耳。下略。

衡盧精舍藏稿卷二一　席文襄公祠堂碑 節録

上略。海内才猷稱楊公一清，學術稱羅公欽順、王公守仁，此三公者皆天下名賢上選也。時方百千忌阻而公不獨舉之，又自以爲不逮。中略。方王公謫貴陽，始倡聖人之學，公首相推信，贈之文，其言曰：「君子先立其大，不晦其明，譬之開廣居、懸藻鑑，物來能容，事至能應，藴中爲道德，發言爲文章，措躬爲事業，大至參天地贊化育而有餘。」又曰：「朱、陸二氏各分門户，從陸者謂爲禪會，從朱者謂爲支離，道至是一明，亦至是一晦。」觀斯言也，蓋蒸蒸入至一無我之門矣。下略。

衡盧精舍藏稿卷二五觀復王君墓誌銘節録

今世之談學問，稱質有其行者良難。以余之寡昧，近取諸鄉，遠訪聞於江漢、嶺表、海嶠，其在黌校之間，蓋有人焉，若東海之永嘉王君，其一也。君叔父諱叔果，今爲兵曹，世多稱賢，又雅言君賢，已而得讀君仲弟照所爲狀，益悼君不可置。君諱勛，字某。少寡嗜弄，目無游睇。既十七八，遂志聖人之學，獨有得於孟氏之「先立乎其大者」。且言本朝陽明王氏之推尊陸氏，誠有獨契，其揭云致良知者，與其本心之旨合，蓋皆出於孟氏，俾聆者反躬即得，不至泛濫支離之弊。遂手輯象山語略，明其非禪，而與晦翁晚年不相二者。下略。

方弘静

方弘静（一五一七—一六一一），字定之，號采山，歙縣（今屬安徽）人。嘉靖二十九年（一五五〇）進士，授東平知州，官至南京户部右侍郎。著有千一録等。事迹詳見葉向高蒼霞續草卷一一通議大夫南京户部右侍郎方公墓志銘。

千一録卷一九客談

今講新建之學者，則曰宗濂洛而遡洙泗，而以朱氏爲斯道之一晦，何其言之不倫也？夫既曰宗濂洛矣，宗濂洛而合符節者，莫如朱氏。朱氏之傳注，無一非程子遺言也，而何其不察也。吾知其所蔽矣。蓋朱陸同異之辨定論已久，厭常喜新，舍夷好徑，斯世之通患也。一簧鼓之，而應者雷同矣。故從陸氏者必病朱氏，病朱氏，而洙泗濂洛未敢背也，然濂、洛、朱氏之書具在，苟讀其書，有一不合者乎？今之求異於朱氏者，大旨在致知格物之説也，而朱氏固曰竊取程子之意，非自己出也。苟以爲不然，則所云宗濂洛者安在？余嘗謂學者苟求可與入德，則莫先於毋自欺；苟毋自欺，則喜新好徑之患，庶可以無患矣。

項篤壽

項篤壽（一五二一—一五八六），字子長，號少谿，秀水（今浙江嘉興）人。嘉靖四十一年（一五六二）進士，授刑部主事，官至廣東布政使司左參議。著有小司馬奏草、今獻備遺等。事迹詳見董份廣東布政使司左參議少谿項公篤壽墓志。

今獻備遺卷三八王守仁傳論贊

論曰：漢以來所稱三文成者，其才知、學識、節概、勛名大略相若，第留侯早退，終始兩全，誠意、新建卒阻多口，信哉，功名之際，不亦難乎？譚者謂劉公術數掩其經綸，王公論學偏於德性，要之此兩公者，真命世才也，蠅點璗咥，此何心哉！

叙曰：道術之分也，固者以説溺經，而華者以辯破義，專錮黨伐之俗成，鉤釽離析之患作，棼然争乎同異之辯，而後功能之説得以抵巇罅，其便便巧之用，利一切之效速，而後真儒之澤，鬱滯不得施用，蓋學者好不相悦，而務相勝之過也。昔者夫子修六學以待來辟，有意乎後世，欲用其所未試，其後天下争於戰陳，六籍廢闕，七十子之嚮既絶，而晚周之末，猶有子游氏之儒、子夏氏之儒、漆雕氏之儒，若是其懿也，豈與夫譁衆取寵，務趨合於亂國，苟以徼利撓世爲哉？然而去之彌遠，其失彌甚，則有離逖本真，舛馳末僞，安其所已知，毀其所未見，於是辯説鬨於鬭訟，攻難急於操戈，起異説之塗而立之幟，鬩同氣於牆，而不顧其外侮。於時法吏爲師，學士寖絀，有反雜之目，被愚誣之譏，迄於暴秦，乃有儒禍，則是好不相説而務相勝之罪也。宋之末造，朱陸之門人不能觀乎兩師之深，更是所聞，轉相姍議，同德比義之規滋缺，專己耀俗之風尤熾。而不知晦翁之意，先條析而後貫通，固未嘗索理於外，而不約之内；象山之意先本原而略文義，亦未嘗謝事於外而空明於内也。我朝經學以朱傳爲宗，間有肆其言而不歸之約者，陽明先生倡爲致良知之説，示人以極本窮原之歸，其學有似於象山，而實非挾陸以毁朱也。自陽明之教行，而學者稍知趨向，然有肆其言而不要其實者。甘泉先生又爲隨處體認天理之説，示人以一本萬殊之用，其學雖異於象山，而亦未嘗排陸以及王也。近世學者率尚高明而棄沈密，樂簡易而鄙勤渠，以覺悟爲天真，以聞見爲障礙，不屑踐跡而遽談玄奥，乃謂聖人有心法無事法，不涉文字，不主嚮往，交騖於雅詞，矩步而力行衰微矣，不幾惑世誣民哉！嗟乎，有能紹明洙泗之業，振二季之敝，由博歸約，明析而躬行之，進則仁者之效用著，退則先儒之典刑具，使功能記問之士弭口不得闢其説，竊願爲之執鞭云。

丁自申

丁自申（一五二一—？），字朋嶽，號槐江，晋江（今屬福建）人。嘉靖二十九年（一五五〇）進士，授南京工部主事，歷官四川順慶府、廣西梧州府知府，有政聲，後回鄉，杜門讀書。所著有三陵稿等。閩中理學淵源考卷六〇有傳。

疑略序

六經、語、孟、曾、思之書，其垂於世而焯然大明者，是豈一人之力哉！古者遺書，方出秦火之厄，傳誦未廣也。漢儒遞相口授，皆業專其書，相與參訂缺謬，而疏其訓釋，雖其言不能皆醇，而所以羽翼聖經，以待後人之慎擇而取者，其用心亦勤矣。然當時親傳聖蘊，如學、庸二書，猶混於傳記之中，至唐韓子，特揚大學誠正修齊治平之序，卓然於原道有見，未可以其遺格致而輕訾之。李習之發中庸論誠之旨，爲復性書，其言有漢時白首窮經之士所不能到，而書不待宋儒而後表章者。夫以文公朱子，殫其平生以集諸儒大成，可謂前無古人，悠悠千載，何韓、李二公獨以文稱而與抗焉，謂原道、復性不得與於斯文不可也，由唐而後，其各以所見，互相推明而共致力於遺經者，抑又多矣。今當經學大明之世，儒者之弊大抵在於襲前人之成説，隨聲雷同而莫知所裁，此其名爲尊朱，而實未知所以尊。譬如遐方蠻服奉諸夏之正朔，而倫叙等殺所以軌聖而合天者，彼惡能盡識哉？近世陽明王氏稍摘一二以駁朱説之漏，使紫陽復生，亦當與之去短集長，上下其議論焉。然義理無窮，人各有見，安知異時不復有駁予者，必硜硜然已之爲是而彼之爲非也。則亦恐非公聽並觀之義矣。乃今觀於堣齋先生之爲是書也，折衷朱説，而反覆於義理之所安。不敢於背朱，未嘗狥人之所同信，不必於異朱，未嘗諱己之所獨得。蓋更數載而後就稿，翻數稿而始成書，有以知先生之用心於學者深已。且先生誦朱之書而尊守其説者也，豈敢以其言少出入於朱，而覆坏土於泰山，添勺水於江河，以求多哉？必無是也。先生之心，固朱子之心也。夫朱子極尊信程子，而易本義不必盡同於程傳。其序伯恭甫讀詩記也，深有味乎其言，至自爲集注，少或取之。使以學庸章句爲已足矣，不必别爲或問以附其後，若解「誠意章」未爲絶筆，其他固當覆改也。所謂「以俟後之君子」者，則亦何妨於後學之申明耶？惟不察其用心之所在，而妄肆詆議，輒欲求勝于前人者，斯爲可憾耳。歐陽子曰：「經非一世之書也，其傳非一日之失也，所以刊正補緝，亦非一人之能也。儒者勞心苦神於汗簡之中，欲爲千世決難解之惑，惟使學者各極其所見，什取其一，伯取其什，庶幾可以俟聖人之復生也。」其論公矣。然彼斤斤焉斥漢儒之妄，必蕲千百歲之後復得一歐陽修者，至于再，至于三，以附同其説，得無褊而傷于固歟？先生之書既著，不以自是其説，而名曰疑略，斯其義可與朱子相發明，而其虚心出近世豪傑之士之上，宜爲學於朱者之所取也。愚也讀先生之言，雖未至懵然無所疑，乃竟不能發一辨難以相質證，以此見愚之不足以語乎斯道，而未免墮於隨聲雷同之弊。因刻先生之書而序之，竊願再有請于先生。明文海卷二一五

王時槐

王時槐（一五二二——一六〇五），字子植，號塘南，安福（今屬江西）人。嘉靖二十六年（一五四七）進士，授南京兵部主事，官至南京太常寺卿。師事劉文敏，傳王守仁良知之學，以爲「學從收斂而入，方能入微，故以透性爲宗，研幾位要」。著有廣仁類編、友慶堂合稿等。事迹詳見塘南先生自撰墓志銘，明史卷二八三、明儒學案卷二〇有傳。

塘南王先生友慶堂合稿卷一答周守甫 己卯

來翰謂兢兢於禮，動皆勉强，非出自然。夫學成而性復者，順以出之，皆自然矣；學未成性未復，勉强循理，久久馴習，亦漸進自然。此古人所以貴困勉之功也。夫學無分於動静者也，特以初學之士，紛擾日久，本心真機盡汩没蒙蔽於塵埃中，是以先覺立教欲人於初下手時，暫省外事，稍息塵緣，於静坐中默識自心真面目，久之邪障徹而靈光露。静固如是，動亦如是。到此時終日應事接物，周旋於人情事變中而不捨，隨處盡倫，隨處盡分，總與蒲團上工夫一體無二，此定静之所以先於能慮，而逢原之所以後於居安也。豈謂終身滅倫絶物，塊然枯坐，徒守頑空冷静以爲究竟哉？今人不知學，但見向裏尋求稍稍習静者，便詆以爲禪。吾見避禪之名而愛俗之實者多矣，以趨俗爲學聖，此學之所以不明，而世儒之所以迷昧而可哀也。濂溪、象山，宋人詆之爲禪；白沙、陽明，近世詆之爲禪，皆世儒之瞽談也，何卒計哉！

塘南王先生友慶堂合稿卷一　答劉抑亭 壬午

所云「以心制事」，似屬二乘。即事即心，猶如認賊爲子，生則謂離事求心，乃爲二乘。以心制事，初學則然，非二乘也。即事即心，誠爲大乘，但所謂即事者，豈即世俗一種裝點矯飾之事哉？其必有道矣。又學者每認心内事外，則未免牽己從物。若謂心事不二，則未免認物爲己。此處若非一切拼下，畢力自證，徒以言語文字解説，縱令明白，終非實得。何如，何如？

塘南王先生友慶堂合稿卷一　答曾德卿 乙未　節録

來翰云「合心事而兼修之」，此言近是，但心與事非二也。心包宇宙而統萬物；事者，心之變化也。事非在心之外，心實貫於事之中。事者，心之散殊也。心者，事之主宰也。

非有二也。故但舉心之一字，而學無餘藴矣，非以事與心對立而兼修之也。惟心體本無聲臭而日見之，行事乃其實踐之地，舍實踐之地，安有所謂心者哉？且非特外而應酬之跡乃謂之事也，即静中念念不息，此不息之念即事也；即静中無一念，此無念即是本念，亦即事也。知此，則知此心更無無念時，即更無無事時。然則全心是事，全事是心，安有心與事之分哉？故學者時時兢兢業業，即是必有事焉，即是存心之實功。時而應外務，必求協於天則，固是實踐。時而静中無應酬，凝然寂然，太虚無物，亦是實踐，總之皆事也，皆心也，非有二也。願執事只依此體認，依此用功，久之，自有見處。勉旃勉旃。下略。

塘南王先生友慶堂合稿卷二答楊晋山 辛丑　節録

承喻朱子之格物與陽明先生之見稍有内外之不同，某於此究心久矣。蓋朱子之説本於程子。程子以窮至物理爲格物。性即理也，性無内外，理無内外，即我之知識念慮，與天地、日月、山河、草木、鳥獸皆物也，皆理也。天下無性外之物，無理外之物，故窮此理至於物，物皆一理之貫徹，則充塞宇宙，綿亘古今，總之一理而已矣。此之謂窮理盡性之學，與陽明致良知之旨，又何異乎？蓋自此理之昭明而言，謂之良知。良知非情識之謂，即程門所謂理也、性也。良知實貫徹於天地萬物，不可以内外言也。通乎此，則朱子之格物非逐外,而陽明之致良知非專内,明矣。但朱子之説,欲人究徹彌宇宙、亘古今之一理,在初學遽難下手,教以姑從讀書而入,即事察理,以漸而融會之。後學不悟,遂不免尋枝摘葉,零碎支離,則是徒逐物而不達理,其失程朱之本旨遠矣。陽明以學爲求諸心而救正之,大有功於後學,而後學復以心爲在内,物爲在外,且謂理只在心不在物,殊不知心無内外,物無内外,徒執内而遺外,又失陽明之本旨也。下略。

塘南王先生友慶堂合稿卷二再答憲使脩默龔公 壬寅　節録

夫盈宇宙間,惟此性而已,天地萬物皆此性之流形也。流形者,有成毁也。人在宇宙間,亦惟此性而已。七情百行皆此性之流形也。流形者有轉换,而性無轉换也。易曰「乾知大始」,此知即天之明命,是謂性體,非以此知彼之謂也。易曰「坤作成物」,此作即明命之流形,是謂性之用,非造作强爲之謂也。故知者體,行者用,善學者常完此大始之知,即所謂明得盡便與天地同體。故即知便是行,即體便是用,是之謂知行一、體用一也。下略。

塘南王先生友慶堂合稿卷二又答吴安節公 癸卯　節録

聖學失傳,自紫陽以後,爲學者往往守定一個天理在方寸之間,以爲功夫,於聖門「無聲無臭」之旨不相契，故陽明特揭無善無惡，正恐落一善字，便覺涉於形象，提出心體，令人知本心善，亦著不得也。第宗其説者，致有流弊，不若「無聲無臭」字義直截穩當。

塘南王先生友慶堂合稿卷四語録

朱子以知覺運動爲形而下之氣，仁義禮智爲形而上之理，以此闢佛氏，既未可爲定論，羅整庵遂援此以闢良知之説。不知所謂良知者，正指仁義禮智之知，而非知覺運動之知，是性靈，而非情識也，故良知即是天理，原無二也。

問：知行之辨。曰：「本心之真明即知也，本心之真明，貫徹於念慮事爲，無少昏蔽，即行也。知者體，行者用，非可離爲二也。」

朱子晚年定論一編，陽明先生但據朱子全集中摘其議論近裏者爲此編耳，要之實非盡出於晚年也。及整庵公舉何叔京爲問，先生乃言知我者謂我心憂是已，蓋其覺人之心太切，以致如此。然以愚臆見，吾道果是，則以俟後聖可矣，是編可無刻也。

孔門以求仁爲宗，而姚江特揭致知，蓋當其時皆以博聞廣見求知於外爲學，故先生以其根於性而本良者救之。觀其言曰：「良知即是未發之中。」既云未發之中，仁知豈有二哉？今末學往往以分別照了爲良知，固昧其本矣。

王宗沐

王宗沐（一五二四？—一五九二），字新甫，號敬所，臨海（今屬浙江）人。嘉靖二十三年（一五四四）進士，授刑部主事，官至刑部左侍郎。天啓初，追謚襄裕。師事歐陽德，爲陽明再傳弟子，以爲「佛氏專於内，俗學馳於外，聖人則合内外而一之」。著有敬所文集等。明史卷二二三、明儒學案卷一五有傳。

敬所王先生文集卷一象山集序

聖人之言心，淵然無朕，其涵也；而有觸即動，其應也。佛氏語其涵者，圓明微妙，而祕之以爲奇；俗學即其應者，粧綴繳繞，而離之以爲博：要之不能無所近，而亦卒不可入。何者？其不能無所近者緣於心，而卒不可入者遠於體也。聖人者不獨語其涵，懼人之求於微；而不獨語其應，懼人之求於迹。故哀與欽者，心之體也；見廟與墓而興者，其應也。體無所不具，則無所不感；無所不感，則無所不應。因其應而爲之文，於是乎有哭擗哀素之等，俎豆璧帛之儀。儀立而其心達，而儀非心也。此所以爲聖人之學也。佛氏則從其應，而逆之以歸於無，曰墓與廟、哀與敬皆妄也，而性則離於是者也。俗學者非之曰「此有也」，則從而煩其名數，深其辯博，而以爲非是則無循也。然不知泯感與應者，既以玄遠空寂爲性，而其溺於名數辯博者，又詳其末而忘其所以然。予故曰：「禪與俗卒不可入者，遠於體也。」聖人之言心，詳於宋儒，最後象山陸氏出，盡去世之所謂繳繞者，而直指吾人之應心曰：「見墟墓哀而宗廟欽者，心也，辨此心之真僞，而聖學在是矣。」其於致力之功，雖爲稍徑，而於感應之全，則指之甚明，而俗學以爲是禪也。其所未及者，名數、辯博也。嗟乎，象山指其應者，使人求其涵也。佛氏逆其應於無，而象山指其迹於應，以是爲禪，然則爲聖人者，其必在名數、辯博乎？以儀爲心，予惡乎哀欽之無從也。

敬所王先生文集卷一 刻象山粹言序

瞿曇之宗，其始以生死禍福之説，濟其必行，是以習聞其説者，皆抱必得之志而來，雖狂夫悍卒，皆能舍其舊而從於寂寞孤苦之鄉，甚或面壁投崖，刎身燃指而不悔者，其志誠切，而其事誠專也，而尚安假於言乎？後世之言聖學者，志本非有求爲聖賢之心，因循前卻，與習相成，甚或姑以是而息其馳騾之倦。蓋其心以爲詞説不博，而記聞之不多，則其言不行。而其上焉者，始畢其力於訓注，涉獵以求爲功果，朝移暮易，而翻於所謂痛切身心者，宜其有所遺而不及矣。此則立志之過也。爲佛者，其説誠冥漠迂遠，而其爲事則未嘗苟也。付法傳衣，登壇説法，號稱具眼，以續其師者，必其真證而自得焉，而猶或不敢當也。後世之言學者，實則不至，而急於立説，則固有窺之未精而見之未定者，固已遂爲人人之所傳矣。雖其或旋覺於未妥，甚或自悔於晚年，而其書遂行，已不可改。則其言之多也，雖其本意尚有未慊，而況概之於聖人之道乎！此其立言之過也。夫佛者屏除翳障，獨懼有我，增慢之病，比於貪淫，而强附宗言，謂之毁謗，其於執著是己之戒，若是乎其嚴也。今學者之論，誠有智者之失矣，有愚者之得矣。苟其言之是而足以相濟也，則芻蕘鄙夫固當兼取以從。於是而乃有勝心焉，或原於偏倚而執之堅，或恥於相屈而必其勝，甚或分門異户，又或而藩籬焉，則亦無怪乎其言之多而説之激矣，此則勝心之過也。凡是三者，相因爲病，所謂本源，沉錮纏綿，雖有特出之才，一入其中，足起足陷，未能自拔，則文字訓解，縱其熠然，譬之古人畫蛇添足，而今更爲之鱗爪也。粉飾彌工，去真彌遠。凡若是者，質之於禪，曾有不若此。

敬所王先生文集卷一　刻朱子大全私抄序

道之簡易，不待於外襲，而心之本體，不萌於聞見，是孔門之的傳，而吾儒之上乘也。然理合内外，而事無精粗，所惡於聞見者，以其溺心於闘靡侈觀，而不知有融會歸一之地，至有煩苦艱難，靡敝白首，而於道卒無得而已焉，斯爲可擯廢而攘斥也矣。故此理在人，本自各足，譬之五臟四肢，各具以有生也。氣稟生質之清濁不能皆同，譬之厚薄寒熱之各異也。聖人用言以設教，著書以防流，譬之因人之病而藥之，寒熱上下從其所偏勝也。雖以孔子之書，如大學、中庸經文，悉言天命人心之奥，則固若内經素問，然後爲一定不易之則。若夫論語多載問難之詞，其間固有當機而發，因人而施，如問仁、問孝之類，已有非全體具備、本末兼舉者矣。朱陸治方，寒熱各品，而矯厲至道全生則同。故凡君子之學，不溺於聞見，不離於聞見，而將以反約，則烏附豨薟，固有藉以全生者，而況於聖賢之載籍乎？若皆不計其歸宿之何如，而但以近似者病之，則尊德性之似爲禪，而道問學之似爲俗，固無以解矣。是何異執内經之理以律偏勝之方，其不至於廢醫護疾，坐視夫人之札瘥而莫之救乎？故細讀先生之書，如與吕子約、張敬夫，深以支離爲病，而於其德性躬行，未嘗不諄切而屢言之也。若夫末流之弊，則泰山未穎，冉求聚斂，子夏之後卒爲莊周，荀卿明王道，李斯具五刑，彼豈教者之過？而君子之立教也，固能使其後之必無弊歟？惟夫世之獵取糟粕，記誦成言，文之以爲博也，則藉口於朱子；而虚談高視，空曠無據，執之以爲固也，則藉口於象山。是以二氏之争，比及數世，而煩言紛紛，求爲勝負，而於身心了無交涉。學者入其中，茫乎不知所以適從。蓋不考其實得，既無以窺見先賢所造之底裏，而緣習於先入，又有以漫失在己本心之真和，而況根有染而不能浄，見有偏而不能圓！是以雖其人誦家傳，而卒無得於真似，是非之際，一唱百和，群喙衆咻，此道之所以不明也。

敬所王先生文集卷九與陳明水節録

令郎與高徒遠至，以鄙人還省之故，漱手拜書，恍焉如對，而奮起直心又作一番。然長者拳拳眷眷之如此，非不肖子之所敢承也，且感且謝。學術參差，千古所嘆。大約以妝綴枝葉，與夫修飾詞説，則人各以見爲地，故有不同。若實落從本體用功，則自開闢以至今日，惟有一心，更何不同之有？即於此有疏密迂徑之差，亦不過目前殊異，至其收功結局，當亦不遠。某嘗譬之腹痛，而撫者輕重下手，痛人自得，其母非不愛之，然特爲之撫，決亦不能得痛之實際也。功夫緩急皆是，對質施爲，即有不同，皆非忘助，亦非參差。惟空言争高，即無不同，猶之指米意量，多寡難信，此某所不能仰合於門下之大略也。彌論參贊，著有上下，心無二施，或小或大，要之皆滿其不息之體量。由此言之，某於門下所見，未嘗不同也。門下欲即物即心，而格兼正感二義，故以格物爲格心，以合於慎獨，此門下之旨也。夫心本生道，常應乃其體段，而物無自性，待心而後周流。心之所著爲物，心有正邪，物無揀擇，此陽明先生格物之旨所以異於先儒者。然陽明謂心之應處爲物，而門下欲正「應處」二字，此又門下之所以異於陽明先生者。然自鄙心思之，夫心之不正，而後有不正之應，則於此必求所以正其所以應於感化者，以此合於慎獨，其理未嘗不同。然必去此而云即心是物，則心物對峙，歷歷較然，而除物之心，或後生不察，番成是内非外。且又義粗機頓，是惟門下透徹而用以立教，若下根易疑，或未肯帖然信其然耳。夫心之應處爲物，與即心即物，亦反覆掌耳，而門下必云云者，豈非以纔有應處二字，則便有内外，於慎獨有不合耶？然「即心即佛」，道一禪師初悟語，亦懼人執著，旋亦云「非心非佛」以救之。即以格物合慎獨，如鄙言頗無不通，而必欲云即心即物，又不若以良知之應用周旋處爲物，如門下初句爲穩切也。蓋此乃門下苦心真切之見，爲先儒道其未備，然義不病而語稍徑，則無瘡而傷之，更費門下分疏與後生爾。下略。

敬所王先生文集卷九與江少峰節録

某去冬獲奉顔色，飲食教誨，十年仰慕，襟期一旦盡解，自後會走奔卒，未遑上謝，非敢頑然不知戴也。行次吉安，令姪以手劄見辱，展誦眷眷，披體當慶風和霽，故人之意可掬而食也，更佩更佩。象山之學，誠有未瑩者，坐在切磋涵養未能，非其所指心體有病。要之吾人所以貫三才、參天地、通古今爲不息者，止此一事，一悟百通，一了百當，非復有纖毫可以加增粧綴者。然琢磨非頓養蹴具，積有噛鐵之志，乃能有立。今以好徑之心，則取其直截，以攻擊之心，則指其未瑩。而近來則又於象山所言上，更加一味見成，而聖人皆師心，隨手拈來盡是矣。下略

耿定向

耿定向（一五二四—一五九六），字在倫，號楚侗，又號天臺，黄安（今湖北紅安）人。嘉靖三十五年（一五五六）進士，除行人，官至户部尚書，卒謚恭簡。其學本於王守仁，多發良知之旨，又力辨泰州學派李贄等人之非，稱學有三關，即心即道，即事即心，慎術。著有耿定向集。明史卷二二一、明儒學案卷三五有傳。

耿定向集卷三與胡廬山書五

讀集中答唐令書，仰見兄苦心。顧言之詳，道之晦也。兄此幾千餘言，似輪卻曾子「心不在焉，則視不見，聽不聞，食不知味」數語，若更易省人也。雖然，此語孰不聞之，此心孰不用之？顧實識心者何少也！弟聞兄稱唐令太和治行爲天下第一，夫即其發於政，便可信

其生於心者矣，是又何必欲識其心以出政耶！毋亦若進之慈湖之悟與？昔象山指慈湖扇訟一語，而慈湖即悟本心，則因其憤悱之機也。慈湖之默自反觀也久矣，唐令方惡言心學，而兄又言之縷縷，是猶人方惡醉而又强之多飲，兄之心則熱，機則未審也。夫慈湖之剖扇訟，固由本心剖之也。即前未悟，故未常别用一心也。由象山之提指而一悟，則又逈是一胎骨矣。唐令以篤修爲學，或亦薄慈湖不取也，且甘泉折衷之論，或先入矣。弟近亦厭談心，「求心依舊落迷途」，此言殊大有理，弟惟篤信孟子「慎術」一言，因術了心更爲直截也。如何？

耿定向集卷三與焦弱侯十 節録

近學者秖謂參會得本來無物處，便謂明了。自余旁觀，其胞中時有物闋而不自知，且留而不化，不知于此相當否？

頃讀涇野先生内篇，先生于此處似未曾參會者。乃跡先生生平事行，其胸中則故無物，何耶？蓋聞先生故與鄒文莊同官，先生尊崇朱學，主先知後行説，文莊承服師傳，時以知行合一旨啓先生。先生咈不省，每晤必辯，辯必閧然而争，若聚訟然，迹亦甚違忤矣。乃先生與文莊交情不啻同胞，險夷離合真是一體，初未嘗以議論異同少生間闋，此非胞中無物能然耶？或曰：「二先生意見雖殊，其志行同矣。」中略。今人意見相左，則衷起戈鋋；格調稍殊，則眼分青白。記短則兼折其長，貶過則並伐其善，而猶曰「吾悟本來」，然耶，否耶？不審賢于此等處自省如何，乃余于此，非曰能之，願以爲學耳。

耿定向集卷四與管登之一

前三月，余游武夷，重有省感於造化屈伸之幾云。倒翻三代以來聖哲，更未有終生伸而不屈，亦未有屈而不極，而能伸之大且遠者。昔人有言：「若非一番寒徹骨，怎得梅花撲鼻香。」此知參造化機者。即朱紫陽蚤年亦甚偃蹇，尋仕僅僅至提舉，稍遷即爲時宰所擯。自淳熙癸卯屏居武夷山中，越紹熙壬子始移歸考亭，蓋十年于兹。維時禁錮播遷，致令門徒徙走流血，此何等光景也。乃此老終日孜孜于此山中者，其精神意指，千古之下猶可想見。嘗見近世學者往往立論掊擊，余不敢辯。弟時時自省，若肯一陳此虛知虛見，起晦翁泉下而質正之函丈間，自信亦有微長，即晦翁亦當首肯。顧嘗仰思其繼往開來一段血誠，其泰山喬岳一種骨氣，反己默觀，便爽然自失，悚然内愧矣。彼其道律之孔孟誠有説，乃世世遵用之，有以也。雖在當時不免取厭，即勝國天翻地覆時，許、吴諸儒承其緒論，世界亦默來支撑。至我國朝二百餘年，則全用其學矣。試看前輩名公鉅卿，其德業聞望爲世重輕者，孰非遵信其言論者哉！有不遵其言論格式者，即不似人，更何言道！然晦翁所垂若是弘且遠者，實此武夷山中之精誠積累，到此始大發洩。非特此種虛知見，一時意氣能爲之也。又使晦翁挫之不至，抑之不久，其精誠能積累若斯否耶？

大端人惟志立眼明，則崇高富貴固是伸，扼窮遺佚尤是伸。富貴之伸近且小，阨窮之伸大且遠。苟志不立，則阨窮遺佚固是屈，崇高富貴尤是屈，且重禍也。先正曰：「知幾于伸屈之感。」易曰：「知幾者，其神乎！」惟賢思之。

耿定向集卷五答唐元卿二

承問格物議。余嘗謂執一説以解經，非能窮經者。舍卻身心，離文析句以解經，尤非能窮經者也。儒先格物之訓多矣，誠反身體驗，則皆有受用處。若第于文義見解上取證，即聖經亦有扞格難通者。余按大學經文中，格物原自有明解。曰「物有本末」，又曰「壹是皆以脩身爲本」。格物之物，故即「物有本末」之「物」；「格物」云者，知此身之爲天下本耳。何者？大人通天下爲一身也。吾人只苦不識得自家這箇真身，懵懵而生，即令百歲，枉死耳！聖人苦心破口説箇格物，格物即求仁之别名也。蓋仁者人也，識仁便是識得此身面目，即温公解格物曰「格去物欲」，朱子解格物曰「即物窮理」，文成曰「格其不正以歸於正」，皆有受用，皆有着落，其義皆可通也。否則，即「格物」兩字亦贅語耳。昔蔣道林、王心齋解此大意相同。顧非逼真尋求，就實地體驗，未免想像落意識矣。往見念庵與蔣道林書，似亦苦心於此尋求。憶尊君與之書云：「此物未曾到手，是真實語。」蓋謂此也。又云：「此物非死心塌地不能得。」前輩爲學誠切如是，朋友親切肫懇又如是，吾儕可不念哉！

耿定向集卷六與趙汝泉三 節録

上略。又承教晦庵、陽明之學所以少異者，當明白説出，僕實反之自己此知之體，不敢妄説耳。蓋自陽明致良知之説一出，近世但是談學者，都知駁刺朱子「即物窮理」之説之爲支矣。今考其青天白日之履，泰山喬嶽之氣，繼往開來之心，如此豪傑，顧曾見幾人哉？僕重爲此偲矣。夫朱子「即物窮理」，其説雖若支離，然此老所窮者如此，其率而循之者便亦如此。今人只張口談某人之學是，某人之學非，而曾不一自反之於身心，此豈獨畔於陽明先生致知之旨，亦大異於晦老之旨矣。僕今反之於心，實自知愧負於晦老處多多，而不敢訟言駁異其學者，正是尊信陽明先生教旨，而思以自致其知也，公以爲何如？

耿定向集卷七格物解

儒先「格物」之訓多矣。按大學經文中「格物」原自有明解，曰「物有本末」，又曰「壹是皆以脩身爲本」，「格物」之「物」，故即「物有本末」之「物」，「格物」云者，知此身之爲天下本耳。何者？大人通天下爲一身也。吾人只苦不識得自家這箇身，便去身外覓道。卑卑者只爲此假軀殼，終生汩没於聲色勢利場中，無論矣。即高明者，亦只在名行格式上模擬，與語曰「通天下爲一身」，亦如説夢矣。嗟嗟，吾儕受生爲人，乃終生懞懞執恡此箇血肉軀殼，不識此箇本來真身，即令百歲，枉死耳。此是生死一大關，不容自已者。夫釋子家也知參會化身、法身，乃吾黨顧懞懞然不識此身，豈不哀哉！聖人苦心破口説箇格物，格物即求仁之别名也。蓋仁者人也，識人便是識得此身面目，便自高明，便自廣大，便自清浄，不必皦皦爲潔；便自慈悲，不必煦煦爲仁。温公解格物曰「格去物欲」，朱子解格物曰「即物窮理」，文成曰「格其不正以歸於正」，皆有受用，皆有着落，其義皆可通也。否則，即「格物」兩字亦贅語耳。

耿定向集卷九繹異編宗教譯

佛氏家禪主傳心，其名曰「宗」；經主説法，其名曰「教」。教之敝至于溺經文、牽句義，而眯蔽原本。宗之敝至於馳空見、毁儀律，而隨入狂魔。二家蓋更相誚已。今吾儒或詆仲晦格物之説，而束書游談；或繆子静立大之旨，而不識本心，亦若是已。噫，宗教之支，釋道之衰也。朱陸之呶呶，亦吾道之晦已乎？

耿定向集卷一一象山先生要語類抄序

往俗儒紛紛詆先生之學爲禪，蓋隨聲傍吻，未嘗自求之於心也。近世大儒推明其學，謂其直截易簡，真有接孟氏之傳，而學人是始尊信云。余暇日取其語録讀之，多所證印，因摘其粹者以示諸生，而概其類，分爲三編。其意指蓋曰：大都士先志。世人自甘庸俗，卑卑娖娖，無挺拔志趣，譬則朽木糞墻，終不可彫圬也已。與之言學，與以耳食何異？徒嘵聒耳。第一懼人患此病症，不可捄藥，故首編多激發語，蓋令人知憤而後可啓也。乃世號有志爲學者，則又類多挨傍格式，拘攣意見，而自心自性不能反身靈識，即是議論形迹不無可觀，而麻木木如粉妝紙糊者然，是亦枉死人爾，故次之指點人語，使知自悟而後可與共學也。又學人間亦少有悟者，而憑藉虚見，侈然自足，一種習心浮氣日滋月長，更不知湔銷滌涮，則亦終鹵莽滅裂，而於斯道也胥（遠）［達］矣，是故終編多摘其鍛煉人語也，讀者其重思之，思之！

耿定向集卷一二讀慈湖先生語録

楊敬仲之學，以無意爲宗，淵乎旨哉！夫意緣情識而生者也，意至違拂，不能不傷神而漓性矣。夫人各以識起意，一家之内，人各異意也，能齊一而無違拂耶？無論一家，即人自每先横一意，其違拂而不遂者十常八九，豈不重傷而戾兹性真哉！余嘗謂敬仲之學識大，以此。曰：「然則大學先誠意非與？」曰：「誠無思也，無爲也，誠意乃無意也。」曰：「欲明明德於天下，何也？」曰：「心體本自廣大，通之天下。古之欲則明德於天下，從心所欲也，非意之也。意生於有已耳。從心者，即欲即心，即心即矩，故曰『不踰矩』。世學者從意識耳、意見耳、意氣耳，非從本心也，矩安得不踰？矩踰矣，其中心必有不自安者。不安處即心之矩，是天則不容自違者。而故猶悍然不顧，是則喪失其本心而可哀者也。曾子曰：『夫子之道，忠恕而已矣。』忠，从中从心。恕，从如从心。中是不倚於意見、意識，不動於意氣之本心也。以本心通之天下，便知人心皆如己一心矣，是以能貫彼。起於意見、意識者，動於意氣者，蔽于有我矣，安能通天下之心哉？戕人妨物，所必至也。志學者可深長思矣。」

耿定向集卷一三陸楊二先生學案

象山先生諱九淵，字子静，生而清明。自三四歲時，思天地何所窮際不得，至于不食。宣教公訶之，姑置，而胸中之疑終在。後十餘歲，因讀古書至「宇宙」二字，解者曰「四方上下曰宇，往古來今曰宙」，忽大省曰：「元來無窮，人與天地萬物皆在無窮之中者也。」乃援筆書曰：「宇宙内事，乃己分内事；己分内事，乃宇宙内事。」又曰：「宇宙便是吾心，吾心即是宇宙。東海有聖人出焉，此心同也，此理同也。西海有聖人出焉，此心同也，此理同也。南海、北海有聖人出焉，此心同也，此理同也。千百世之上，至於千百世之下，有聖人出焉，此心此理亦莫不同也。」

嘗與徐任伯書曰：「某氣質素弱，年十四五，手足未嘗温煖。後以稍知所向，體力始隨壯」云。

又云：「吾於踐履未能純一時，才自警策，便與天地相似。」

二十四歲，復齋問：「吾弟今在何處做工夫？」先生答曰：「在人情、事勢、物理上做工夫。」

又云：「吾家合族而食，每輪差子弟掌庫三年。某適當其職，所學大進。」

三十四歲，先生與徐子宜同試南宫，試「天地之性人爲貴論」。先生謂子宜曰：「某欲説底，却被子宜道盡；但某所自得受用底，子宜却無。」曰：「雖欲自異於天地，不可得也。此乃某平日得力處。」時考官吕祖謙賞識之，云：「一見此文，心開目明，必江西陸子静也。」

時從學者甚衆，先生諄諄，只言辨志。常曰：「古人入學一年，早知離經辨志。今人有終其身而不知自辨者，是可哀也。」

淳熙二年，爲鵝湖會時，朱子意欲令人博覽而後歸之約，先生欲先發明人之本心，而後博覽取證云。

五十歲，先生居象山，學徒結廬聚居。或問：「先生之學有所受乎？」曰：「因讀孟子而自得之于心也。」

嘗謂學者云：「汝耳自聰，汝目自明，事父自能孝，事兄自能弟，本無少缺，不待他求，在乎自立而已。」勸著書曰：「學苟知道，六經皆我注脚。」

或問：「先生之學自何處入？」先生曰：「不過切己自反，改過遷善。」

嘗曰：「念慮不正者，頃刻而知之，即可以正；正者頃刻而失之，即爲不正。有可以形迹觀者，有不可以形迹觀者。以形迹觀人，不足以知人；以形迹繩人，不足以教人。」

朱子曰：「南渡以來，八字著脚理會著實工夫者，某與子静二人而已。」

又曰：「建安無元晦，青田無子静」云。

淳熙十六年，知荆門州。先生教民如子弟，雖賤隸走卒，亦諭以義理。接賓受詞無早暮，下情盡達無壅，故郡境之内，官吏之貪廉，民俗之習尚，忠良材武與猾吏暴强，先生皆得之於無事之日。凡訟應追逮，不特遣人，唯命訴者自執狀以追，計地近遠立限，皆如期，即日處決。輕罪多酌人情，曉令解釋。至人倫之訟，即明多使領元詞自毁之，以厚其俗。唯怙終不可誨化，乃始斷治。詳其文狀，以防後日反覆。久之，民情益孚。兩造有不持狀，唯對辯求決。初，保伍之制，有司以非急務，多不檢覆，盜賊得匿藏其間。先生首申嚴之，奸無所蔽。有盜刦掠，鄰伍遽集擒獲，不逸一人，群盜屏息。先生嘗曰：「古人明實理，做實事。」即荊門政如此可見。

慈湖先生諱簡，字敬仲，其父通奉公亦知學，常令默自反觀，敬仲服膺是訓。至廿八歲時，居太學循理齋。首秋初夜，燕坐于床，方復反觀，忽覺得天地内外，森羅萬象，幽明變化，有無彼此，通爲一體。始信「範圍天地，發育萬物」，非空言也。

三十二歲時，主富陽簿，攝事臨安府，象山新第，歸過之。象山長敬仲二歲，素相呼以字，爲友交。留半月，將别去。敬仲念天地間固無疑者，但以平時企慕愬，未忍遽離，復留之。夜集雙明閣上，因象山數提本心，問曰：「如何是本心？」象山曰：「『惻隱，仁之端也；羞惡，義之端也』云云，此即是本心。」敬仲曰：「簡兒時已曉得此語，畢竟如何是本心？」凡數問，象山終不易其説，敬仲亦未省。適平旦，有鬻扇者訟至於庭，敬仲斷其曲直訖，又問如初。象山曰：「適來斷扇訟，是者知其爲是，非者知其爲非，此即敬仲本心。」敬仲忽大省，覺此心澄然，清明廣大，無始末，無所不通。復亟問曰：「止如斯耶？」象山竦然端勵，揚聲曰：「更何有也？」敬仲不暇他語，即揖而歸，拱坐達旦。質明，納弟子禮焉。每謂：「感陸先生犹是再答一語，若更云云，便支離去矣。」

乾道八年秋七月也，敬仲嘗自謂：「稽衆，舍己從人，惟已有之。一日，觀大禹謨『舜以稽衆，舍己從人，惟帝堯能是』，是自謂不能也。三復斯言，不勝嘆息。舜心沖虚，不有己善，雖稽衆，舍己從人，亦自謂不能，此所以聖也。簡時省及此，已年六十有六矣。」所著書甲乙集、冠昏喪祭紀，已易諸書行于世。

右陸、楊二先生學案也。人言二先生之學，其悟頓矣，乃其修證漸次若斯耶！象山教人，諄諄以切己自反、改過遷善爲入路，而慈湖晚年更以「稽衆，舍己從人」爲深省。世侈妙悟玄解而劣實修，然乎？又使承學者流未能辨志，未能實識本心，不知所謂遷且改與夫稽且從者，果足適道否也？余郡侯懷堂先生，世傳二先生之學者也，特書此以就正云。

來知德

來知德（一五二五——一六〇四），字矣鮮，號瞿塘，梁山（今重慶梁平）人。嘉靖三十一年（一五五二）舉人。萬曆三十年（一六〇二），以薦授翰林院待詔，以老疾辭，詔以所授官致仕。來氏以易名家，兼合象數、義理爲一。著有來瞿塘先生日録等。事迹詳見王德元來瞿唐先生行狀，明史卷二八三、明儒學案卷五三有傳。

來瞿塘先生日録内篇卷三入聖功夫字義　太極

周子恐人認太極爲有形之物，故曰無極，朱子與陸子因此二字講幾年，講千萬言，陸子説周子不是，朱子説周子是。講到零了，朱子云：「我日斯邁，而月斯征，各尊所聞，各行所知，亦可矣，無復望其必同也。」陸子答云：「尊兄遽作此語，甚非所望，願承末光，以卒餘教。」古人爲一字一義其争辨如此，非如今人苟且就過。其實周子加「無極」二字無害。

來瞿塘先生日録内篇卷三入聖功夫字義　讀書

天下無不讀書之聖人，但聖人緊要功夫在格物，在克己，教人「非禮勿視，非禮勿聽，非禮勿言，非禮勿動」。要格了此物欲，使此心湛然無欲，不萬起萬滅，無思無慮，如明鏡止水也，未嘗教人終日静坐也。自程子喜人静坐，以文字乃玩物喪志，不多讀書。張敬夫説：程子在涪讀易，有一箍桶人問伊川「未濟男之窮也」一句如何説，伊川不能答，其人答曰「三陽失位」，故伊川作易傳，到此卦云此義也，聞之成都隱者。此語火珠林已有，朱子説程子不讀雜書，所以被他動了，所以所傳之徒通講默坐澄心。至陸子與邵叔義書云：「『知之爲知之，不知爲不知，是知也。』後世耻一切之不知者，亦耻非其所耻矣。人情物理之變，何可勝窮？雖聖人不能盡知也。稷之不能審於八音，夔之不能詳於五種，自用其私者，乃至於亂原委之倫，顛萌蘖之序，窮年卒歲，靡所底麗，焦焦然思以易天下，豈不謬哉？」此言分明是說朱子。自此書一出，天下學者欲直指傳心，通引「稷之不能審于八音，夔之不能詳于五種」來作證，而幾于廢書矣，可哀可痛。朱子豈不知心爲原，而文字爲委，心爲萌，而文字爲蘖哉？窮年卒歲在文字固不可，若窮年卒歲閉目打坐，可乎，不可乎？是真正惠可矣。朱子說杲老與張侍郎書云：「左右既得此欛柄，入手便可改頭換面，卻用儒家言語說向士夫，接引後來學。」若如此，何故何故？且始終發露，如曰「獅子咬人，狂狗逐塊」又曰「耳自能聽，目自能明」，又曰「六經注我，我注六經」，皆禪語也。此皆是偏處，惟當依孔子。孔子教好古敏求就好古敏求，教多識前言往行以畜其德，就多識前言往行，教天下何思何慮，就無思無慮。人之心左右令其湛然無欲，如明鏡止水就是，豈静坐方能湛然無欲，而讀書即不能湛然無欲乎？大抵天下無讀書成心病之人，但讀書要識痛癢，「博學而詳説之，將以反説約也」。心譬如人家陽宅基址，此乃根基也，且人家只空空死守此根基，起房屋者爲此根基也，種桑麻者爲此根基也，栽松柏竹木者爲此根基也，如此知痛癢，何害于讀書？吾恐天下後世，如惠可而直指傳心，故終之以讀書焉。

來瞿塘先生日録内篇卷四省覺録

從來聖人不曾教人不讀書，但讀書要識痛癢。如讀「學而時習之，不亦悦乎」，便思學是學何事，習是習何事，悦是悦何事，都將身心體貼出來，便不枉讀書了。若不能領悟，讀五車三十乘也是閑。

黄勉齋序晦庵集云：「求道而過者病傳注誦習之煩，以爲不立文字可以識心見性，不假脩爲可以造道入德，守虚靈之識而昧天理之真，借儒者之言以文老佛之説。學者利其簡便，自以爲悟。若立論愈下者，則又崇奬漢唐，比附三代，以便其計功謀利之私。二説並立，高者陷于空無，下者溺于卑陋，其害豈淺鮮哉！」此言正中今日之病。

來瞿塘先生日録内篇卷六理學辨疑　太極

朱子云：「不言無極，則太極同於一物，而不足爲萬化之根；不言太極，則無極淪於空寂，而不能爲萬物之根。」若如此論，是孔子之言未明備，必俟周子之言始明備矣。蓋孔子之言已明備，無欠缺，包括無極在其中矣，周子恐人認錯了「太極」二字爲有形之物，故云

「無極」，正所以解太極也，朱子説平了。

來瞿塘先生日録内篇卷六心學晦明解節録

心學之一晦一明，天實囿之也。心學長明於天下，則世多聖人，麒麟鳳凰不能出走獸飛鳥之類矣。即今書者，吾儒所治之業也。天下無不讀書之聖人，賢者識其大，不賢者識其小，此古今聖人之常，大舜邇言且察，況書乎？·中略。蓋天忌尤物，聖人之經，不使人見其全經，聖人之傳，不使人見其傳，縱醫家之靈方，卜術之奇數，藏之秘府者，亦不肯久留于人間，書可知矣。夫書與天地，本無忌礙，且有興有廢，而況于生人乎？·觀天不以全書與人，則知天不以全聰明與人矣，故心學不常明，聖人不常生，皆天有以囿之。孔子之聰明，千古一人而已，信乎子貢以爲天縱也。孔子之後，門弟之多者，莫如鄭康成，長相隨千餘人，名其鄉爲鄭公鄉，榜其門爲通德門，一時天下相之信，以爲孔子復生矣。自宋有程朱，而鄭公之業遂廢，可見天惜聰明，不肯盡歸于一人也。程朱在宋爲名儒，今日之設科，皆依其注疏，然大學首章頭腦功夫，未免有差。王陽明以大學未曾錯簡，又可見天惜聰明，不肯盡歸于一人也。王陽明之説是矣，然又以格物之物，認爲事字，教人先于良知，而「明德」二字，亦依朱子，又不免少差，又可見天惜聰明，不肯盡歸於一人也。故天下有治有亂，心學有晦有明，皆天以聰明囿之，人力不得而與也。某本愚劣，少壯之時，妄意聖賢，山林中近三十年，所注有易經集注、大學古本、入聖功夫字義、理學辨疑諸篇，與程、朱、陽明頗有異同。以世莫我知，欲請高秀才寫「藏書塚」三字，藏之石室，不料海内又有知者。昨友人致書，以天下義理程朱説盡，王陽明不必議之，將程朱之注取其科第，而復議之，非儒者之用心也。此言蓋爲某而發，非爲陽明也。殊不知理者，天下之公理，人人皆能言之，不反復辨論，豈得爲儒？且議者議其理也，非議其人品也。若論程、朱、陽明之人品，俱千載豪傑，泰山北斗，皆某之師範也，豈敢議之？陽明在今日之儒，乃聰明之極者，但立論太快，略欠商量。陽明亦未嘗議朱子之人品也，亦議其理而已。使前人言之，後人再不敢言之，則墳典者，乃伏羲、神農、黄帝、顓頊、高辛之書，孔子不敢删矣；春秋乃列國侯王之史，孔子不必修矣，傳注有左丘明、鄭康成、王輔嗣、孔安國諸公，程朱不可出一言矣。言之者，不得已也，爲世道計也。下略。

孫應鰲

孫應鰲（一五二七—一五八四），字山甫，號淮海，清平衛（今貴州凱里）人，占籍如皋

(今屬江蘇)。嘉靖三十二年(一五五三)進士,選庶吉士,改户科給事中,官至南京工部尚書,卒謚文恭。孫氏從學徐樾,爲陽明再傳弟子,發揮致良知之學,以爲「心即是美」,時人以爲「黔中人士之冠」。著有孫應鰲文集、淮海易譚等。萬斯同明史稿卷三一八有傳。

孫應鰲集卷二道林蔣先生粹言序

道林蔣先生,本朝名儒也,著有古大學義、桃岡日録、訓規、講義,余梓諸秦矣。其文集、續集,余嘗謀柳洞陽氏、龍渠陽氏選,二氏選既畢,視余,余復爲簡摘編輯,乃梓於襄以傳。敘之曰:萬世論學之的則,準諸孔子,孔子論學之端委,括於求仁。仁,人心也。心也者,天地萬物一體者也。惟天地萬物一體爲人之本心,故學以一以要。惟人之本心與天地萬物一體,故得一斯得心,斯得仁。奈何後世之學卒不能一,則孔門之旨遠矣。何言乎不能一也?心也者,天地萬物一體,是無内外者也。世之是内者,遺事物以論心,其弊將游其心於空無虛寂之歸;是外者,溺事物以喪心,其弊將蕩其心於形器支離之末。賢知之過,愚不肖之不及,率是焉。孔子悲憐之,欲救援不可得,以謂無内無外之間所謂一者誠難於言,而惟舉兼内兼外之要,則内外之道合,而一之體即可見。故凡曰敬直,曰約禮,曰尊德性，曰寂然不動，曰學而思，曰靜專靜翕，曰智及，曰知崇，曰致中，曰大德敦化，皆以示無外之非内也，非離外以言内也，見物理即吾心也。曰義方，曰博文，曰道問學，曰感通天下之故，曰思而學，曰動直動闢，曰守仁莊涖動禮，曰禮卑，曰致和，曰小德川流，皆以示無内之非外也，非離内以言外也，見吾心即物理也。名義雖殊，匪兩端，匪二致，匪多歧也。故敬義同體而並運，智仁同體而並到，知禮同體而並著，中和同體而並踐，大小同體而並察，是所謂幾也。幾也者，動而未形，有無之間者也。動矣然未形，未形矣然動，不落於有，不落於無，人所不見，爲己自知，是曰獨也。知幾者，知此也。真知此動而未形，有無之間，是謂慎獨。而無内無外之間，所謂一者，即默識也。勿忘以淪於無，勿助以汩於有，允執斯中，卓爾不倚，天理流形，人欲浄盡，不見天地萬物之非我，不見我之非天地萬物，上下四方，往古來今，渾然一已。即敬是義，即義是敬，即博是約，即約是博，德性問學，寂感動静，智禮中和，大德小德，一以貫之，無賸詞矣。此人之心也，是仁體也，故大學曰：「大學之道，在明明德，在親民，在止於至善。」無内無外之間，所謂一者，是至善也。惟心體至善，惟仁然後可以言至善；惟動而未形，有無之間，然後可以見至善。知止者，知此也，故知止即是知幾也，即慎獨也，即默識也，即合内外之道也。後世之學卒不能一，則以不偏於是内，則偏於是外耳。道林先生所論著，具明斯旨，學者循其言，可以入聖道，無過不及之失，誠有功於孔門矣。顧余於斯學猶有深憂焉。有宋以來至於今日，號稱道學大明，然偏内偏外之學返夾雜其中者，衆言淆亂，必諸未明之前尤至夥衆，而道學之晦蝕亦即因之轉以益甚。但蕩其心於形器支離之末者，其病易見；游其心於空無虚寂之歸者，其微難知。使皆空無虚寂是歸，使孔門下學之功悉可廢罷，而下學之外别有上達一徑，爲千載秘密，至今日始露見，則自開闢以來，帝王聖賢繇之立經陳紀，序倫敷治，修身及家，平均天下，亦形器支離之末，則生心害政，爲毒尤厲，是又今日浸淫之末流，賡倡之共病，而當亟防力挽者也，則道林是編，尤不可不大彰顯於時云。隆慶戊辰長至日，如皋孫應鰲謹書。

李贄

李贄(一五二七—一六〇二)，原名載贄，字宏甫，號卓吾，晋江(今屬福建)人。嘉靖三十一年(一五五二)中福建鄉試，以困乏，不再上公車。官至雲南姚安知府。其學出入於佛老，而於道學多有批評，爲泰州學派之代表，王學發展之極端，故爲當時正統學術所不容，視爲異端，以邪説惑衆之名被逮，在獄中自殺。著有李温陵集等。傳附明史卷二二一耿定向傳後。

李温陵集卷一八道古録

晋川曰：「德性問學，前輩分作兩事，所以有朱陸之辨，今言尊德性即是問學，似信不及。且德性既尊，一了百當，何又有許多枝節？廣大精微安在何處？温故敦厚何處下手？如此修德，只了得自家，何便能宜于上下，關國興敗？既以身當國，何又得自保其身？明哲保身，如公似矣，又何益于天下國家乎？終日勤劬，手不停披，目不廢卷，問學道矣，又安在其尊德性乎？多少不知問學者，其居上爲下，或語或默，亦自合時。而迂濶道學，執古板，任己見，激變致忿，予竊惑焉。且今守空寂者，閉目凝神，通不理會學問，是又何説？而號爲道學者，人各守門户，以粗心浮氣爲廣大，以瑣屑細務爲精微，以卑己畏人爲不驕，以怕事徇人爲不倍，以負氣多言爲興邦，以包羞忍辱爲能容，以全軀苟免爲保身之明哲，又何貴于學，而又何益于天下國家也？」卓吾曰：「人之德性本自至尊無對，所謂獨也，所謂中也，所謂大本也，所謂至德也。然非有修道之功，則不知慎獨爲何等，而何由致中，何由立本，何由凝道乎？故德性本至尊無對也，然必由問學之功以道之，然後天地之間至尊至貴、可愛可求者，常在我耳。故聖人爲尊德性，故設許多問學之功；爲慎獨、致中，故説出許多修道之教。中庸一書，皆聖人修道之教也，道問學之事也。此道問學與尊德性所以不容有二也，豈可謂尊德性便不用道問學乎？正欲人道問學以尊吾之德性耳。是故德性本至廣也，本至大也，所謂『天下莫能載』是也，而又至精焉，至微焉。精則虞廷之『唯精』，微則虞廷之『唯微』，而中庸亦曰『夫微之顯』，曰『莫顯乎微』，其所以狀吾德性之精微者，至矣極矣。夫廣大也而又精微，不可以見吾德性之尊乎？德性本至高也，本至明也，雖昭昭之天不足以比其明，蒼蒼之天不足以擬其高者也，而又至中焉，至庸焉。中則無東西南北之可擬，無方所定位之可住，是故不得已焉，强而名之曰『中』。中則人皆可能，誠則本自無息，所以爲萬世不易之常，千古不朽之德者在是，非庸而何？夫高明也而又中庸，又不可以見德性之尊乎？德性之來，莫知其始，是吾心之故物也。是由今而推之于始者然也，更由今而引之以至于後，則日新而無敝。今日新也，明日新也，後日又新也，同是此心之故物，而新新不已，所謂日月雖舊而千古常新者是矣。日月且然，而況于德性哉？其常故而常新也如此，又不可以見德性之尊乎？博厚如地，雖足爲厚，未足比吾德性之厚也。是猶爲自上而之下也，更由下而之上，則可以築九層之臺也，可以造凌霄之宫也，可以建淩雲之閣也，所謂彌堅而愈不可鑽，又極高而愈不可仰者矣。何其所厚者愈敦愈固，其所謂禮者又日隆日崇乎？是謂忠信之足以進德也，充實之可以光輝也，敦化之自然川流也，德性之尊又不可見乎？合而觀之，皆德性也，而人不知所以尊之，是故有道問學之功焉。苟不知問學之功，則廣大誰爲之致，精微誰爲之盡，高明誰爲之極，中庸誰爲之道，而所以温、所以敦又誰爲之哉？故聖人重問學焉，重問學者所以尊德性也。能尊德性，則聖人之能事畢矣。於是焉或欲經世，或欲出世，或欲隱，或欲見，或剛或柔，或可或不可，固皆吾人不齊之物情，聖人且任之矣，故曰以人治人。若夫不驕不倍，語默合宜，乃吾人處世常法，此雖不曾道問學而尊德性者，或優爲之，故聖人之意，若曰爾勿以尊德性之人爲異人也，彼其所爲，亦不過衆人之所能爲而已，人但率性而爲，勿以過高視聖人之爲可也。堯舜與途人一，聖人與凡人一。自今觀之，文王非大聖人乎，羑里之囚，身幾不保，雖文王亦有時而不知默之足以容也，幸而有散宜生輩獨出奇計，脱西伯於虎口，然身雖幸免，又不免陷君於不義矣。且夫子自謂『居上不驕』是也，夫居上猶不可驕也，況隱而在下者乎？然孺悲不見足矣，胡爲乎取瑟之歌？陽貨不拜足矣，胡爲乎瞰亡之往？謂夫子爲驕，固不可，謂爲不驕，吾亦未敢信也。以此見聖人，若論處世，亦多有不合衆人議論處矣，然亦何足以窺聖人，而又何足以病聖人乎？獨保身之云、明哲之云，學者似未可遽以藉口也。蓋此謂『危邦不入，亂邦不居』者云耳。若既食君之禄，仕人之國，則國爾忘家，公爾忘私，其義也，豈可嘿嘿以取容，而曰『我欲爲明哲』乎？且夫子又不曰『臣事君以忠』，『事君敬其事而後其食』，『事君能致其身』乎？彼道學者獨竊此以自文，是賊道矣。噫，欲處世而身致治平者，恐别有經綸之學在，未可以大學之道爲迂緩而不講也。方今聖天子在上，賢公卿在下，食禄任職，報主竭忠，保身之説非但不可言之於口，而亦不可萌之於心，若有此心，便是不忠。此何時也，豈春秋時邪？夫子不幸而當其時，故惓惓以明哲爲言，然比干剖心，夫子且大以爲仁，豈可遂謂夫子好明哲，而復責比干以不能保身歟？況今又何時矣？只可責食禄者，或未嘗有尊德性之功則可，苟能尊德性矣，而曰不能委身事君者，未之有也。大抵身家之念重，則君父之念輕，或名義之念重，則君父之念亦輕。雖有高下，其爲不念君父，一也。以故情義不通，上下間隔，古今皆然，誰肯自任其咎乎？此尊德性之功所以不可不亟也。若力小而任不稱，年高而志昏惰，苟不知歸，則貶斥隨之矣，此於明哲本無交涉也。大抵中庸一書，專言尊德性之事，此則堯舜以來相傳之學，夫子不能異也。大學一書，專言大人之學，雖庶人亦未嘗不明明德於天下者，此則夫子獨得之學，千古聖人不能同也。」

駱問禮

駱問禮（一五二七——一六〇八），字子本，號纘亭，又號萬一樓居士，諸暨（今屬浙江）人。嘉靖四十四年（一五六五）進士，授南京刑科給事中，官至湖廣副使。著有萬一樓集等。明史卷二一五有傳。

萬一樓集卷二六與許敬庵節録

上略。大抵禮之病在固信朱文公，過疑王文成。而今之學者又以二氏之學可以兼通，則疑又愈甚。夫南渡之有朱子，猶春秋之有孔孟也。微孔孟，則堯舜之道或幾於墜；微朱子，則孔孟之道未必盡明。而今之詆朱子者，皆未明孔孟之道者也，以此横於胸中，何可復語？然知此爲病，不爲此即是藥，而終不能以此易彼，執事謂何如而可？日暮途窮，望心日切，惟察而憐之。

萬一樓集卷二六上趙司寇

昨承賜燕，兼以大教愧領，略無地，且應對粗率。夜歸，感歉俱集，展轉不能安枕。次早拘俗套且入衙門，午後始能趨謝，而執事者偶出，不得請益，愈用怏怏，更欲趨候，不惟恐數勞閽人，亦慮威嚴之下反有不得盡其詞者，敬此陳瀆。嘗讀傳習録論「親民」，謂不當改「親」作「新」而已，不聞言明德在新民也，故雖明公有爲是言者，亦漫置不聞。昨承教，果文成公之言，始惕然，歸而思之，然終不能得其意也。敢不避誅責，獻其昏瞢。夫明明德在於親民，則脩身者當先齊家、治國、平天下，何以反言之，而又曰「壹是皆以脩身爲本」耶？然則物有本末，亦親民爲本，明德爲末耶？孔孟終其身不遇，將未得爲明德耶？至謂果能用力，則以知行爲二亦可，爲一亦可；不能用力，則説得知行合一，亦是無用。此亦恐非王文成公之言也。夫王文成所以力辨前儒之非者，謂必如此方可與進道耳，使如此固可，如彼亦可，則教之用力足矣，肯好爲異説耶？譬之病者方服藥，察其方必無效甚者，且將殺人，始可持我之良劑以易之，若曰惟患不服，能服則此劑固可，彼劑亦可，又何必嘵嘵然多其詞説，以短彼長己，而逮其人之不服，又爲和同兩可之説，豈君子之用心乎？荒鄙毫無知識，但平日聞長者之言，必欲反諸心而安，始敢自已。此山野僻士之態，非所以施於廟廊公卿之間。顧執事者，朝廷之柱石，縉紳之標準，而道學之宗主也，一言之出，後世且以爲蓍龜，敢以他嫌畜其終身之疑哉？互鄉童子，孔子曾與其進，而孟子與夷之不憚反覆，竟致其憮然。幸弗曰，是素無志者，不足與言也。冒瀆不勝悚汗，祈仰之至。

萬一樓集卷二六復何知州

辱來教，足仞不鄙。今之學者莫不以躬行自任，而以知爲不足務。吾見知而不能行者矣，未見不知而能行者也。講求物理而反諸身者與所講二病，在不反諸身，不在講求物理也。公惡人講求物理，而謂博文是約禮之功，自家磨煉自家不足處，久久渾融，於古人言語自無障礙。此固陽明新説，得之禪門者。若愚意則必講求物理，於古人言語無所障礙，方磨煉得自家渾融。物理不明，認人欲爲天理，用力雖勤，與無志者等爾。自古及今，病孤陋寡聞，不病多聞多見；病知而不能行者，非謂致知能爲力行之害，故曰「多識前言往行以畜其德」。不能多識前言往行，而自謂能畜德，吾不之信也。學與教一，繼往開來，即初學之所求，公以爲有二道耶？今之學者重異陽明，而輕異朱子，詖淫邪遁，無所不至，而自以爲直接孔孟之傳，害將不小。有志如公，終當覺悟質疑。稿小票竊，附短見發去，閲畢仍乞遞來，以便更味。如有他見，不吝再教，荷荷。

萬一樓集卷二六復何知州其二

承教，適值俗冗，不及修附去役。今世之士，好僻喜譽，讙然同風，名爲講學，實則空談。以執事實心實用，故敢布其腹心。顧承不鄙，復賜之教，何幸如之！窮理盡性以至於命，非末學所敢輕議。所謂全在自家得力等語，依舊落陽明言詮。古今聖賢多矣，經籍備矣，世獨趨尚陽明，不言博約，而只言一貫，不知一貫聖德，非聖學也。今不務聖學，而遽欲求聖德，猶膏粱子弟，自詫於人，曰「飽食煖衣足矣，農桑何爲」。其爲世道之害，恐非小小也。孔子自居，亦曰下學而上達，其教人文行忠信而已。今人開口便談玄妙，作俑則自陽明始，故不才嘗謂「陽明先生，今之荀卿」，非敢自絶於鄉之先達，良求之而不得其説也。以執事過愛，忘其狂劣，新春統惟加愛。

萬一樓集卷二六復何知州其三

得遞中教，益悉尊意，更質一二。德得於己者也，學所以求進於德者也。道能自得，則可以一貫，學亦可以一貫，學一事而萬事皆通耶？然則聖門弟子既問仁，又問爲邦；既問崇德，又問脩慝，拙亦甚矣。下學而上達，由下學可以上達爾，公謂之一貫，下學即上達耶？自家得力既即爲仁由己與自得之意，何不曰自得曰由己，而必曰自家得力耶？且自得學之所至，正所謂德也，由己而不由人，言爲仁之功，正所謂學也，公又將比而同之耶？濂溪得不傳之緒，明道又得濂溪之傳矣，朱子之學異於周、程耶？古者王跡既息，孔子與門弟子講明之；楊墨塞路，孟子詞而闢之：不惟當世受其益，萬世之下亦蒙其澤。朱子鵝湖之辨，孟子闢楊墨之意也，今之學者所以知孔孟正脉，此亦一助。初學之士所以茫然，咎顧坐此耶？今之後進不知性理、通鑒爲何物，況知所謂鵝湖之辨？然則彼皆了然於聖學耶？古稱講學以耨之，謂如農之去莠以存苗，故孔子告哀公以博學、慎思、審問、明辨，無非欲精其是非善惡之辨，以定吾終身依據之地也。今以此爲計較長短，然則所謂審問明辨者又何爲乎？孔子所謂意必固我，以處事言爾，若學必有一定之極，明其善而固執之，始能有得。如都無可否，昏然罔覺，正釋氏寂滅之教，誤天下蒼生者在此輩也。公欲以之易天下耶？朱子之於象山，不足言矣；孟子之於楊墨，亦固我耶？方戰國時，天下之尊信楊墨，又不啻今之新學，孟子以一人獨明其非，今之君子不以楊墨之道爲正於孟子也，況今聖學大明，祖宗以孔孟正傳涵育士子，家傳户習，正所謂春秋一統之時。一二拗僻，私相標榜，自背於聖人之化者，公以英明有志歸之，過矣過矣。公謂不才者自幼讀宋儒書不能變，而不才亦謂公惟不能得宋儒意，故爲異説所惑。夫童而習之，長而自倍其説，善則爲横渠之逃佛老，不善則爲陳相之學許行。今聖賢之書具在，舍曰學之而挽天下之異端，納之於聖賢之域，以自文其寡昧之失，以是爲善變，公生而衣帛食粟，今能變之乎？學求其是而已，今人以晦翁之書資舉業，晦翁之書原非教人習舉業而已者，公不察爾。玩尊教三嘆，已欲置之，私心勃勃，不能已也，復此，狂贅狂贅。

萬一樓集卷二六簡徐覺齋

别來轉眼三月，緬仰教愛，已若生前，後此何當再挹精粹耶？門下信道甚篤，而躬行又足以副之，挺然出於時輩。但區區舊意，謂學陸象山斷不若學朱晦庵之全，此亦薛文清公緒論。王文成公所以負天下之望，以其有豪傑之才耳。近因大教，刻意鑽磨，微覺舊見之非，而違遠清範，終入寡陋矣。奈何奈何，風便謹此，百惟照察，不備。

萬一樓集卷二六簡徐覺齋

一别不覺兩年餘矣，每懷高義雅愛，恨不縮地。生流落天末，而老丈翱翔中原，此所謂濯纓濯足，皆自取之效也，夫何言近來學問何如？時禁方嚴，使我之所學者是，固不當因是而進退。萬一未必中正，則天下國家原無皆非之理。王文成公以豪傑之才，唱異端之學，使世之有志者相率而不知其非，此堯舜所必誅也，而猶享大名於後世，不知何故。恃夙愛萬里風便，輒吐其鄙陋，諸惟垂照，不宣。

萬一樓集卷三五留别斗野李寅丈序

今天下言學道者，不曰陳白沙，則曰王陽明，二氏之學皆祖陸象山。象山之學，視朱晦庵頗偏，在當時雖兩不相下，後世已有定論。而二氏者出，復闡揚其説，以爲獨得千古之秘，而天下且翕然宗之，即名公巨卿莫不拾其牙頰，同然一詞，以晦翁爲支離，吐之不殊糟粕。而二氏之徒，亦未始相下，爲白沙之説者非陽明，爲陽明之説者非白沙，而至於今，則二氏之徒合爲一家，而王氏之説尤盛。不言顔子之博約，而惟言曾子之一貫，一入其群，即以聖賢相許，以晋人之清談襲漢人之標榜，雖屠沽釋老不暇區别，而獨排晦翁。逮其説之既窮，則又以朱陸原無二學，陽明之道初不異於晦翁，而旋踵又謂「六經皆我注脚」，雖孔子亦將在所不足法，特不敢明言之耳。嗚呼，彼徒見世之儒者誇多鬬靡，而無益於身心性命，以爲不若二氏之得其要也。以佛老之精微，砭末俗之流弊，奚翅二氏之爲要。然此豈朱子教之然哉？不善學朱子焉耳。以朱子之説求孔子之道，猶以璣衡而測七政，猶以耕稼而望五穀，猶以犧黄之本草而辨藥物之性，雖萬世有不可易者。顧人不能盡其説，踐其實焉耳。夫若臨河源李若臨與予同官南職方，政暇論學，必以朱子爲的，而且英年鋭志，循循不息。夫若臨於白沙爲鄉人，猶予之於陽明也。予没溺於陽明之説，幾不能出，今髮且半白矣，始知專宗朱子，而以公之年，即能確然不爲異説所惑，此豈尋常可及者？夫人患無志，有志矣患不正，有志且正矣，歲或不我與。以若臨之志，學而得其正，且以其年之方富，由是而不已，其功後之所至，有不可量者。一洒朱子之支離，世未必無人，而若臨不當以自遜矣。予患多言，若臨每以規予，方欲緘口而復爲是説，重别也，有由回贈處之義焉。若臨倘不以余言爲過，豈無所以益我者？既促裝，爰執簡以俟。

陽明先生,今之荀卿也。蘇子瞻有言「荀卿者,喜爲異説而不讓,敢爲高論而不顧者也」,而陽明爲甚。天下之事莫不有知有行,不待知者而後知也,故孟子言良知,亦曰良能,而彼必曰知本兼行,如知縣、知府,豈必復以行爲言,則是孟子之言亦甚贅矣。「知之非艱,惟行之艱」,知之未嘗復行,三知三行,始終條理,古先聖賢每每言之,非始於後儒也。天下之事必先知而後行,亦不待知者而後知也。而彼必曰行到然後知,如食始知味,衣始知暖,至京師始知京師,而自知其説之不通也,則又曰知行合一。夫知行合一,古人言之舊矣,謂成德者爾。若入德之序,則必先於知。然自知行合一者言之,亦未嘗無先後也。使知不先於行,而精一博約果無二義,則大學何不言「致知在誠意」,中庸何不言「固執而擇善」,論語何不言「仁及之,知能守之,而見義然後可爲,知過然後能改」,皆自然之漸次,亦非始於後儒也。至於良知,固不假於見聞,致良知必由見聞,猶之養生者,元氣固得於天賦,養元氣必俟飲食。世或有辟穀而長生者,吾未之見也。然飲食猶能傷生,未有聞見多而害道者,所惡於聞見,爲其不能擇善而從,反躬而踐之焉爾,然未有廢聞見而能擇且踐之者也。「多識前言往行以畜其德」,非後儒語也,今其言曰孔子之意重在畜德,朱子曾教人不畜德耶?

且陽明所以日聚其徒而講究之者,聞見耶,良知耶?若曰良知,則無俟講矣,而不廢何也?今朱子之書具在,凡陽明所自以爲妙契而獨得者,皆其殘膏剩馥,顧乃操之入室,以快其一時之論。而爲之徒者,方且慕其名而不察其實,襲其言而不精其義,此出彼入,同然一詞,而紛然百途,其爲學術之禍,將有不止於荀卿而已者。何者?荀卿之惑易辨,而陽明之僞難知也。荀卿以性爲惡,以聖賢君子爲僞且亂,其叛道也遠。陽明則不然。孟子曰良知,彼亦曰良知;曾子曰致知,彼亦曰致知;孔子曰「學之不講,是吾憂也」,彼且日以講學號於人。雖其旨有大謬不然,而其言則皆聖賢所不廢,且其詞之成章,行之有類,節義功業燁然一世,而揚其波者,又皆當世聞人。竊嘗論之,荀卿外侮也,陽明内蠹也。彼方日誓其家之長老,率其少壯以弭盜保室爲事,其家人且以克勤目之,而不知其術之疏,説之謬,適足以敗乃室而開寇穴。有識者從旁議之,長老且罵曰是妬吾克家之子,甚者操杖而逐之,及其後效,未嘗不思,議者而恐無及矣。噫,吾憂後之無及,則固不得避長者之杖也。

萬一樓集卷四一王文成公論中

世皆曰「陽明禪學也」,爲其有空虚之病也。而爲之徒者則曰:「陽明先生文章、節義、政事、功業俱表然一世,烏在其虚也?」夫外文章、節義、政事、功業而論學固不可,即此四者而概與之以學，則唐之郭子儀未嘗無功，柳宗元未嘗無文，而管夷吾未嘗無政，介之推未嘗無節，其他傑然兼備者，亦不可謂盡無，君子不輕以正學歸之也。且陽明先生所以自謂得千古之秘，而其徒所以尊崇而推挽之，謂其超越前儒，而直接孔孟者安在？亦曰致良知而已。則所以論陽明之學者，在論此耳。即吾儒之學，所以異於禪，而參之以良知之説，則其得失必有能辨之者。夫人之所以爲人者，心與性而已。儒者之學曰心與性，釋氏之學亦曰心與性，其所學則同，而卒歸於異，則儒實而釋虚，千里之謬，毫釐之差也。且吾心之德，孰有大於仁者乎？顔淵問仁，孔子告之以「克己復禮」，及請其目，不過曰非禮不視聽言動而已，其他曰敬恕，曰愛人，曰行五者于天下，曰雖之夷狄不可棄，非行己之事，則治人之術，乃所謂性命也。至於釋氏則不然，曰「遺爾事物，棄爾日用，而致虚守静，則心自明而性自見」。夫高談性命，莫過於宋儒，然卒亦未嘗遺事物也。遺事物，廢聞見，而空以性命爲談，則陽明致良知之説爲甚。蓋嘗讀六祖壇經，而繹其「但用此心直了成佛」，并「言下大悟」、「内見自性」、「開佛知見」、「自歸依佛」及「諸佛妙理，非關文字」之旨，未嘗不嘆陽明之説，陰有所祖。而問有以無對，問無以有對，問凡聖以聖凡對，語録所載，大率相類，雖曰不爲禪，吾不信也。然釋氏終歸於虚，而陽明行業聞望，表然一世，則其平日致知力行之功，本有不背於聖門者，特其一時矯枉過直，正標赤幟，而攻之者過激，遂蔓延其説，至于不可收拾。逮集朱子晚年定論，其計亦有無聊者矣。朱子早年曷嘗不尊德性，特不廢問學耳，欲廢問學即入於禪。陽明特以雄其時一之辨，而其徒以爲信然，今則公然以三教爲一途，道朱子則若將浼，道老釋則如不及，而且有并左陽明而自肆其説者。其父殺人報仇，子之行劫，蓋所必至。嗚呼，吾未知所終也。

萬一樓集卷四　王文成公論下

或曰：「陽明格物之説，爾能通乎？」曰：「奚而不通也？彼謂格，正也，格物之不正者以歸于正，則知爲至，意爲誠，心爲正，而身修矣。」若然，則格物爲實，致知誠意以下皆爲虚語，聖賢立言不若是也。即如所言，物又豈能自正，必有所以致之者，而初不之及。若謂致知所以格物，則不惟語意不順，而雖聖人有所不能知，學者乃能不事外求，而一取足於内照，吾不信也。陽明之言不過欲以申其知不在先，行不在後之辨，而不知知之必先於行，明白易見。考之經傳，驗之日用，判然黑白，有非迂詞曲説所能淆者，則何苦而爲此不通之論。而今之學者醉生夢死，濫觴其説，或曰：「格，通也。凡物皆得其所而無滯也。」或曰：「格，式也。凡物皆合式也。」又曰：「格去物欲也。」夫三設皆左右陽明者也，而「格去物欲」之説爲近。然朱子或問辨之已明，蓋格去物欲則意誠矣，當言致知先誠意，不當言誠意先致知，而既曰誠意又曰格物，亦甚贅矣。夫物欲去而理自明，一時之是非利害，以臨事言，則可安而能慮之境也。格物致知，知止之事也。試即執田間之農夫、市廛之赤子，而坐之密室，曰聖功也，是農夫與赤子也亦以聖功自任，無邪心也。積月累歲，能有知乎？授之篇章，習之句讀，而駸駸乎談堯舜矣。且父子物也，慈孝理也，若何而爲慈，若何而爲孝，孰爲大義，孰爲疏節，孰爲安常，孰爲處變？其所當然與所以然者，必確有定見，而後於父則孝，於子則慈，因時之宜，隨事之理，始不過物。未有不考之古訓，不習於典禮，而能自當於物者。赤子之愛親，誠爲良知，不窮理以充之，必不能全體大用，洞然纖燭，以納于中正之典。「小杖則受，大杖則走」之義，以曾子之賢，未之知也。聲爲律，身爲度，自誠而明，在聖人則可，在學聖人者恐未能。聖人不以之置法也。今之言曰：「今日格一物，明日格一物，何時格得盡，何時可行？」夫物理無窮，雖日有所格，信不能盡，必知盡然後行，非朱子意也。以此誣朱子，而求申其説，朱子不可誣，適以自誣爾。赤子生而有親，其事親也，豈能盡合于道？必學而後知。未知道之前，非棄親而他之也。凡言學者，言其求合於道耳。渡者必以舟，當其無舟未免褰裳，然遇深則溺矣。出者必以户，當未知户，豈遂廢出，然遇急則竇矣。行者必以道，當未聞道，豈遂廢行，然而臨大節不亂且奪矣。此君子所以急於學也。畏理之不易窮，而置之不窮，曰良知自足也，是猶貧者畏食之不給，而曰服氣可以長生，食將爲病者等爾。夫朱子之用心密矣，參互考訂，要於其當，不在異也。而今之學者，不於其當於其異作，聰明者喜其誕文，淺陋者樂其徑，狗聲華者遺其實，希進取者挾其黨。而古學日以不復，則異説高論爲之階。吾故曰：陽明先生文章似蘇子瞻，氣節似韓退之，功用近郭令公，其論道則似荀卿，而陰祖壇經。陽明復生，當不以予言爲過矣。

萬一樓集卷四一朱陸同異論

朱陸之辨非一日矣，言其異者則曰「朱子道問學，陸子尊德性」，言其同者則曰「道問學者未始不尊德性，而尊德性者未始不道問學」。嗚呼，何其易也。聖賢之學與異端初非二道，而所以卒異，則聖賢會其全，而異端執其一焉爾。孟子曰：「所惡於執一者，爲其害道也，舉一而廢百也。」使其舉一而不至於廢百，聖賢亦何惡於執哉？惟其有所執必有所廢，此所以爲異端。而異端顧不自知，方自以爲得斯道之大原，而思以易天下。爲聖賢者不得不哀而號之，以幸其一悟，彼竟不悟，則固有任其咎者矣。朱子之學，會其全者也。德性則尊，問學則道。唐虞之精一，洙泗之博約，一也。而陸子則恃其資禀之穎出，謂天下事物皆其細，故吾惟正其本而末自舉。夫本立道生，一以貫萬，聖賢豈不以此教人？顧大小本末，終當具舉，本不固，枝不茂，而披枝亦能傷本。源之潔，流之清，而淆之者至不能保流之不溷。以陸子穎出之才，雖執其一不爲甚害，然要非中正之轍也。使東施效顰而鼯鼠學浮，則末將有不可救者，故朱子不得不以「道問學」語之，非謂德性之不足尊，補偏之劑也。不知者遂謂其道問學之功居多，而欲調停之者，又爲著道一之編，道一編固晚年定論之始也。竊嘗考中庸尊德性道問學之章句，而得朱子用心之密矣。其言曰：「尊德性所以存心，道問學所以致知，非存心不能致知，而存心者又不可不致知。」嗚呼！斯言也，豈其偏于問學者哉。顧知行不可偏廢，其間道中庸、崇禮等，自皆力行之事，而獨言致知，視其平日所謂「居敬以立其本，窮理以致其知，反躬以踐其實」者，似有不類。不知非知之真，必不能行之當，此所以均屬之知，而一以存心爲先。存心固力行之原也，而致知之功卒不可遺，故程子曰：「涵養須用敬，進學則在致知。」蓋有得於此也。彼陸子者何足以語此？故學一也，朱譬則大成之樂，金聲玉振，條理具備；而陸則雲和之鼓。謂樂弗得弗和則可，謂鼓可以盡樂，不可也。朱譬則由基之射，巧力俱全，發無不中；而陸則孟賁之力。謂力爲射者之所不廢則可，謂力足以盡射，不可也。朱譬則四時元氣，周流寒暑；而夏蟲不可以語冰，陸近之矣。學朱子不成，不失爲儒者；學陸子不成，禪而已矣。朱子非好爲陸子辨，懼天下後世之淪於禪爾。大抵天地陰陽之氣，恒相乘除，故邪正治亂亦相倚伏。春秋有孔子，而老子已生；戰國有楊墨，而孟子自在；宋有朱子集諸儒之大成，而陸子已横其側；至于今也陸子之説大行，而朱子之道未嘗不在人心。顧陽一陰二，而邪常勝正。嗚呼，有世道之責者，其能無懼矣乎，其能無懼矣乎！

萬一樓集卷四八王文成二十二條

王文成公文章、節義、政事、勳業無不表表，其講良知，謂知行合一曷嘗不可，若謂必行過然後能知，「知」字定兼「行」字，則自是一偏之説，然無害其爲文成也。而議者紛紛，指之者既爲不情，而褒之者亦未免太過。今有美玉於此，不免有方寸之瑕，瑕固不掩其瑜也。作惡者疵之曰「有瑕，非玉也」，固未爲然；其作好者執其瑕以示人曰「此正玉之所以爲美」，恐亦未得爲通論。今之尊信文成者，皆指瑕爲瑜也。夫自有書傳以來，皆以知行對言，文成憂天下之徒知者未必能行也，則誨天下以力行可矣，而必謂知已兼行，然則「行」字又何爲乎？

古者謚以尊名，節以壹惠。王陽明先生文矣，其講良知，必竟爲文之一蠹。若戡亂定國，則鑿鑿無得而議，欲壹其惠，終有所在。借曰孔文子且爲「文」，則亦烏在其爲尊陽明也？

昔人謂王文成節氣、勳業、詞章皆足以師表一世，惟除却講學一節，即爲完人者，指其講良知而言也。文成自謂從事講學一節，即盡捐三者，亦無愧全人者，陽不解言者之意，而泛言之也。

王文成良知之説與朱文公大相矛盾，其爲晚年定論，誣朱子也。夫孔子之德，亦因年而進，朱子晚年所得，豈無進於中年者？若謂其致知力行之説，散見於經傳者盡非，而晚年有得，又未及盡改日前著述，在朱子則「朝聞道，夕死可矣」，而貽其謬僞之談以惑後世，可與？且其晚年既有定論矣，而「誠意」一章易簀所定，乃復尋舊説。蔡沈傳書於朱子既没之後，必得與聞其説矣，乃不循其已定之論，而乃襲中年未定之説，何與？至其門人，又謂其師與文公入門雖異，所造則同。夫循朱子之説，亦可以入道，則陽明又何必更立一門户，而排之不遺餘力，又謂其定論之同也。由前之説似於援儒以入墨，由後之説似於推墨以附儒。

世儒論朱陸同異，必曰「朱子道問學而未始不尊德性，陸子尊德性而未始不道問學」。若是，則何言之有？夫「尊德性而道問學」，中庸之言也，五尺童子亦能誦之，朱子訓注之功也。至其自修，顧乃以問學爲重，而德性爲輕，可以爲朱子乎？今世浮誇之士，固有所言在此，所學又在彼者，聖賢不如是也，朱子爲之乎？至於問學，亦聖賢所必不能廢者，陸子又豈能外之？恐其意向，則終以此爲輕，而又欲執其説以勝人，不覺旨之愈遠。如陽明先生曷嘗不讀書，不多識，但其開口必以聞見爲遮迷，自是豪傑一種籠絡人説話。學者不察，喜其新奇，遂忘真實，而且欲爲兩可之説。愚謂陽明與朱子，其學則同，而其説終異。朱子，心口相應者也；陽明、象山，未免操異説以勝人矣。

大學八條目，朱子章句明白易知，一條有一條工夫，不可少也。若依文成，則格物一言盡之，餘皆贅語爾。愚讀陽明文録，固恨其不能通，以質之王龍溪公，終不領略。吴晤齋公謂朱子之「格」與陽明之「格」皆能用之，亦不可曉。聖人之道易則易知，吾從朱子而已。

鄭端節公謂：「今人專指斥陽明學術，余不知學，但知大學恐不可直以宋儒改本爲是，而以漢儒舊本爲非。此須虚心静思得之。」信斯言也，人所以指陽明學爾之偏者，謂其不當言知必兼行，必行過然後能知，恐非大學宗旨爾，即從漢儒舊本，其説遂可通耶？旨哉，林次崖公之言，原始要終，故知死生之説，死過然後知乎？一言盡之矣。

學術，本也；德行、文章、功業皆生於學術。而德行有激，則爲氣節、功業，遇變則成壯猷，皆學術所致，恐不在言不言也。吾鄉入國朝已來，語壯猷則劉文成、于肅愍公，語氣節則方遜志、孫忠烈公，其他文章、德業不假壯猷、氣節而純然可範者，若商文毅、謝文正、章文懿、胡端敏諸公，尚難枚舉。獨稱王文成爲真儒者，以其言良知也。而良知且爲斯文一阨，況言而不爲良知者乎？世方狥名，則言之不可已也如此。

孔門推尊其師，無所不至，而亦有不善推尊者。誅少正卯、辨羵羊、萍實之類，雖無之不害其爲孔子也，而必附會其説。孟子推尊孔子，無他詞，曰仕止久速，各當其可而已。王文成公乞宥言官以彰聖德疏，只如此可謂文成矣，而門人必增損其説曰「乞宥言官去權姦」，權姦欲致之死地，逃至海口。夫權姦死文成之心，豈謂必無，然當不在言官之上也。言官不必逃之海口，而文成逃之，亦過計矣。不知文成之所以爲文成者，不在此也。必在此也，言官先文成鳴矣。

子思子曰「君子尊德性而道問學」，朱子釋之曰：「尊德性所以存心，而極乎道體之大。道問學所以致知，而盡乎道體之細。非存心無以致知，而存心者又不可不致知。」此内外合一之學也。陸氏未免偏於尊德性一邊，故朱子以道問學藥之。而世之議者乃謂朱子之學主於道問學，而晚年未始不尊德性；陸氏之學主於尊德性，而晚年未始不道問學。其爲陸氏得矣，而恐非所以語朱子也。朱子晚年始尊德性，則前此亦世俗一詞章之士而已。冉有問「聞斯行諸」，子曰「聞斯行諸」；子路問「聞斯行諸」，子曰「有父兄在」。使冉有之問後子路十年，則聞斯行之亦孔子晚年之定論與？孔子曰：「道之不行也，我知之矣。知者過之，愚者不及也。道之不明也，我知之矣。賢者過之，不肖者不及也。道其不行矣夫。」朱子釋之曰：「知者知之過，既以道爲不足行；愚者不及知，又不知道之所以行，此道之所以常不行也。賢者行之過，既以道爲不足知；不肖者不及行，又不求所以知，此道之所以常不明也。」由不明，故不行也，此知行合一之説也。從陽明之説，則道之不行非不明之過矣，故有識者多疑之。而世之議者乃謂朱子之學以知爲外，而未始不力行以求諸内；陽明之學以知爲内，而未始不多畜以盡乎外。非惟不足以語朱子，亦非所以尊陽明也。使陽明而肯少同於朱子也，則奚必辨之不遺餘力若是哉。孟子以義爲内，告子以義爲外。使告子之德業文章而傑然於一世，則其義外之説亦未始不同於孟子之義内矣，而況朱固未嘗以知爲外，人未察之耳。

年友許南台公有言：「王文成公憂天下之溺於見聞也，故示人以求知於心。此誠探本之論，然聞見何可盡廢也？人固有傷於飲食者，非飲食之必傷也，不曰節之，而曰絶爾飲食，而引道服氣，天下之能引道服氣者幾耶？」知哉斯言，此可與知者道也。

林對山司空謂陽明先生文字多可罪，曾子責子夏「使西河之人疑女於夫子」，而陽明祭徐曰仁文顯然以孔子自居，若祭劉養正母、辨冀元亨罪詞皆不順。劉養正既無君臣，陽明安得尚與之爲友？元亨何人，而汲汲以叛臣爲憂哉？

陽明先生刻朱子晚年定論成，顧東橋問之曰：「然則『多識前言往行以畜其德』，孔子未定之論與？」

知行合一，成德之事，若語學則必先於致知。行道固難，知道亦不容易，所以曰「朝聞道，夕死可矣」，曰「若禹、臯陶，則見而知之；若成湯，則聞而知之」，曰「小有才，未聞君子之大道也」。如對今之講學者言，又要把「知」字、「聞」字皆兼「行」字説矣，不意斯文之阨一至於此。

王文成謂格物是格其不正者以歸於正，且謂在事物上格。所謂事物上格者，非於父則孝，於君則忠，於耳則聰，於目則明乎？若是則身已修矣，又説甚麼正心？若心能格其不正者以歸於正，則心正矣，又説甚麼誠意致知，又説甚麼格物。

陳白沙語録多腐詞，王陽明語録多遁詞。

薛文清公讀書録小本甚多，竊嘗讀之，皆切近精實，非王文成、陳白沙二公比。今讀其全書，乃知文清篤信程朱者也，諸小本皆陳、王二氏之徒所節，蓋去其異己者。以是知讀書當讀全部，商鼎一臠非具體也，況注脚六經，而欲束之高閣者哉？嗟夫，世方謂陸子易簡，朱子支離，使朱子而果支離，吾所不諱也，況支離者爲文清，而易簡者爲文成，人亦何獨樂爲文成，而不爲文清耶？

原來王文成之徒所言者皆古人小學工夫。古人小學其志向規模已自可觀，始使之入大學，教之格物致知誠意正心以修其身，而齊治均平，其不能者皆放之歸農。今謂「聖人個個可做，只是被聞見誤了，你如今不要讀書，只是要做好人便是」。不知要做好人乃小學工夫，「要做便是」是釋子虛談。朱子恐後人未必盡得小學之力，爲尋出一「敬」字，可以補小學之功。此孟子謂學問本於求放心之意，極於學者有功。今謂人皆不須别樣，只一箇求放心，學問之事就完了，殊失孟子本意。不知求放心只是箇學問的根本，能求放心方可致知力行，朱子「敬」之一字正是爲此。

南昌之變，吾鄉胡端敏、孫忠烈、王文成可謂三仁矣，易地則皆然者也。

自天子以至於庶人，莫不有學。「修道之謂教」，則體道之謂學，言學則道在其中矣。今之世乃有名爲「道學」者，豈道之外别有學耶？或曰：「如今業舉者亦可以爲道乎？」曰：「朝廷既以科舉取士，士非此無以用世，則業舉亦道也。今之以道學自名者，不業舉乎？不特舉子也，即百工技藝之學，亦不可不謂之道。何者？天下不可一日無百工技藝也，非道而何？」

徐尚書學謨曰：「大學『在親民』句，程子曰『親』當作『新』。按，左傳『親問舊』亦以『親』爲『新』，疑古字通用。王文成必要如字解，不知聖人立言要於精切，非若後來學徒講一籠統套子，隨處湊泊也。『新』字與『明德』之『明』字相對待，俱在教上説，猶孟子所謂『以其昭昭使人昭昭也』。若曰親民，即與『明』字不相照。」

萬一樓集卷五五本朝理學

本朝理學，泳化類編所載薛文清公敬軒先生瑄、胡敬齋先生居仁、羅文莊公整庵先生欽順、曹正學月川先生端、胡太僕前府尹公支湖先生鐸、章文懿公楓山先生懋、邵文莊公二泉先生寶、羅文毅公一峰先生倫、陳恭愍公克庵先生選、周布政翠渠先生瑛、蔡祭酒虚齋先生清、張布政克修先生吉、吕侍郎涇野先生柟、陳布衣剩夫先生真晟、吴聘君康齋先生與弼、陳檢討白沙先生獻章、王文成公陽明先生守仁、薛考功西原先生蕙，共十八公，比楊月湖所録去張侍郎東白先生元正、莊郎中定山先生昶、黄憲副未軒先生仲昭、鄒吏目立齋先生智四公，而增羅文莊、曹正學、胡太僕、邵文莊、吕侍郎、王文成、薛考功，其中於陳檢討、王文成、薛考功詆之甚力，而以陳布衣、吴聘君與之同卷，似亦有意者。禮生也晚，不及窺諸公門墻，安敢妄議？考其言議文章，則所詆三公不易之論。敬軒、敬齋不假言矣，整庵、支湖困知記、雜學辨其有功於吾道甚大。立齋不過一直節之士，全無從容穩重氣象，定山亦未見大雅，去之已當，其餘且不敢盡述。此外則丘文莊公濬之朱子學的、大學衍義補、世史正綱，黄文裕公佐之文集、庸言及皇極經世傳、樂典等書，皆有自得。而東陽孫石臺先生揚之質疑藁、東莞陳清瀾居士建之學蔀通辨，其辨析陽明，可謂至到。而泳化類編作於祁陽鄧來溪先生球，學者讀其書，論其世，可以想見其爲人，九原可作，皆所願爲執鞭者也。○自己上諸公外，能與陽明先生異同者，尚有林次崖先生希元、崔後渠先生銑。次崖語見四書存疑，明白剴切；而後渠語見竹松寤言，詞不煩而意味有餘，曰「刪良能而不用，非霸儒與？」○陽明先生答顧東橋、徐成之、羅整庵諸書，真是遁詞，而世方以爲真詮。支湖與陽明同縣同時，人知有陽明，而不知有支湖；瓊山與白沙同省同時，人知有白沙而不知有瓊山。達之不如聞，自古患之矣。○方今學校諸生，忽朱注而自肆其愚，甘爲異端之下者而不恥，壞天下事必自此輩，顧其作俑者誰乎？而天下方孔孟之也，奈何？○會稽季彭山先生本篤信陽明，而注述聖經，確有成説，愚欲比之吴草廬。○祀先師本爲其刪述六經，則從祀必其能羽翼六經者。敬軒、敬齋不假言矣，陽明、白沙之以讀書窮理爲大禁，孰與整庵、支湖、瓊山諸公之著述鑿鑿，有補於六經，而舍此取彼？孟子曰：「能言距楊墨者，聖人之徒也。」然則豈惟整庵諸公，謂石臺、清瀾非今之孟子，吾不信之矣。

萬一樓集卷五六學術

我朝學術極正，自孔孟之後，於宋取周、張、二程，而尤以朱文公爲的。自陳獻章尊信陸學，而王文成公濫觴其説，世之學者遂持兩端，學校諸君主朱子，而游談諸公主陸九淵。

然當嘉靖初年，廟廊議論甚正，學校不以之造士，文場不以之取士也。及王文成公從祀，而子弟之所以爲學，父師之所以立教，主司之所以取士者，咸以朱文公之説爲糟粕，雖朝堂之文移日下，莫不以遵朱爲言，而反以爲腐濫，不惟詆訾朱子，并孔孟亦公然譁之，甚者尊崇佛老，自以爲得志矣。世無真儒，寧有純臣哉？

萬一樓集卷五六讀困知記

困知記即其立名與記中議論，似爲王文成而發，然自程叔子、朱文公而下，及我朝名公，無不爲其指摘，而畢竟則遵朱而闢陸，所異於朱者，惟人心、道心及理氣之説，亦學者所不可不辨也。以愚之鄙見，動時有人心，亦有道心；靜時多道心，未嘗無人心。若靜時全無人心，則何必戒慎不覩、恐懼不聞也。且記謂民有血氣心知之性，血氣之性固人心所由來也，理非氣無所附麗，氣非理無所主宰，謂理氣不可分離則可，若曰一物，則何必曰形而下形而上，亦何必曰理又曰氣耶？太極之真，二五之精妙，合而凝曰太極，曰二氣，曰五行，便有許多件數，謂其自然妙合則可，謂其不假於合，則曰太極何必曰二氣，曰二氣何必曰五行，而五行則質之具於地者明有五者，亦可指水爲火，指木爲金耶？記言「人者天地之德，陰陽之交，鬼神之會，而五行之秀氣也」，曰交曰會，非合而何，況必合四言方成爲人。此皆易見，不知整庵公何爲固執，必以爲不然也。○陽明先生以知行爲一，整庵先生以理氣爲一，皆有見於理一，無見於分殊，而整庵先生自謂只當言理一分殊，既曰分殊，可謂一物耶？

章潢

章潢（一五二七—一六〇八），字本清，南昌（今屬江西）人。萬曆中以薦授順天府學訓導。明儒學案論其學云：「論止修則近於李見羅，論歸寂則近於聶雙江，而其最諦當者，無如辨氣質之非性，離氣質有不可覓性。」著有周易象義、圖書編等。傳附明史卷二八三鄧元錫傳後，明儒學案卷九亦有傳。

圖書編卷七太極三才問節録

上略。或問：「古太極盡之矣，莫若以無極名此圖，何如？」曰：「凡圖象皆不得已而設也，一物各具一極，道外無器，器外無道，凡圖皆無極太極之源流變化，本不各分別于其間也。況既云無極，則無方無體，曷容而畫其圖哉？周子圖説謂『無極而太極，太極本無極』，正欲合有無隱顯而一之，觀者得意忘言，得心忘象可也，所以朱陸紛紛辯論，于垂世立教，各有深意存焉。世儒不察二先生辯論之意，又爲之增其論辯，故説愈繁，理愈晦，今又安得以名義別圖象，而愈增後人之論辯哉？」下略。

圖書編卷八周子太極圖 節録

無極太極，朱陸辯之屢矣，二先生意各有所指，一恐滯于有，一恐淪于無，惟得意忘言兼收而融會之，斯善矣。

圖書編卷七七理學諸儒之派

儒學與聖學亦有辨，非謂儒學之小也，通天地人曰儒，儒小乎哉？蓋學止求心使性，有未徹匪直，微危莫察，不能允執厥中，或師心自用，未免以小見小成自足，縱在宫墻内，而富美終莫之窺也。觀孔子從心不踰矩，顔子其心不違仁，孟子仁義禮智根於心，惡可虚寂其心以自足耶？且尚有進於此者。中庸於經綸立本，必知天地化育，纔無所倚，否則雖游聖門，終日言性與天道，猶莫之聞矣。若宋七大儒，涵養雖各别，要非漢唐諸儒能窺測其底裏。或亦所見所造有不同乎，雖遺言具在，後學曷能窺其籓籬，矧敢輕議其異同哉？而心性天人却不可以無辨也。矧今之求心者，匪特不明性與天道，而咸以寂静虚無爲止至善焉，不知心本合體用、動静、寂感、有無而一之也。彼專尚虚無寂静，外若未離倫物，内實專因果，甚至高佛卑孔，肆然無忌，行將率中華盡行其異教爲快也，目之爲禪，豈過情哉？志儒學者，其慎辨之。

圖書編卷七七朱子陸子

朱陸之辨，由二先生原有尊德性、道問學之分，且有太極圖往復辨論故爾。蓋學問之道有疑必辨，自有不容已者。嘗聞吕涇野公曰："晦庵、象山同法堯舜，同師孔孟，雖入門路徑微有不同，而究竟本原，其致一也，何害其爲同哉？學者不肯力行，而膠於聞見，以資口耳，竟於身心何益？"斯語甚明，後學反增論辨，何也？在善學者固不可以混然無别，胡不反異求同哉？我明如薛、胡、陳、王既從祀矣，然吴康齋身任師道，興起一代斯文，功實懋焉，奈何白沙之静虚、陽明之良知，本同此尊德性之學也，而後人論辨不置，又何歟？觀中庸論道不明行，固因賢知與愚不肖矣，易論君子道鮮，亦以仁知各見與日用不知等也，以此律之，莫之能遁矣。是故生知上也，恐未易得；學知次也，實爲下學之準繩。況速悟誠爲捷徑，苟加踐履，未有夙知而暮成者。彼主持世教，則又以易知簡能爲準繩，要在豪傑之士自反自修，毋以先輩爲口實而置身道外，斯善矣。

鄧元錫

鄧元錫（一五二八——一五九三），字汝極，號潛谷，南城（今屬江西）人。嘉靖三十四年（一五五五）舉人。萬曆中以翰林院待詔徵，未至而卒。時心宗盛行，鄧氏力闢之，然明儒學案云其「自以爲發先儒所未發，然不過本同而末異」。有潛學稿等。明史卷二八三、明儒學案卷二四有傳。

潛學編卷九稚川先生王公行狀節録

上略。學自宋嘉定來，岐窮理、居敬爲二事，而知行先後辨廉級已嚴，今學者且謂「物理必知之盡，乃行也」。便文析説之儒，爭支辟，析句字爲窮理，而身心罔措。於是，王文成公實始悟知識非知，即心良知爲知，踐迹非行，得本心真知爲行。而尚書增城湛公，本師説以「勿忘勿助」爲心之中正，爲天理自然，隨處體認之也。人士洗然，内反其視聽而學焉者，薄典訓，卑修省，一比於己。下略。

謝廷傑

謝廷傑，字宗聖，一字舜卿，號虬峰，新建（今屬江西）人。嘉靖三十八年（一五五九）進士，歷官大理寺右丞、監察御史等。曾修王陽明祠，刻印王文成公全書，力主王陽明從祀孔廟。傳見國朝列卿記卷九七、萬曆疏鈔卷三五等。

崇祀大儒以明正學以育真才以隆聖澤疏 巡按浙江監察御史，萬曆元年正月。

臣聞，欲致治者必資於用才，然而人才有高下，則政治之汙隆隨之，是故真才之長育不可以不豫也。欲成才者必由於學術，然而學術有純駁，則人才之高下隨之，是故正學之講明，不可以不力也。欲明學術，不徒在於立黌序、設條教，必由有大儒焉，樹之標準，昭之議則，然後可以一衆趨、堅初志，而要之有成。是故於所謂大儒者，生則禮而師之，殁則從而祀之，不可以已也。仰惟皇上以天縱之資，撫日中之運，詔諭數下，求賢審官，蓋於用才圖治，心至切矣。臣感激遭逢，不揣愚陋，思俯效涓埃，仰贊明聖，竊敢推本所以明正學，育真才，以隆聖治，而上副聖心者，爲皇上陳之。臣伏見南京兵部尚書新建伯王守仁篤信聖人，力探道妙，謂儒者之學不獨功利，非所當爲，即訓詁詞章皆在所不足事，故本虞廷精一、孔門博約之旨，以發大學格物致知之義，名曰「致良知」。其大意以爲人心虚靈，萬理畢具，不假外索，而自有真知，是所謂良知也。人能不蔽於物欲，不牿於見聞，使虚靈之體湛然常存，寂然常應，是所謂格物以致良知也。良知致，則出吾所固有者以酬酢萬變、宰制群動，如出規矩以爲方圓，無有乎不足，無有乎勿當，此所謂意誠心正、身修家齊、國治天下平，一貫之道也。其爲理明白而易簡，其爲説精確而圓融，舉凡近世，舍内逐外，支離汗漫之習，與夫慕空眈寂、枯槁遺落之弊，一洗而空之。至其行履，則忠孝正直，不媿屋漏，發爲文章，措爲政事，建爲勳業，皆炳炳巍巍，在人耳目。臣嘗僭評孔、孟、周、程之後，所謂大儒，未有過於守仁者也。顧在先朝，廷臣屢乞以王守仁及大學士薛瑄從祀孔子廟庭，瑄幸已允所請，而守仁猶欲待事久論定，遲而未決。夫其所以欲待論定者，不過疑守仁之學專主於尊德性，與朱熹之道問學不同而已。臣愚，竊惟尊德性、道問學非兩事也。德性不可以徒尊，必道問學而後其尊者始有實功，不然則禪矣。問學不可以徒道，必尊德性而後其問與學者始有主本，不然則詞章矣、功利矣。要之，天之與我德性之外無他物，故道問學正所以尊德性，本體之外亦别無工夫之可言。今觀陸九淵之論，未嘗不及於讀書，而朱熹之教門人，未嘗不以身心爲務，則彼分朱、陸而貳之者，非知貳子之學者也，而又何可據以疵守仁乎？且夫學也者，天下之公學也。公學而公言之，則其議論固自不能無異同，亦不害其有異同。昔朱熹尊信程頤，何啻蓍蔡，至於傳易，則其説多異焉。論者不以是去取其從祀，而獨欲以是抑守仁，此臣之所未解也。今天下經生學士類多誦習守仁之書，於所謂正學蓋已知所向往，獨從祀之議未定，則朝廷所以一彼衆趨，堅其初志，而要之有成者，猶未備也。臣産於江西，今奉命巡按浙江。江西者，守仁過化之地，浙江者，守仁所生之鄉也。臣於守仁，考之頗悉，知之頗真，故臣竊願皇上崇祀守仁，使與瑄並俎豆於孔庭，於以樹標準，昭儀則，庶幾正學昌明，真才輩出，聖治之隆，聖心之副，一舉而兼得之。而萬世之下，相與稱曰「本朝文獻之盛，從祀者不止一人焉」，書之簡册，豈非聖代之光哉！萬曆疏鈔卷三五

董傳策

董傳策（一五三一——一五八〇），字元漢，松江（今屬上海）人。嘉靖二十九年（一五五〇）進士，除刑部主事，以彈劾嚴嵩謫戍南寧。穆宗即位，詔復原官，後官至南京禮部右侍郎。著有采薇集。明史卷二一〇、雲間志略卷一四有傳。

董傳策集 采薇集利册 尚友吟三首 其三

宋家老儒慕聖殷，繩趨尺步鳴人群。周官法度元非本，夫子文章可得聞。范量韓猷司馬行，名臣輩出光世勳。有偉茂叔圖太極，伯淳定性良大醇。民吾同胞物吾與，關中文字有西銘。弄丸半洩先天秘，誰云數學非道真。諸儒競談理性妙，膠瑟恐異皇王墳。從此善類立門户，同道爲朋還自分。波流又落禪下乘，或啜糠粃作至珍。朱陸持論雖異派，陸虚朱實自相成。大道元無二體觀，人品還從一念分。猗嗟道學陋功利，卻移功利垂空文。鄙哉傳統賈虚譽，雕龍刻鶩徒紛紜。躬行君子我未得，妙機不測樂我云。世態翻然換伎倆，數子安在我心慇。

董傳策集 邕歈稿卷六鵝湖次陸象山原韻

真心原不屬哀欽，世上哀欽是影心。龍蟄九淵忘海窟，鵬摶萬表失山岑。達觀在處人爲我，礙景由來升亦沉。朱陸共宗休更辯，鵝湖流響到于今。

楊時喬

楊時喬（一五三一—一六〇九），字宜遷，號止庵，上饒（今屬江西）人。嘉靖四十四年（一五六五）進士，授工部主事，官至吏部右侍郎，卒謚端潔。受學於吕懷，深闢王守仁之學，尤惡羅汝芳，以爲其「假仁義心性之言，倡爲見性成佛之教」。著有楊端潔公文集。明史卷二二四、明儒學案卷四二有傳。

楊端潔公文集卷六大學古今四體文集注序 節録

上略。易言窮理，分析乎理之謂，大學致心之知者在格，萬物萬理，本於一物一理者，意正相同，故舉以爲釋，未嘗謂隨萬物而一一窮之。遍觀傳注，未有此語。新學惟取人心血氣中虚靈知覺者爲立大，爲養端倪，爲體認天理。黠者又取善知識之説，合取大學致知、孟子良知二語爲言，其功即反。目攝神至，心即知至，亦即格物，不必别言致，言格。乃以大學言格物不可背，不得已或指爲格欲，爲正事，爲至物。格知物有本末之物，或以明知意心身家國天下之物，或以格不生不滅之物。又以先王禮樂名物典章法度，爲非作聖之功，增雜霸藩籬。訓詁記誦聞見，皆致格中事，一切指以爲名、爲博、爲侈靡而文致之，支吾籠罩，轉換儱侗，難以測識。自來不師先王，非孔子，一見於秦，再見於今。下略。

楊端潔公文集卷八孔子像碑

古今贊先師孔子者，曰：「述作集群聖，事功冠百王。」乃以道德之盛，與聖王同，而述作事功異爾。述作事功者，由聖王既遠，道脉日微，權術初熾，虚無將起，人方迷惑，是故啓迪斯人以有知。又以人不能皆知，則有可使由不可使知，生知、學知，困而學、困而不學，中人上下可語、不可語之教。當其初心，詎不欲謂人皆有知？知本自良，何分於可不可，上次下等哉？惟道原於天命之謂性，性則與形俱形，形而有上下。形者氣質之謂。上者道之謂，一理是也。以其不可見，故謂之上，惟上故難知。下者器之謂，日用萬殊是也，即一理之所散著也。以其可見，故謂之下，惟下故易由。合上下言，皆心之德，故曰道亦器，器亦道。是故生知者氣質清粹，天性湛然，默識此道，謂之上智。中人以上，氣質美者，於性明，可以語上，以上使之即知之；中人以下，氣質次者，于性蔽不可以語上，以下使之即由之。以上下言，知者道，由者器。以「道亦器，器亦道」言，則知者固道，由者亦道。如由之中有學，有困而學，則蔽徹明開，幾駸語上，是即下學而上達者。惟終身由不學，故不知，民斯下之。下之將所由者盡悖而去之，民斯愚之，故曰「惟上知與下愚不移」。至下愚，而其初命於天者則在，所謂「不以聖豐，不以愚嗇」，故曰「性相近，習相遠」。斯爲孔門立教之法。後世誦習服行，可自識乎？權術虚無者不經，奚能迷惑？特周衰，世教微，儒行壞，秦自暴棄。漢武表章六經，儒行以顯。唐、宋間嘗有嗣興，顧崇信不純，權術虚無雜用，而虚無特著。凡事佛老者爲虚無，事孔子者爲儒，若鼎立者然，未始混淆强同。亦首孔子，次佛老，未始凌駕獨宗。師孔子者自稱吾儒，宗佛、老者自稱吾玄、吾釋，未始援假遮飾爲名。斯皆昭然易見者，特莫有能闢正之，所以道藝不一，治亦不古。我國家宗師孔子，顯行其道，於今自耆舊宿儒至佔畢小子，皆識取法，而排斥二氏。即未可謂人人有知而由其教法，皆能端存主、謹操履、重博雅，達於居處應酬，謨爲經濟，動中矩矱，世道人才爲美。數十年來，忽有爲心學者，於佛氏嘗即心而見其血氣凝定，虚靈生慧，洞徹無際者，名之曰「善知識」，自稱上乘，遂據之爲孔門所語上，而蔑視下學之教爲外求。又得孟子「良知」兩字偶同，遂立爲語柄以論學，終日言之，不外乎「人各有知，知本自良」數言。又以心即理，而不交於事物，專在於腔子之内，一斂耳目聚精神於此，即謂之致。一涉於理，交於事物，謂屬於見聞，而非本來之良，即謂之不致知者。孔門所謂知也，今以佛氏之説混淆强同，又凌駕獨高，援假遮飾以爲名，其實非孔門所謂知。非孔門所謂知，則不可語知。是以其自學也，自謂有知，而實不可語知。其立教也，亦欲人自謂有知，不必窮經讀書問學，假聞見以遮迷其良，則是舉世皆上達而無下學，民皆可使知，而無復有使由者。是爲陽宗孔子，實與之悖，而陰用佛老，襲以權術，實與之一。自孔子而來，今始創見，令後之學者，難以分辨，終莫能自拔。求孔門而入，而竟喜其説之易簡，不事工夫階級，一蹴至聖之徑，或相率以從也。及斯時，其辭益新，其根益固，孰能與之辨者？惟賴孔門所指上達心法，至今存知之者雖鮮，而實有可使知者在；下學教法，布之經書，由之者日衆，而實有從由可得於知者在，昭然如日中天。彼其説，譬則陰霾在太虛，不能不聚，亦不容不散。後聖後賢有作，以此指授倡明，反正之，殆無難者，故曰述作、事功異耳。或曰：下學教法，魯論傳之。朱子亦曰：「下學可以言傳，其語上者未可言傳。」然則孰爲語之可傳歟？竊觀「天何言」、「子罕言命」、「夫子言性與天道」，即語之；顏子不違，曾子唯，即傳之。易亦曰：「神而明之，存乎人，默而成之，不言而信，存乎德行。」中庸：「後人後行。苟不至德，至道不凝。」而程子曰「惟敬而無失」最盡。朱子亦曰：「上達必由心悟。」今欲上得傳，不於人，於德行，德行不於敬，於心悟，若顏、曾既竭精察，況潛守約求，至氣質清粹、天性湛然之域？惟就一蹴至聖之爲言，要其究竟，渺然於語上可傳者不相蒙，適以罔世而已。又曰：「孔門所謂知，與今世言學，自謂有知，出於佛氏者，其異何在？」蓋孔門未嘗以知爲道，以知爲道惟佛氏。觀孔子曰「知之」，曰「知道」、「知德」、「知止」、「知天」，孟子曰「知愛知敬」，凡言知，即指心，凡言知、言道、言德、言止、言天、言愛敬，即指理，是故知者知此道，道即理。孟子曰「覺」，後儒曰「悟」，亦覺悟此道。析言之，知即大學之謂「致知」，覺悟者豁然貫通，即大學之謂「物格」。合言之，知覺悟乃明此道而相因之者，其實一也。故曰「孔門未嘗以知爲道」，乃佛氏即心而見其血氣凝定，虛靈生慧，洞徹無際者。析言之，虛靈之謂知，生慧(意)之謂覺，洞徹無際之謂悟。合言之，知覺悟者，乃斂耳目聚精神，間所見腔子内一段瑩然光景之名，其實亦一也。觀其以是即理，而不交於事物，故曰「以知爲道惟佛氏」。孟子曰：「告子未嘗知義，以其外之。」竊亦曰：「今之學者未嘗知道，以其外之。」蓋以知覺悟爲腔子内一段光景，即以爲是，不復若程子所云「尋向上去，以求乎道，是爲外之」。夫既外之，故曰「終於不知」。況孟子言良者，自然之謂，以其不待思慮，而自然知愛敬仁義之道也。佛氏言善者，神通自在，不可思議，無上至妙之謂，以其知爲神通自在，不可思議，無上至妙之道也。今不以良爲自然，而以爲神通，又獨挈良知，遺良能，則外行。夫知既與孔孟言良者異，又外行，則行亦異。知行並異，是別爲一端，則又不肯以別爲一端自居，而曰「知行合一」。近日儒者嘗謂孔門以其所知而爲知，知不可驗而行可驗，故觀論人品者，驗其所行而得其所知，此謂知行本一，奚必合之一哉？凡物惟二乃合，今以本一者而曰合，是欲一之而反二之也。又諱言佛，嘗闢乎佛,闢之惟以其外人倫、不耕食、自私自利爲言,此在釋氏誠爲外跡,與其在人倫者小異,而其所論道者大同。今獨據其大同,而獨闢其小異,安可因其小而信其大哉?即佛氏者聞之,亦惟以其呵佛罵祖故智,反不之校耳。顧此猶前時爲然,今則不惟不諱不闢,且直以佛氏之説爲孔子之説,又以佛在孔子之上。倡言自恣,棄行不顧,其人在孔門,必揮而斥之。乃其傳聞者,不察其真,遂以爲真聖學。近日思傳理學者,亦以一二爲是説者,列而進之,與先儒並,令天下後世,謂當世理學,其人若此,深可懼也。或曰:「茲言出,而天下知之鮮,罪之衆。」余惟爲孔門守斯道,即弗知之,衆罪之,弗敢辭矣。

楊端潔公文集卷八朱晦翁碑

晦庵先生自贊曰:「從容禮法,沉潛仁義。」此其躬行之實。乃於孔門所删述六經,程子所表章四書,傳注之,成周六典,官制議之。我聖祖重其道,崇其教,首以訓士建官,至今道德一而風俗同,内外維而紀綱正,此其講明之蹟。先生少嘗讀佛老,及游延平先生門,始棄舊習。又懼天下後世陷溺之也,乃本程子「佛老之害,甚于楊墨,彌近理而大亂真,差謬間毫釐千里」。所謂「差謬」者,石潭汪子、整庵羅子所指心性之辨是也。心性者,儒、佛、老皆言之,皆並傳,其中儒佛混同爲一者,儒而釋老爲言者,皆易辨,惟佛而儒之難辯。先生首以思、孟，宋儒周、程、張、邵所闡明詳發之。其大旨以虛靈知覺之謂心者，主于形而囿于形，我所有也。天命之性者，太極一本，萬物一原，敬軒薛子謂「天下公共之理」，汪子謂「天也理也，天下之公共者」是也。氣質之性者，二氣五行，剛柔萬殊，汪子謂「梏于形體，乃有我之私者」是也。性具於心，心生於形，形之謂氣質，而亦謂之性者，謂其有則俱有，非二言之。惟變化其有我之私，至公而無我，天性復初，氣質不累，乃性曰天性，而不復以氣質並言也。此謂之「儒宗」。佛自達摩單傳，直指人心，見性成佛，此即禪宗。似儒非儒，故闡之曰「佛家從頭都不識」，則不識性所從出之天，即謂之命。曰「只認知覺便做性」，則不識心所具之理，即謂之性。又曰「但認爲己有」，則不認以天理爲天下之公共者言性，以有我之私者言氣質，是爲無所蔽。以心無理又無蔽，不得不以理爲障。障一去，而方寸中空空蕩蕩，若無星之秤，無界之尺，事至不能決，不得不以事爲障。以理爲障，故不言窮理；以事爲障，故不言敬事。而惟此虛靈知覺在腔子内者，炯然灑然無念無著，其工夫則止觀空悟爲一，一悟便是，即爲了當。自此隨意見所起，不分真妄，皆本來面目。執爲欛柄，直豎而往，操縱作用，無不自由，上天下地，惟我獨尊，其效驗以既悟必證，必得人傳繼，始爲大悟。乃急於説法普度，機鋒應對，凡來參者，若薛子所云「不問賢愚善惡，只順己者便是」。無我無人，其説簡徑直捷，新奇玄妙，身不自修，又不俟循序，不待防檢，其勢較易於聖學，其利本於養生，以故，豪傑之負聰明才辨者，於此既能聞道，又能養生，孰不動乎舊所傳習，攙而入乎此者？先生素愛之於心，故並其時，有謂心即理者，直辯其非，曰「心粗」，曰「不識有氣質之性」，豈不以其品優識賢而必深文之哉？蓋傳而釋之，其端初開，不容不言爲之防。故其論學，聖人盡性，學者復性。性之復，在變化氣質，而變化之方，則以程子發明孔門「下學而上達」教人成法，而曰「涵養須用敬，進學則在致知」者，申之曰「主敬以立其本，窮理以致其知，本立而知益明，知進而本益固」。自此辨明教立，學者所得明，固於禪不染，亦皆能言以闢之，於是儒而禪者絀。宋末僞學重禁，學者相與信從，講之不輟，忠義輩出。胡元事佛，魯齋許子以此用夏變夷，世教賴之不墮。我聖祖以經書傳注，又集諸儒大全，列學宮，時有文臣進解佛經，亦祇以佛釋佛，不許以儒文。是以至今明經修行，議事謀政，皆從此出。此其崇正闢邪之功，並於孔子作春秋，孟子譬楊墨，即門人後記録有異，亦當删煩存實，舍短集長，以永其功，俾勿爲釋氏者攙入爲害。何近歲有嘗讀其書，既因養生契禪，恍見此心知覺之妙，遂自稱悟，揭之爲良，曰：「道在此，不在行，即爲己心，六經不在載籍，妙道自己而發，先聖先儒弗及，傳注皆差。」因取精一、博約、一貫、忠恕、格致、克復、中和、盡心、知性、知天諸訓，一認爲己所有，知覺之中不辨，欲以易天下。見其惟傳注是從，不詆之則己説不伸，乃詆所闡教法爲末務，主敬爲綴，格物窮理爲支離，爲義外，爲俗學，鄙傳注爲訓詁章句，非讀書爲遠人爲道。竊揆孔門下學事，上達理，理本事末，學此事，達此理，還卻以此理處此事，是爲本末一原，何嘗末。其論主敬，所以存此心；格物，所以明此心。存明皆心也，何嘗綴？支離義外者，直以義爲在外，今指性即理，窮而至於義之精，精斯一，一斯貫矣，何嘗外？俗學者，詞章家記誦、補綴、科試、覆射者，可言矣，即嘗以考小學訓行周至，安可以尚行不尚言，由博反約者例言？何嘗俗？經書藉漢、唐、宋間訓詁以傳，特或鑿、或淆，或虛無，又章分注解，不斷不屬，非其章句傳注，其文理脉絡，何由貫通乎？何嘗鄙？孔門以讀書爲學，玩易誦詩，讀書學禮，博文游藝，皆是也，然取以明理，理明止矣，是亦不遠人以爲道也，何嘗非？即是見詆之者，非在詆者所據以爲道，乃先生契聖而盡示來者，又其所預期至此而嚴爲之防者，後人不知其防，反信其詆，靡然而從。亦自童習間，傳注言心、言性命，及求其所以爲心，爲性命弗知，是以偶聞一悟性命之説，遂謂性與天道，聖門且不可得聞，玆於須臾静坐，一閉眉目，息精神，屏思慮間，直窺堯、舜、孔子之前。人孰無堯、舜、孔子之志？而驟得之，將有快其直捷簡徑，庸知其從達磨窠臼間來哉？適其事誦讀者，方厭記誦、補綴、覆射爲煩；事踐履者，方苦克治、涵養爲難。忽言易簡者，乘其厭苦之虚，而入者爲主，縱有善語，不繹不從。方且自崇自是，孳孳以講爲學，自講外，修德、徙義、改過，皆置不言，即非德義有過，亦謂吾心不動。此涉於迹者，可勿較。至底咎矣，又以佛氏缺陷，世界未嘗員滿爲之辭。凡於所講之者稱賢，不講之者稱否云。前一人倡，後人而復後人，影附聲和，堅不可破，猶以張無垢改頭换面説，向儒家舊步，摘取經書中一二語，立爲新名，作爲話頭，自稱心傳之秘，藉以儒言。以本心是聖，反觀内照，全此員神，不必修爲，而藉言於默識自得，無欲主静者，實修性禪宗。以精神爲聖，攝息歸根，根本先立，生生不已，而藉言於收放、存良、持志、立命者，實修命玄宗。以身是本，修是學，合釋之觀心、玄之踵息一之，爲真我、真修，而藉言於大學綱領修身爲本者，實性命雙修。宗中聖此，而其間彼此前後，各自求勝，揣度擬議，將謂合併，而竟不合不併，其流之害，及於傳注。後學喜其新説，以爲講賤，爲文義，見之有素，好之者嘉其同，不好者取其異，未嘗正之。今併以經書原文，各據胸臆立解，不宗本旨，其漸不至於背經棄傳、絶蔑聖言不止。及此際猶藉先生辨析於今，實防衛於前，俾我聖朝教令科條者，申飭於今，乃不淪於極弊者矣。然天運一否一泰，其道一晦一明，如環之循。薛子亦曰：「程朱大有功於萬世。」又曰：「後人於朱子之書之意，不能遍觀盡識，或輒逞己見，妄有疵議，或勦拾成説，寓以新名，衒新奇而掠著述之功，多見其不知量也。」兹欲絶其弊，惟躬行講明，俾天下後世，曉然知其功不可背，其講學修德徙義改過並進，勿專以講爲學，又勿逞己見寓新名者所揺惑，庶乎斯道明，世運泰矣。竊意今當必有其人。噫！微斯人，吾誰與從！

楊端潔公文集卷一三與舒繼峰公節録

上略。今學者只以講便爲學，以學便爲道，以道便爲心，故曰「心學」。今言格物者，以心即知，以知即物，一斂視却聽，便爲心正，心正便爲知致，知致便爲物格，物格便爲道，爲學。其辭儱侗不分，空寂難辨，遂使聖門曰心，曰道，曰學，曰正心、致知、格物，揑爲一團。其流之弊，令人空寂枯槁，祇成一個頑然之物。謹覩來諭謂：「統會斯道者心，以心體道，斯善學者。」又謂：「知非空知，必有一事，事即是物，知中有物，物見于知，雖有知物二字之名，實爲一齊俱到之妙。」可謂辨析至精。下略。

萬廷言

萬廷言，字以忠，號思默，南昌（今屬江西）人。嘉靖四十一年（一五六二）進士，歷禮部郎官，出爲雲南提學僉事，後罷官歸，杜門三十餘年。師從羅洪先，爲王門再傳弟子。邃於易學，以爲三百八十四爻，無非心體之流行，不著爻象，而又不離爻象。著有學易齋集等。事迹見明儒學案卷二一。

答李孟誠

久失遺候，辱來教，感甚。所引延平尤悔之旨，足徵反己之嚴，三復尤深悚息。弟謂今時朋友只知論學，不知論品，不知須先定品，而後學之同異得失可論也。夷、齊與孔子同品，然後可論同異。朱、陸與周、邵、二程同品，然後可商得失。佛老之學，千古動人，其品高也，若不論品，而只以言論蹤跡比較得失，則似是之非，掩襲之巧，反在狂狷者之上矣。今海内論學者甚多，其中不無樹立。然試考其品，能一一不愧古人，誠不敢厚誣也。以弟所處者言之，如三五知己，則資禀雖殊，本根皆實，其品似無可議，所當論者在學。其餘篤論飭行，不無所長，而究極根源，且難論品。濂溪、晦翁，即不講學，亦斷斷同是千古人品，不然，即同言堯言，同行堯行，學問大同，無可非刺，亦終是蹈襲，君子恥之，此豈可聲音笑貌爲哉？兄品自高，又誠自反。如來教云「日消所尤悔者」，與求延平所謂融洽脱落灑然處，證詣精專如此，則身範物先，何愧古昔？即稍異同無妨也。且朋友切磋，何必盡同。以水濟水，古人以爲弗可食矣，蓋自有大同者在也。弟品下學荒，兹且衰暮，念教誠欲以古人自拔，然不知終能無負否也。湖峰結廬，此意頗決，蓋賤體終薄，只得隨緣自養，亦古人量力之意。然果能振衣千仞，濯足萬里，而洗滌心源，有灑然融洽處，則品學俱到，與朝夕從

兄法堂之上何異？顧媿萬萬未能耳。佳刻謹拜領，餘惟心炤。明文海卷一六六

許孚遠

許孚遠（一五三五—一六〇四），字孟中，號敬庵。德清（今屬浙江）人。嘉靖四十一年（一五六二）進士，授南京工部主事，官至兵部右侍郎，卒謚恭簡。許氏受學唐樞，然篤信良知，反對援良知入禪，故史稱其「在姚江末派中最爲篤實」。著有敬和堂集等。明史卷二八三、明儒學案卷四一有傳。

敬和堂集卷一胡子衡齊序節録

衡齊何爲而作也？胡正甫先生憂世之儒者論説多端，而持衡以齊之也。中略。蓋自仲尼没而微言絶，諸子百家，議論繁興。漢溺於訓詁，唐濫於詞章，心性之傳，不絶如線。迨於宋室，真儒輩出，理學始明。朱紫陽先生力攻著述，以開來學，其精神力量，可謂收儒者之大全，然而議論訓釋，稍有矛盾於孔氏。我朝王文成先生揭「致良知」三字，直透本心，厥旨弘暢矣。乃其末流，侈虚談而少實行，世之君子猶惑焉。嗟夫！道之不明，則胡不折衷

於聖人，又胡不求端於吾心也。下略。

敬和堂集卷一觀我堂摘稿序節録

余同年李孟誠父著觀我堂摘稿，屬孚遠爲序者三年，而未有以應。蓋言而寡誠，行而不逮，孚遠深懼之。夫孟誠所著，以明孔、曾大學之傳也，是故不敢輕易著語也。今趙德仲中丞將梓摘稿於閩，遣使來促序，孚遠誼不能辭，謹爲之言曰：大學，孔氏之遺書也，三綱八目，犁然分明，修身爲本，垂訓萬世，無容後人贅一詞已。近世學者，恒以朱、王二先生致知格物之説，争衡聚訟，其流之弊，至於身心割裂，知行離畔，爲斯道病。孟誠憂之，故揭修身爲本一言，以明孔、曾宗傳所在，使天下皆知反求諸身，即吾彝倫日用、動静出處之間，實修實踐，精神收斂，心志凝一，更無恍惚支離，則其道乃有補於天下國家。孟誠之苦心蓋如此。下略。

敬和堂集卷四答沈實卿

枝請問：聖門道脉，如宋儒以前，具有定論。入我朝來，祀孔廟四人。初進文清薛公，其學完粹，爲聖學嫡派尚矣。繼進敬齋胡公、陽明王公、白沙陳公。敬齋之主敬，似可承敬軒之派也。陽明、白沙，均入聖真門户無疑。但陽明致良知之説專主頓悟，不知與孔子下學上達之旨，宋儒循序漸進之訓，果吻合歟？白沙詩教有云「左右可可」，又云「得山莫杖，臨濟莫喝，繡羅一方，金鍼誰掇」，似涉禪家話頭，何歟？請質先生，陽明、白沙二公，亦得爲聖門嫡派否？

本朝諸賢從祀孔廟之論，紛紛久矣，今薛、陳、王、胡四先生，相繼入祀，世之學者，猶然各爲軒輊。其間尊文清先生者，謂其躬行純篤，涵養閎深，而清風勁節，凜然可畏，允矣一代真儒，非諸賢所及也。尊文成先生者，謂其超悟性靈，振起絶學，而文章功業炳烺宇内，偉哉聖哲流亞，雖文清亦當遜之。或以白沙先生玄脩高蹈，潔浄精微，其風格當在文成之上。又或以敬齋先生學本主敬，平正切實，其人品獨可與文清比肩。之數者，皆似矣而未盡也。余竊觀之，孔子之道大矣、至矣，當時及門諸賢，即顔、曾二子已不同調，如冉、閔、游、夏、由、賜之徒知從祀廟廳者，又奚必真得孔氏嫡派而後可耶？然則薛、陳、王、胡四先生學術造詣不必盡同，其不媿爲孔氏之徒均也。況從祀已有定論，無容置喙，若吾儕後學尚友前哲，擇善而從，則有説焉。文清言行粹然師表，求其卓爾之見，一貫之唯，似隔顔、曾一階。文成明睿，學幾上達，若夫動不踰矩，循循善誘，猶非孔氏家法。白沙自得，煞有曾點意趣，而行徑稍涉於孤高。敬齋縝密，似有子夏規模，而道業下闕。

申時行

申時行（一五三五—一六一四），字汝默，號瑶泉，長洲（今江蘇蘇州）人。嘉靖四十一年（一五六二）狀元，授翰林院修撰，以吏部侍郎兼東閣大學士入閣，官至吏部尚書兼建極殿大學士，卒謚文定。著有賜閒堂集等。明史卷二一八有傳。

請以王守仁等從祀疏

［萬曆十二年］十月，閣臣申時行等疏曰：先該御史詹事講建白，先臣王守仁、陳獻章從祀學宫。有旨下，各該儒臣及九卿科道官議。續該諸臣論奏，不能深惟德意，而雜舉多端，或又詆訾守仁。奉旨：「王守仁學術原與宋儒朱熹互相發明，何嘗因此廢彼。」大哉王言，亦既明示之矣，而議者紛紛，迄無定論。續奉旨：「便會官廷議，歸一來説，不必紛紛具奏。欽此。」仰惟皇上重道崇儒，德音屢下，深切著明如此。今該覆議乃請獨祀布衣胡居仁，臣等竊以爲未盡也。彼詆訾守仁、獻章者，除所謂僞學霸術，原未知守仁，不足深辨。其謂「各立門户」者，必離經叛聖，如老、佛、莊、列之徒而後可。若守仁，言致知出于大學，

言良知本于孟子。獻章言主靜，沿于宋儒周敦頤、程顥。皆闡述經訓，羽翼聖真，豈其自創一門户耶？事理浩繁，茫無下手，必于其中提示切要，以啓關鑰，在宋儒已然，故其爲教曰仁、曰敬，亦各有主，獨守仁、獻章爲有門户哉？其謂「禪家宗旨」者，必外倫理遺世務而後可，今孝友如獻章，出處如獻章，而謂之禪，可乎？氣節如守仁，文章如守仁，功業如守仁，而謂之禪，可乎？其謂「無功聖門」者，豈必著述而後爲功耶？蓋孔子嘗删述六經矣，然又曰「予欲無言」，曰「吾無行而不與二三子」。門人顔淵最稱好學矣，然又曰「於吾言無所不悦」，曰「退而省其私，亦足以發」。夫聖賢于道有以身發明者，比于以言發明，其功尤大也。其謂「崇王則廢朱」者，不知道固互相發明，並行而不悖。蓋在宋時，朱與陸辨，盛氣相攻，兩家弟子有如讎敵，今並祀學宫。朱氏之學，昔既不以陸廢，今獨以王廢乎？大抵近世儒臣，褒衣博帶以爲容，而究其實用，往往病于拘曲，而無所建樹；博學洽聞以爲學，而究其實得，往往狃于見聞，而無所體驗。習俗之沈錮久矣。今誠祀守仁、獻章，一以明真儒之有用，而不安于拘曲，一以明實學之自得，而不專于見聞，斯于聖化，豈不大有裨乎？若居仁之純心篤行，衆議所歸，亦宜併祀。我國家二百餘年，理學名臣先後輩出，不減宋朝，至于從祀，乃止薛瑄一人，殊爲闕典。昔人有云「衆言淆亂折諸聖」，伏惟聖明裁斷主持，益此三賢，列于薛瑄之次，以昭熙代文運之隆。皇明從信録卷三五引綸扉笥草按：申時行此疏亦見昭代芳摹卷二九、頖宫禮樂疏卷二。頖宫禮樂疏所載奏疏文字較此爲略，然所述背景較此爲詳。其云：「今上萬曆十二年以本朝王守仁、陳獻章、胡居仁從祀。嘉靖初，行人薛侃始請獻章從祀，隆慶初，御史耿定向始請守仁從祀，至是，御史詹事講請並祀二人，祭酒張位又請並祀居仁，乃下廷議。禮部尚書沈鯉請獨祀居仁，大學士申時行等仍請並祀三人。」又云：「是時議祀儒臣尚有陳真晟、羅倫、章懋、黄仲昭、吴與弼、鄒守益、王艮七人，廷議以祀典隆重，如宋儒游酢、吕大臨、謝良佐、羅從彦、李侗、胡宏之倫，殆勝今儒，而未能盡祀，姑以俟諸他日。」

沈懋孝

沈懋孝（一五三七——一六一二），字幼真，號晴峰，平湖（今屬浙江）人。隆慶二年（一五六八）進士，改庶吉士，授編修，官至南京國子監司業。有長水先生文鈔等。事迹見本朝分省人物考卷四五。

長水先生文鈔卷一沈司成先生集湖上讀書堆六先生會語

嘉靖癸丑夏四月既望，念庵羅先生自北還，道經浙河，東廓鄒先生赴梅林胡公之招，館于武林山間，于是一庵唐先生、龍溪王先生、荆川唐先生、黄州湛一方先生與鄒、羅二先生咸會於我當湖，將縱觀海上之勝。明日，携同學六七人過湖上讀書堆，因相與論「格物」之指焉。一庵曰：「朱元晦所稱格物工夫，原不顓顓在讀書，或索之文字，或得之論辨，或審之思惟，或求之應感體驗之際，無處不用力焉。人若真能如此體究，積久貫通，自見天則，與懸空獨悟判如霄壤。若其體究不精，顓守此心，與世故物情不相貫串，總然無私，終非大徹，不得謂之誠正，何以能措諸天下國家？」念庵曰：「人心惟虚乃明，有不明者，物障之耳。格去礙膺之物，靈光自能被四表，格上下，何所不通？太空明日，纖雲俱淨，六合皆在澄徹之中。若初入門，必須有此一段研窮考究，則中庸首末二章亦云無頭學問，可乎？司馬君實扞去外物之説，未可盡非，但不若云『扞去有物之心』尤善。」龍溪曰：「先師極力揭箇『致良知』，人所不慮而知者，乃獨知中一點最真處，此天地一陽之脉，千聖唯精之指。致知工夫原不懸空，只在格物上用，爲人子誠心在孝上用，爲人臣誠心在忠上用。心誠求之，良知之體自會周匝，自會徹了，一毫不須造作，原無古典成規可以講求依傍處，所謂未有學養子而嫁者也。故明德新民在止至善，平天下在格物，其義一耳，在之一字，以上七條工夫，全在此一處，總歸去處用，非止爲學之始事而已。」荆川曰：「傳言『大畏民志，此謂知本，此謂物格，此謂知之至也』，意已明了矣，非是缺文。蓋知物之有本，則物格而知自至，『天生烝民，有物有則』，人己皆天所生之物，本原却即在我靈明中，故云『物有本末』。格物者，明其在我，正本清源，末流自正，如孟氏所謂『大人者正己物正』、『唯大人格君心之非』。格者，猶言格式、格局之謂，物所從以取正，朱元晦所稱『天理之畫，至當不易』者是也。在我此身此心上若能到至當之極，天下國家不必一一費力整頓，自然皆就條理，此古堯、舜、三王之道，故以聽訟無訟發明本末極致之説。三代以下都從末梢上分别，去古人遠矣。」是日也，東廓先生獨無言。湛一曰：「諸公如此，各各發明本心中見得的然是處，這一竅與千聖合符，一了俱了，原無異同，即此是知之至也。若格物字義，不知曾子與當年作何等訓解，我輩以心領爲面命，不必多下注子也。論、孟、中言學俱直截，大學層節多，禮記文字多有之，聽其自爲子輿門路足已，何必紛紛論辨以發之哉？」因誦白沙陳先生詩云：「語道則同門路别，任君何處覓高踪。」令在坐諸友歌，再闋而起。明日諸生送至鹽官，再越日至水西而别。當湖門人沈懋孝記。

長水先生文鈔卷三長水先生文鈔一　刻蔡氏蒙引補正序

嘉靖中，余嘗過滁，有老博士者逮事陽明王先生，而能言蔡介夫之事王先生也。介夫止滁日，王先生爲冏卿，日夕譚學，其於四書五經傳注家靡不就正焉。王先生重其博辨，時爲是正，然不謂之是也。一日，約介夫及徐曰仁三人至□子泉上，盡屏人徒，王先生散服登陟，探瑯琊山，至深處就菜啜於野人，相與談易者二日夕，介夫始納拜，稱弟子在半歲後云。今觀介夫所著蒙引行於世，猶然介夫學耳，亦未謂王先生之學是。嗚呼，道可易言哉！自王先生倡致良知之學，以捄朱學末流汎濫之弊，此是主張斯文大剖判處，爲功甚偉。蓋淵源於象山、慈湖，證發於白沙、甘泉，不謂無所本，其於孔孟之指蕩然朗然，推之何所不合，而世之譁者至今未已。今王先生雖從祀在庭乎，博士之議從祀不與先生者半，亦多喙而罕中矣。嗚呼，一指隔天，咫尺萬里，道可易見而易言乎哉？顔淵氏曰「夫子博我以文，約我以禮」，不言先博後約也，而稱先後者，徒以循循之義轉注之者耳。孔子固曰「博學於文，約之以禮，亦可以弗畔」，以爲博文而不約之以禮，乃其所以畔道也。易之象曰「多識前言往行，以畜其德」，學而不畜其德，孔子所謂「多學識之，而予則非也」。孟軻氏稱「博學詳説，將以反説約」，又曰「學問之道無他，求其放心而已」，此宗指之最高者乎？于是王先生之言曰：格物以致吾良知。猶之乎學問以求放心，多識以畜其德，無二道也。約禮在博文，博文所以約禮，約者博之意，博者約之功，斯不亦明白簡切，庶幾孔孟之指哉！故王先生雖不解易，然知易也；介夫解易者也，非知易也。今吾既求之有文之易，烏得不詳？吾苟不通乎無文之易，則烏乎用吾詳？孔子讚易，可謂言言析之，字字訓之矣，猶以易道無窮，浩然有加年之歎，則夫自漢以來至乎今，訓發之家日新日盛，其言雖有異同小大，孰非天竅之自流，孔子所望於後生者乎？又安知非孔子之芻蕘工瞽而並存之，以就衡量者乎？故以道眼觀，則言言忘也；以俗眼觀，則言言障也。道非一端，人從其所入以爲入，會詳乃得要，不詳則不知要，此言要在詳之中知。約乃該博，不約則不能博，此言約爲博之主。博約之間，可後可先，在所自得，可博而不博，在所自悟。兩忘而化之之謂道，並進而得焉之謂學，約而能博之謂大，博而能約之謂精，通此者可以無言，可以有言，其於易也幾已夫！孔子曰「始作八卦，以通神明之德」，又曰「神而明之存乎其人」，「齋戒以神明其德」。介夫之學博矣，而守焉未化，離焉未一，尚有多端，是其神明之者未有及也。乃其博則吾所不廢也，故循介夫氏之説參之諸家語，考正而補之，以俟達者再補再删焉。道固有一語不傳者，有片言立解者，亦有千慮百慮而始得之者，又有千百言不倦原非得已者，又有其書五車妙處終不傳者，是書幾十萬言，聖人其舍諸？

長水先生文鈔卷一八長水先生賁園草二格物窮理辨

孔子曰：「舜好問好察，執兩端而用中。」孟氏曰：「舜舍己從人，見善行聞善言若決江河，無非取諸人者。」蓋唐虞以前，去繩契未遠，聖人問察好善如此其勤，即是日用行事之實，亦其終身得力處，非另有一段學文事，所謂「皐稷輩何書可讀」者也。至吾孔子，言「述而不作，信而好古」，孜孜敏求，發憤忘食，識大識小，何所弗學？蓋自傅説師古敏求之言一出，此乃指墳典丘索及其當代典制之書言之耳。吾孔子因之，所爲論垂六經者，大半在載籍，半在諮詢，遂以此立教引人，此又孔門諸子博文之學脉也。然孔子固曰博文而約之以禮，乃可弗畔，多聞多見爲知之次，孟氏亦曰「博學詳説，將以反説約」，「學問無他，求放心而已」，此以反歸自心自性爲貫一之宗，而假途於見聞，即子思子所云「尊德性而道問學」者也。原其主意，超然在博文之外，開其脉絡，不離見聞之間，然則格物窮理又豈在誠意正心之前一步哉？合言之者，甚是也。以先後分言者，此自曾子之學境，即孟氏已覺其歧而正之矣。孔子他日曰：「君子多乎哉？不多也。我有知乎哉？無知也。」孟氏直指孩提之知愛親敬長，乃是性中良知，即此之知可以達之於天下，可以使天下均平，堯舜之道如此而已。此則直提真知一脉，以接堯舜明德之傳，乃人生一大頭顱，了此更無餘事。而格物窮理之條緒總之，包括其間，此即孔子所云「予欲無言」、「書不盡意」、「人以予多學識之者乎」而實非也。合是三義者，自向凝密中獨證獨悟，則象山、陽明雅意，爲南宋末學之救者，非欲捐去格物也，以直明德性不假外求來湊泊云耳。將非今日人心之白日乎？如入門最初一路，必盡格天下之物然後可，天下物理終身寧有盡時？即如治水一節，虞廷當格之物宜無大此者矣，堯以耄老諳習而任鯀九載，此於水之道或不盡知，如知之，豈無石畫？即禹嗣鯀之緒，歷八年始定，八年之前亦有未盡知者，如知之，何以不用幾諫而用蓋愆乎？以此論之，天下大政大疑，聖賢所不知者何限？宇内物態土風殊奇變幻，豈有現成册子一一可憑也者，故云「堯舜之知不徧物」，此格物之一證也。管蠡如斯，以質明者；郢斤成風，願承斲削焉。自漢來，九經止列論、孟，則學脉自清。八條目分先分後，是戴記中層累文字，殆非孔子之經，朱元晦信之太過耳。其七條皆有傳，獨缺格物，竟接誠意，正是其妙解，晚年自悔曰「可惜半生心力費在故紙堆中」，又云「月滿虚堂下指遲，泠然清夜撫絃時」，其在然乎，非與之介耶？後學虚懷自宜領此。

長水先生文鈔卷二二長水先生水雲緒編二刻紫陽要語跋

紫陽先生之教，今世傳誦者既滿家矣，再刻之者何？以接孟、程之正脉，捄天下禪學恣睢者之弊也。先生嘗於寒泉精舍集周、張、二程四先生粹語，條次爲近思録，今又次先生要語續列其後，宋儒之論始全，其學益大明於當世。是四書之户牖，六籍之階梯也，有功來學豈淺鮮哉！或曰：「此與象山、慈湖、白沙、陽明之指異同奈何？」余聞白沙先生之言曰：「大道同歸殊途，夫豈一端而已？」周言誠，程言敬，紫陽先致知，同其歸，不同其入，顧人所修持何如耳。人患於道無真得，如有得焉，八方萬里可以合軌而來，所謂「及其知之則一也」，何必盡同。

長水先生文鈔卷二三長水先生水雲緒編三仁人心也一章説指

立人之道曰仁與義，仁義非兩物，所以學者做學問不作兩端看。求放心正所以精義理，學問之道舍求仁之外，無他道也。孔門只是求仁，孟氏兼言仁義，大指則一耳。陸子静先生論學，居常稱述「學問之道無他，求放心而已」一句，話頭直接孔門真脉。朱元晦先生宗本曾子格物致知之説，兼言存心窮理，作兩路夾持。然古本大學自東漢三體大書，刻在洪都門外者，至今尚存，原不曾缺，元晦自作補傳，迄今疑之，所以在當日則朱、陸有鵝湖之論辨，在方今則王伯安先生有元晦晚年定論之書。今之儒者只從自心上默默體會，如孟氏之高卓破的，真可「百世俟聖人而不惑」矣。朱陸異同可無論而明焉。夫仁非他，就是本人一點靈明，能自作主宰之心。仁即是心，且曰「心如穀種，中含生理」云者，猶是二之也。故曰「仁也者，人也」，至親切矣。其所謂義者非他，即是我心靈明，動念應感介焉，中間開一神徑，是而是焉，非而非焉，灼然自了，斷然不疑，一時行將出來蕩蕩平平，天下以爲當然，千古謂之定局，故云道若大路然。又云「無偏無黨，遵王之路」，此路是人心中一條易簡大行路，八方九道之通衢也，非從仁中出，則從何處出乎？人心自有路，人路只在人心中，二之即不是。世人終日昧昧焉，舍了正經行路，只向機謀關上穢濁岐邊，過了青天白日，推原其故，總只是放其本心，而不知求也。所以上邊先説「仁，人心也」，次説「義，人路也」，倒將轉來説「舍其路而不由，放其心而不知求」，下面只説求心了，不説起行路，語意亦甚分明矣。且如人家鷄犬是外物耳，若日中出去了，主人常常照管，尋求回來，豈有一個靈心被外誘牽引出去，茫茫攘攘，幾月幾年，放他作個游蕩無家之物，若清夜捫心，豈不可恨可愧之甚，故「哀哉」二字，覺者自當汗流而面赤也。人若知此放心當求，又知此心因何放去，又知所以求放心之法，從覺生哀，從哀生媿，從媿得轉悟一大竅，則一生學問工夫盡之乎此矣。仁即是人心，放心者，心離了仁，逐欲而馳，求放心者，只是求此本來仁體而已。人生舍此一事，豈復有別件學問哉？孔子云：「我欲仁，斯仁至。」却像忽在別路他家，我呼之即到，喚之即回也。又云：「操則存，舍則亡。」不操持所以會走作，一收回原只是吾家中物，正如失路嬰兒，望鄉關而感涕，十年流浪，見家門之洞開，既無等候，亦不須用苦工，在人自收自得之耳。子静云：「一念之邪，頃刻知之，即可以正；一念之僞，頃刻知之，即可以誠。」元晦云：「將已放之心約之，使反覆入身來，自能尋向上去。」二公之言不同，紆直難易，反之此心自當，不煩辨説也。人若一刻間真能自識本來靈心，真能自作主宰，種種講究研求，師友經訓，以及當世典故章程，現前人情物態，一切應該問學之事，皆所以精求義理，則皆無出求仁之外者矣。人若到心能作主時，收之退藏於密，放之瀰滿六虚，上下千古，只是一團仁體，何憂其放，何待於存？此之謂「精義入神，一以貫之」之道。

長水先生文鈔卷二四長水先生水雲緒編四論語筆解

孔師之言論見於家語、禮記及孔叢子之書，甚有言之精者矣。其載在莊、列、淮南諸篇者，或蹐駁不真。即子思子、曾、孟二子所述孔師言，又皆非論語中有也。想其軼義多矣。説者以爲夫子没，四方之徒七十二人各以所聞來會，卜子夏總記爲二十篇，傳於齊魯間，七十子自爲之言，卜子亦一先生之學，則奥指微言所不傳何限，況超然言表，孔子所不及傳者乎？後儒得解者絶少，代不一二人。道之難明何惑焉！始余年十五，頗厭俗師句解，自以其胸中所快爽而開入者自爲之解，牽連書之，每數日乃以朱注一爲參證，自喜以爲正文甚明曉，此可無注而知之耳。今人動稱朱注爲功令，如法家者比儗之嚴，一字不可動，遂使吾輩後來英雄縶其手指，斤斤墨守，無以發抒自得，終夜思之，良可扼腕，正不思孔子與二三子談笑春風，泗水之上，雍容終日，無所不可，道將其意相迎發乎，抑數墨尋行，如優孟學人言笑也？頃得唐韓公退之、李公習之所解論語一册，兩疏若列眉而風致各殊，有缺而不解，或解以一二語，或纍纍牽入他書者。韓自有韓之論語，李自有李之論語，何必盡同？皆出其胸次中，然都非後來可及，此所以能傳。朱元晦晚年亦悔其注書，曰「可惜一生心力埋没故楮堆中」，故有「獨抱瑶琴過玉溪，月滿虚堂下指遲」之句，乃知漢晋人解經只考訂字義，或就本文語脉上略下一轉語，更覺味永義長也。嗟乎！「余欲無言」，「言不盡意」，「盡信書不如無書」，孔孟深心，千載如覩，有甚解乃更不解，有不多解乃勝於解者，此可與知者道。

唐鶴徵

唐鶴徵（一五三七——一六一九），字元卿，號凝庵，武進（今屬江蘇）人。隆慶五年（一五七一）進士，官禮部主事，至太常寺少卿。鶴徵爲唐順之之子，父子皆宗良知之學。其説之要者，如乾元生三子，又其言心性，以爲性則氣之極有條理處，心則不過五臟之心，其妙在方之虚，性之所宅，明儒學案許爲「從來言心性者所不及也」。著有憲世編、桃溪劄記等。傳附明史卷二〇五、明儒學案卷二六唐順之傳後。

憲世編卷三朱晦庵先生節録

上略。由前而言，則其開示後學，既已嘔出肺肝；由後而言，則其統承先聖，又且寫盡面目。上鞋數千載間，由困知而至於成功之一，先生一人而已。先生又言曰：「爲學有兩樣，一者是下面做上去，一者自上面做下來。」愚意自下面做上，則修在悟前；自上面做下，則修在悟後，兩者正學知、困知之辨也。先生因江文通之悔於記誦文字，語之曰：「也不妨，如今若理會得這要緊處，那多都有用。」此先生已所得用力處告之也。先生固未嘗以自下面做上爲諱也。世之駁先生者，固未聞先生之藩籬；即推崇先生者，亦曷能窺先生之堂奧哉？明道先生之後，深得孔顔之傳者，先生而已。

憲世編卷四陸象山先生節録

上略。論曰：象山先生之學，一從孟子悟入，其絜浄精微，光明特達，蓋孟子之後，一人而已。故當時有譏之者，云：「除了『先立乎其大者』一句，全無伎倆。」先生聞之，曰：「誠然信矣。」然孟子如觳觫、乍見、嘑蹴、平旦、良知良能，時時指其大者發見之端，使人識取，蓋謂欲立其大，必先諳其大者而後可。先生之言曰：「顔淵問仁之後，夫子許多事業皆分付顔子了，顔子殁，夫子哭之曰『天喪予』，蓋夫子事業無傳矣。幸曾子傳之子思，子思傳之孟子，夫子之道，至孟子而一光。然夫子所分付顔子事業，竟不復傳矣。」他日又曰：「二程見周茂叔後，有吟風弄月，『吾與點也』之一，後來明道此意卻存，伊川已失之。」其先後剖判若此，亦至精且切矣，此正大者也。明道先生曰：「仲尼，元氣也；顔子，春生也，孟子，併秋殺盡見。」又曰：「仲尼，天地也；顔子，和風慶雲也；孟子，泰山巖巖之氣象也。」又曰：「孟子有些英氣，便有圭角，英氣甚害事，如顔子便渾厚不同。」或曰：「英氣見於甚處？」曰：「但以孔子之言比之，便如冰與水精非不光，比之玉，自是有温潤含蓄氣象，無許多光耀也。」夫明道先生非好貶剥人者，與此數書致意焉，必其所關於理學者非細矣，毫釐千里，後人其可忽諸？先生既於孟子得力，得無併其秋殺而見之乎？

桃溪劄記

東萊氏曰：「致知格物，修身之本也。知者，良知也。」則陽明先生之致良知，前人既言之矣。特格物之説，真如聚訟，萬世不決，何歟？亦未深求之經文耳。論格物之相左，無如晦庵、陽明二先生，然其論明德之本明，卒不可以異也。私欲之蔽，而失其明，故大人思以明其明，亦不可以異也。則格物者，明明德之首務，亦明明德之實功也。陽明以心意知爲物而格之，則心意知不可謂物也。晦庵謂事事物物而格之，則是昧其德性之真知，而求之聞見之知也。涑水有格去物欲之説，不知物非欲也。近世泰州謂物「物有本末」之物，則但知身爲本，天下國家爲末之説，皆可謂之格物，皆可謂之明明德乎？必不然矣。詩云：「天生蒸民，有物有則。」孟子曰：「物交物則引之而已。」則凡言物，必有五官矣，則即格也。格字之義，以格式之訓爲正，格式非則而何？要知物失其則，則物物皆明德之蔽；物得其則，則物物皆明德之用。既灼見其所謂明德，而欲致之以全其明，非物物得則，何以致之？孔子告顏子之爲仁曰：「非禮勿視，非禮勿聽，非禮勿言，非禮勿動。」格物之功也。視聽言動，悉無非禮，則五官各就其明矣，明德當何弗明哉！此所謂物格而知至也。中庸「或生而知之」以下六「之」字，皆指性也。生而知，安而行，是「率性之謂道」也。學而知，困而知，求知此性而率之也。舍率性之外別無道，舍知性之外別無學。學知、困知者，較之生知，只是多費一倍工夫於未知之先耳，及既知之後，與生知各各具足矣，故曰「及其知之一也」。世謂生知不待學，故朱夫子於凡聖人好古敏求，好學發憤，皆以爲謙己誨人，非也。知而勿行，猶勿知也。即曰安行，在聖人自視，未嘗不曰「望道未見」，未嘗不曰「學如不及」。即舜之聞一善言、見一善行，沛然若決江河，莫之能禦，亦學也。蓋行處即是學處，特視利與勉強者，能出於自然耳，不可謂非學也。明儒學案卷二六太常唐凝庵先生鶴徵

張元忭

張元忭（一五三八—一五八八），字子藎，號陽和，又號不二齋，山陰（今浙江紹興）人。隆慶五年（一五七一）狀元，授編修，進左諭德兼翰林侍讀，卒於官。天啓初，追謚文恭。張氏師從王畿，爲陽明再傳弟子，以爲朱陸雖有頓漸之異，而同源非歧。所著有不二齋文選、朱子摘編等。明史卷一七一、明儒學案卷一五有傳。

不二齋文選卷二又答田文學節録

上略。近世學者之弊，在議論多而實踐少，不肖方以此爲戒，然承下問之及，而不悉所知以告，非朋友之忠也，故復略而陳之。天下之萬事萬物皆起於心，心無事而貫天下之事，心無物而貫天下之物，此「一貫」之旨也。曾子之三省，省此心也；孟子之三反，反此心也；居處之恭，持此心也；非禮之禁，閑此心也。謂一貫之外别有學問者，非也；謂一貫之教獨私與顔、曾，而門弟子不得聞者，非也；謂曾子、孟子之學終有異於顔子者，非也。心無二，故學亦無二，二之非學也。朱、陸二先生之優劣，前儒辨之詳矣，今亦何敢妄議？

但象山之學，每於人情事變上用工夫，則豈偏於高明者哉？晦翁之學，嘗讀其詩窺之，如所謂「源頭活水」、「中流自在」、「無中含有」、「體用無間」云者，則豈泥於事物者哉？夫外事物而言虛無，此二氏之妄也；外心而言事物，此俗儒之繆也，皆非所以語二先生也。吾兄謂：「摹擬古人之言行，庶幾可進於忘物，以此爲下學而上達。」不肖竊以爲古人之言行有限，而吾之日用應感無窮，如之何其擬之？摹擬於古人之言行，一一而求其合，司馬遷所以譏儒者博而寡要、勞而無功也，曷若摹擬於吾之一心之爲易且簡乎？易曰：「君子多識前言往行以畜其德。」言多識非務外，自得於心也。又曰：「擬之而後言，議之而後動，擬議以成其變化。」言擬議於一心，以成不測之用也。若徒一一摹擬於古，而不執其要，則於心終無所得，而變化之用不幾於窒乎？夫不離於事物言行之間，而窮理盡性以至於命，下學上達無二事也。若以摹擬爲下學，忘物爲上達，是二之矣。不肖竊以爲心普萬物，即是忘物；情順萬事，即是忘事。豈有絶物厭事而可以言忘者哉？亦豈有外其本心而可以言普物順事者哉？嗟乎，嗟乎！不肖自量何所得而大言若此，真是貧子説金矣。惟兄虛心而聽之，不以所能者自足，而已所未至者自勉；不以目前之苦而舍吾自有之樂；不求古人於千載，而求古人於一心。不肖所望於足下者甚不淺，幸相與努力焉，何如何如。

不二齋文選卷四崇祀疏議後序

今上典學右文，廣稽獨斷，進理學諸臣從祀孔廟凡三人焉：王先生守仁、陳先生獻章、胡先生居仁。而先是隆慶改元，已嘗祀薛先生瑄矣。於是耿中丞先生定向裒集先後諸疏議爲三卷，以授詹侍御事講、蕭刺史良幹，俾付諸梓。蕭君復屬忭稍訂之而敘其後。敘曰：

夫道，一而已，學焉而各得其性之所近，則所繇以入道者有二門焉。洙泗諸賢，身通六藝者若而人，獨顔子以好學稱，至舉其所以學，則不遷不貳焉爾，此所謂頓門者也。曾子從事於精察力行，而後豁然於一貫，此所謂漸門者也。夫學有頓漸，其至於道也，一而已矣。寥寥千百年，迄乎有宋，而後真儒輩出。若濂溪之無欲，明道之定性，蓋得統於顔，而象山固其儔也。若伊川，若晦庵，主敬窮理，循序漸進，蓋得統於曾，而其派衍繁矣。自有此學，即有二門，雖比而同之，終不可得而齊，何也？質固不可齊也。士病自外於孔氏之門與昧焉而不得其門，苟志於孔氏而得其門，即堂奥可從而窺，何病乎門之殊哉？明興二百年，理學之盛，有光前代。姑即四先生而論之，若王若陳，則元元本本，妙契精微，謂非顔氏之宗不可也。若薛若胡，則步步趨趨，動遵矩矱，謂非曾氏之宗不可也。先皇帝與今上作述一心，俎豆四哲，則既明示天下以入道之門並行而不悖，未嘗舉此而廢彼也。衆言淆亂折諸聖，信矣無容喙矣。雖然，願申其説焉。當文清之議祀也，第以著述少之。乃今陳、胡兩先生同然無議，而文成蒙訾特甚，此何以故？學之砥行飭名，不離繩尺者，其取信恒易，而直指本心，掃除一切，固世之所駭而疑，疑而詘也。士之居常處約，不當事任者，其完名恒易，而身處多危之地，謗生多忌之口，此固仲尼所嘗厄於春秋，而程、朱所不免於當時者也。若夫學其學者，但知心之有知，而不求其知之所以良，但知知之本良，而不求其良知所以致，此在文成，蓋嘗諄諄言之而嚴其防矣。伊洛之門有邢恕，西河之後爲莊周，寧足爲其師累乎？忭生也晚，不獲摳侍於文成，而幸生其鄉，竊聞其緒餘，每讀其書，不知手之舞之、足之蹈之也。今是編也，譽之毁之者具在，藉令文成復起，當不置喜愠於其間。而忭復嘵嘵焉爲之分疏，亦不自知其贅也。

不二齋文選卷四朱子摘編序

考亭朱子之學，蓋得之延平、豫章，以遡龜山，而上揭周、程之緒，其統系之相承，若此其正也。乃世之號爲朱學者，往往得其膚而未窺其髓，是以馳騖於考索，而不知吾心有不慮之知，拘泥於格式，而不知吾心有天然之則，斯豈善學考亭者哉？陽明先生首揭致良知之旨以救其弊，而當時驟聞之者，輒以其畔於考亭而攻之。惟陽明亦有不自安者，乃取考亭之書而檢求之，咀其華，鈎其玄，輯爲晚年定論。自定論出，而後考亭之學其精髓始透露於此。其拳拳於培本原，收放心，居然延平之家法也，而後考亭之學始爲質之濂洛而無疑。是陽明不唯不畔於考亭，抑亦有功於考亭者也。忭少也讀大學「格致」章補，則掩卷而思曰：「何哉？無乃倒言之也乎？無亦曰吾心之全體大用無不明，而後庶物之表裏精粗無不到乎？果若所言，何以爲知本也？」稍長，得大學古本讀之，而後知聖人之學固如是乎易簡而無難也。已又得定論讀之，而後知考亭之學其究竟固若此，而傳注所云乃其論之未定者也。已又每誦性理所載考亭詩，則躍然曰：「此非定論直餘響乎！如曰識東風面、聞夜半雷，春水生而蒙衝自在，風浪息而山樹依然，此非以神遇不以言解者乎？」頃邸舍多暇，復取集中諸詩，偕一二友朋遍閱之，得其調之同者凡若干首，類而録之，曰悟後詩。蓋定論雖曰「晚年」，猶有未必晚年之疑，而是詩見於平時，則皆到岸棄舟之句。合書與詩觀之，而考亭之學益見其博大圓融洞朗無礙，前陸後王，氣求聲應，無復異同之紛紛矣。於是合二編而刻之，曰朱子摘編，而敘其始末如此。嗚呼，道一而已，學不會於一，非學也。是編也，豈獨三先生之學可會於一，即千古聖學之正傳，吾知其無二徑矣，雖謂之「儒宗參同契」可也。

不二齋文選卷四重刻伊洛淵源序

伊洛淵源前後二編，蓋考亭朱子與黄巖謝氏之所輯，有宋諸大儒先生及其門下之嘉言善行略備矣。今太宰海豐楊公，朝省而暮讀之，既已獨會於心，又將重梓之，以公諸四方之學者，而屬序於忭。忭小子，夫何知，蓋嘗竊聞長者之餘教矣。夫道猶水也，水必有源，源未嘗不一，而其流之所之，支分派别，至不可究詰，要之晝夜不舍而至於海則一而已矣。何者？源深而流長也。儒者之道，有不原於心者，非學也。而禀有高下，見有大小，入有頓漸，則亦安可强而同哉？要之不二其心，而皆足以至於道，亦一而已矣。是編所載，無論其門人，即以諸大儒先生言之，濂溪開其源者也，二程得之於濂溪，既已衍而大之，而伊川終不同於明道。伊川之論横渠，謂其得之考索，非明睿所照，其於康節，則以爲聖門之别派。豫章、延平並得之於龜山，爲程氏之適傳明矣。而考亭集諸儒之大成，顧於師門主静求中之旨自以爲有所未契。是諸先生所不同有如此者，然此特其所禀、所見、所入之小有差别耳。乃其精神心術之微，本之以誠而守之以敬，慥慥兢兢，務去人欲而還天理，則諸先生者，其心同，其道同，寧有毫髮之異乎？是以表裏洞然，可以動天地，質鬼神，前乎千百世而無疑，後乎千百世而不墜。所謂源深而流長者，非歟？若夫俗學與異端者流，非不可矯飾眩惑於一時，而要其心既有愧於周、孔，則何怪乎其術易窮，而其傳易泯，此亦潢污行潦之水，乍盈而易涸者也。然則學諸先生之學者，可徒循其流而不遡其源哉？抑忭又聞之，大臣以道事君，而冢宰埒於三公，與有論道經邦之責。夫道未有不須學以至者。今太宰公孜孜問學，潛心伊洛之奧，且將率天下而誦法之，是宜上贊一人，下進退百官，一出於道而無遺議也。豈非斯世之幸、斯世之幸歟？忭何敢爲佞焉？

不二齋文選修復朱文公祠記 節録

上略。且祠以祀文公也，而文成之記尊經，乃其指稍别。世之論者曰：「文公之學篤於行，不知外心無以爲行；文成之學求諸心，不知外行無以爲心。」是惟善學者，即日用而著察，本妙悟以修持，則爲朱爲王，雖途徑不同，其至於道也一而已矣。不然，百工各挾其藝，務以相角，而不務相濟，又豈主人之心哉？某既幸道之將興，而又懼學者之怠且惑，故申告之若此。下略。

不二齋文選卷四岳麓同游記 節録

海内以書院名者，無慮千百所，頃歲一時並廢矣。岳麓所從來最古，故得與白鹿、石鼓幸存，以賴有賢者調維其間爾。癸未首春六日，予使長沙，禮既成，同年友李子性甫，以副臬鎮兹土，邀予爲岳麓游。會有事，遲遲行，既渡江，日已過午，顧從陰翳中驟見日光，喜甚。抵岸行里許，入書院，登尊經閣，揖六君子祠，六君子皆於書院有勞者也。其左爲宣聖殿，先是就圮，性甫始新之，將以是月釋奠告厥成，適予至，遂皆行焉。由殿而上爲朱、張兩先生祠，志稱晦翁以乾道三年訪南軒於岳麓，凡留兩月乃去，其後若干年，再官湖南，更新書院。當時明道作人之意，至今可想也。寥寥數百年，其人既亡，又將並其地而幾于不守，予與性甫拜祠下，憮然久之。時三學博士弟子員皆在，性甫謂予宜有言，以迪多士。予不敢辭，則謂諸生曰：「夫是山也，非衡岳之麓乎？衡岳之高萬丈，祝融其巔也。不陟其巔，無以見其大。然世未有舍麓而趨巔者。循其麓而升，毋躐毋畫，徐行而不休，即萬丈可立躋矣。今夫聖人之道，其高也，豈特祝融哉？然而希聖者有要焉。自志學而至於從心，自可欲致善而至於不可知之神，此鄒魯之明訓也。夫曰志曰善，人皆有之，勿思耳，孰謂祝融必不可登哉？」諸生各聳聽，有省，因問朱陸之辨。予曰：「入聖之門，有頓有漸。求之於心性者，是謂頓門，簡而易；求之於事物者，是謂漸門，支而難。辟之麓一也，有在衡山境者，有在長沙境者。在衡境者，必遵安賓，歷開雲，寅而升，申而躋祝融矣。若履長沙而問祝融，其徑迂，其途阻，將經旬累月而莫能至焉。此頓漸之分也，朱子晚年不既有定論乎？」諸生唯唯。下略。

不二齋文選卷五見吾陳公傳節録

自考亭朱子倡道於閩中，一時及門高弟砥行植節者滿郡邑，故閩中之學在有宋孝、寧之世爲最盛。迨明興以來，朱子之書布四方，家傳而人誦之，然特習其説以獵取科第，影響剽竊，而朱子之宗旨轉晦。夫自蔡虚齋、陳紫峰兩先生相繼出，乃始一洗俗儒之陋習，獨採朱子之精微，而閩中之學在皇明正、嘉之間又最盛。見吾公蓋紫峰之從弟，自少即稟學焉，盡得其衣鉢之傳，而統承於虚齋者也。然當兩先生時，陽明先生方講致良知之學，獨異於朱子，世之爲兩先生之學者，泥於舊聞，相率而排之。公既尊信兩先生，而亦無疑於陽明之説。嘗與人論學，有云：「陽明先生懼人謂格物只是窮理，窮理只是讀書，故以格物爲主于行。懼人以致知爲致聞見之知，故加一良字於知之上，非良知不足以言知，非格物不足以言致良知。」又云：「陽明之學，入頭處在格物，要妙處在慎獨。獨者，獨知也。獨只是良知，慎只是致良知。此學初無足異，不知世人緣何而異之。」又云：「宋儒之學，萬分之中不無一。陽明發明其所未至，將以爲宋儒之忠臣益友，而非欲拾彼之短，以形己之長也。今講陽明之學者，輒掇拾宋儒之短以爲口實，語養德之學則爲薄德，語講學之事則無益於學，而徒使陽明得罪於先儒，可爲深戒。」由是推之，公於朱、王二子之學，蓋皆超然自得，而非徒依傍口耳，私開户牖者。使論學者人人如公，則二子之説，不惟不相悖而實相濟矣，尚何辨論之紛紛哉？公姓陳，名讓，字原禮。少穎異不群，爲文奇崛遒勁，不爲蹈襲語。嘉靖辛卯舉閩省第一，尋登進士，授紹興府推，聽獄稱平，暇則進諸生校藝講學，士彬彬興起。下略。

方學漸

方學漸（一五四〇—一六一五），字達卿，號本庵，桐城（今屬安徽）人。貢生。論學以心爲宗，云心爲萬象之主，以糾「無善無惡」之弊。明儒學案謂「在泰州一派，别出一機軸」。明儒學案卷三五、道光續修桐城縣志卷一四有傳。

心學宗續編卷一

陸子立大之學真切篤實，慈湖一變爲無意，遂使天下疑陸子爲禪，不知非陸子禪，而慈湖禪也。陽明良知之學亦真切篤實，龍溪一變爲虚寂，遂使天下疑陽明爲禪，不知非陽明禪，而龍溪禪也。

學以德性爲主，問學所以尊之也。朱陸之學從入雖異，尊德性則同。門人各分門户，自爲標榜，陸子之門人稱其師以尊德性爲主，遂疑朱子道問學已耳。

焦竑

焦竑（一五四〇——一六一九），字弱侯，號漪園，又號澹園，南京（今屬江蘇）人。萬曆十七年（一五八九）狀元，授翰林院修撰，歷官東宫講讀官、福寧州同知等。焦氏博極群書，長於考證。師從耿定向、羅汝芳，又篤信李贄之學，故其學頗雜，主於三教會一之説，四庫全書總目謂之「姚江末流之極弊」。焦氏著述宏富，有四書講録、國史經籍志、國朝獻徵録、焦氏筆乘、澹園集等。明史卷二八八、明儒學案卷三五有傳。

焦氏四書講録　中庸卷三

此條示人以脩德凝道之功。尊德性而道問學是工夫的大頭腦，晦庵子把德性、問學分開做工夫，時文且依他説，然就中也要串着做，尊德性是主，道問學是理會德性裏面事也。

○尊德性爲存心，道問學爲致知，不知晦庵何苦如此解。心之明覺處便是知，知之主宰處便是心，存心亦是致知，致知亦是存心，卻不是兩項。陽明子曰：「尊德性須是道問學，如要尊孝之德性便須學問箇孝，尊弟之德性便須學問箇弟。學問箇孝便是尊孝之德性，學問箇弟便是尊弟之德性。不是尊德性之外别有道問學之功，道問學之外又别有尊德性之事也。」○德性本是廣大的，只爲擇之不精，私意得以入來，既有了私意，胸襟便狹小，致廣大者以此須盡精微。德性本是高明的，只爲任其私欲去做，非太過則不及，既被私欲累倒，精神便不奮揚，極高明者以此須道中庸。德性的良知層層有生意，是知新，此有了生意，靈根便不死，非温養其故之謂乎？德性的禮文無一不是謹厚的規矩，既崇了禮時，厚道便不損傷，非敦篤其厚之謂乎？凡此都是保全德性之本體，只一尊德性便了盡矣。晦庵子分作兩項事看，豈以此心果有大小，工夫果有内外耶？○晦庵、象山之學，議者以象山偏於尊德性，晦庵偏於道問學，若不同科者。然晦庵之道問學，亦有尊德性者在，非若後之講析編綴，而畢力於陳言者也。象山之尊德性，亦有道問學者在，非若後之忘言絶物，而悉心於兀坐者也。陽明子曰：「象山未嘗不教人讀書窮理，而且自謂理會文字頗與人異，亦烏在其爲鑿空？晦庵謂君子之心常存敬畏，而居敬窮理之説未嘗不以教人，亦烏在其爲支離？但晦庵以禪議象山，而象山亦不以虚受晦庵，彼此皆激於不平，是則所養之未粹，而不及乎明道者此矣。」此可以定二家之斷案。

焦氏四書講録 論語上卷四

問：「晦庵似學的分數多，象山似思的分數多。」曰：「晦庵未必其不思，象山未必其不學。吾人亦不必其同於二先生，只各自學而思、思而學，便是不殆不罔。晦庵亦嘗與象山云『各尊所聞，各行所知，可矣，不必强其同也』。吾人亦何必二先生之同耶？」

焦氏四書講録 孟子下卷一四

講學是聖世好風俗，士大夫好行業，予此講講學乎哉？蓋爲諸子講，非爲世人講也。爲世人講者講以名，爲諸子講者講以實，予講學乎哉？昔之講者，不象山則晦庵；今之講者，不晦庵則陽明。然視陽明、晦庵竟何如也？予講學乎哉？昔人有云：「伊川講明後，又出幾箇聖人？濂溪未曾講明，何曾誤了舂陵夫子？」今之講者曰「我晦庵」、「我陽明也」，而不知自家一箇心性，千病萬痛醫治不暇，又何暇爲人講學哉！而等只須把良知還陽明，問學還晦庵，德性還象山，又把仁義還孟子，中庸還子思，大學還曾子，又把一貫也還孔子，敬止也還文王，精一執中也還堯舜，直將自家胸中粘帶一切掃除，眼前紛紜一切平妥，本來心性一切恢復，便是一生的好行業，一家的好風俗，聖世的好士大夫矣。世上講學人以萬萬計，又何消爲他講哉？爲世人講者講以名，爲諸子講者講以實。予爲諸子講，非爲世人講也，予講學乎哉？

唐伯元

唐伯元（一五四一——一五九八），字仁卿，號曙臺，澄海（今屬廣東）人。萬曆二年（一五七四）進士，除萬縣知縣，官至南京吏部文選司郎中。受學於呂懷，深疾致良知之學，上疏反對王守仁從祀孔廟。著有醉經樓集等。明史卷二八二、明儒學案卷四二有傳。

醉經樓集卷二立大解

「仁義忠信，樂善不倦，此天爵也」，大也。「既飽以德，飽乎仁義，所以不願人之膏粱文繡也」，立大也。陸氏以立大爲立心，其流之禍，於今爲烈。彼不仁不義，假仁假義，小仁小義，孰非立心？皆可以爲大乎否？

醉經樓集卷二經解其二

經，聖經也。惟聖解聖，惟經解經。羲之畫，文之彖，周公爻辭，孔子十翼是也。惟賢知聖，惟賢知經，子思之大學、中庸，孟子之七篇，程伯淳之語録，凡所引是也。解字者，得少而失亦少，注疏是也；解意者，得不償失，今之章句、大全是也。擬經者，勞且僭，而無益於發明，太玄、元經是也。誣經者，淫妖怪誕，侮聖逆天，己易、傳習録是也。

醉經樓集卷五答叔時季時昆仲

諸儀部至，得拜二足下手書，惓惓於心性之旨，而疑元心學誤人之説。夫學非説可明，而足下所求於元者猶説也。元能爲其説，而不能身有焉，故雖以足下之高明，且謬承夙契，而猶不能無疑，況多望於今世乎？然今世學者則誠希矣，不有足下，更望之誰，聊申其説可乎？

元舊有身心性命解，大約謂性一天也，無不善；心則有善不善；至於身，則去禽獸無幾矣。故自性而心而身，所以賢聖；自身而心而性，所以凡愚。是故上智順性，其次反身，故曰「堯舜性之也，湯武身之也」。身之者，反之也，故又曰「湯武反之也」。反身而誠，所以復性。夫學爲中人而設，非爲上智而設也，學修身而已矣。然則心居性與身之間，顧不可學歟？曰性可順，心不可順，以其附乎身也。身可反，心不可反，以其通乎性也。性乾而身坤，性陽而身陰，性形上而身形下，心居其間，好則乾陽，怒則坤陰，忽然而見形上，忽然而墮形下，順之不可，反之不可，如之何可學也？危哉心乎！判吉凶，别人鬼，雖大聖猶必防乎其防，而敢言心學乎？

心學者，以心爲學也。以心爲學，是以心爲性也。心能具性，而不能使心即性也。是故求放心則是，求心則非；求心則非，求於心則是。我之所病乎心學者，爲其求心也。知求心與求於心與求放心之辨，則知心學矣。夫心學者，以心爲學也。彼其言曰：「學也者，所以學此心也；求也者，所以求此心也。」心果待求，必非與我同類，心果可學，則「以禮制心，以仁存心」之言，無乃爲心障歟？彼其原，始於陸氏誤解「仁，人心也」一語，而陸氏之誤，則從釋氏本心之誤也。足下謂新學誤在「知行合一」諸解，非也。諸解之誤，皆緣心學之誤，覽其全書，則自見耳。然則大學言正心，孟子言存心，何也？曰，此向所謂求放心也。正心在誠意，存心在養性，此向所謂求於心也。心之正不正、存不存，從何用力？修之身，行之事，然後爲實踐處，而可以竭吾才者也。嗚呼，此子思「格物必以修身爲本」，孟子「立命歸於修身以俟」，程子謂「鳶飛魚躍，與必有事焉而勿正心意同」。寥寥千載，得聖人之傳者，三子也。

醉經樓集卷五答叔時季時昆仲其二

季時有心學質疑一卷，承寄未到，而叔時來教曰：「墨氏談仁而害仁，仁無罪也；楊氏談義而害義，義無罪也；新學談心而害心，心無罪也。」此説似明，不知誤正在此也。仁義與陰陽合德，雜之則兩傷，然非仁義之罪也。至於心，焉得無罪？「人心惟危」，莫知其鄉，此是舜、孔名心斷案，足下殆未之思耳！

醉經樓集卷五答郭夢菊大參

先是拜湖北名賢傳之賜時，知門下獨契蔣先生道林也。蔣先生與先師吕巾石先生，并爲湛門高弟；又曾於羅文恭集中，得見所解格物説而喜之。及讀門下所爲傳，又其行誼純明如此，則蔣先生在楚中學者，當爲國朝一人；又以見湛門諸君子，雖其風動不及姚江，而篤行過之，是亦可以觀二先生。然元之置不復論者久矣。夫學，誠而已矣，其分數不同，而明亦因之。孟氏而後，明道誠且明矣，伊川、横渠次之，朱子又次之；江門别傳，蓋出濂溪、堯夫之派，然無愧於誠者也。與其明不足也寧誠，則薛文清、胡敬齋、羅文莊，其修朱子之業而有功近代者乎？自新學興而學始難言，此元之所以有戒也。反已無功，空言何補？惟是厚意不敢虚辱，輒又冒昧一言，總乞門下指教之。所不敢盡者，見舊刻二編中，附上請正。

醉經樓集奏疏附刻從祀疏

南京户部雲南清吏司署郎中事主事臣唐伯元謹奏，爲祀典方新，群情未定，懇乞聖明仍採諸臣原議，通行天下學宫，以遵祖制，以安人心，以崇正學事。

臣惟國家之氣運係乎士風，人心之邪正關乎學術。洪惟我國家重道崇儒，右文錫極，詔天下郡縣各祀孔子於學宫，所以垂帝王之道於萬世，如揭日月而行天也。頒行六經、孔、孟之書，一以宋儒朱熹所注爲據，所以明孔子之教於來學，如沿江河而會海也。熹之注解諸書，雖不必一一盡合聖人，要其力學任道，與聖人異者絶鮮。宋儒程頤有言曰：「學者要不爲文字所梏。」故文字雖解錯，而道理可通行者，無害也。二百年來，道術有宗，教化有紀，人材輩出，皇風穆暢，非三代以下可及，熹之功爲多。間有一二任道君子，解經釋傳，時或同異則有之，然未聞有以熹之學爲非是者。迨正德、嘉靖間，乃有新建伯王守仁者，始倡爲致良知之説，行於江南，而其旨頓異。彼其初意，非欲有異於熹也，但以識太敏，才太高，任道太勇，立言太易，當其談鋒溢出，前無古人，故往往不覺其抵牾於熹；而爲之徒者，推波助瀾，争高門户，益以疑天下之心，而遂爲敵國。

往該浙江撫臣題請祠額，伏蒙皇上錫以「勳賢」之號。夫守仁以道學自名矣，不與儒者之稱，而只曰勳賢，天下之人有以知我皇上厚恤勳臣之意，而惟恐其學之有戾於道，或以駭見聞也。又近該臺省諸臣後先疏請從祀，經時累月而不遽定，乃者雖蒙俞允，然伏讀御批有曰：「操修經濟，都是學問。」夫祀典之所重可知已，必以經濟與操修並言者，天下之人又有以知我皇上念守仁有殊功，則當有殊報，不必其學問之有異同也。大哉皇言，一以勸功，一以正學，所以立天下萬世臣民之極者至矣。但祀典既新，人情觀望，學術岐路，從此遂分。故祭酒張位拳拳以今准從祀布衣胡居仁爲言，而洗馬陳于陛、少詹事沈一貫又欲並祀祭酒蔡清，無非欲全朱熹以安守仁，皆委曲以明其不得已之意。觀其言曰：「恐學者過於信守仁，而輕於詆朱子，則守仁豈能一日安於廟廡之間哉？」又曰：「恐學者謂朝廷尊寵王氏，此重彼輕，則今之進王，乃所以斥朱，而道術將從此裂，祖宗表章朱學，以爲制考之意，亦從此壞。」甚矣，諸臣之憂深而慮遠也。不知我皇上以諸臣之見是耶，非耶？

夫察之也未詳，則其慮之也不周；見之也未審，則其防之也不預。當此祀典初頒之時，正觀聽移易之始，如其慮之不周，防之不預，使諸臣之憂驗於異時，是我皇上崇賢報功之殊典，適以違正學明道之盛心，豈惟諸臣之憂，亦皇上他日之所必悔也。何也？其察之也未詳，而見之者未審也。皇上深居九重，萬幾之暇，所稽者祖宗訓典，所對者聖賢詩書，所探討者古今帝王治亂興衰之跡，若欲考真儒，上自魯鄒，下迨濂、洛、關、閩止矣，何暇詳於守仁之學，而辨其是與非；及天下之疑守仁者，皇上亦何從而聞且見也。臣是以不避煩瑣，敬爲皇上陳之。

世之訾守仁者有六，而守仁之可疑者不與焉。訾守仁者，一曰道不行於閨門也。臣以爲守仁少負不羈，長多機譎，一旦去而學道，遽難見信於妻子，亦事之常。人見其妻朱氏抗顔而揖門生，詬守仁也，遂執以蓋其生平，此未足爲守仁病也。一曰鄉人不信也。臣以爲鄉曲之譽，必其人無子弟之過者，而守仁固不能也。夫老而無述，聖人羞稱，士能聞道，一日千里，況以守仁之才之識，而可量乎？人見其議論過高，而言動氣象未見有異於常人，其一二爲之徒者，又多蒙不潔，以冒天下之大不韙也，益以暴其短也，而臣以爲抑末也。一曰宸濠之功狀疑似也。臣以爲宸濠之不能有爲也，不待守仁而辨也。説者謂其未發既無先事之防，既發又有張皇之狀，蹤跡詭祕，行止支吾，使非吉州忠義、伍守方略，江藩之變，未可知也。道路訛傳，至今不解，其徒又呶呶而爲之辨，故令聽者愈疑。夫朝廷之勸功也，但考其成；君子之論人也，貴成其美；如守仁之功，報之以伯爵誠當，即進而配享於功臣之廟，亦無不可，故曰宸濠之功狀不必疑也。一曰守仁之學禪學也。臣以爲守仁非禪也。夫禪者，泊然一空寂於內，澹然絶慕嗜於其外，彼其道亦有可以治心養性者，使能不屏倫理，而自爲一家，君子猶有取焉。若守仁者，機多而智巧，神勞而形疾，儻所謂禪，亦呵佛罵祖之流，竊無修無證之糟粕者耳，而守仁非禪也。一曰守仁之儒霸儒也。臣以爲聖人之道，得王而信，得霸而尊。夫聖人未嘗不與霸也，一匡九合，春秋著之特詳，何者？彼固竊聖人形跡之似，而非敢曰我聖人也。若守仁之自處，則已斷然自爲聖人，其徒亦推崇之，躋之顔、曾、思、孟之上矣，是故守仁非霸也。一曰守仁良知之旨弄精神也。夫六經無心學之説，孔門無心學之教，凡言心學者，皆後儒之誤也。是故大學言誠意正心矣，而必以修身爲本；孟子言存心盡心矣，而歸於修身以俟；君子引而不發，但言工夫，不説本體，故曰「必有事焉而勿正心」，此則臣平日之論也。雖然，弊也久矣，苟不至陸九淵「六經皆我注脚」之猖狂，皆有可恕者。此不宜以獨疵守仁，而守仁之可疑，亦不在於弄精神之失也。

夫立於不禪不霸之間，而習爲多疑多似之行，功已成而議者不休，骨已朽而忿者愈熾，吁！可以觀守仁矣。臣未暇論其良知是否，且就其説之自相矛盾者論之。守仁之言，曰「心即性也」，「心即理也」，「心即道也」，「心之良知是謂聖也」，「心之良知即天理也」，「學者學此心也，求者求此心也」，「靈丹一粒，點鐵成金」，可謂自奇其言矣。然又曰「致其良知以精察此心之天理」，又曰「精察此心之天理以致其本然之良知」。然則良知與天理爲一乎，爲二乎？曰「佛氏本來面目，即聖門良知」，曰「良知即是道」，曰「至善者心之本體」，似夫知性矣。又曰「無善無惡者心之體」，又曰「無善無不善，性原是如此」。然則人之有性，果善耶，果惡耶？曰「良知生天生地，成鬼成帝」矣，曰「天地無良知，不可以爲天地；草木瓦石無良知，不可以爲草木瓦石」矣，然又曰「良知本體，原來無有，人心本體，亦復如是」。然則良知之在人，果無耶，果有耶？駁朱注曰：「格物者，窮至事物之理也。功夫在窮，實落在理，若上截窮字，下截理字，但曰至事，則其說難通。」是矣。彼其自爲解則曰：「致吾心之良知於事事物物，則事事物物各得其理。致良知者，致知也。事物得其理者，格物也。」然則致知與格物，孰先乎，孰後乎？守仁之言，後先矛盾而不顧，大率類此。

又有間爲奇險之論以反經者，如謂「曾、孟非孔、顔之傳」，則是顔、曾異學也；謂「知即爲行」，則是目足齊到也；謂「明德在於親民」，則是本末先後倒施也；謂「冬可以爲春」，則是陰陽晝夜易位也。又有故爲互混之論以遁藏者，如曰「無善無惡心之體，有善有惡意之動」。不知心體本無，則善惡之名從何生也？曰「不覩不聞是本體，戒慎恐懼是工夫」，又曰「戒慎恐懼是本體，不覩不聞是工夫」。不知本體工夫從何別也？曰「有心是實，無心是幻」，又曰「無心是實，有心是幻」。不知實與幻，有與無，從何定也？蘇秦、張儀，縉紳之所不道也，守仁則曰：「秦、儀竊得良知妙用，聖人之資也。」孔子之聖，生民之所未有也，守仁則曰：「聖人猶金，堯舜萬鎰，孔子九千鎰也。」又曰：「求之吾心而非，雖其言之出於孔子，不敢以爲是也。」大發千古所無之異論，欲爲千古所無之異人。彼謂不忍操戈而入朱熹之室，不知其操戈而入孔氏之室也；彼謂朱熹之學爲洪水猛獸，不知其自陷於洪水猛獸也。當時尚書湛若水，與守仁至契，亦嘗答吕懷曰：「邇來横議，湯沸火燎，眼中已無堯、舜、禹、湯、文、武、周、孔矣。」尚書張邦奇答唐順之曰：「今之講學者，至於狎侮天地，秤停諸大聖人分兩輕重之類，開闢以來，未有無忌憚若此者。」太常卿魏校答崔銑曰：「自守仁説行，而楊簡逆天侮聖人之書出禍天下，其邪説甚於無父無君。」提學林希元作四書存疑曰：「天地間自來有此妖怪，如許行邪説，至爲無謂，猶有從之者，無怪良知之説惑人也。」夫此四人者，皆世所謂賢人君子，且素重守仁者也，而力詆之若此，是必有大不得已者奪其情也。

且自國朝以來，真儒如薛瑄，已從祀無議矣。從祀之道自任者，莫如今准從祀檢討陳獻章，守仁之徒所推服，亦莫如獻章，今獻章之書具存也，有無忌憚如此者乎？彼爲之徒者，往往推守仁於獻章，而不知其不類也。何以明其然也？彼駁朱熹窮物理之説曰：「如求孝之理於親之身，求惻隱之理於孺子之身。」不知熹無是教也。又曰：「亭前竹子，窮物不通，七日成疾。」以爲格物誤人。不知熹無是學也。以一心好酒，一心好色，爲主一之功，證居敬之失。不知好酒好色不可以爲敬，亦未聞有敬而好酒好色者也。如此之類，欲以病朱熹而愚天下，至指之爲神姦所伏。考獻章之言，有如此者乎？觀其詩曰：「吾道有宗主，千秋朱紫陽。」又曰：「一語不遺無極老，十年無倦考亭翁。」吁！何其尊之至也。守仁之獎借其徒，人人聞道，處處顏、曾，如哀主事徐愛之亡，曰「汝與顏子同德」，則是顏子在門也；别山人董澐之序，曰「進於化也無難」，則是自處已化也；指王畿心意知物善惡俱無之見，爲明道、顏子不敢當，則是王畿過於明道、顏子矣。臣之郡人楊氏兄弟，僅及門，而一皆稱之爲聞道。此外又有薛氏兄弟子姪之盛，又有毅然任道數十人之多，則是鄒、魯諸賢，不足以當臣一郡也。獎人以所無之善，誘人以僞成之名，枉其心之公，賊夫人之子，惑世誣民，莫此爲甚。考獻章之言，有如此者乎？觀其語李承箕曰：「世卿以歐、蘇人物自期，安能遠到。」其論張詡曰：「廷實是禪矣，但其人氣高，且不可攻。」吁！何其嚴之至也。

夫朱注之行久，學士遵爲矩矱，而求其體驗於身心者實少。自獻章以静入誠養、見大無欲之旨迪人，而學者始知反求諸内，可謂有啓佑之力，然其補偏救弊之言，亦不無時有稍過者。昔程顥有言：「學者須先識仁，仁者渾然與物同體。」當時皆謂發前聖所未發，而朱熹獨謂其太廣而難入。獻章之言曰：「吾能握其機，何必窺陳編。」又曰：「此道苟能明，何必多讀書。」雖出於救末學之弊，而臣亦謂其語意尚須善會。又曰：「誰家繡出鴛鴦譜，不把金鍼度與人。」則極喜程顥與物同體之説。或者病之，又謂金鍼之語，不當喻學。而臣則以程顥、獻章，各就己所至而言，朱熹之意，則爲聖教而發，若乃所引禪語，詩家借用，似無嫌於同辭者，要之聖人無是也。夫道，中而已矣。教，中道而立而已矣，卑之不可，高之不可。賢者立言，往往不能如聖人大中而無弊也，此聖賢之分也。雖然，不意守仁之好異一至於此也！考胡居仁與獻章同時，同受業於吴與弼者，然尚以獻章之學爲禪，使其生於守仁之日，將不知其指守仁爲何如人也。守仁之學，實從湛若水而興。若水，獻章之徒也，所謂良知，豈能出獻章造悟之内，而生平論著滿車，曾不掛口獻章一語。嗚呼！彼固上薄孔子，下掩曾、孟者，固宜其不屑爲獻章也。或者比而同之，過矣。推守仁之意，生不欲與獻章齊名，殁豈欲與獻章並祀。儻如守仁者而欲議祀典，則必巍然獨當南面，而孔子爲之佐享，如顔、曾、思、孟、周、程，猶得列之廊廡之間，彼程頤、朱熹而下，當迸棄之，不與同中國矣，豈能一日同堂而居也。嗚呼！此皆由守仁自任之太過，雖守仁或亦不自知其至於此也。

臣少時讀其書竊喜，蓋嘗盡棄其學而學焉；臣之里人，亦有以臣將爲他日守仁者。賴天之靈，久而悔悟，始知其自奇智解者，乃工於護短之謀也；其藉口一體者，乃巧於盗名之術也；終日招朋聚黨，好爲人師，而忘其身之可賤也；稍知廉恥之士，所不肯爲，於是顔忸恨而心愧畏者累月。是以寧謝交息游，不敢學媒妁之言，以獎進人物；寧其中一無所有，不敢高濶其談，以駭人驚世。何者？自顧其才非其才，其道不敢道也。昔馬援戒其子姪曰：「杜季良憂人之憂，樂人之樂，吾愛之重之，不願爾曹效之。學而不成，所謂畫虎不成反類狗也。」里婦效顰於西施，其姑見之曰：「此吾婦也，胡然化而爲鬼也？」是故守仁之學，有守仁之才則可，無其才而效之，不爲狗成，則從鬼化。夫人之所以異於禽獸，別於鬼魅者，以其平正明實，守經守禮，雖愚夫愚婦可望而知也，今若此，則又何貴焉？然以臣昔日之誤，則天下之爲臣者，宜不少也；以臣之迷而後悔，則天下之迷於其説者，皆可原也。

孔子曰：「天下國家可均也，爵禄可辭也，白刃可蹈也，中庸不可能也。」夫寧學中庸而未至，不欲以一善而成名，君子之所以戒慎恐懼也。負三者之行，索隱行怪，以爲中庸，而欲以凌駕古今，小人之所以無忌憚也。雖然，中庸之難能久矣，如獻章之與居仁，皆學中庸者也，苟求其至，即獻章之誠篤光輝，臣猶未敢輕許，況居仁乎？而又何責於守仁也。若舍中庸而論，則守仁者，亦一世之雄，而人中之豪傑也。乞宥言官一疏，其氣節足尚；江西、廣右之功，其勳名足尚；傳習録雖多謬戾，「拔本塞源」之論亦不免借一體以行其私，獨訓蒙大意一篇，能道先王之舊，而象祠、文山祠二記與客座諭俗數語，有可以警發人心，其文章足尚。三者有其一，已得祀於其鄉，合之以祀於孔廟，似亦不爲甚過，乃臣之所爲過慮者，亦竊比諸臣之憂耳。諸臣之憂，實天下之人之所同憂，不可不爲之防也。書曰：「朕堲讒説殄行，震驚朕師。」又曰：「何畏乎巧言令色孔壬。」孔子曰：「惡利口之覆邦家者。」其論爲邦曰：「遠佞人，佞人殆。」是以共工之流，兩觀之誅，自後世觀之，皆若大遠於人情，而不知聖帝明王，皆急急以正人心爲第一義也。今守仁挾秦、儀之術，薄孔、孟之教，張皇告子、佛氏、楊簡之論，而自謂千古一人，舉世皆知其利口巧言，而擬於讒佞，是大舜、孔子之所畏惡也。

我皇上方隆唐虞之治，崇孔氏之學，而又以祀典寵守仁之功，事雖若可以並行，義不可以不明辨。昔王安石以新學從祀孔廟，未幾楊時爲祭酒，一言而罷，雖於國家大體，無損光明，而安石誤國之罪愈著，是非所以尊安石，實所以醜安石也。然猶幸罷之甚速，而濂洛諸儒之學，得行於時，且使爲國史者，以是表朝廷納言盛美，爲後代英君誼主之勸，否則安知後世無孔子者出，而作春秋，誅姦雄於既死，惜國家之舉動耶？夫安石之心術制行，臣未敢以守仁比也，而守仁之祀，猶安石也。安石之祀，非特其事之過舉，亦由其名之不正，當其時察之者未詳，而見之者未審也。今守仁之可疑與其可尚，臣已備陳於前，是故無難於察與見者也。

伏乞皇上下敕禮部，頒行祀典之日，布告天下學宫，明示朝廷所以祀守仁之意，原自不妨於朱熹指爲異端者，以違制論。凡有學守仁者，須學其功業氣節文章之美，而不得學其言語輕易之失，又要知朝廷崇賢報功之典，非有悖於正學明道之心。學朱熹者，亦當各遵所聞，而不必復慕守仁爲高致。庶幾士之學道，各得其天資學力之所近，猶人之適國，不妨於千蹊萬徑之殊途。則大賢小賢，其旨並章，報功興學，其事兩得，所以成就聖明之舉動，非小小也。若曰國家報守仁之功，有美謚矣，有爵封矣，又有敕建專祠矣，今孔廟之祀，有之不足加榮，存之適足爲累，旋諭禮官，再加詳議，使天下萬世知我聖天子有帝堯舍己之功，成湯不吝之勇，則即此一事，實爲百代帝王之師。但疏遠微臣，未知於國家事體當否，敬述之以備聖裁，蓋臣之心也，而非臣之所當請也。

抑臣又有説焉。方今累聖熙洽，人文宣朗，維皇建極，千載一時，凡兹重典，概宜更定。臣於十哲之内，竊擬進一人焉，有若是已。説者謂宜退冉求於兩廡，姑念其陳、蔡之誼可也。臣於兩廡之内，竊擬出一人焉，陸九淵是已。但守仁既已從祀，無嫌於議論之高可也。若乃周敦頤、張載、程顥、程頤、朱熹五子者，謂當附於十哲之後，一以明學問之源流，一以立吾道之宗主。其國家除已准從祀外，如尚書羅欽順、章懋，侍郎吕柟，太常卿魏校，太僕少卿吕懷，皆篤行信古，守正不回，可爲後進之師；祭酒蔡清，經明行著，無愧漢儒之選；皆當敕祀於其鄉，以有待者也。又如贊善羅洪先、布衣王艮，一則江門、稽山之稱不辨真假，一則滿街聖人之説附會良知，皆不免雜於新學者，顧其平生行己大概，一以獻章爲師法，故辭受進退，實有可觀，所當並祀於其鄉者也。臣之論學，不敢不嚴，至於論人，不敢不恕。伏乞敕下禮部，參酌布告之文，以安人心，并舉曠世之典，以慰人望，則天下萬世斯文幸甚。臣不勝戰慄待罪之至。

醉經樓集奏疏附刻石經疏 節録

南京户部雲南清吏司署郎中事主事臣唐伯元謹奏，爲仰稽祖訓，敬獻遺書，以備聖明採擇事。

臣惟古今學術載於書，衆言淆亂必折諸聖。蓋書也者，天錫之以開萬古之群蒙，而聖人者，又天生之以爲時人之耳目也。六經、語、孟尚矣，而大學一書，説者謂古人爲學次第，獨賴此篇之存。蓋修齊治平之理，六經、語、孟之階梯在是，豈可緩者？顧近代所傳，只據鄭玄之注，其書原係錯簡，自宋儒程頤、程顥、朱熹尊尚以來，各有定本，而編次互異，頤不能同於顥，熹不同於頤，則知熹所定，乃一時之言，其解格物，亦仍頤一端之説，而未嘗遽以爲至當也。豈意正、嘉間，新學頓起，惑世誣民，幸其隙之可乘，極力排詆，至比之爲神姦，爲洪水猛獸，反楊、墨、佛、老之不若。格物一解既成聚訟，大學一書若存若亡。嗚呼！不有天生聖人如我太祖高皇帝，垂大訓於一代之上，其將何所折衷哉？臣請備言其略，皇上試垂覽焉。

程頤格物之訓不一，而朱熹章句則獨宗窮理爲解。乃新建伯王守仁駁之曰：「格，至也。物，猶事也。格物者，窮至事物之理，是其工夫在窮，實落在理也。若上截窮字，下截理字，而但曰至事，則其説難通。」吁！即朱熹復起，必不以人廢言矣。乃守仁又自爲解，則曰：「致良知於事事物物。」而尚書羅欽順又駁之曰：「格其心之物，格其意之物，格其知之物，凡其爲物也三。正其物之心，誠其物之意，致其物之知，其爲物一而已矣。就三物而論，以守仁之解推之，不可通也，以程頤之解推之，猶可通也。就一物而論，雖極安排之巧，終無可通之日。」吁！即守仁倔强，亦不復能有辨矣。雖然，程朱之誤，非必其體認之疏也，以錯簡也。然此駁一出，遂生聞者厭惡之心，而因以禍乎程朱之道。守仁之視程朱，如碔砆之於玉也，何可同也？然片言偶中，遂起其徒虚高之念，而因以售其良知之説。是故受錯簡之誤而程朱坐詘，使天下見小而害大者，此一解也。因一駁之是而守仁得伸，使天下從新而畔舊者，此一解也。悲夫！不意學術得失之判，人心邪正之分，其機乃決於此，則不如并其書缺之無弊也，烏在其獨賴此篇之存也！

臣嘗合而觀之，窮理之解，於文義雖稍礙，於學者爲得力，即未敢概於大學之道，要不失爲明善之方，循兹以往，固有殊途而同歸者。若守仁之説，則縱横莽蕩，泛泛乎莫知所之矣。況朱熹之學，窮理以致其知，則於「致知在格物」之言爲順。守仁謂「致良知於事事物物」，則是格物在於致知。故爲程朱者，有得有失，而爲守仁者，兩失之者也。此二説之辨也。下略。

重刊困知記序

「一陰一陽之謂道」，中而已矣。是道也，在天爲命，在人爲性。以其循環無端，謂之易。以其實有是理，謂之誠。以其渾然無私，謂之仁。以其至極而不可加，謂之太極。以其純粹以精，謂之至善。又以其理出乎天地，謂之天理。人有是心，心有是理，故曰「人心惟危，道心惟微」，「惟皇降衷，若有恒性」。人心之必有道心，恒性之即爲降衷。天生蒸民，不可易已。衷者，中也。道，中而已矣。故曰「允執厥中」。是故其要則在修身，其物則在典禮。故曰「敬修可願」，曰「慎厥身修」；而曰「慎微」，曰「敦庸」，皆其物也。故曰「人受天地之中以生」，所謂命也。是以有動作威儀之則，以定命也。

古先聖人，既皆以此遞相傳授。迨其既往，則載其教在詩、書，使凡生于中國之人，共聞共覩，相與共執此中。而聖人猶且惶惶乎，懼其中之難執也。稽衆舍己，好問用中，若將墜失。而無稽之言，弗詢之謀，則切切以「勿聽」、「勿庸」爲戒。嗚呼，是何聖人執中之難也，何聖人之心凜乎不敢自聖也。雖然，此盡性之學也。盡性之學，聖人必有事焉，而終不敢以語乎人，筆于書，曰「吾以盡性也」。何也？微乎其言之也。其可言者，自有在也。

周衰學廢，孔、孟憂之。性命之旨，非中人以上則不道，而頻頻于詩、書、禮、樂之訓，猶恐未足以防好異者之趨也。于是乎示以養之之法，于是乎廣以推之之方，于是乎迪以爲之之序。其見于魯論所記，及曾、思、孟之書特詳。使知爲圓則必以規，爲方則必以矩。規矩設，而智愚賢不肖，莫之敢違焉。故曰：「能與人規矩，不能使人巧。」又曰：「大匠不爲拙工改廢繩墨。」若是乎其嚴之至也。然又恐不得其要也，則又揭之曰「自天子至庶人，壹是皆以修身爲本」，而曰「此謂知本」；曰「殀壽不貳，修身以竢之」，而曰「所以立命」。嗚呼，學而知本立命焉，約矣。

秦漢以後，世教絶而大學乖。然而董、韓得以翼其緒，周、程得以續其微，則以其規矩之説具在，而其教易明也。程門高第，寖失其真。考亭氏出，始收拾遺書，表章程子，以接于孟氏。其所爲訓，如格物、戒慎諸解，雖未必一一盡合聖人，獨其心性之辯，則詭于經者甚少。至于從入規矩，尤必詳乎其言，使的的乎可循而據，則考亭氏之功于吾道偉矣。

世之儒者乃曰：心即性也，心即聖也，詩、書障也，聞見外也。嗚呼，果孰爲而傳之耶！果何稽之言而可聽耶！夫知本、立命，于學者則誠要矣，不傳者非一日矣。誠其規矩在也，其失未遠也，其要可求而知也。今也，必去而詩、書，屏而聞見，以求其所謂心。自奇自聖，古先聖人之所皇皇切切，若不能當者，今皆一語可了也，一蹴可爲也。其流不至于弄精神，滅性真，毀覆禮教，淪入夷狄禽獸而不已！幸而其説未果行耳。

夫心性不明，若爲稍迂，而其流乃禍道。規矩苟存，雖難語要，而其失終不遠。嗚呼，此整庵先生之困知記所以不可無于今日也。記凡五續，乃先生所手編，刻而傳者，吴、越、楚、廣之間皆有之。而今承郡伯姑蘇張公之命，刻付家藏，輒妄意又增一卷，蓋欲備先生言行之概，以示後人。若曰讀其書不知其人，可乎？嗚呼，論先生之所至，吾以待後之君子也。合而觀之，規矩之遺意存焉，即程朱復起，吾知其不能已于傳矣。

萬曆七年己卯歲夏六月之吉，後學澄海唐伯元撰。困知記附録。

姚舜牧

姚舜牧（一五四三——一六二七），字虞佐，號承庵，烏程（今浙江吴興）人。萬曆元年（一五七三）舉人，歷官新興、廣昌知縣。著有四書疑問、來恩堂草等。傳見崇禎烏程縣志卷六、雍正浙江通志卷一七五等。

來恩堂草卷一二史綱要領小論吴澄論朱陸

吴澄言："朱子於道問學之功居多，而陸子静以尊德性爲主。問學不本於德性，其弊必偏於言語訓釋，故學以尊德性爲本。"誠然哉。蓋問學者問道其德性也，尊德性是本，而其所道者則在問學耳。學者但細玩一"而"字，當自得之矣。

來恩堂草卷一二史綱要領小論論陸子静

子静見處亦高，即其砥行持論，亦大有不可磨滅者在，但其平日不滿朱子，朱子因是特不與之。觀此編所載朱子語録十三段二千餘言，並無一語見許，則可知當日之意矣。牧竊不平，特録虞郡庵一段，見當時亦有此儒。且聞朱子與辯於白鹿洞，意氣兩無所芥，胡此編之一不録也？

劉元卿

劉元卿（一五四四——一六〇九），字調父，號瀘瀟，安福（今屬江西）人。隆慶四年（一五七〇）舉人，萬曆時徵爲禮部主事。劉氏從學於耿定向、劉三吾，講求心學，然反對耽空守寂而入於禪學。著有劉聘君全集等，今人編爲劉元卿集。事迹附見於明史卷二八三鄧元錫傳，明儒學案卷二一有傳。

劉元卿集卷一 增祀四儒疏

奏爲聖世理學大明，再乞天恩，增祀四儒，以興正學事。

臣聞之臣師耿定向曰：「世之所以乂安平寧者，人爲之也；人之所以循理率度者，道爲之也；道之所以制事制心，而不至淫蕩邪僻，則學爲之也。」是故三代而上，學在堯、舜、禹、湯、文、武、周公；三代而下，學在孔子。或以君相爲學，而仁流一世；或以師友爲學，而仁流萬世。夫其不襲名位，而流仁最遠。彼以爲賢於堯舜，有以也。孔子而後，師友道喪，然六經故在也。朱熹承周、程之後，特爲表章，使天下士民咸知尊孔孟，以自束修。是故讫宋至元，逮我國朝，遵用其教，世道有所賴而定，何往非朱熹之功？然熹之注疏，故以爲涉海之航，而後之學者，遂以航爲海。於是乎求之詞章記誦，而視聖人以爲終不可至，則熹之學又復大晦。王守仁出而提掇良知之旨，於是天下學士大夫始知吾人之知無不良，人皆可以至於堯舜，而患不致知耳。希聖之路久塞而復開，則又守仁之功。

夫人心萬物皆備，譬之猶海也。朱熹借六經以爲航，守仁復直指人心，使曉然知海之不遠，故皆孔門之嫡脉，其並得從祀，宜矣。然臣以爲朱熹之功大矣，所以開朱熹者誰也？則李侗、羅從彦之祀，不可不議也。守仁之功大矣，以身發守仁之學者誰也？則鄒守益、王艮之從祀，不可不議也。王者之祭川，先河而後海，或原也，或委也。不求其原，海孰與輸？不求其委，河孰與衍？

熹之學得之李侗，李侗得之從彦，從彦得之楊時，楊時得之周、程。臣觀從彦教人，每令静中看喜怒哀樂未發氣象。侗亦嘗終日危坐，以求所謂中者，則其學有本原，固大都可見。乃尊堯一録，通達國體，而憂時論事，感激動人，本末備具，咸可舉行，視世儒迂疏無當，又何如也？彼其師楊時以爲，惟從彦可與言道。而從彦少然可，亦亟稱許李侗，蓋不虚云。今周、程祀矣，楊時又增祀矣，乃從彦與侗顧不得祀，則不可不謂之缺典也。

守仁之徒滿天下，至求其不失宗旨，而粹然一出於正者，則當以鄒守益、王艮爲首。守益之學，即時行物生，即天載，即三千三百，即發育峻極；悟及於無聲無臭，而學不越於庸德庸言。志期於皜皜肫肫，而行不離於子臣弟友。先經諸臣特疏，言之亦頗詳盡矣。王艮以布衣悟止至善之義，卓然欲立其身，以爲天下國家之本。其志誠大，而夷考其所以語立身者甚詳，所自爲立身者甚嚴。巨節細行，咸可昭日月、通神明。彼其以褐衣而師表王公，又豈聲音笑貌可虛致哉！

臣觀今日學術，謬悠特甚。或以孝弟爲剩談，以懲窒遷改爲沾滯，芻狗仁義，駢拇禮樂，孔孟之訓，幾若贅厖。於此之時，使四臣者得入祀典，無但尊朱熹而及其師，使傳道者知俱立俱達之爲大；亦無但尊守仁而及其徒，使承傳者知親師取友之爲益。即四臣兢兢躬行，或隤然如田夫野老，或冥然而默坐澄心，或忠義形於昌言，或孝誠發於天性，是皆未有絶悟奇行。而今所崇祀，乃在此而不在彼，則所以懸衡量、陳準繩、申飭規矩，使天下回心而向道，其爲補豈小小哉？

夫學一也，趨方便之門易，趨繩墨之途難。人亦誰不願附於賢聖，顧無奈繩墨之易失也。今使人釋繩墨而可以得賢聖，其誰不欣然從也？畫工之畫也，惡圖狗馬，好作鬼魅，則以人之所不覩者易逃爾。今欲使鬼之説得熄，則無若引四儒以示之。臣故以爲增祀四儒，不但可以先先今之缺典，蓋亦正學術大機也。伏惟皇上採納臣言，敕下禮部，覆加查議，增祀宋臣羅從彦、李侗，先臣鄒守益、王艮，則俎豆生輝，斯文幸甚。

臣不勝祈懇之至，爲此具本親賫，謹具奏聞。

劉元卿集卷四諸儒學案序

昔者孔子罕言性，門弟子至以爲不可得聞。偶一言之，第謂「性相近而習相遠」。乃輯魯論者，首曰學，曰時習，意殆以「學而時習」爲盡性耶？嗚呼，何其顯也！下逮戰國，言性者紛紛矣。孟子獨道性善。顧其言性也，言乎惻隱、羞惡、辭讓、是非之心，而且明言盡其心者爲知性。抑又何其顯也！

孔孟而後，溺其旨矣。竊有積惑於斯，累結而未嘗汰者，嘗試妄述之以證諸有道。今夫性非可見，奚以後之言性者敝敝焉？惟恐其弗可見也者。性非可得聞，奚以後之言性者呶呶焉？務令爲可聞也者。有則稱主靜矣。夫人生而靜，安所加一「主」爲？有則稱識仁矣。夫仁者，人也，何處著一「識」爲？其他言定興，言涵養，推此類求之，愈鑿愈深。則又有言自聰自明、本心具足者，乃當時或疑其墮於禪，於是外索之窮理矣。窮理之學尊而信於域中者，蓋三百有餘年。乃後稍虞其失之支也，復反而冥契於内，安知他日不又以爲墮於枯也，將且更索之外乎？然則是穴中之門，終無已時耶？

乃今而知孔孟之學至大也乎。雖然，諸儒固皆求曙於聖路者。世無孔孟，將安取衡？吾姑數先生具案云爾。若夫判斷聖儒，令予之積惑且汰也，今雖老，猶庶幾旦暮遇之焉。

劉元卿集卷四宋儒傳略序

予嘗侍耿先生，先生語予曰："宋儒之學精深，然而有窮盡；孔孟之學粗淺，然而無窮盡。"予問曰："宋儒求爲孔孟者，乃與孔孟異乎？"先生曰："其所採術微異耳。譬諸燈，置之案下則光近，置諸案上則光遠，懸而置諸堂之中則益遠，又傳而爲衆燈者，則相續無窮。非燈有近遠，所操異也。"予聆已，作而嘆曰："宋儒篝燈者也，堯舜懸燈者也，孔子其傳燈者乎！"斯孟氏所以賢孔子於堯舜，而發慎術之説。蓋自是而後，知有儒聖之辨。間讀宋儒書，雖定性、識仁等章，世所推爲眇論者，心然之而不盡然，以其未離於見，而未若孔孟之不遠於人也。未離於見，則深而易窮，不遠於人，則顯而無盡。然則乃知耿先生之於道，深乎，深乎，深乎！

雖然，宋儒固亦求明孔子之道而未至者，然其人往往泰山喬嶽，有所見於世，即推之一郡一邑，無不爲名吏，視近世號爲儒紳，而疏脱迂腐，何啻霄壤！故予既輯學案，復約取其事行爲宋儒傳略。獨於其中稍涉迂遠，若心存誠敬、墮橋安坐等事，率節去之。要以明聖人之學，不必如是，非苟爲異也。傳略止於象山門人。象山先生嘗言："孟子之學，至某而益光。"而其徒鄒雋父亦言："人能識得孟子第一義，然後可以死。"見象山而不辱其門，然則象山師徒，明以得孔氏之傳自任矣，乃當時顯學詆以爲禪。禪耶，孟耶？吾誠眩瞀而不得其解也。

陳于陛

陳于陛（一五四五—一五九六），字元忠，號玉壘，南充（今屬四川）人。隆慶二年（一五六八）進士，選庶吉士，授編修，以東閣大學士入閣，官至禮部尚書兼文淵閣大學士，卒謚文憲。著有意見等，明史卷二一七有傳。

議從祀以崇聖道疏 司經局洗馬，萬曆十二年九月。

據禮部手本，開稱河南道御史詹事講奏前事，請以先臣尚書王守仁、檢討陳獻章從祀孔子廟庭，奉聖旨：「禮部看了來説，欽此。」該本部題覆：「照先年例，勑翰林院、詹事府、左右春坊、司經局、國子監諸臣各直抒所見，核議以聞。」奉聖旨：「從祀重典，着各該儒臣及九卿科道，從公品隲議奏，務協輿論。欽此。」續據手本，該科道諸臣疏言，尚書章懋、祭酒蔡清、鄒守益、諭德吴與弼、修撰羅倫、僉事吴仲韶、布衣吴居仁、陳真晟、王艮等，竝令從祀。部覆：「照前例行，各該衙門一併擬議具奏。」奉聖旨：「是，欽此。」欽遵備行到臣。臣惟自古哲王，靡不遵聖教，表真儒，以光顯人文，彌綸贊化，所從來久矣。我皇上勵精求理，虚懷重道，慨然俞言官之請，以諸臣從祀，博延廷議，將親賜臨決，以定懿典，嘉惠來學，甚盛舉也。臣幸承空乏，從儒臣後，佐議論之末，其敢不敬獻其愚！臣聞之，祀，報功也。孔廟之從祀，報先儒覃精著述、羽翼六經者之功也。功誠在所可重，雖二十六經師之流，皆嘗儼然侑食而不爲泰。非此族也，即行履節概超越人群，其流光竹帛者，要不係從祀與否，而祀典則不容溷及矣。此前代議從祀之定衡也。本朝道化翔洽，仁賢輩出，軼漢、宋遠甚，乃律以翼經之格，顧歉然若不足焉。即先臣薛瑄之從祀，議者尚求多於著述，持論未決者數十年而後定，誠慎之矣。必欲舍是而漫施月旦于德業品流之間，諸鴻碩彬彬相望，又有不盡言官所稱舉者，安能一一躋之俎豆之列乎？臣之謬妄，以爲兹典也，主于推而進之，使揉雜而莫辨，其失也濫；主于約而裁之，使寂寥而莫續，其失也隘，二者皆不可也。明興二百二十餘年，于兹僅祀一臣瑄耳，瑄之外寧無可繼其軌躅者？至于著述一事，方今聖道若日星明而江湖流，亦宜無深泥于訓詁牋解間，第取生平立言出于自得之真，而足以發舒聖德，興起來學者，是則可稱于羽翼之林也已。若陳獻章、王守仁、胡居仁、蔡清四臣，竊以皆無愧于從祀者也。獻章之學，以致虚立本，以主静養爲善之端倪，以勿忘勿助之間爲體認之則，以無所安排、自然應用不遺爲實得。蓋始嘗求之聖賢典訓，而無所湊泊也，然後舍煩之約，去耳目支離之用，存虚員不測之神，真見心體隱然，參前倚右，日用應酬，闔闢卷舒，無不自得，庶幾乎聖人之道知而好、好而樂者也。守仁之學，以聖人爲必可至，以心之良知是謂聖，以萬事萬物之理皆不外乎心。其致良知之説，大意謂心之本體即天理之昭明，靈覺即良知。人能實致其知，天理常存，和融瑩徹，充塞流行，天下事雖千變萬化，以此應之，更無遺缺滲漏。其道明達而易簡，其功夫直截而灑脱，其文又取之大學、孟子，而稟裁于静虚動直大公順應之指，于聖人之道，可謂識其大矣。合二臣而評之，守仁之世近矣，然能樹標幟于獻章之後，而擔荷甚重；獻章之遇詘矣，然實啓關鑰于守仁之先，而造詣最淳。今遺書具存，諄諄乎仁義忠信之談，娓娓于子臣弟友之際，其于弘闡聖教，醒寤後學，爲效卓爾。世之譏獻章者曰「偏于静」，譏守仁者曰「偏于知」，以爲竊陸九淵、楊簡之緒而近禪，臣以爲非篤論也。獻章曰「不離人倫日用，見鳶飛魚躍之機」，守仁曰「知之真切篤實即行，行之明覺精察即知」，彼蓋合動静知行，交養竝進，此非陸、楊之學，而周敦頤、程灝之學也。使二臣得事聖門，方且躐游、夏而希回、賜，何疑于一從祀哉？居仁之學，以持敬爲的，以主忠信爲本，以求放心爲要。其道始於卑近，而漸造乎高遠，蓋闇修力踐之儒也。清之學，養正性，持正行，淬志經傳，于聖賢之指多所發明，而尤邃于易，蓋篤信精詣之儒也。二臣聲聞風概，視獻章、守仁疑若少遜，然皆能履繩而趨，審步而進，近守先聖，以待後之學者。臣以爲祀一居仁，可以明爲己誠身之重，而使學者無馳騖空談標榜之習；祀一清，可以存著述翼程之意，而使學者無尚懸解簡徑之科，所裨補于正學者非淺小也。臣請以學術同異之辨，略而言之。蓋聖賢之學，有妙悟而超詣者，此上智之獨專也；亦有下學而上達，博取而約受者，此無知愚賢不肖，公共之學也。夫孔子，天縱生知之聖也，而克復語之回，一貫語之參、賜，其以本體精微之指，心心付受，最明白簡要矣。然不知以是爲立教之恒也。其誨人曰「入孝出弟」，曰「言忠信，行篤敬」，曰「多聞擇其善者而從之，多見而識之」，曰「博學之，審問之，慎思之，明辨之，篤行之」，言有倫，事有經，循循乎不凌節而施也。而至于命與仁，則罕言矣，惟與天道，則弟子不得而聞矣。聖人之意，豈不以微言神解非可厚責之學者，而垂示教法，使人人有所持循，則本末始終先後一定之序，斷斷乎不可易耳。此孔子之道所以爲大中至正，而萬世無弊也。孔子而後，道學莫盛于宋。若周惇頤、程顥，皆以契悟自得爲宗者也，則有意乎尊師道、重檢式矣。而集大成者惟朱熹，其教人爲學曰「居敬以立其本，窮理以致其知，反躬以踐其實」，依然孔門軌則也。夫以熹之貫穿經籍，旁涉百氏，豈不知得心忘象之説簡易條鬯而可喜，然寧固守其説，不一蹈于徑悟躐造之歸。如注浴沂章，稍涉高虚，後蓋亟誨之。注「默而識之」，不以爲識之識，而讀如記志之志，雖其拘牽文義，未必盡合于聖人，而一念扶持正學，惟恐涉他足而誤衢徑，可謂良工獨若矣。故臣愚以爲立萬世中正之極者孔子，繼孔子而發明正學者朱子。嗣是，若元之許衡、本朝之薛瑄以及胡居仁、蔡清之徒，皆謹守其學，不敢銖髮踰越，所謂「朱子之忠臣也」。獻章則不以箋經注書爲事，守仁則不肯爲六經注脚，熹之學自兹岐矣。然獻章之言曰：「吾道有宗主，千秋朱紫陽。」其尊信之如此。又曰：「聖人立大中以教萬世，吾儕主張世道不可偏高。」致懷後人，立志持論可謂至公者也。守仁則不欲以自異爲諱，曰：「吾説與朱子時又不同，爲入門下手處，有毫釐千里之分。」又曰：「不忍牴牾朱子者，其本心也不得已；而與之牴牾者，道固如是，不直則道不見也。」夫學，天下之公學也，苟以大本大宗爲標的，則何嫌于後人之殊；以相規相益爲琢磨，則不必其立論之合。所患者人懷自是，莫肯相下，必欲盡掃人之説而歸之己，則重爲學術姤耳。臣嘗虚心平氣而論之，獻章、守仁之學，猶之飲醇醪而棄糟粕，得魚兔而捨筌蹄，宜其薄訓詁于不事矣。不曰「雖有般、倕，不廢繩墨；雖有羿、基，不廢彀率」乎？熹之學實能爲獻章、守仁，而能不爲者也。要之，皆不失爲聖人之徒也。假令世有高明之士，必欲洮汰言辯，擺落形迹，以見本心自悟，自爲收斂，修之奧窔之中，而聖域立躋，即以獻章、守仁爲師可矣，誰得而禁禦之？若夫垂世立教，以中正範天下後世，臣謂非熹之學不可也。何也？世之上智者少，而中才以下者多也。試呼途之人而告之曰「致爾良知，守爾未發之中，存爾天地萬物一體之仁」，猶之奉爰居以大牢，饗鷃雀以鍾鼓也，其不覷覷然驚而逃者鮮矣。若夫導之六行，演之六藝，檢押以制之，優游以俟之，則五尺之童、三家之豎，未有不可引而之道者也。且夫今之談性命者，疏意而事掇拾，瞑目而希徹昭，靈覺暫萌，豈不或悟？然而物欲旋蔽，轉躬之間，所得如係風捕影，莽蕩空虛，迄無可循之學，不若從事進修之實，得銖則其銖也，得寸則其寸也。臣嘗謂學獻章、守仁之學，其入道也雖易，而浮巖竄墮之夫，亦或託焉而有其僞；學熹之學，其入道也雖難，而篤志謹慤者尚可服習積貫，而無詭于聖人之途，故曰熹之學，正學也。夫于二臣從祀，業已力贊之矣，奚又爲此喋喋也？臣誠過計，以守仁之學與朱子稍有異同，據其一時憤激之論，雖自論爲毫釐千里之分，察其各自明通之心，非忽爲入室操戈之舉，第恐後戔戔不復研審其精微，顓務逐尋于聲響，見守仁之從祀已久，輒疑朱子之學術爲非，或謂妙悟之英功高于著述之富，或謂統緒之賢不屑乎羽翼之名，意所欲遵，則稱之曰「聖學之玄珠」，力所可排，則鄙之曰「支體之疣贅」，此正守仁所謂「獲罪于聖門，獲罪于朱子」，邪説誣民叛道，正人人得而誅之者也。昔陸九淵之學稍與朱子矛盾，人詆之爲禪，守仁以爲極冤，而欲洗之，謂「熹有知，將不能一日安享于廟廡之間」。假令今之學者過于信守仁，而輕于詆朱子，則守仁豈能一日安于廟廡間哉！臣智陋，固不敢立異説以蓋先賢之美，亦不敢狥衆見以背父師之訓，竊懷區區，輒直抒以聞。惟皇上下禮臣，博詳群言，斷自聖心，進獻章、守仁以褒寵高明之賢，無遺居仁以崇植中正之學。或以蒭言萬分一可採，布之功令，自今有倡爲新異之説，輕詆朱學者必罪之，此非獨以右熹，亦所以安守仁也。萬曆疏鈔卷三五

周汝登

周汝登（一五四七—一六二九），字繼元，號海門，嵊縣（今屬浙江）人。萬曆五年（一五七七）進士，授南京工部主事，官至南京尚寶司卿。其學受王畿影響，和會儒釋，故立説多根於陽明「無善無惡」之説，明儒學案謂其失卻陽明宗旨。著有海門周先生文録、東越證學録、王門宗旨等。明史卷二八三、明儒學案卷三六有傳。

海門周先生文録卷一程門微旨引

學者自孔門而後，尊程門矣，然尊之而未必信也。夫信與疑對，信則不疑。今觀遺書中，若論性則有「『人生而静』以上不容説」數語，論學則有「學者先須識仁」一篇，此皆直截吐露，最爲喫緊者也。而後之儒者曰：「若因不容説，而遂不可説，終至渺茫而無止。」又

曰：「識仁一段説話，乃地位高者之事，學者取此甚遠。」由斯以觀，則於前語俱不能無疑矣，即所稱信，又不過泥諸方便接引之辭，以爲極則，而直截根源反爲所掩，猶之取櫝而遺珠，終不可謂之信能及也。信不及於程門，則繼此爲象山、爲陽明，真得其傳，而皆不免於疑且詆，益無足怪。真宗莫辨，學術分歧，是非亂而人不知歸，所從來矣。夫學不尊程，難以語學；尊不真信，難以語尊。然真信在契其直截之旨，而語與方便雜出，如水中乳，貴乎鑒擇。不肖因與友朋參訂，摘而抄之，類爲一帙，分爲八篇，曰在己、曰此箇、曰不二、曰本知、曰冥行、曰聖妙、曰活潑潑，總命曰程門微旨。旨在語中，如味在飲食，人鮮能知，故云微耳。雖然，既飲食之矣，何微之有？微之言如也，旨之言此也，以明其如此而已矣。程門如此，象山、陽明如此，孔門如此，千聖如此，吾亦如此，後有作者，無不如此，又奚疑哉，又奚疑哉？

海門先生周先生文録卷一 共學心期録 明學術

近來學術多歧，只要辨本末二端。從聞見上輳泊者是末，謂之摘葉尋枝；從心體上參證者是本，謂之直截根源。庸言明善，學者知止，此宗旨也，須從此入。不能信此者，是名俗學，與道無干。

海門周先生文録卷二越中會語

問：「八條目何以只一知止，況格物之説不同，何説近之？」先生曰：「上言知止，而下文八條目處，另有一工夫，則大學有二旨矣。格物之説雖不同，歸根知止，説説可通。陽明格其不正以歸於正，總歸時行時止而已。心齋格物有本末之物，物即止也。晦翁窮至事物之理，豈有至善外之理乎？故格致一止也，止仁止敬，止慈止孝止信，意身心一時俱了，故誠正脩一止也。人人親其親，長其長，各止其所，家國天下一道，故齊治平一止也。嗚呼，知止焉盡矣。」

海門周先生文録卷二南都會語

或問：「象山、陽明之學雜禪，是否？」先生曰：「子逐體認見之，抑隨聲和之者？夫禪與儒，名言耳。一碗飯在前，可以充飢，可以養生，只管吃便了，又要問是和尚家煮的，百姓家煮的。」或曰：「是飯便吃，將無傷人而不覺乎？」先生曰：「傷人者祇恐不是飯耳，若是飯，豈得傷人？爾欲別其是飯非飯，須眼看口嘗始得，不可懸度。二公之學，若是棄君臣、離父子，一切與人不同，這便害人，不是飯矣。今二公所舉者孝弟忠信，所扶者倫理綱常，朝饔夕飧，家常無改，試受用之，便自知味，何得隨聲妄度，只在門面上較量，不思自己性命，求箇實落安頓處，真爲可憫可悲之甚也已！」

當初象山先生在鵝湖爲諸生説，故從科舉處説起，然吾輩追思，實是一向汩没，所謂自從「上大人，丘乙己」時便錯了也，回頭轉腦，正在今時。若更向書册中討聞見，博名高，不推窮到自己著實處，則是汩没中又汩没，斷爲可惜。

海門周先生文録卷三新安會語

壬寅九月十一日，會于婺之霞源書院。諸生請教，先生曰：「學問之道不必他求，各各在當人之心，千聖相傳只傳此心而已。夫人生而有此心，這箇心，晦翁先生謂之『具衆理而應萬事』。衆理本自完具，萬事自然能應，遇親自知孝，遇長自知弟，遇見孺子入井，自知怵惕惻隱，一毫無欠，不必加添，見在運用，皆是此心。孔子云欲仁仁至，象山云『纔警策，便與天地相似』，須臾不離，不須等待，造化具我心握，故致中和，便天地位，萬物育，境緣皆從心轉，故素位之君子，無入而不自得，此心完完全全，平平坦坦，率此本心，便是大道。只爲習氣濃重，下者以聲色貨利，汩没此心，上之者又好高務奇，起爐作竈，情識揣摩，執成窠臼，凡此皆是戕賊其心，所以本心迷昧，愈求愈遠。有志於學者，但當信此一心，力自反求，隨事隨時察識磨煉，遇聲色貨利，莫隨之而去，倫理上率踐，性情上調理，不要好高務奇，虚其心，不先主一物，莫落情識窠臼，廓之聞見，以觸發此心，資之師友以夾持此心，有過即覺，一覺便改，綿綿密密，如此做去，總不離心。若此心一刻自得，便是一刻聖賢；一日自得，便是一日聖賢；常常如是，便是終身聖賢。聖賢原非絶德，太阿之柄，具在我手，信此心法，更何堯舜不可爲，孔子不可學哉？是故聖賢立言處，凡曰性曰命曰才曰情等，以至種種百千名目，皆是一心之别號。聖賢設做工夫處，如六經、論、孟中，種種百千方便，皆只爲此一心而設。堯舜執中，孔子一貫，孟子『先立其大』，周子立極，程子識仁，邵子美九，朱子之『源頭活水』，語若玄微，豈離此心而别有哉？此易簡直截之旨，聖聖相傳之宗，離心無别有學，故今日大會，首舉商之，再不須他求也。」

顧憲成

顧憲成（一五五〇——一六一二），字叔時，號涇陽，無錫（今屬江蘇）人。世稱東林先生，萬曆八年（一五八〇）進士，歷官户部東宫主事、吏部考功司主事等。後罷官而歸，與高攀龍等重建東林書院，從事講學，影響甚巨。崇禎四年（一六三一），追謚端文。其論學或有調和朱王之處，然大體宗奉程朱，反對陽明後學之玄虛空談。著有小心齋札記、涇皋藏稿等，後人編爲顧端文公遺書。事迹詳顧樞顧端文公年譜，明史卷二三一、明儒學案卷五八有傳。

涇皋藏稿卷二與李見羅先生書

憲不敏，竊聞海內有見羅先生久矣，昨日從李令君、羅茂才游，受明公之書而讀之，益深向往，思爲執鞭而不可得。何意門下不遺淺薄，儼然賜問，若以憲爲可與語，欲援而納諸道者，即而今而往，得以依歸下風與於暴濯之末，少窺萬一，皆明公之貺矣，何其幸也！竊惟明公表章聖學，揭正時趨，距詖放淫，功齊兼抑，天下不可無此人，萬世不可無此論，斯已偉矣。獨自嫌其異於陽明先生也，而曰：「求諸心而得，雖其言之非出於孔子者，亦不敢以爲非也。求諸心而不得，雖其言之出於孔子者，亦不敢以爲是也。」此陽明先生語也。若曰如是，則何嫌之有？其亦可也。雖然，修身爲本，非明公之言也，孔、曾之言也。異不異，尚何計焉。乃陽明此兩言者，憲猶然疑之，未能了也。私以爲陽明得力處在此，而其未盡處亦在此矣。請略陳之，而門下裁焉。今夫人之一心，渾然天理，其是天下之真是也，其非天下之真非也，然而能全之者幾何？惟聖人而已矣。自此以下，或偏焉，或駁焉，遂乃各是其是，各非其非，欲一一而得其真，吾見其難也。老之無，佛之虛，楊墨之仁義，彼非不求諸心也，其渾然者未能盡與聖人合，是以謬也。故陽明此兩言者，其爲聖人設乎？則聖人之心，雖千百載，而上下冥合符契，可以考不謬，俟不惑，恐無有求之而不得者。其爲學者設乎？則學者之去聖人遠矣，其求之或得或不得，宜也。於此正應沈潛玩味，虛衷以俟，更爲質諸先覺，考諸古訓，退而益加培養，洗心宥密，俾其渾然者，果無愧於聖人。如是而猶不得，然後徐斷其是非，未晚也。苟不能然，而徒以陽明此兩言橫於胸中，得則是，不得則非，雖其言之出於孔子與否，亦無問焉，其勢必至自專自用，憑恃聰明，輕侮先聖，注脚六經，高談闊論，無復忌憚，不亦悮乎？自宋程、朱既没，儒者大都牽制訓詁，以耳目幇襯，以口舌支吾，矻矻窮年，無益於得，弊也久矣。陽明爲提出一心字，可謂對病之藥。然心是活物，最難把捉，若不察其偏全純駁何如，而一切聽之，其失滋甚。即如陽明，穎悟絶人，本領最高，及其論學，率多杜撰。若明親、格致、博約諸義，雖非本色，尚自半合半離，可以推之而通。甚而謂性無善無惡，謂三教無異，謂朱子等於楊墨，以學術殺天下後世，是何識見，只緣自信太過，主張太勇，忘其渾然者之尚異於聖人，而惟據在我之得不得爲是非的然之公案。是故理不必天地之所有，而言不必聖人之所敢，縱橫上下，無之而不可也。陽明嘗曰：「心即理也。」憲何敢非之，然而言何容易！孔子七十從心不踰矩，始可以言「心即理」，七十以前，尚不知何如也。顔子其心三月不違仁，始可以言「心即理」，三月以後，尚不知何如也。言何容易！漫曰「心即理也」，吾問其心之得不得而已，此乃無星之秤、無寸之尺，其於輕重長短，幾何不顛倒而失措哉。然則陽明此兩言者，却又是發病之藥，故曰：「陽明得力處在此，而其未盡處亦在此也。」書曰：「人心惟危，道心惟微，惟精惟一，允執厥中。」語曰：「吾嘗終日不食，終夜不寢，以思無益，不如學也。」又曰：「學而不思則罔，思而不學則殆。」詳味數言，而陽明之得失，亦略可覩矣。不識門下以爲然否？憲少不知學，始嘗汩没章句，一旦得讀陽明之書，踴躍稱快，幾忘寢食，既而漸有惑志，反覆參驗，終以不釋。頃聞教於明公，益覺其中有耿耿者，是以忘其愚陋，輒用披露，冀得就正有道。倘蒙不鄙，明賜督誨，使憲奉以周旋，不迷於往，有負惓惓，又何幸也！惟明公圖之。憲也敬竦息以俟。

涇臯藏稿卷六朱子二大辨序

昔朱子有曰：「海内學術之弊，不過兩説。江西頓悟，永康事功。若不竭力明辨此道，無由得明。」予弟季時讀其言，憮然有感，遂取其所與象山、龍川兩先生往復數書，輯而行之，名曰朱子二大辨。諸有與兩説互發者，亦附録焉。而謂予曰：「惟今日學術之弊亦然。第昔也頓悟、事功分而爲二，今也并而爲一，其害更不可言耳。不知朱子而在，又何以爲計。」予曰：「難哉，必也其反經乎！」已而曰：「亦須搗其窠巢始得。」季時曰：「何言乎窠巢？」予曰：「即邇時論性家所愛舉揚『無善無惡』四字是也。此四字是最玄語，是最巧語，又是最險語。」季時曰：「願聞其説。」予曰：「謂人之心原自無善無惡也，本體只是一空。謂無善無惡惟在心之不着於有也，善惡必至兩混。空則一切掃蕩，其所據之境界爲甚超，故玄也。混則一切包裹，其所開之門户爲甚寬，故巧也。世之談頓悟者，大率由此入耳。世之談事功者，大率由此出耳。玄則握機自巧，巧則轉機益玄。其法上之可以張皇幽渺，而影附於至道；下之可以傚名傚利，而曲濟其無忌憚之私，故險也。世之浮游於兩端之中，而内以欺己，外以欺人者，大率就此播弄耳。試與勘破無論其分而爲二者，一高一下，人得共指而共視之，無從逃匿，即其并而爲一者，亦見首尾衡決，涣然披離，無從湊泊矣，何者？奪其所恃也。然則朱子而在，其所爲今日計，亦可知已。」季時曰：「人言象山禪學也，龍川霸學也，信乎？」曰：「聞諸朱子『南渡以來，八字着脚理會着實功夫者，惟予與子静二人』，何敢目之曰禪？惟其見太捷，持論太高，推極末流之弊，恐究竟不免使人墮入漭蕩中。龍川自負一世英雄，其與朱子書稱天地人爲三才，人生只要做個人，立意皎然，何敢目之曰霸？惟其才太露，行徑太奇，推原發論之地，恐合下便已渾身倒入功利中。况象山言『惡能害心，善亦能害心』，豈非即吾之所謂空？而龍川義利雙行，王霸並用，上下三代、唐、漢之間，欲攬金、銀、銅、鐵鎔爲一器，豈非即吾之所謂混？由此觀之，其大指亦自分明，特未及直截道破耳。予又閲朱子所著胡五峰知言疑義，其於無善無惡之辨，最爲分明。特未及剖到兩家安身立命處在此，其受病處亦在此，并與一口道破耳。要而言之，此一重公案，實二大辨之所歸宿，拔本塞源之論也。然則朱子而在，其所爲今日計，益可知已。抑予竊有懼焉，凡人之情於其受病處，未有不畏而却者也，於其安身立命處，未有不戀而留者也。惟是安身立命處，即其受病處，幾微之間，固已易眩而難決。況吾方見以爲受病處，而彼且見以爲安身立命處，則其説益秪牾而不入矣，夫誰得而奪之？論至於此，誠不知朱子而在，何以爲今日計也？」於是刻二大辨成，季時請序，予因次第其語授之。蓋以爲是天地間公共事，而思求助於有道，相與釋去其懼云爾。

涇皋藏稿卷六刻學蔀通辨序

東粤清瀾陳先生嘗爲書著朱陸之辨，而曰「此非所以拔本塞源也」；於是乎搜及佛學，而又曰「此非所以端本澄源也」；於是乎特揭吾儒之正學，終焉總而名之曰學蔀通辨。大指取裁於程子本天本心之説，而多所獨見。後先千萬餘言，其憂深，其慮遠，肫懇迫切，如拯溺救焚，聲色俱變，至爲之狂奔疾呼，有不自知其然者。内黄蛟嶺黄公受之先生，奉爲世寶，什襲而授厥嗣直指雲蛟公。雲蛟公顧諟庭訓，憮惋時趨，謂盱眙令禮庭吴侯嘗讀書白鹿洞，出以示之，侯慨然請任剞劂之役。而其邑人慕岡馮子爲問序於不佞。先是高安密所朱公從吾邑高存之得朱子語類，屬其裔孫諸生崇沐校梓，且次第行其全集與小學、近思録諸編。及聞是役也，崇沐復欣然樂佐厥成，相望數百里間，一時聲氣應合，俯仰山川，陡覺神旺。不佞憲作而嘆曰：「美哉，諸君子之注意於正學也。有如是哉，其不謀而契也。吾道其將興乎，何幸身親見之也已。」伏而思曰：朱陸之辨凡幾變矣，而莫之定也，由其各有所諱也。左朱右陸，既以禪爲諱；右朱左陸，又以支離爲諱。宜乎競相持而不下也。竊謂此正不必諱耳，就兩先生言，尤不當諱。何也？兩先生並學爲聖賢者也，學爲聖賢，必自無我，入無我而後能虚，虚而後能知過，知過而後能日新，日新而後能大有我。反是，夫諱我心也，其發脉最微，而其中於人也，最粘膩而莫解，是無形之蔀也，其爲病，病在裏。若意見之有異同，議論之有出入，或近於禪，或近於支離，是有形之蔀也，其爲病，病在表。病在表，易治也；病在裏，難治也。是故君子以去我心爲首務。予於兩先生，非敢漫有左右也。然而嘗讀朱子之書矣，其於所謂支離，輒認爲己過，悔艾刻責，時見乎辭，曾不一少恕焉。在朱嘗讀陸子之書矣，其於所謂禪，藐然如不聞也，夷然而安之，終其身曾不一置疑焉。在朱子，豈必盡非而常自見其非；在陸子，豈必盡是而常自見其是。此無我有我之證也。朱子又曰：「子静所説，專是尊德性事；而某平日所論，却是道問學上多。今當反身用力，去短集長，庶幾不墮一邊耳。」蓋情語也，亦遜語也。其接引之機微矣。而象山遽折之曰：「既不知尊德性，焉有所謂道問學。」何歟？將朱子於此果有所不知歟？抑亦陸子之長處短處，朱子悉知之；而朱子之喫緊處，陸子未之知歟？昔子路使子羔爲費宰，孔子賊之，乃曰：「有民人焉，有社稷焉，何必讀書然後爲學？」彼其意寧不謂是向上第一義，而竟以佞見訶也，其故可知已，是故如以其言而已矣。朱子岐德性、問學爲二，象山合德性、問學爲一，得失判然。如徐而求其所以言，則失者未始不爲得，而得者未始不爲失，此無我、有我之别也。然則學者不患其支離，不患其禪，患其有我而已矣。辨朱陸者，不須辨其孰爲支離，孰爲禪，辨其孰爲有我而已矣。此實道術中一大關鍵，非他小小牴牾而已也者。敢特爲吴侯誦之，惟慕岡子進而裁焉，且以就正於雲蛟公，不審與蛟嶺公授受之指有當萬分一否也？

涇皋藏稿卷一一日新書院記

雲間錢漸庵先生，致其蓬萊之政而歸，日率其門弟子切磨性命之旨，因搆講堂一所，奉先師孔子之像於中，而晦庵朱子、陽明王子列左右侍焉，相與朝於斯、夕於斯，共圖究竟，一時從游之士，益蒸蒸起。中丞懷魯周公聞而嘉之，爲顔之曰「日新書院」。其門弟子高君揭等，群而就予問日新之義。予曰：「子不見之乎先生之於學也，汲汲如也，自少而壯，自壯而老，不言厭也；其於教人也，諄諄如也，大扣大應，小扣小應，不言倦也。此先生昭然以身作日新榜樣，爲諸君指南也，何必更添注脚？」揭等唯唯，已而復請曰：「孔子之道至矣，若顔、曾、思、孟則見而知之，若周、程則聞而知之，皆嫡冢也。舍而獨表朱、王二子，其説何居？」曰：「諸賢具體孔子，即所詣不無精粗淺深，而絶無異同之跡，至朱、王二子始見異同，遂於儒門開兩大局，成一重大公案，故不得不拈出也。嘗試觀之，弘、正以前，天下之尊朱子也，甚於尊孔子，究也率流而拘，而人厭之，於是乎激而爲王子。正、嘉以後，天下之尊王子也，甚於尊孔子，究也率流而狂，而人亦厭之，於是乎轉而思朱子。其激而爲王子也，朱子詘矣；其轉而思朱子也，王子詘矣。則由不審於同中之異，異中之同，而各執其見，過爲抑揚也。其如之何而可夫，亦曰祖述孔子，憲章朱、王乎？蓋中庸之贊孔子也，蔽以『小德川流』、『大德敦化』兩言，而標至聖、至誠爲證。予竊謂朱子由脩入悟，王子由悟入脩，川流也，孔子之分身也，一而二者也。由脩入悟善用實，其脉通於天下之至誠，由悟入脩善用虚，其脉通於天下之至聖，敦化也，又即孔子之全身也，二而一者也。然則千百世學術之變盡於此，千百世道術之衡亦定於此，舉顔、曾、思、孟之所見而知，周、程之所聞而知，都包括其中矣。是故以此而學，時而收斂檢束，不爲瑣也，時而擺脱掃蕩，不爲略也，無非所以成已也。以此而教，時而詳曉曲諭，不爲多也；時而單提直指，不爲少也：無非所以成物也。以此而逗機緣，當士習之浮誕，方之以朱子可也；當士習之膠固，圓之以王子可也。何也？能法二子便是能襄孔子，所以救弊也。救弊存乎用，用無常，不得不岐於異。以此而討歸宿，將爲朱子焉，圓之以孔子可也；將爲王子焉，方之以孔子可也。何也？能法孔子纔是能用二子，所以立極也。立極存乎體，體有常，不得不統於同。同而異一者有兩者，遞爲操縱其法，可以使人入而鼓焉舞焉，欣然欲罷而不能；異而同兩者有一者，密爲融攝其法，可以使人入而安焉適焉，渾然默順而不知。此又先生昭然以一大聖、兩大儒作日新榜樣，爲世世學人指南也。在諸君自識之而已。」高君揭等起而謝曰：「而今而知日新之義若是其浩也。請得歸而質諸先生以報。」

小心齋劄記卷一

明道見處極高，便有玄語；伊川見處極正，便有拙語；橫渠見處極深，便有艱語；康節見處極超，便有玩語；晦翁見處極實，便有滯語；象山見處極徑，便有狂語；惟元公其不可及也夫！

小心齋劄記卷二

「性即理也」，言不得認氣質之性爲性也；「心即理也」，言不得認血肉之心爲心也：皆喫緊爲人語。

小心齋劄記卷三

周元公，三代以下之庖犧也。當時二程先生親受學於門，猶未能盡元公，則知元公者鮮矣。紹興間，侍講胡康侯請進二程從祀於先師之廟；乾道間，大學魏掞之請祀二程於學。並不及元公，則知元公者益鮮矣。至於象山陸子直疑無極之説出自老子，訟言排之。其門人楊慈湖并詆通書穿鑿害道，可謂斯文之一厄也。獨朱子與象山反覆辨正，又特爲表章，以行於世。而周子之道焕然復明，且令來者有所持循，因得尋見從上聖賢血脉，其功大矣！

讀慈湖氏之書，則濂溪、明道亦支離矣，不特朱子也。讀釋迦氏之書，則六經、語、孟亦支離矣，不特濂溪、明道也。噫！

卓哉其元公乎！吾始以爲元公也，而今乃知其宛然一孔子也。太極圖説推明天地萬物之原，直與河圖洛書相表裏，通書四十章，又與太極圖説相表裏。其言約，其指遠，其辭文，其爲道易簡而精微、博大而親切，是故可以點化上士，可以鍛煉中士，可以防閑下士。未嘗爲吾儒標門户，而爲吾儒者，咸相與進，而奉之爲斯文之主盟，莫得而越焉；未嘗與二氏辨異同，而爲二氏者，咸相與退，而各守其宗，莫得而混焉。至矣，盡矣，誠足以考前聖而不謬，俟後聖而不惑矣。陽明先生開發有餘，收束不足。當士人桎梏於訓詁詞章間，驟而聞良知之説，一時心目俱醒，恍若撥雲霧而見白日，豈不大快。然而此竅一鑿，混沌幾亡，往往憑虚見而弄精魂，任自然而藐兢業，陵夷至今，議論益玄，習尚益下，高之放誕而不經，卑之頑鈍而無耻，仁人君子又相顧徘徊，喟然太息，以爲倡始者殆亦不能無遺慮焉而追惜之。此其所以遜元公也。然則朱子何如？曰：以考亭爲宗，其弊也拘；以姚江爲宗，其弊也蕩。拘者有所不爲，蕩者無所不爲；拘者人情所厭，順而決之爲易；蕩者人情所便，逆而挽之爲難。昔孔子論禮之弊，而曰「與其奢也，寧儉」，然則論學之弊，亦應曰：與其蕩也，寧拘。此其所以遜朱子也。

小心齋劄記卷四

歲丙戌，余晤孟我疆先生於都下，我疆問曰：「唐仁卿何如人也？」余曰：「君子也。」

我疆曰：「何以排王文成之甚？」余曰：「朱子以象山爲告子，文成以朱子爲楊墨，皆甚辭也，何但仁卿？」已而過仁卿述之。仁卿曰：「固也，足下不見世之談良知者乎？如鬼如蜮，還得爲文成諱否？」余曰：「大學言致知，文成恐人認識爲知，便走入支離去，故就中間點出一良字。孟子言良知，文成恐人將這個知作光景玩弄，便走入玄虛去，故就上面點出一致字。其意最爲精密。至於如鬼如蜮，正良知之賊也，奈何歸罪於良知？獨其揭『無善無惡』四字爲性宗，愚不能釋然耳。」因爲細析其所以。仁卿曰：「善，假令早聞足下之言，向者論從祀一疏，尚合有商量也。」

朱子祖周、程，宗張、邵，師延平，淵源最確。所交張廣漢、吕金華，並極一時之選。觀其往來參證，不爲苟同，不爲苟異，其得諸兩先生者良不少矣。獨於象山先生，似乎交一臂而失之，以致紛紛之疑，迄今未已，甚者至詆其好勝，愚不能不爲之扼腕三歎。

小心齋劄記卷五

温公之釋格物曰「扞禦外物」，蓋本論語克己之義來，特覺手勢太重耳。乃朱子駁之曰：「是必閉口枵腹，然後可以得飲食之正；絶滅種類，然後可以全夫婦之别也。」朱子之釋格物曰「即物窮理」，蓋本中庸擇善之義來，特覺局面稍闊耳。乃陽明駁之曰：「是求孝之理於親，求忠之理於君也，幾於不成話矣。」吾不能爲兩先生解也。

或問：「知行是一是二，以爲二者，朱子也；以爲一者，陽明也。孰當？」曰：「朱子云：『論先後，知爲先；論輕重，行爲重。』陽明云：『知者行之始，行者知之成。』君姑無論知行是一是二，試看兩先生之説是一是二。」

知行之説，大易揭其原，中庸悉其委。試取而參之，或分言，或合言，或單言，或對言，或互言，無所不可，正不須執一而廢百也。

小心齋劄記卷六

朱子與呂東萊書曰：「子静舊日規模終在，其論爲學之病，多説如此即只是意見，如此即只是議論。熹因與説：『既是思索，即不容無意見；既是講學，即不容無議論。』渠却云：『正爲多是邪意見、閑議論，故爲學者之病。』熹云：『如此即是自家呵叱，亦過分了，須著邪字、閑字，方始分明，不教人作禪會耳。』」愚謂意見對實悟而言，議論對實踐而言。學者不務實悟而務意見，便是落意見，亦便是邪，非必乖刺頗僻，而後謂之邪也；不務實踐而務議論，便是落議論，亦便是閑，非必支離浮漫，而後謂之閑也。敢以此補兩先生未盡之意。

朱子疾革，門人請教，朱子曰「須要堅苦」，是説功夫。陽明疾革，門人請教，陽明曰「此心光明，亦復何言」，是説本體。惟曾子疾革，謂其門人曰：「啓予足，啓予手。詩云：『戰戰兢兢，如臨深淵，如履薄冰。』而今而後，吾知免夫小子。」即本體功夫和盤托出矣。

小心齋劄記卷七

或問：「説者云伊川、考亭確乎其爲儒宗矣，乃其喚醒人處，似不如象山、陽明也，然歟？」曰：「此不可以一端求也。自昔聖賢有作，教亦多術矣。或潛移密誘，舒徐委篤，養人性地；或單提直指，明白痛快，發人性光。吾讀論語二十篇，而知孔子之教大都主於養人性地者也；吾讀孟子七篇，而知孟子之教大都主於發人性光者也。謂孔子不如孟子喚醒人，可否？豈惟孔孟，即曾思亦然。大學、中庸其明徵也。豈惟曾思，即周程亦然，太極圖説非深心者莫能入也，通書非易心者莫能入也，至於定性書、識仁説，覽者當下豁如矣。豈惟周程，即朱陸亦然。善乎吾師方山先生之言之也，曰：『朱子之言，孔子教人之法也；陸子之言，孟子教人之法也。』此兩語闡明兩先生之異而同，同而異處，最爲精確，庶幾足以折紛紛之論矣。」

朱子之釋格物，特未必是大學本指耳，其義却甚精。語物則本諸「帝降之衷，民秉之彝」，夫子之所謂「性與天道」，子思之所謂「天命」，孟子之所謂「仁義」，程子之所謂「天然自有之中」，張子之所謂「萬物之一原」。語格則備舉程子九條之說，會而通之，至於呂、謝諸家之說，亦一一爲之折衷焉，總而約之以四言，曰：「或考之事爲之著，或察之念慮之微，或求之文字之中，或索之講論之際。」蓋謂「内外精粗，無非是物，不容妄有揀擇於其間」。又謂「人之入門，各各不同，須如此方收得盡耳」。故惟大聖大賢，不得拘以是法，其次未有不由之而入者也。議者獨執「一草一木，亦不可不理會」兩言，病其支離。竊恐以語末流之弊，誠然有之，以語朱子，過矣。予往見孔子論學詩，自興觀群怨、事父事君，説到「多識鳥獸草木之名」，意頗疑之，以爲瑣屑爾爾，何能不見薄於老、莊諸人，今乃啞然自笑也，并記之以志予妄。

陽明特揭良知，可謂超然自信，獨往獨來，了無依傍矣。今考年譜，則謂：「其謫龍場也，日夜端居澄默，以求静一，久之，胸中灑灑，因念聖人處此，更有何道，忽中夜大悟格物致知之説，寤寐中若有人語之者，不覺呼躍，從者皆驚。」是亦未嘗不從念慮入也。及經宸濠之變，語門人曰：「近來信得致良知三字，真聖門正法眼藏，往年尚疑未盡，今自多事以來，只此良知，無不具足。」他日，又曰：「當時尚有微動於氣所在，設今處之，更不同。」是亦未嘗不從事爲入也。譜又言：「陽明始發悟時，以默記五經之言證之，莫不脗合，因著五經臆説。且致知二字，揭自大學；良知二字，揭自孟子，陽明特就中提出耳。」是亦未嘗不從文字入也。予昔聞季彭山言，山陰有黄舉子，讀書不牽章句，成化、弘治間儒者守成見，莫之信，惟陽明與之善。又聞陽明遇增城湛甘泉於京師，一見投契，嘗爲文别甘泉。自言：「少不知學，已出入於釋老，久之乃沿周、程之説而求焉，岌岌乎仆而復興，晚得交甘泉，而後志益堅毅然，若不可遏。」至於門人徐曰仁、陸原静輩，始亦不無牴牾，已而各竭所疑，反覆辨析，而後歸於一。由此觀之，其所商求印證，得之友朋之助發者，當不少矣。是亦未嘗不從講論入也。故夫陽明之所謂知，即朱子之所謂物；朱子之所以格物者，即陽明之所以致知者也：總只一般，有何同異，可以忘言矣。

再閲陽明與羅少宰書，有云：「凡某之所謂格物，其於朱子九條之説，皆包羅統括於其中，但爲之有要，作用不同，正所謂毫釐之差耳。然毫釐之差，而千里之謬實起於此，不可不辨。」竊惟朱子平，陽明高；朱子精實，陽明開大；朱子即修即悟，陽明即悟即修。以此言之，兩先生所以考之事爲之著，察之念慮之微，求之文字之中，索之講論之際者，委有不同處，要其至於道則均焉，固不害其爲同耳。若曰是起千里之謬，至推而比諸楊墨，試揆諸此心之良知，其果然乎否也？

小心齋劄記卷八

朱子之闢象山，自今日看來，委似乎過當。自當時看來，周子之無極直透庖犧作易之原，張子之西銘大闡孔門言仁之指，這都是大頭腦所在，象山兄弟都不以爲然，公言排之，宜其重不滿於朱子也。

小心齋劄記卷一〇

象山兄弟不肯濂溪之無極，又不肯橫渠之西銘；伊川不肯康節之易；獨朱子一一信而好之，且爲考訂釐正，推明其説，以遺來學。至以此取譏蒙訕，不容於世，曾不爲悔。試看此老是何等心胸，何等眼界，何等手段。

小心齋劄記卷一一

朱子揭格物，不善用者流而拘矣，陽明以良知破之，所以虛其實也。陽明揭致知，不善用者流而蕩矣，見羅以脩身收之，所以實其虛也。皆大有功於世教。然而三言原竝列於大學一篇之中也，是故以之相發明則可，以之相弁髦則不可；以之相補救則可，以之相排擯則不可。

小心齋劄記卷一四

朱子之格物，陽明之致知，俱可别立宗。若論大學本指，尚未盡合，要之亦正不必其盡合也。

小心齋劄記卷一六

朱子之教，裁撿賢知一邊人居多；陸子之教，振起愚不肖一邊人居多。子思述夫子之意，作中庸，標個中字，是合賢知、愚不肖都招而入其範圍；加個庸字，卻專爲賢知而發。此無他，誠以能亂吾道者，不在愚不肖，而在賢知，則天下之最可慮者惟此人。然而能寄吾道者，亦不在愚不肖，而在賢知，則天下之最可望者，亦惟此人。故等其過於不及，而竝匡之者，欲其知己之地分，僅在愚不肖之列，必將恍然自失，不能不思所以退而矯其偏。甚其過於不及，而特匡之者，欲其知己之墮落，反在愚不肖之下，必將悚然内懼，不能不思所以進而求其中。聖賢之惓惓爲賢知計如此，真是十分苦心。

儒家之有朱子，其詩家之有杜工部乎？讀工部集，洪纖濃淡、淺深肥瘦、新陳奇正、險易巧拙無不具備。遡而上之，自兩漢而魏而晉而六朝，沿而下之，自中唐、晚唐而五代而宋而元，無不兼包。且言理則近經，言事則近史，尤爲傑出，所以獨稱大家。然而具眼者率謂自詩人來，未有此老，相與推爲「詩聖」。至輕俊之流，亦往往摘瑕索瘢，執其一句一字而彈射之，要之益以見其大也。知此，可與論朱子矣。若象山，便是個李太白也。

朱子闢禪矣，閱禪書却多；陸子近禪，自其資有暗合處耳，閱禪書却少。又曰：惟其閱之多，故其闢之也，率中肯綮；惟其閱之少，故以禪呵之者，不能得其心服。或曰：何以見朱子闢禪之中也？曰：朱子云「佛學至禪學大壞」，只此一語，五宗俱應下拜。

顧端文公遺書南岳商語

玉池問：「周、程、朱諸大儒何如？」予曰：「論道必推元公，論德必推淳公，朱子道不如元公之精，德不如淳公之粹，乃維世之功直與兩先生鼎立天壤，莫得而軒輊也。」問朱陸。予曰：「昔聞諸方山先師，『朱子之言，孔子教人之法也；陸子之言，孟子教人之法也。』竊恐聖人復起不易矣。」問陽明。予曰：「濂溪有萬世永賴之功，陽明有一匡天下之功。」頃之，論及古今世變。玉池歎曰：「告子亂性，鄉愿亂世，如之何？」予曰：「如之何，如之何，吾未如之何也已矣。」

吴道南

吴道南（一五五〇——一六二三），字會甫，號曙谷，崇仁（今屬江西）人。萬曆十七年（一五八九）榜眼，授翰林院編修，以禮部尚書兼東閣大學士入閣，官至户部尚書兼文淵閣大學士，卒謚文恪。著有吴文恪公文集等。明史卷二一七有傳。

吴文恪公文集卷二六語録

問：「子云『德之不修，學之不講』，則學之講也，講其所以修德也。德一而已，學亦一而已，乃鵝湖、白鹿洞之辨，敵論如讎，何歟？雖朱子有晚年定論，第至今朱陸異同之説尚爾嘵嘵，何歟？東越致良知，江右得之爲獨深，乃毗陵尚未盡暢洽，果何見歟？非獨毗陵，即江右如劍江、盱江地之相去若此其近也，然或謂與毗陵似有矯之之意，聖旨之獨詣，將安歸歟？」「陸象山先生有言，『建安亦無朱晦庵，青田亦無陸子静』，此其合併爲公，真可以破異同之見。學者審此，則雖辨論間亦可以證體驗，不則終日言而不足，徒講無爲也。」

陸象山先生獨窺性命之原，不作名相義理想，觀其論心性才情，不必分别，只要識得天之所以與我者。朱晦庵先生多在名相義理上，至如説「吾有知乎哉」，象山言：「晦庵言謙辭，又來這理做箇道理。」象山先生云：「我無事時只是一箇全無知無能底人，及事至方出來，又却似無所不知，無所不能之人。」晦庵先生云：「人心之靈莫不有知，天下之物莫不有理，惟于理有未窮，故其知有不盡也。」果爾，恐白頭難窮，而心何時而盡？王陽明先生之學似得之象山先生，云：「『所惡于上』是知，『毋以使下』是致知，就把致良知作一大頭腦，遺下格物，然觀覆文，『物格而後知至』，『至』與『致』固有分矣。然格物亦豈物物而格之乎？經云『物有本末』，則身心意知天下國家，物也，所謂格者亦是于誠正修齊治平處恰好處，如傳中節節掃除，得一箇好格式，所謂非心之格感格之格，皆在於此，如此方爲知之至，斷然舍格物，終是無頭學問。」若乃各有所矯，各樹赤幟，未敢以杏壇之流派許也。或以爲象山先生之後有盱江，姑書之以俟知者。

學者但知致良知始于王陽明先生，不知王陽明先生得之于陸象山先生，陸象山先生得之于大學。其云：「『所惡于上』是知，『毋以使下』是致。夫上下四方，則以己之身心意知而與天下國家相對，物之本末盡于此矣。誠能絜矩而均齊方正，則『格』字三義，如『格至』之『格』，格式之格，感格之格，無不在其中。此箇所非有所之所，又非之其所之所，依然如好好色，如惡惡臭，勃然而動，不假思勉，何其良也？意何有不誠，心何有不正，身何有不修，家國天下何有不齊不治且平哉？」陽明先生獨得其宗，未嘗顯然以示人，似用孟子之良知，則有遺于良能，不知先生用一「致」字，則知行合一，知即心體也，由好惡而發見，能致得，則家國天下無不包括于其中，「先立其大」，立此而已，何等直截，何等明白。後儒種種生疑，只爲「良」字所誤，余則于「致」字深味，又于象山先生得其印證，故特表而出之。

黄克纘

黄克纘（一五五〇——一六三四），字紹夫，號鍾梅，晋江（今屬福建）人。萬曆八年（一五八〇）進士，除壽州知州，歷官兵部、刑部、工部、吏部尚書。著有數馬集。明史卷二五六有傳。

數馬集卷二〇刻明朝理學名臣傳序

古者學深於道而能相忘於道，故唐虞三代，士未嘗以理學稱也。然書傳所載危微精一之論，制事制心之旨，高者窮無際，深者入無根，雖老師宿儒亦未易究其義也。自楊墨出而後孔孟之正道以鳴，佛老興而後程朱之正學以顯。名盛於此，而實蠹於彼，故不塞不流，不止不行，亦其勢然耳。我朝以唐虞三代立國，以仁義禮樂造士，士能通一經以上者，咸斧藻其躬，追琢其詞，以待世用。蓋聖賢之道如日中天，何所弗明也？然學者往往背其師説，高之或鶩於虛無，卑之或流於功利，雖户説以渺論，亦不能一於是。有志之士復聚徒以講明之，而命之曰「理學」。夫必標門立户而後爲學，則今之建立學宫，群博士弟子以誦法聖賢者，果何物耶？嗚呼，是可以觀世變矣。御史中丞茶陵譚公，降精南嶽，擢秀清湘，蓋自游鄉校時業已潛心聖學，故出而用世，以誠心長者愛民，以直道事君，以廉潔風有位，所用皆其所學，所行如其所言，非徒托之空談而以聚黨樹幟爲高者也。然猶以士之爲學雖無適不然，而前脩可則，當切鄉往之，於是集我朝以來理學諸儒，自薛文清以下至陳、王諸布衣，共若干人，輯其生平履歷及嘉言善行可爲法則者，人爲一傳，用比詩人「高山仰止」之義，間出以示纘，曰：「此不佞之師資也。」纘既奉而卒業，因請公之多士。蓋纘至愚極陋，往讀朱陸德性問學之辨及王文成知行合一之説，尚未能昭晰於心，惡足與論學？抑傳中所載，若江右諸君子以象山、餘姚爲宗，其於考亭亦微有相爲柄鑿者，又烏能無疑。雖然，江河不同流，而同歸於海，日月不同行，而同麗於天，學者能以聖賢爲必可師，則或以穎悟入，或以實踐入，皆可以造道。所病者，假老佛之餘以亂吾真，托縣解之言以飾其陋，甚者竊吹孔林，濫巾闕里，纓情好爵，而以講學爲捷徑耳。噫，六經、語、孟，學之源也；膠庠黨序，學之地也；堯、舜、周、孔，學之師也；居敬窮理，學之要也；仁義禮智信，學之實得也；脩身、齊家、治國、平天下，學之體用也。若諸君子者，豈能外此學哉，然則讀是傳者，固不必别求其所爲學，而自有可爲諸君子者在矣。

顧允成

顧允成（一五五四——一六〇七），字季時，號涇凡，無錫（今屬江蘇）人。顧憲成弟。舉萬曆十一年（一五八三）會試，赴萬曆十四年殿試。歷官南康府教授、禮部主事等，後謫判光州，告假歸。與其兄憲成同講學於東林書院。爲人重道德節義，深惡鄉愿道學，批評空疏學風。著有小辨齋偶存。事迹學履詳參明儒學案卷六〇，明史卷二三一有傳。

小辨齋偶存卷三

何燕泉所著餘冬集録，最稱多識，乃外篇三十一卷中有一段云：「濂溪太極圖説『無極而太極』，朱子與陸象山書札往復，費許多言語。洪景盧所作國史濂溪傳乃云『自無極而爲太極』，添『自』字、『爲』字，使朱子見之，辯論之間當更費力。」今考朱子答陸子書末云：「近見國史濂溪傳載此圖説，乃云『自無極而爲太極』，若使濂溪本書實有『自』、『爲』兩字，則信如老兄所言，不敢辯矣。然因渠添此二字，却見得本無此字之意，愈益分明，試思之。」是朱子未嘗不見國史所載，却是燕泉不見朱陸往復之詳耳。

小辨齋偶存卷三

朱子曰：「海内學術之弊，只有兩端，江西頓悟，永嘉事功。若不竭力明辨，此道無由得明。」夫頓悟二字，便是空字的入門；事功二字，便是混字的出路。太史公謂申、韓「原於道德之意，而老子深遠矣」，愚亦謂頓悟事功皆原於無善無惡之意，而無善無惡深遠矣。

周子言「無極而太極」，朱子解之曰：「『上天之載，無聲無臭』，而實造化之樞紐，品彙之根柢也，故曰『無極而太極』，非太極之外復有無極也。」其説精矣。乃象山陸子既專駁無極二字，近時説者又專據無極二字，却將太極放在一邊，不知於周子之指何如也？

小辨齋偶存卷三

或問：「陸象山先生喻義喻利講章，不過敷衍程子科舉奪志之説耳，乃朱夫子一則曰『某不曾説到這裏』，一則曰『切中學者隱微深痼之病』，一則曰『説得這義利分明，是説得好』，何其深嘉而樂與之至也？」曰：「此朱夫子接引象山最真切處也。蓋象山平生説得極高妙，且言惡能害心，善亦能害心。渠看分别義利，還是第二著，病痛不小，今却剖判得如此分明，朱子所以竭力接引。他日，又曰：『子思以來教人之法尊德性、道問學兩事爲用力之要。今子静所説專是尊德性，而某却是道問學上多了。所以爲彼學者持守可觀，而看道理全不仔細。熹自覺於義理上不亂説，却於要緊事上多不得力。今當反身用力，去短集長，庶不墮一邊耳。』詞煩而不雜，可謂良工心獨苦矣。象山乃曰：『朱元晦欲去兩短合兩長，然吾以爲不可，既不知尊德性，焉有所謂道問學。』何拒人於千里之外也？」

馮從吾

馮從吾（一五五六——一六二七），字仲好，號少墟，長安（今陝西西安）人。萬曆十七年（一五八九）進士，選庶吉士，官至工部尚書。以忤魏忠賢黨削籍，後所創首善書院被毁，憤悒而卒。崇禎初，詔復原官，追謚恭定。馮氏師從許孚遠，其學主張「在本原處透徹，未發處得力，而於日用常行卻要事事點簡，以求合其本體」。著有元儒考略、少墟集等。明史卷二四三、明儒學案卷四一有傳。

少墟集卷一　辨學録

程子曰：「理與心一，而人不能會之爲一。」朱晦翁曰：「此心虛明，萬理具足，外面理會者即是裏面本來有的。」陸象山曰：「人心至靈，此理至明，人皆有是心，心皆具是理。」又曰：「此心同也，此理同也。」薛文清亦曰：「心所具之理爲太極，心之動静爲陰陽。」而王陽明亦曰：「人心一刻純乎天理，便是一刻的聖人，終身純乎天理，便是終身的聖人。」此理自是實，自來吾儒論心都不曾丢過「理」字，若丢過理字可以言心，則先儒之説皆誣，而象山「心皆具是理」「此理同也」二句皆剩語矣。

少墟集卷二　疑思録

問「尊德性而道問學」。曰：「德性對氣質説，今人皆氣質用事，所以喜怒哀樂不能中節。『尊德性』者，使德性用事，而不爲氣質勝也，故曰『變化氣質，涵養德性』。尊德性由於問學，道問學乃所以尊德性。廣大精微，高明中庸，故新厚禮，是德性本體，致之盡之，極之道之，温之知之，敦之崇之，是學問工夫。識得本體，然後可做工夫；做得工夫，然後可復本體。此聖學所以爲妙。」

德性乃天命之性，不覩不聞，無聲無臭。氣原不能囿，質原不能拘，本是尊的，只因少學問工夫，所以氣質用事，所以不能尊德性。學者須知天命之初德性原來本尊，則知學問之功不過變化氣質，使尊者無失其爲尊耳，非矯揉造作以拂性也，故曰「率性之謂道」。可見學問二字原非義外工夫。

少墟集卷二疑思録

孔門以博約立教，是論功夫，非論本體。學者不達，遂以聞見擇識爲知，故夫子不得已，又曰「知之爲知之，不知爲不知，是知也」。直就人心一點靈明處點破知字，此千古聖學之原。若聞見擇識，不過致知功夫，非便以聞見擇識爲知也，故曰「知之次」。知其知，知其不知，是本體。「多聞擇其善者而從之，多見而識之」，是功夫。譬之鏡本明，而拂拭所以求明，非便以拂拭爲明也。以拂拭爲明，固不是；謂鏡本明，不必拂拭，亦不是。故聖人説出本體，正見得功夫原非義外耳。此孔門博約之教所以上符精一之傳也。

少墟集卷三疑思録

朋友觀書，多有摘議晦庵者。陽明先生曰：「是有心求異即不是。吾説與晦庵時有不同者，爲入門下手處有毫釐千里之分，不得不辨。然吾之心與晦庵之心，未嘗異也。若其餘文義解得明當處，如何動得一字。」又答徐成之書云：「晦庵折衷群儒之説，以發明六經、語、孟之旨于天下，其嘉惠後學之心，真有不可得而議者，吾于晦庵亦有罔極之恩。」近世訾議晦庵者，多借陽明爲口實，不惟不知晦庵，亦不知陽明矣。

少墟集卷七寶慶語録

或問「先知後行，知行合一」。曰：「昔涇野與東廓同游一寺，涇野謂東廓曰：『不知此寺，何以能至此寺？』東廓曰：『不至此寺，何以能知此寺之妙？』二公相視而笑。可見二説都是，不可執一也。雖然，『道之不行』章，先後合一，業已詳言之矣，吾輩又何疑。」

少墟集卷一五答張居白大行

承教性情善惡之旨，反覆玩味，門下近日何潛心精詣至此？聲色臭味，此氣質之性也。其或有發而中節，如聲色之得其正，臭味之得其正處，便是仁義禮智。既是仁義禮智，情安得不善，而不可遂以聲色臭味之性爲善。仁義禮智，此義理之性也。其或有發不中節，如仁義之有所偏，禮智之有所偏處，還是氣質未融。氣質既未融，情安得成善，而不可遂以仁義禮智之性爲中間尚有不善。仁義禮智正是善之别名，復性者變化此氣質，而復此仁義禮智之性之本體也。朱文公之學，集諸儒之大成，其功甚大，其所得甚深，即間有智者千慮之一失，無足爲文公病也。王文成之學，其得失正不相妨，其得處在「致良知」三字，直指聖學真脈，且大撤晚宋以來學術支離之障。晚宋儒者徒知文公著述之多，而不知其非有意于立言也，往往拋却自家心性，而以考索聞見爲學，人品雖真，而學脉多雜。若曰著述不多不足以爲道學耳，故以薛文清之賢，止因其著述少，遂久稽祀典。自良知之説行，而人始知箇箇人心有仲尼，不專在著述多寡，而文清始獲從祀。其默有功于世道人心何如此。文成得處不可誣也。其失處，一在以無善無惡爲心之體，翻孟子性善之案，墮告子無善無不善，佛氏無浄無垢之病，令佞佛者至今借爲口實。一在舉學、庸首章必欲牽附，而絀文公以窮理解格物之説。不知窮理盡性，以至于命，易言非歟？一在低昂朱陸太過，而以影響疑朱仲晦，以集注、或問爲中年未定之見，不知文公臨終時猶改訂「誠意」章注，集注、或問不知費一生多少心思，安得以爲未定之見，而啓後學之惑？此文成失處，不可諱也。大約孔孟而後，諸儒各有得失，不能盡同，是在學者去短集長，毋令瑕瑜相掩可耳。清、任、和不同，而同爲聖；去、奴、死不同，而同爲仁；朱、陸、薛、王不同，而同爲儒。總之皆吾師也。近日信文成者，偏信其失處，以致懲其失者併得處亦不之信，皆非矣。安辨如斯，不知可無毫釐千里之差，而得殊途同歸之妙否？雖然，此特就文成立言處斷其得失耳，若論其躬行處，如擒濠之事功，抗瑾之節義，居家之孝友，生平歷履，固粹乎無可議者，非若立言之猶有得失也，而論者不察，誤以爲重知略行，則冤甚矣，惟門下詳教之。

少墟集卷一五答吴百昌中舍

文公之學，粹乎無議，故新建亦云：「吾于晦庵，有罔極之恩。」可見新建實未嘗不尊信文公也。今學佛者多借新建以詆文公，是非悖文公，實悖新建矣。今爲吾道計，惟當辨佛學之非，而不當非學佛者之人。辨其佛學之非，則彼知其非當自悟。若非其學佛者之人，則同志中先自立形跡，又安望其逃而歸哉？況亦非以善養人之道也。不佞關中書院每會，雖無人不容，而必不敢容一僧，謂彼髡髮出家，已叛於儒之外，非若同志學佛，猶在于儒之中也。在儒之中而誤信乎佛，此所以不可不辨，而又不可不以善養之耳。何如？

羅大紘

羅大紘，字公廓，號匡湖，安福（今屬江西）人。萬曆十四年（一五八六）進士，授行人，以禮科給事中謫歸。羅氏師從徐用檢，徐氏爲陽明三傳弟子，又與鄒元標論學，故其大旨宗陽明良知之學，主張破除執念，所謂「一念既滯，五官俱墮」。著有紫原文集。明史卷二三三、明儒學案卷二三有傳。

紫原文集卷三訂讀大學古本序

大學與中庸並傳，而世儒何獨疑大學之深也？或以爲衍，或以爲錯，或以爲闕，後學不能深信孔門，過於信宋人之所疑，而又未免疑宋人之所信，紛紛變易，至今未息，遂使大學一書爲千古不決之疑，亦可哀已。其誤始於分經與傳，故疑格物別有傳而亡之；又或者以爲未嘗亡而其簡錯也。今平心讀之，「大學之道，在明明德，在親民，在止至善」而已，然入門莫先於致知，而實功莫要於誠意，故首以格物釋致知，而修身爲本，即格物之實。以毋自欺釋誠意，而道學自修，恂慄威儀即毋自欺之實。所謂「民之不能忘」與「没世不忘者」，蓋成己即所以成物，本諸身，徵諸庶民，一誠意而已。蓋修身全該明德、親民事，而致知以開修者之眼，誠意以踐修者之實，所謂「止於至善」也。「康誥」以下皆贊之，而聽訟章結之耳。修身以後自可不費辭矣。由此觀之，格物别無傳，而淇澳、烈文二詩亦未嘗有錯簡也。敬定其章法如左，庶幾讀者因文以知義，可實用其力於大學，爲千古之一快，而紛紛諸説固不足解矣。

紫原文集卷三三先生粹言序

余讀蕭麗水所集三先生言，竟卷而嘆曰：「道脉在是矣。」夫道宗於一，不可得而二三者也。唐、虞氏之授受，孔、曾氏之呼唯，子思、子車氏之傳述，微言可覩已。子車氏没，而秦、漢、晋、唐之間無真儒，至宋始明。其後朱元晦、陸子静俱以斯文自任，至辨難不相下，要之不離孔孟者近是。二氏没，而元人波靡失其真，至國朝復明，三先生其宗矣。世儒承讀書窮理之説，學在載籍，其弊也記誦爲多，講説爲明，卒老於古人之糟粕無得也。陳先生始反約，其説曰：「道至無而動，至近而神，藏而後發，形而斯存。動則已形，形斯實矣。其未形者虛也，致虛之所以立本也，戒慎恐懼所以閑之，而非以爲害也。」此其大要也。世儒承窮物理以致心知之説，學□擬議，謂有一物即有一理，理在物而知在心，凡天下之物無不窮，而吾心之知無不致，其弊也内外扞隔，本末舛錯，終其身求所謂豁然貫通者無得也。王先生始求諸我，以致良知爲宗，其説曰：「知行合一，先知而後行，非真知也。内外一原，謂學資於物，是義外也。故心之靈覺爲知，知之發動爲意，意之附着爲物。知爲意體，物爲意用，致知非虛，在於格物，格物非外，所以致知。」後爲定論，曰：「無善無惡心之體，有善有惡意之動，知善知惡是良知，爲善去惡是格物。」此其大要也。世儒承無善無惡之説，學任自然，其弊也理欲不分，私意横決，至與流俗緇染，不可解也。羅先生始歸静，以知止爲宗，謂良知不簡聖凡，然有致與不致，學者須主静以復其不學不慮之良知，良知復而其知是知非者，皆後天而奉天時矣。所謂知至善之止以爲定静安慮之本，存未發之中以爲喜怒哀樂之節，此其大要也。三先生爲説雖異，然皆不離乎一，顧其用之有寬嚴，説之有閎約。其不離乎一者，自得也。寬嚴閎約之差殊，政其所爲自得於一者也。三先生相去百年，非親授受，然其精詣力行，探本窮源，學歸於一，若符契之合也。今讀其書，想見其爲人，陳氏抗志超悟，得舞雩之趣；王氏肆力獨任，有鄒嶧之風；羅氏沉幾内復，近屢空之旨。若遡洙泗之源，衍朱陸之派，必以三先生爲宗，雖聖人復起，不能易也。麗水君游石蓮之門近二十年，其居官廉，禔身□，御家嚴，悉服行羅先生之教，而又旁通於江門、餘姚之學，乃集三先生言以詔來學。君没又二十年，令子始出其手澤梓行之。夫江門既遠，流風僅存；餘姚雖顯，門户漸分；若非羅先生深心獨契，潛體江門，表章餘姚，則致虚之學不通中原，良知之説且爲世詬病，故豫章之學又有功於二先生者也。麗水服其教，又傳其言，乃稱高第弟子哉！

曹于汴

曹于汴（一五五八——一六三四），字自梁，號貞予，安邑（今山西運城）人。萬曆二十年（一五九二）進士，授淮安府推官，官至左都御史。史稱于汴「篤志正學，操履粹白，立朝正色不阿，崇獎名教，有古大臣風」。有仰節堂集十四卷傳世。明史卷二五四、明儒學案卷五四有傳。

仰節堂集卷八與鄒南臯先生

今之學人何多岐也，分析門户，迴避字樣。昔辨朱陸，業既無謂；今别薛王，亦似不必。提起「空」「無」等字，不論是非，輒云此禪、此禪。禪者曰：「我不儒，安用禪爲？」儒者曰：「我不禪，儒若斯已乎？邇言至善，何必吹疵，妙論市童，吾師安可彈駁。」先賢見門户見知解，亦必見我而不覺也，遂令同世同生有許多不欲見之人，不欲見之事，不欲見之書，不欲窮之理。未免狹而不廣，偏而不全，滯而不透，支而不根。是以畛域多，情懷淡，戈矛起，同室且爾，況能彼人吾人，禽命吾命，草生吾生乎哉？然不能彼人吾人，禽命吾命，草生吾生，必不能同室相愛。非不愛也，不能滿也。我塞乎中，其餘能幾于今，不攘且安乎？彼人吾人而愛吾人者，無所不用其極矣。攘之安之，亦無所不用其極矣。辟彼流水，原頭之濬，支派之防，必有分，四海之放，必有由也。可僅曰：「彼猖狂自恣，決去藩籬，吾但固我藩籬而已，安問藩籬外事？」然吾儒藩籬不與天同大哉，何可懲噎而廢食也？某於道無窺，私心竊疑，敢質之老先生，乞明顯開示，仍示進學入道之方。可勝冒昧，引望之至。

郝敬

郝敬（一五五八——一六三九），字仲輿，號楚望，京山（今屬湖北）人。萬曆十七年（一五八九）進士，授縉雲知縣，官至户科給事中。明儒學案謂：「疏通證明，一洗訓詁之氣，明代窮經之士，先生實爲巨擘。」著有九經解、四書攝提等。明史卷二八八附其事迹於李維楨傳，明儒學案卷五五有傳。

四書攝提

近代致良知之學，祇爲救窮理支離之病，然矯枉過直，欲逃墨而反歸楊。孟子言良知，謂性善耳。是非之心，人皆有之，然自明自誠、先知先覺者少，若不從意上尋討，擇善固執，但渾淪致良知，突然從正心起，則誠意一關虚設矣。致知者，致意中之知，無意則知爲虚影，而所致無把鼻。須意萌然後知可致。人莫不有良心，邪動膠擾於自欺，必先知止定静，禁止其妄念，以達於好惡，然後物可格，知可致，意可誠。若不從知止勿自欺起，胡亂教人致良知，妄念未除，自欺不止。鶻突做起，即禪家不起念，無緣之知，隨感輒應，不管好醜，一超直入，與中庸擇執正相反，既有誠意工夫，何須另外致良知？不先知止勿自欺，以求定静安慮，那得良知呈現，致之以格物乎？

朱子以存心爲尊德性，以致知爲道問學。存心者，操存静養之謂；致知者，格物窮理之謂。德性原不主空寂，今以存心當尊德性，則墮空寂矣。問學原不止窮理，今以致知當道問學，則遺躬行矣。德性實落，全仗問學，離問學而尊德性，明心見性爲浮屠耳。離德性而道問學，尋枝摘葉爲技藝耳。除却人倫日用，别無德性。一味致知窮理，不是實學。學，效也，其要在篤行。道，由也。道問學者，率由之，非記聞之也。明儒學案卷五五給事中郝楚望先生敬

張萱

張萱（一五五八——一六四一），字孟奇，號九岳，博羅（今屬廣東）人。萬曆十年（一五八二）舉人，官至户部郎中。著有西園聞見録。生平見道光廣東通志卷二九一。

西園聞見録卷七道學

程敏政曰：朱、陸二氏之學，始異而終同，見于書者可考也。不知者往往尊朱而斥陸，豈非以其早年未定之論，而致疑夫終身不同之指？惑于門人記録之説，而不取正于朱子親筆之書耶？以今考之，「志同道合」之語著于奠文，「反身入德」之言見于義跋。又屢自咎夫支離之失，而盛稱其爲己之功。于其高第弟子楊簡、沈焕、舒璘、袁燮之流，拳拳敬服，俾學者往咨之。廓大公無我之心，而未嘗有芥蒂異同之嫌。玆其爲朱子，而後學所不能測

識者與？嘗取無極七書、鵝湖三詩而讀之，其異同之始，所謂早年未定之論也。又讀朱子書札有及于陸子者，其初則誠若冰炭之相反，其中則覺夫疑信之相半，至于終則有若輔車之相倚。且深有取于孟子道性善、收放心之兩言，讀至此而後知朱子晚年所以推重陸子之學，殆出于南軒、東萊之右。顧不考者斥之爲異，是固不知陸子而亦豈知朱子者哉？若虞氏、鄭氏、趙氏之説于朱陸之學，蓋得其真，若其餘之紛紛者，不暇録也。

席書曰：宋室南遷，朱、陸二子一唱道于建陽，一唱道于江右，一時名士争走門牆。于時朱氏方注六經、訓百世，謂物必有理，理必盡窮，然後可以入道。陸氏謂其牽繞文義，倒植標末，徒使窮年卒歲無所底厲，天與我者，萬物皆備，何暇外求？朱氏因目之曰：「此禪學也。」一時游考亭者，方與象山門人較争勝負，一聞斯言，喜談樂誦，月記日録。迄于今日，朱氏之書盛行于世，舉業、經學非朱傳不取，由是經生學士童而習之，長而誦之，皆曰「陸，禪學也」，山林宿士、館閣名儒亦曰「陸，禪學也」。凡聞陸氏者如斥楊墨，如排佛老，甚而將若浼焉。間無覺者，終身迷悟，莫知反也。自孟氏道遠，伊洛言湮，而心學先傳。一有覺者同室起鬭，如孫、龐同師鬼谷，而自摻矛盾，以角兩國之雄，亦可怪矣。及朱氏晚年悔悟，自悵盲廢之不早，惜乎易簀已至，其書已行，不可追挽。後之君子不究晚年至論，師尊中年之書，過于六經、語、孟，陸氏之心不得表白于後世，負冤者不徒陸氏，而吾考亭夫子含冤九地亦不淺鮮矣。

〔徐顯卿〕又曰：陽明從祀，廷議與之者固多，不與之者亦有。愚觀與之者謂孔子之傳，揚之太高，不與之者輒引道聽之説，詆之甚醜，均非也。陽明以前，士大夫學問專以朱子窮理爲務，其行檢斤斤矩矱是守，陽明出，創爲一切簡易之論，以破藩籬，故當時與陽明相反者，皆卓然自立之君子也。陽明坐此蒙訕，至今不已，然亦何害其可祀哉。孔門之學原有中人上下，性道、文章二等。薛瑄始從中人以下行檢着力，而馴至于上達。陽明直是中人以上性命起手，而下學即寓其中。今瑄已俎豆于廟廡，而陽明安可遺之？但我朝制科能用經術，罷黜百家衆説，一以朱子傳注爲宗，陽明獨持「致良知」三字，謂大學「致知」非多聞多見之知，乃致吾心之良知，「格物」非窮天下事物之理，乃存天理去人欲，而正其事物之不正以歸于正。于是以朱子窮理爲逐外，而逐外則遺內。顧朱子之學豈專求之外哉？頃沈少詹謂：「陽明務內而遺外，守本而棄末，特其告人機圓語捷，善于發啓，爲人又直捷明爽，所向無前，能致所學于事物之間，一無底閡，使儒者破拘攣之見，而又釋迂闊之疑，可謂士林之豪儁，吾黨之賢達。律之聖門，如曾點之狂而不知所裁，如漆雕開見大意而于斯未信，終當讓朱子之集大成。」庶幾乎折衷之論。不然，恐天下不察朱子原無可訾，謂朝廷且尊信陽明，道在此不在彼，輕鄙朱子之説，妄指窮理之事，道術將從此裂，故陽明雖從祀，其學與朱子之學尚不可無辨也。

王錫爵曰：陽明先生人品功業，粹乎無議，惟良知一説，斷自楞嚴、圓覺翻來，其旨融通活潑，能使賢者不覺自入，而不肖者亦易爲掉弄精神、遮藏頭面之地。試觀海内賢不肖，多寡何如，則可以知鄙意所在矣。下略。

［葉向高］又曰：或曰：「朱子之學，其行于世也，孰爲之？」余曰：「天爲之。」何以明其天也？當夏、商、周之世，群聖繼起，而孔子集其成。未幾，有秦氏坑焚之厄也，于是漢祖興，折節崇祀于干戈擾攘之秋，使天下聞風而靡，而孔子之道尊。當漢、唐、宋之世，群儒繼起，而朱子集其成。未幾，有元人腥穢之厄也，于是高皇帝興，縣布考亭之傳注于學宫，使天下翕然一遵其説，毋敢出入，而朱子之道尊。孔子大聖，朱子大賢，其道之必尊且信于天下後世，固萬萬無疑者，然非有漢高帝、明高帝開天立極之聖人，爲之發明表章，亦安能當坑廢腥穢之後，焕然揭日月而行乎？故夫孔子、朱子之道，其尊且信于天下後世者，孰爲之？天爲之也。自孔子之道尊，而萬世之人得不淪于禽獸。自朱子之道尊，而孔學益明，萬世之人願學孔子者，如登天然若爲之梯，如泛海然若爲之航，故有孔子，必不可無朱子也。近世之爲新學者，好齮齕朱子，其始直朱子耳，浸淫不已，且及孔子。蓋至今日，士大夫修瞿曇浄土之業，其卑訾洙泗家言，以爲不足當靈山之下乘者，喙争鳴也，孔子之道于是

大厄。其原皆始于輕詆朱子，以至于此。夫朱子之學，吾不知其何如也，然知其爲孔子也。近世所崇尚之學，吾不知其何如也，然而知其未必爲孔子也。夫子之言多矣，挈其大旨，不過曰「博文約禮」。「經禮三百，曲禮三千」，如此其繁也，而孔子以爲約，何也？爲其有途而可遵也，有規矩準繩而可守也。夫可遵可守者，孔子之所謂約也，而今之所爲簡易直截，言之甚可聽也，而其實無可遵可守。夫無可遵，則其途愈歧；無可守，則必蕩然于規矩之外。然則今之簡易直截言者，皆惡吾道之拘而逃然以自便也，其與孔子約禮之教已判然蒼素之不相入矣，又何怪其操入室之戈，以自標于門牆之外哉？朱子之言曰：「近世學者求道太迫，立論太高，往往嗜簡易而憚精詳，樂渾全而畏剖析，以此不見天理之本然，各墮一偏之私見。」嗚呼！此朱子之學所以不謬于孔子也。世之人惟其不欲爲孔子也，是以輕詆朱子，其弊至于悖天侮聖，而叛高皇帝之功令也，亦大惑已。余非能明朱子之學者，顧嘗慕夫不爲朱子者之高，求其所爲簡易直截，而卒不可得也。反而繹朱子之言，則其説若煩而爲途實甚夷，其教若拘而其爲規矩準繩實一定而不可易，以質於孔子博文約禮之指，真有合者。竊以爲今之人能爲孔子亦可矣，不必更陵孔子而出其上，則必別有謬巧，無所用朱子矣。如其爲欲爲孔子也，而舍朱子，其將孰遵而孰守哉？夫朱子者，非但學之同于孔子，其遇亦同于孔子。孔子當周之東，而欲挽之西也，轍環列國，以尊周攘夷爲事，而列國不能用也，周遂不復西而并于夷秦。朱子當宋之南，而欲挽之北也，歷事諸帝，以尊宋攘夷爲事，而諸帝不能用也，宋遂不復北，而并于大元。此一聖一賢者，其身之合與不合，言之用與不用，非但關當代之存亡，而天地之所以晦明，運會之所以升降，生民之所以爲華爲夷、爲人爲獸，皆于此決之。非如尋常謀國之士，争一事之是非，計一時之得失已也。或者曰：「孔子用而周必西，則吾信之矣。夫朱子也，而若是班乎？」余曰：不然。朱子之地位力量，信不及于孔子也，而其學問之所至，功業之所竟，必足以爲天地立心，爲生民立命，則吾以爲自孔子而後，儒者之有實用，未有遠過于朱子者。當孝宗之初立也，朱子上封事至數千言，惟以勤政講學，絶和議復仇恥爲説，已切中當日之膏肓。其後更歷三朝，屢廢屢召，屢有建白。小之而地方之利病，民生之休戚，如救荒恤刑之類，固已爲之規畫措置，經久可行；大之而朝廷之紀綱，軍國之謀議，如閹竪竊權，賢才廢棄，兵食耗損諸弊，又爲廢憤開陳，思有補益。而其所爲本本原原，言之諄復曲折，至于世人詆爲迂談而不能自已者，則惟在于人主之一心。蓋其言曰：「人主之心術，公平正大，無偏黨反側之私，然後紀綱有所係而立；又必親賢臣遠小人，講明義理之歸，閉塞私邪之路，然後人主之心可得而正。」使宋之君臣能用其説，必有以成恢復之功，而不致覆亡之禍，蓋萬萬無疑者。然而居官九載，立朝僅四十日，同時士夫所爲推轂之口，與媒孽之談，常遞爲勝負，而人主之心所爲傾慕倚注，欲究其用，與所爲齟齬厭畏，不能安之于朝廷之上者，亦遽爲疑信，而卒之陳賈之徒起而攻之，雖以孝宗之聰明，寧宗之信向，亦爲所奪矣。蓋賢人君子之道，其難行于天下如此。然至今讀其封事疏劄及諸奏對之言，無不明白正大，辭暢而意真，使賈誼、劉向之徒爲之，不能如是之剴切也。故孝宗得其疏，至漏下十七刻，猶披衣起讀，而寧宗每當進講，必問熹説云何，蓋賢人君子之言，其易于感動又如此。近世人士既詆訾宋儒，遂謂其用舍無益成敗，而欲束之高閣，至如正心誠意之説，宋人以爲世主所厭聞者，今已不復談及。學術疏而君臣之誼衰，其睽日隔，漸以成極否之勢而不可挽回，無惑也。

章潢曰：學不本諸身心性命，而祇尚記誦博洽以相高者，無足論也。然仲尼至聖，猶韋編三絶，好古敏求，四教四科未嘗廢文學也，故説命曰：「學以古訓乃有獲。」凡六經、四書，孰非古先聖賢之遺訓乎？但近之談學者棄往聖之典墳，鄙宋儒之成憲，一切師心自用，游談無根，自任穎悟頓修，標立宗門，謂能使一字不識之凡夫立躋聖位，不曰臯、夔以上何書可讀，則曰六經乃吾心之注脚耳，習其教者爲異説，侮聖言，悖聖道，殆莫可救藥矣。矧我朝本以明經造士，蓋將涵養薰陶于中正純粹之歸，故即其文詞可以見心術也，奈何習舉子業者所嗜反在班、馬、莊、騷，甚則獵戰國策士之雄談及空門話柄，以發揮孔孟旨趣，杞人之憂豈徒壞士習已耶？至若世之所稱聰明俊傑、留神心學者，又每每遺棄人倫，結侶方外，或單提直指，一意雙修，所習者寂醴静功，所證者真詮内典，若混三教而一之，其寔視吾聖門典籍不啻糟粕而土苴矣。雖然，經書自在也，志格致之學者惟莊誦聖經賢傳，而紬繹玩味之，孜孜乎論世而尚友，多識以蓄德，則所徵不差，所信愈篤，凡一切非聖之書，曾得而惑之哉？諒哉，窮經不特可適用也，寔爲明體之證；學古不特可入官也，寔爲入聖之資。是窮理多端，而惟窮經爲尤要，苟曰不然，試觀千古曾有不明經典之聖賢哉？

趙汸字子常，新安人，元末寓於衢之柯山，潛心著述，不應徵辟。歲壬寅，明興，江西憲試請題，虞公擬策問江右先賢及朱、陸二氏立教所以異同。公具對，卒言劉侍讀有功聖經，至論朱、陸二子入德之門，尤爲精切詳備。末乃舉朱子曰：「子静所説專是尊德性，而熹平日所論却是道問學上多了，今當反身用力，去短集長，庶不墮於一偏也。」又舉陸子曰：「追惟曩昔，粗心浮氣，徒致參辰，豈足酬議？」以説爲證，使其合并於暮歲，微言精義必有契焉，子静則已往矣。虞公評其後曰：「子常生朱子之鄉，而得陸氏之説，於二家之所以成己教人，反覆究竟明白，蓋素用斯事者，非綴緝傅會之比也。」下略。

吕涇野在南都，日集問道請業之士，懇懇爲發明講解。或問朱陸同異。公曰：「晦庵、象山同法堯舜，同師孔孟，雖入門路徑微有不同，而究竟本源，其究一也，亦何異其爲同哉？學者不務力行，而膠于見聞，以資口耳，竟于身心何益？」聞者多感發興起，其訓釋經籍皆躬行心得之言，有程朱之所未發者。本朝學者見道分明，踐履篤實，粹然成德者，惟河津薛文清公一人，觀于讀書録可知也。乃至于今，涇野公出焉，完名令德不忝文清，至于著述，公則爲盛。其大者若周易説翼、尚書説要、毛詩説序、春秋説志、[禮]問内篇、外篇，四書因問、宋四子抄釋，足以發前聖之奥旨，正後賢之偏識，指來學之迷途。若斯人者，謂不有功于聖門可乎？

羅文莊公欽順既以大冢宰致仕，江右部使、兩都臺諫章十上，無識不識，罔不冀幸其復出，乃公則屏居却掃，惟研精聖業，窮探理性。患近時學者持論高虚，不屑古訓，簡約是趨，其流弊將墮入虚誕，作困知説若干卷。其言議精微衍奥，根極理要，辨禪悟之學近理似是，而斥其毫釐千里之謬。時習頗頹，我矱無易，於戲，道之不明，智巧横出，古之聖哲罔不戒愼省察，率諸終身而不足，今之論者以謂圓明朗徹，取諸一言而有餘，其學術異同，世之君子必有能辨之者。

余少宰祐學務有用，不事空言，發端于敬齋，而推其本原，以爲出于程朱之書，尤究心焉。微言精義，多所自得。其言曰：「程朱教人拳拳以誠敬爲入門，學者何必多言，惟去其心其念慮之不誠不敬者，使心地光明篤實，邪僻詭譎之意勿留其間，不患不至于古人矣。」其時公卿間有指主敬存養爲朱子晚年定論者，全摭朱子初年之説以折之，謂其入門功夫，非晚年乃定。又輯朱子書之切治道者爲經世大訓，其論及文章辭翰者爲游藝録，見其學之備體用、兼大小，非近時所謂單傳妙訣者可擬也。其篤信如此。

王僉事燁見近世講學者競右陸左朱，號爲于言語文字之外得直截根本。公弗爲動，曰：「吾敢斷之曰皆放心。」臨終語人曰：「聖賢無自是之學問，古今無自用之豪傑。」

劉文卿

劉文卿，字傒如，廣昌（今屬江西）人。萬曆十七年（一五八九）進士，除金華司理，擢吏部主事，改刑部，遷南京兵部員外郎。天啓中，贈光禄少卿。著有直洲先生文集。事迹見康熙江西通志卷八四、明詩紀事庚籤卷一六等。

直洲先生文集卷一重刻朱子摘編序

嘗謂朱、陸兩先生之學，自二先生在日，而及門之徒已有不能深知其際者，即象山三書其深切激烈，爲晦庵之知音在斯，而蒙數百年不解之謗者亦在斯，是何知兩夫子者之稀也？及觀陽明先生所輯朱子定論諸書，則知晚年瑩徹精微，其於象山當不復置同異於其間矣。學者又從而藩籬之，何哉？陽和張先生復大明其說，而益以悟後詩，晦翁所至皦然，如日中天。而或者謂二先生表朱以伸陸，亦非也。自孔孟以來，惟有此明明德一路，秉此者謂之天命，明此者謂之大學，昧此者謂之愚不肖。象山所云稍有端緒，即爲異端，於此二三其説，是以杯水爲仁，爝火爲光，烏能久而不息哉？即晦翁書中云「日用之間，觀此流行之體，初無間斷處」，又曰「近看孟子，見人即道性善、稱堯舜，是第一義」，其形諸咏歎者，則於酧酢處見本根，垢盡而看寶鑑，春水之中流自在，雷聲之萬户千門，則其平生努力躋攀已作等閒笑破，以晦翁之痛反懲檢者，爲學士筌蹄，而不以晦庵之自在得力者與吾徒指點，非惟失晦庵，且將失孔孟面目。使朱子有知，方將扼腕長太息，而定論可以不揭，悟後詩可以不緝乎哉？蓋此理在天地間，自孟氏以來千五百年而失傳，非世無理，世無窮理之儒耳。窮理之儒所以明明德於天下也，天下方昏昏墨墨，而一二大儒復以若存若亡之學，散失本真，飣餖末議，所稱孔孟冢嫡固如是耶？故其成己成物，莫如誠之爲貴，至誠之學，亦如大冶精金，千鍾百鍊，雖火候不同，精金總無變色，設有變者，藥汞之流，不堪爐焰。故守書册、泥言語之不可爲道，亦藥汞之不可投於大冶耳。精金不以付之鍾爐，而徒以藥汞示人，始則自欺，終以欺人。朱子所謂「全没交涉，方深省而痛懲之，毋乃大不得已」者耶？所學未至，而一龍一蛇以誤後之人，晦翁固無是語。所學已至，而不以揀金之手遍告將來，晦翁之意滋以戚矣。陽明曉此深意，拈出警俗，所謂述者之功與作者等也。必謂象山之學待定論而後伸，又何其勝心小二先生乎？總之明明德一路，千聖同歸，二先生豈能自異，而世儒又烏能異二先生也。學者誠患不能克己復禮，則此説終無了期，此禮一復，則我之全體呈露，如秉燭高堂，朗然洞徹，可以獨立宇宙之間。毋論往日紛紛異説渙然冰解，即所稱定論指歸，亦且爲門庭指點緒餘耳。先生之詩曰：「若知體用元無間，始笑從前説異同。」此語蓋盡之矣。故陽明先生知象山、知晦庵者也，而陽和先生知陽明者也。學者由摘編以親見晦翁，則此學當與天地始終，而王、張兩先生所以表章晦翁者無已時矣，不然，有不爲藥汞之説者哉？是編也，陽和先生長君雨若公來涖敝邑出以示予，且欲重刻而惠之後學，可謂守其家承，而盡心於朱學者矣。予謂二先生暨貞復先生已自有言，小子方志學敏求，烏足與知大儒之意？然以平日趨向所在，敢述以質諸君子。

高攀龍

高攀龍（一五六二—一六二六），字雲從，後改字存之，號景逸，無錫（今屬江蘇）人。萬曆十七年（一五八九）進士，授行人司行人，官至左都御史。同顧憲成講學於東林書院，齊名當時，後以抗魏忠賢而投湖自盡。崇禎初，追謚忠憲。高氏學宗程朱，而又兼取陸王，以格物爲先，篤實平正。著有高子遺書等，明史卷二四三、明儒學案卷五八並有傳。

高子遺書卷一語録

朱子謂人之所以爲學，心與理而已，學者必默識此心之靈，而端莊静一以存之，知有萬物之理，而學問思辨以窮之，此聖學之全也。論者以爲分心與理爲二，不知學者病痛皆緣分心與理爲二，朱子正欲一之，反謂其二之，惑之不可解久矣。

朱子曰：「致知格物只是一事，格物以理言也，致知以心言也。」繇此觀之，可見物之格即知之至，而心與理一矣。今人説著物便以爲外物，不知不窮其理，物是外物，物窮其理，理即是心。故魏莊渠曰：「物格則無物矣。」此語可味也。

古本大學説格物本自明白，曰「此謂知本，此謂知之至也」，只緣以此二語爲錯簡，故格物遂成聚訟。然程朱工夫原不異本旨，何以不曰「此謂物格，此謂知之至」，而曰「此謂知本，此謂知之至」？曰格物而不知本，不謂物格；知本之謂物格，故知本之謂知至。

文公，聖賢而豪傑者也，故雖以豪傑之氣概，終是聖賢真色。文成，豪傑而聖賢者也，故雖以聖賢學問，終是豪傑真色。

高子遺書卷二劄記

心與理一而已矣，善學者一之，不善學者二之。識義理而心體未徹者，入於見解；見心體而義理未徹者，入於氣機。

或疑程朱致知爲聞見之知，不知窮至物理，理者，天理也，天理非良知而何。或疑文成格物爲玄虛之物，不知各得其正，正者，物則也，物則非天理而何。落於聞見、墮於玄虛者，其流弊也。然而立教之本有虛實之辨焉，物理實則知亦實，從義理一脉去，故曰：擇善固執，而好善惡惡之意誠。知體虛則物亦虛，從靈覺一脉去，故曰：無善無惡，而好善惡惡之誠替矣。毫釐千里，蓋繇於此。

王文成曰：「吾『良知』二字，從萬死一生得來。」其致知之功何如乎？其所經歷體驗處，皆窮至物理處也。身繇程朱之途，口駁末學之弊，猶之可也。學文成者，口襲其到家之語，身不繇其經歷之途，良知從何得來？

朱子一派，有本體不徹者，多是缺主敬之功；陸子一派，有工夫不密者，多是缺窮理之學。

高子遺書卷三未發説

昔朱子初年以人自有生即有知識，念念遷革，初無頃刻停息，所謂未發者，乃寂然之本體，一日之間即萬起萬滅，未嘗不寂然也。蓋以性爲未發，心爲已發，未發者即在常發中，更無未發時也。後乃知人心有寂、有感，不可偏以已發爲心中者。心之所以爲體，寂然不動者也，性也；和者，心之所以爲用，感而遂通者也，情也。故章句云：「喜怒哀樂，情也，其未發則性也。」二語指出性情，如指掌矣。王文成復以性體萬古常發，萬古常不發。以鐘爲喻，謂未扣時，原自驚天動地，已扣時原自寂天寞地。此與朱子初年之説相似而實不同。蓋朱子初年以人之情識逐念流轉，而無未發之時。文成則以心之生機流行不息，而無未發之時。文成之説微矣，而非中庸之旨也。中庸所謂未發指喜怒哀樂言，夫人豈有終日喜怒哀樂者？蓋未發之時爲多，而喜怒哀樂可言未發，不可言不發。文成所謂發而不發者，以中而言。中者，天命之性，天命不已，豈有未發之時？蓋萬古流行，而太極本然之妙，萬古常寂也，可言不發，不可言未發。中庸正指喜怒哀樂未發時爲天命本體，而天命本體則常發而未發者也。情之發，性之用也，不可見性之體，故見之於未發。「未發」一語，實聖門指示見性之訣。「静坐觀未發氣象」，又程門指示初學者攝情歸性之訣，而以爲無發時者，失其義矣。

高子遺書卷三陽明説辨一

君子於人之言也，必有以得其人之心，盡其人之説，體之於吾身，真見其非，而後明吾之是以正之，務可以建諸天地，質諸鬼神，以俟之後聖，而後無愧其人。若陽明之攻朱子也，果爲得朱子之心而有當於其説乎？吾觀其答顧東橋之書曰：「朱子所謂格物云者，是以吾心而求理於事事物物之中，如求孝之理於其親之謂也。求孝之理果在於吾之心耶，抑在於親之身耶？假果在於親身，而親没之後，吾心遂無孝之理與？見孺子之入井，必有惻隱之心，是惻隱之理果在孺子之身與，抑在吾心之良知與？是可以見析心與理爲二之非矣。」果若斯言也，朱子可謂天下之至愚，叛聖以亂天下者也。夫臣之事君以忠也，夫人知之，而非知之至也。孟子曰：「欲爲臣，盡臣道，法舜而已。不以舜之所以事君事君，不敬其君者也。」夫不敬其君，天下之大惡也。苟不如舜之所以事君，則已陷于天下之大惡而不自知焉，則所以去其不如舜，以就其如舜者，當無不至也。子之事親而當孝也，夫人知之而非知之至也。孟子曰：「事親若曾子者可也。」夫至于曾子之事親，而始曰可也，不然猶爲未能事其親矣，則所以去其不如曾子，以求其如曾子者，又當何如也？此人倫之至，天理之極，止之則也，此爲格物而至於物則，物理盡者也。所謂「因其已知之理而益窮之，以求至乎其極也」。今人乍見孺子將入井，皆有怵惕惻隱之心。此何心也？仁也。格物者，知皆擴而充之，達之於其所忍，無不見吾不忍之真心焉。一簞食，一豆羹，生死隨之，而行道不受嘑爾，乞人不屑蹴爾，此何心也？義也。格物者，知皆擴而充之，達於其所爲，無不見吾不爲之真心焉，此之謂格物而致知。故其心之神明，表裏精融，通達無間，而更無一毫人欲之私得藏於隱微之地，以爲自欺之主。故意之所發無不誠，心之所存無不正也。吾所聞於程朱格物致知之説大略如此也，未聞其格孝於親之身，格忠於君之身，格惻隱於孺子，格不受、不屑於行道乞人也。以是而闢前人之説，譬如以病眼見天，而謂天之不明，則眼病也，於天何與，是可百世以俟聖人乎？

高子遺書卷三陽明説辨二

君子非立言之難，言而不得罪於聖人之爲難。夫聖人之言順性命之理而已，後之求聖人之言者，順聖人之言而已。陽明之説大學也，吾惑之。大學曰：「致知在格物，物格而後知至。」陽明曰：「所謂致知格物者，致吾心之良知於事事物物也。致吾心良知之天理于事事物物，則事物各得其理矣。事物各得其理，格物也。是格物在致知，知至而後物格也。」

又曰：「物，事也。格，正也。但意念所在，即要去其不正以全其正。」又曰：「格物者，格其心之不正以歸於正，是格物在正心誠意，意誠心正而後格物也。」整庵羅氏所謂「左籠右罩以重爲誠意正心之累」，顧氏所謂「顛倒重複，謂之陽明之大學可矣」。詩云：「無易由言。」天下大矣，萬世而下，不尚有人也夫。

高子遺書卷三陽明説辨三

凡人之言合者，必二物也，本離而合之之謂合，本合則不容言合也。天下之物有萬而理則一，無體用，無顯微，無物我，無内外，一以貫之者也。告子之義外，不識性也，故亦不識義而外之，非求義於外也。凡人之學謂之曰務外遺内，謂之曰玩物喪志者，以其不反而求諸理也，求諸理，又豈有内外之可言哉？在心之理，在物之理，一也，天下無性外之物，無心外之理。猶之器受日光，在彼在此，日則一也，不能析之而爲二，豈待合之而始一也？陽明亦曰：「理無内外，性無内外，故學無内外。講習討論，未嘗非内；反觀内省，未嘗遺外也。」誠是也，則奈何駁朱子曰「以吾心求理於事物之中，爲析心與理爲二也」？然則心自心，理自理，物自物，匪獨析而二，且參而三矣。是陽明析而二之，非朱子析而二之也。陽明又曰：「若鄙人之致知格物，是合心與理爲一者也。」心與理本未嘗不一，非陽明能合而一之也。猶之乎其論知行矣。夫知行亦未嘗不合一，而聖人不必以合一言也，故有時對而言之，則知及仁守是也；有時互而言之，則智愚賢不肖之過不及，而道之不行、不明是也；有時對而互言之，則「知至至之，知終終之」是也；有時偏而言之，則夫子嘆知德之鮮，孟子重始條理之智，傅説「非知之艱，行之惟艱」是也；有時分而言之，則知及而仁不能守，有不知而作者是也。吾故曰：聖人不必合一言之也，而知行未嘗不合，惟其未嘗不合，故專言知而行在，專言行而知亦在。大學之先格物致知也，以其求端用力言之，然豈今日知之、明日行之之謂哉？必欲以合一破先後之説也，則大學之言「先」者八，言「後」者八，皆爲不可通之説矣。凡若此者，總是强生事也。

高子遺書卷三陽明説辨四

陽明以朱子之致知也爲聞見之知，故其爲宗旨也曰良知，吾則以大學之致知本非不良之知，非自陽明良之也。朱子爲聞見之知與否，與前乎吾者知之，後乎吾者知之，吾則烏乎敢知？雖然，聖人之教不爾也。夫子不曰「多聞從善，多見而識」乎，不曰「多聞闕疑而慎言其餘，多見闕殆而慎行其餘」乎，不曰「多識前言往行以畜其德」乎？此爲初學言之也，知之次也。夫聖人不任聞見，不廢聞見。不任不廢之間，天下之至妙存焉。舜聞一善言，見一善行，若决江河，沛然莫之能禦也，非聞見乎，而聞見云乎哉？

高子遺書卷四講義知及之章 節録

上略。除却聖人全知，便分兩路去了。一者在人倫庶物，實知實踐去；一者在靈明覺知，默識默成去。此兩者之分，孟子於夫子微見朕兆，陸子於朱子遂成異同，本朝文清與文成便是兩樣。宇内之學，百年前是前一路，百年來是後一路，兩者遞傳之後，各有所弊。下略。

高子遺書卷五會語

彦文問：「康齋與白沙透悟處，孰愈？」曰：「不如白沙透徹。」「胡敬齋先生何如？」曰：「敬齋以敬成性者也。」「陽明、白沙學問何如？」曰：「不同。陽明與陸子静是孟子一脉，陽明才大於子静，子静心粗於孟子。自古以來，聖賢成就俱有一箇脉絡，濂溪、明道與顔子一脉，陽明、子静與孟子一脉，横渠、伊川、朱子與曾子一脉，白沙、康節與曾點一脉。」彦文曰：「敬齋、康齋何如？」曰：「與尹和靖、子夏一脉。」又問：「子貢何如？」曰：「陽明亦稍相似。」

參夫曰：「吾儒之學既透不透，禪是欠闕否？」先生曰：「非欠闕也。禪之一宗，惟濂溪、明道兩先生真能知得，後來闢佛者總闢他不服。」參夫曰：「整庵、陽明俱是儒者，何議論相反也？」先生曰：「學問俱有一箇脉絡，即宋之朱、陸兩先生這樣大儒也各有不同。陸子之學是直截從本心入，未免道理有疏略處。朱子却確守定孔子家法，只以文行忠信爲教，使人人以漸而入。然而朱子大，能包得陸子；陸子粗，便包不得朱子。陸子將太極圖、通書及西銘俱不信，便是他心粗處；朱子將諸書表章出來，由今觀之，真可續六經。這便是陸子不如朱子處。」

一向不知陽明、象山學問來歷。前在舟中似窺見其一斑，二先生學問俱是從致知入。聖學須從格物入，致知不在格物，虛靈知覺雖妙，不察於天理之精微矣，知豈有二哉，有不致之知也，毫釐之差在此。

高子遺書卷六戊午吟其四

格物無端成聚訟，起於知本二言分。但知知本即知至，格物何曾有闕文。本在操舟方有舵，本迷亂國爲無君。只翻誠意一錯簡，滌蕩青霄萬頃雲。

高子遺書卷六戊午吟其十八

朱陸當年有異同，祇於稽古稍殊功。存心自合先知本，格物無過要識中。六籍漫從鹵莽過，一靈那得豁然通。前賢指示皆精切，後學無訛是晦翁。

高子遺書卷七崇正學闢異説疏 萬曆二十年爲行人上，得旨允行。

臣惟自古治天下者，未有不以教化爲先務，而教化之汙隆，則學術之邪正爲之，所係非小也。是以聖帝明王必務表章正學，使天下曉然知所趨，截然有所守，而後上無異教，下無異習，道德可一，風俗可同，賢才出而治化昌矣。臣見四川僉事張世則一本，大略自謂讀大學古本而有悟，知程朱誤人之甚，謂朱熹之學專務尚博，不能誠意，成宋一代之風俗，議論多而成功少，天下卒於委靡而不振。於是以所著大學初義上獻，欲施行天下，一改章句之舊。臣惟自昔儒者説經，不能無異同，而是非不容有乖謬，是非謬則萬事謬矣。以程朱大賢，謂其學曰不能誠意，謂其教曰誤人之甚，是耶非耶？議之於私家，猶爲一人之偏詖，而於聖賢無損。嗚之於大廷，則遂足以亂天下之觀聽，而於世教有害。臣有不容已於言者矣。夫自孟子殁，而孔子之學無傳，千四百年而始有宋儒周敦頤、程顥、程頤、張載、朱熹得其正傳，而絶學復續，學者始知所從入之途，其功罔極矣。然是五賢者生於宋，而宋不能用其學之萬一。前則章惇、蔡京之徒斥之爲奸黨，後則韓侂胄之徒斥之爲僞學，貶逐禁錮以迄於亡。恭惟我太祖高皇帝，天縱神聖，作民君師，即位之初，首立太學，拜許存仁爲祭酒，以司教化。存仁爲先儒許謙之孫，謙承朱熹正學，而存仁承上命以爲教，一宗朱氏之學，令學者非五經、四書不讀，非濂洛關閩之學不講，而天下翕然向風矣。我成祖文皇帝益張而大之，命儒臣輯五經四書大全，而傳注一以濂洛關閩爲主，自漢儒以下，取其同而删其異，別以諸儒之書，類爲性理全書，同頒布天下。永樂二年，饒州儒士朱友季詣闕獻所著書，專詆毀周、程、張、朱之説，上覽而怒曰：「此儒之賊也。」特遣行人押友季還饒州，令有司聲罪杖遣，悉焚其所著書，曰：「毋誤後人。」於是邪説屏息，吾道中天矣。迨今二百餘年以來，庠序之所教，制科之所取，一稟於是，學者幼而讀之，老而不知一言爲可用者固多，然而真儒如薛瑄、胡居仁、吴與弼、陳真晟、曹端、羅倫、莊昶、章懋、張元禎、陳茂烈、蔡清、陳獻章、王守仁諸人，彬彬盛矣。至一代之風俗，上有紀綱，下重名節。當變故之秋，率多仗義死節之士；值權奸之際，不乏敢言直諫之臣。賢士大夫之公評，士庶之清議，是非井然，一有不當於人心，群起而議其後，故至於今，上下相維持，非祖宗教育之明驗與？不意今日乃有如世則肆然斥之曰誤人、曰不誠，欲變祖宗表章之至意，率天下而盡背之也。即世則所論程朱之學，亦可謂不得其門者矣。夫程朱之學，其始終條理之全，下學上達之妙，固未易言語形容，然其大要則不出「涵養用敬，進學在致知」二語。此非程朱之教也，孔子之教也，故窮理即博文之謂也，居敬即約禮之謂也。非孔子之教也，堯舜之教也，故博文即惟精之謂也，約禮即惟一之謂也。二者合一並進，而主敬爲本。故理日明瑩，則心日静虛動直，而初非溺於詞章。心益定静，則理益資深逢原，而初不流於空寂。此聖學所以允執其中也。至大學一書，程子所揭爲初學入德之門，而章句之作，則朱子所爲一生竭盡精力之筆。後人學未造其域，豈容輕議？况古書皆有錯簡，古本安可盡信？世則之言誠意是矣，豈諸儒獨不教人誠意乎？誠者，聖人之本，學之所以成始成終，功先格致，正所以誠正也。意有不誠，心有不正，即非所以爲格致也。若夫溺於記誦，狥外忘本，此俗學所以爲陋，豈大學格致之教哉？夫孔子之道，至程朱而闡明殆盡，學孔子而必由程朱，正如入室而必由户。世之學者誠能虛心涵泳，切己體察，毋務新奇，而先以一己之私意主張於前，毋務立説，而取聖賢之言矯揉爲己之用，循循焉以周、程、張、朱爲四書之階梯，以四書爲五經之階梯，自得之而道可幾矣。故善學者默而識之，不言而信，述而不作，心逸日休，况今天下不患無論説，而患無躬行，就聖賢已明之道，誠心而力行，則事半而功倍矣，何必嘵嘵焉，必務自私用智，欲伸其一己之説爲也。世則又以宋之不振歸咎於諸儒之學，噫，是何言也？人主不能用其道，雖以孔子之聖，生於魯而不能救魯之衰微，何疑於諸儒？宋之亡也，由前而言，則壞於新法；由後而言，則壞於和議。今不咎王安石、吕惠卿、蔡京、章惇、黄潛善、汪伯彦、秦檜、韓侂胄之徒，而咎諸儒之學，何心哉？夫所謂議論多而成功少者，非言者之罪，而用言者之罪也。自古芻蕘獻説，工瞽陳規，其議論豈不至多？然而上之人善於用中，則片言可折，而盈廷可廢。天下見事功之實，而不見議論之虚，上之人漫無可否，則人持所見而邪正雜陳，徒滋耳目之煩，無補經綸之實耳，豈以人人緘默而後爲盛世乎？世則又謂本朝持衡國是者，無決斷之勇；分猷庶職者，有模稜之風；庠序無真才實學之士，朝廷鮮實心任事之臣。此信有之，正不學之故也，奈何反以咎程朱之學也？抑臣有深憂焉。自世廟以前，雖有訓詁詞章之習，而天下多實學。自穆廟以來，率多玲瓏虚幻之談，而弊不知所終。笑宋儒之拙，而規矩繩墨脱落無存；以頓悟爲工，而巧變圓融，不可方物。故今高明之士，半已爲佛老之徒，然猶知儒之爲尊，必藉假儒文釋，援釋入儒者，内有秉彝之良，外有惟皇之制也。而其隱衷真志，則皆借孔孟爲文飾，與程朱爲仇敵矣。故今日對病之藥，正在扶持程朱之學，深嚴二氏之防，而後孔孟之學明。使世則之言一倡，天下之棄其仇敵也，不啻芻狗焉，於是人人自逞其私，淫辭充塞，正路榛蕪，將二祖列宗之教蕩然掃地矣。伏願陛下皇建有極，端本化人，身體孔孟之微言，首崇程朱之正學，必親經書以窮理，必收放心以居敬，朝乾夕惕，省察克治。思天之所與人，而人之所受於天，惟有仁義禮智四者，人君爲天之子，必克完天之賦予，而後永膺天之眷命。一念之發，一事之動，審其果合於仁、合於義、合於禮、合於智，則務擴而充之，力而行之；審其有不合者，則務遏而勿思，禁而勿行。如是日新又新，純爲天德，則萬化之源清，萬幾次第畢舉，聖主之精神一奮，天下之意氣維新矣。於是體二祖之意，振正學於陵夷廢墜之餘，明詔中外：非四書五經不讀，而不得浸淫於佛老之說；非濂洛關閩之學不講，而不得淆亂以新奇之談。學無分門，士無異習，人心貞一，教化大同，如是而人才不出、政治不隆者，從古以來，未之有也。臣入仕之初，適見世則之疏，不勝私憂隱慮，遂有此論辨。或曰：「四方多事，何暇爲此清談？」臣謂不然。此天下之大本，古今之命脉，危微之别，毫釐千里之差，千聖兢兢於此，而可以細故視之哉？故不避僭越之嫌，迂濶之誚，冒昧上陳，伏乞聖明采擇。

高子遺書卷八上與許敬庵先生

龍平昔自認以此心惺然常明者爲道心，惟知學者有之，蚩蚩之氓無有也。即其平旦幾希，因物感觸，倏明倏晦，如金在鑛，但可謂之鑛，不可謂之金，如水凝冰，但可謂之冰，不可謂之水。則道心於人心，即在鑛之金，道心迷而爲人心，即凝冰之水也。而先生乃曰：「童僕之服役中節者，皆道心也。」初甚疑之，已而體認，忽覺平日所謂惺然常明之心，還是把捉之意，而蚩蚩之氓有如鳶魚飛躍，出於任天之便者，反有合於不識不知之帝，則特彼日用不知耳。然則無覺非也，有意亦非也，必以良心之自然者爲真，稍涉安排即非本色矣。又見先生舉朱子云「凡天下之物，莫不因其已知之理而益窮之，以求至乎其極」，謂是欲盡讀天下之書，盡窮萬物之理。却不然。此只就一物上説，因其所知一二分是處窮到足十分是處，積之之久，自有豁然貫通處耳。若謂知得一物，必須窮盡物物，則堯舜之智而不徧物，寧有此等學問乎？今時錯認文公格物者正在此，故不敢不辨，乞先生更教之。

高子遺書卷八上答顧涇陽先生論格物其一

來書云：「尊稿中所欲正者，乃是所引格物説『一草一木』二語。丈看得甚有原委，但子細磨勘，似説得稍闊。陽明之學與聖門之學，端緒雖殊，要其説之所以得行，亦有其故。程朱兩先生，大本大原，灼然無可疑者，而條理節目間，未盡歸一，幸丈再精研之。」

辱教格物草木之説，據愚見本無可疑。天下之理無内外，無鉅細，自吾之性情，以及一草一木，通貫只是一理。見有彼此，便不可謂盡心知性。聖賢之教，隨人指點。見問者欲專求性情，故推而廣之曰「一草一木亦皆有理，不可不格」。會得此意，則與中庸所指「鳶飛魚躍」者何以異哉？孔門之學，以求仁爲宗，顏、曾、思、孟之後，惟周、程、張、朱之傳爲的。陸氏之學從是非之心透入性地，不可謂不是，然而與佛氏以覺爲性者相近。陽明良知之學，亦是如此。一邊是仁體，一邊是知體，仁統四端，而知不能兼仁，故仁者無不覺，而覺不可以名仁，源頭處杪忽差殊耳。程朱二先生，細看來無不歸一處，所不同者，解説書義，然書中緊關用力處，則亦無不同也。愚見如此，望先生教之。

高子遺書卷八上與涇陽論知本

大學之旨，明德新民要於止至善。止至善者，一篇主意也。其下皆説止至善工夫。「物有本末」一節，最爲喫緊，「先」、「後」二字，示人入道之竅。失了先著，便不可入道，先著即在格物。格物之功非一，其要歸於知本。知脩身爲本而本之，天下無餘事矣。故曰「此謂知本，此謂知之至」。知本則知止矣，正與「物有本末」一節相叫應也。竊謂古今説大學者，格致之義，程朱爲最精；致知之義，陽明爲最醒；止脩之義，見羅爲最完。三家相會通，而不以一説排斥，斯可耳。但見羅看知本之本如中庸「中者天下之大本」之本，謂非以脩身贊其爲本，乃是以本歸之脩身。蓋以善無聲臭，點到身上便有著落，故曰本之一字，乃所以點化此身、把柄此善也。此意雖甚精奥，然平平玩味本文「其本亂而末治者否矣」，似無此意。而見羅之説又自成了一箇安心訣法，未必是大學原旨也。大學之旨，只是教人格物致知，格來格去，知得世間總無身外之理，總無脩外之功，正其本，萬事理，更不向外著一念，如此自然純乎天理，而無一毫人欲之私，豈不是止至善也？觀下文聽訟一節，其釋知本昭然可見矣。當初程、朱二先生只錯認「此謂知本」是闕文，而謂格致自别有傳，遂令脩身爲本二節無歸著。後世知得「此謂知本」是原文，而謂格物只格本末，又令格物致知之功無下手處。假令一無知識之人，不使讀書講論，如朱子四格法，而專令格本末，其有入乎？只如陽明單提致良知，而掃朱子窮理之説，弊敗亦已見矣。故程朱格物之説更不可動，只提掣得大學主意在止至善，而知止工夫先於格物知本，自然如木有根，如水有源，而格物窮理皆所以致其良知，而非徒誇多鬬靡，爲聞見之知矣。何者？道理一不向身體貼便非知本，便非致知也。如此覺得文義條直明白，而工夫當下得力也。先生試體之，以爲何如？

高子遺書卷八上答鄒南臯先生一

當今先生之學深徹，人生而静以上，茫茫宇宙，可以考證此事者，賴有先生而已。敝同年馮少墟，北方學者未能或之先也。先生見其集否？自朱、陸兩先生分門後，兩脉竝行於世。龍以爲但取其來龍真、結穴真，不必問其何方何向也。先生以爲何如？

高子遺書卷八上與逯確齋

與兄别來略窺得路徑，聖人之學只閑邪以存誠，此理直是易簡，然却與世學所謂易簡者不同。乾之易也以健，坤之簡也以順，蓋以健順而易簡，非以易簡廢工夫。若以易簡爲心，便入異端去矣。世儒亦多有見得誠的意思，只是無克己閑邪工夫，故純是氣稟物欲用事，皆認作天性，以妄爲誠，種種迷謬。此格物致知，大學所以最先用力也。格致亦别無説，只是分别得天理人欲界分，清楚透徹，正閑邪之要也。其入手處則程先生每喜人静坐，朱先生每教人讀書，此意真妙，錯認其意者便溺章句，便耽寂静，失之遠矣。弟看來，吾輩每日用功當以半日静坐，半日讀書，静坐以思所讀之書，讀書以考所思之要，樸實頭下數年之功，不然浮浮沉沉，決不濟事也。兄以爲何如？幸相與覓便反覆印證。朱夫子曰：「日月去矣，大事未明，可懼也。」吾輩不可不念。

高子遺書卷八上答錢啓新一

承教聖賢之言，語語是的，吾丈見其的矣。若識得朱子「東風面」、「源頭水」，則章句亦便是朱子。只争這些子，故百年來無端生出許多説話來。再觀丈與涇凡辨論，涇凡所謂「心便有兩大」是險語，先後天之説亦因時説生，似不必然。夫人之心即天也，聖人不過即先後以明其合一，丈此語最是。至心性之辨，實是難言，在人自默識之。丈所舉整庵先生之言曰：「天人本無二，人只緣有此形體，與天便隔一層，除形體渾是天也。」又曰：「人心之體即天之體，本來一物，但其主於我者謂之心耳。」又曰：「静中有物者，程伯子所謂『停停當當，直上直下之正理』是也。」又曰：「心性至爲難明，謂之兩物又非兩物，謂之一物又非一物，除却心即無性，除却性即無心，惟就一物中分剖得兩物出來，方可謂之知性。」數語已顛撲不破，吾丈謂「心之理便是性」六字，亦顛撲不破矣。尋常見世儒以在物爲理，爲程子錯認理在物上，以窮至事物之理爲朱子錯在物上求理，頗爲絶倒。此不獨不識理，亦不識物，名爲合心理而一之，實則歧心理而二之。此程子所以喫緊謂學者先須識仁，識得此理，自不作如此見解也。老丈之意惟恐學者開剖割裂，歧心性爲二，竭力指點，曰「虚靈知覺者，即精微純一之備具也」，誠然，誠然。然要在人之用力何如，若存養此心純熟至精微純一之地，則即心即性不必言合，如其未也，則如朱子曰「虚靈知覺一而已矣」，而所以爲知覺者不同，不嫌於分剖也，何如？

高子遺書卷八上答張雞山

龍每謂姚江之學興而濂洛之脉絶，忽得大教，且驚且喜，不謂濂洛當再復中天，略玩致曲言，已窺見先生一斑，確然聖脉無疑。望先生以身顯道，使天下信其人而信其道，信其道而信濂洛諸君子之道也。有宋大儒誠明之性，明道先生是矣；明誠之教，晦庵先生備焉。舊刻呈覽諸，有拙見，邇來正欲録出，當以明年寄正。

高子遺書卷八上答王儀寰二守

三教各自爲宗，故起因結果絶不相同。人但知性之不異，不知學之不同。夫子曰：「性相近也，習相遠也。」學習不同，一者不得不三，非性之有三，習使然也。至於談良知者，致知不在格物，故虚靈之用多爲情識，而非天則之自然，去至善遠矣。吾輩格物，格至善也，以善爲宗，不以知爲宗也，故「致知在格物」一語，而儒禪判矣。茫茫宇宙，辨此者實鮮，老公祖精研於此，豈非「天之未喪斯文」與？

高子遺書卷八下答方本庵一

辱教展朱子節要，知龍之學以朱子爲宗，龍何能宗朱子，殆有志焉。竊以自孔子而來，欲尋其緒者必由大學。大學以明明德爲主，以格物爲先，格物者窮究到天理極至處，即至善也。此處見得透時，更有何事。即如台教尋春尋樂，皆由一旦豁然後，自有此風景耳。陽明于朱子格物若未嘗涉其藩焉，其致良知乃明明德也，然而不本於格物，遂認明德爲無善無惡。故明德一也，由格物而入者，其學實，其明也即心即性；不由格物而入者，其學虛，其明也是心非性。心性豈有二哉？則所從入者有毫釐之辨也。老年伯試體之以爲何如？便羽乞一語，決其是否。

高子遺書卷八下答方本庵二

別來知道履萬福，今年復得賢郎高發，雖善門之慶，實吾道之幸也，欣慰何量。張柏老來，接手教，提警備至。向有東鄒南翁曰：「朱陸二脉竝行於世久矣，但當論其來龍真、結穴真，不必問其何方何向也。」所謂龍穴，則老年伯當下識取本心之謂矣。「建陽亦無朱元晦，青田亦無陸子静」，信得斯心，方信斯語。但立教則不可不慎，讀論語便見聖人小心，其周物之知、曲成之仁，正在於此。故附會失真者，其真自在；快意下語者，語即流禍耳。關中有敝同年馮少墟，老年伯曾見其集否？其學極正極透，與老年伯諸書南北竝峙，砥柱狂瀾，此道不墜，賴有此也。大集中惟「人心惟危」一語，於同然之心未合，近見南遊記中以「語大莫載洋洋發育屬惟危，語小莫破優優禮儀屬惟微」，恐宜再入思慮，不可以老年伯之書垂於千古，而有一語之不慊也。

高子遺書卷九上王文成公年譜序

嗚呼，道之不明也，支離於漢儒之訓詁；道之明也，剖裂於朱陸之分門。程子之表章大學也，爲初學入德之門。今之人人自爲大學也，遂爲聚訟之府，何天下之多故也？國朝自弘、正以前，天下之學出於一，自嘉靖以來，天下之學出於二。出於一，宗朱子也；出於二，王文成公之學行也。朱子之説大學，多本於二程。文成學所得力，蓋深契於子靜。所由以二矣。夫聖賢有外心以爲學者乎，又有遺物以爲心者乎？心非内也，「萬物皆備於我矣」；物非外也，糟粕煨燼無非教也。夫然則物即理，理即心，而謂心理可析，格物爲外乎？天下之道貞於一，而所以害道者二，高之則虛無寂滅，卑之則功利詞章。朱子所謂「其功倍於小學而無用，其高過於大學而無實」者也，蓋戒之嚴矣。而謂朱子之學爲詞章乎？

善乎莊渠魏氏曰："「陽明有激而言也。」彼其見天下之弊於詞章記誦，而遂以爲言之太詳、析之太精之過也。而不知其弊也，則未嘗反而求之朱子之説矣。當文成之身，學者則已有流入空虚，爲脱落新奇之論，而文成亦悔之矣。至於今乃益以虚見爲實悟，任情爲率性，易簡之途誤認，而義利之界漸夷。其弊也滋甚，則亦未嘗反而求之文成之説也。良知乎？夫乃文成所謂「玩弄以負其知」也乎？高攀龍曰：吾讀譜而知文成之學有所從以入也。其於象山，曠世而相感也，豈偶然之故哉？時攀龍添注揭陽典史，莊大夫致庵公以兹譜示，而命攀龍爲之言，攀龍不敢，而謂公之文章事業蔑以尚矣，學士所相與研究公之學也，故謹附其説如此焉。

高子遺書卷九上方本庵先生性善繹序

名性曰善，自孟子始，吾徵之孔子，所成之性即所繼之善也。名善曰無，自告子始，吾無徵焉。竺乾氏之説似之，至陽明先生始以心體爲無善無惡，心體即性也。今海内反其説而復之古者，桐川方本庵先生、吾邑顧涇陽先生也。方先生謂天泉證道乃龍溪公之言，託於陽明先生者也。攀龍不敢知，竊以陽明先生所爲善非性善之善也，何也？彼謂「有善有惡者意之動」，則是以善屬之意也。其所謂善，第曰「善念」云而已，所謂無善，第曰「無念」

云而已。吾以善爲性，彼以善爲念也；吾以善自人生而静以上，彼以善自吾性感動而後也。故曰「非吾所謂性善之善」也。吾所謂善，元也，萬物之所資始而資生也，烏得而無之？故無善之説，不足以亂性，而足以亂教。善一而已矣，一之而一元，萬之而萬行，爲物不二者也。天下無無念之心，患其不一於善耳，一於善即性也。今不念於善而念於無，無亦念也，若曰患其著焉，著於善、著於無，一著也。著善則拘，著無則蕩，拘與蕩之患，倍蓰無算，故聖人之教必使人格物，物格而善明，則有善而無著。今懼其著，至夷善於惡而無之，人遂將視善如惡而去之，大亂之道也。故曰足以亂教。此方先生所憂，而性善繹所以作也。善乎先生之言曰：「見爲善色，色皆善，故能善天下國家；見爲空色，色皆空，不免空天下國家；見之異則體之異，體之異則用之異，此毫釐千里之判也。」嗚呼，古之聖賢曰止善、曰明善、曰擇善、曰積善，蓋懇懇焉，今以無之一字掃而空之，非不教爲善也，既無之矣，又使爲之，是無食而使食也。人欲横流，如河水建瓴而下，語之爲善，千夫隄之而不足，語之無善，一夫决之而有餘，悲夫！

高子遺書卷九上崇文會語序

崇文者何？崇文公朱子也。吴公伯昌生文公之鄉，崇文公易也。生於今之時，崇文公不易也。自良知之教興，世之弁髦朱學也久矣。一人倡之，千萬人從之易也；千萬人違之，一人挽之，豈易易哉！此所謂不惑者也，能反其本者也。夫學者，學爲孔子而已。孔子之教四，曰文、行、忠、信，惟朱子之學得其宗，傳之萬世無弊。即有泥文窒悟者，其敦行忠信自若也，不謂弊也。姚江天挺豪傑，妙悟良知，一破泥文之蔽，其功甚偉，豈可不謂孔子之學？然而非孔子之教也。今其弊略見矣。始也掃聞見以明心耳，究且任心而廢學，於是乎詩、書、禮、樂輕，而士鮮實悟。始也掃善惡以空念耳，究且任空而廢行，於是乎名節忠義輕，而士鮮實脩。蓋至於以四無教者，弊而後知以四教教者，聖人憂患後世之遠也。

高子遺書卷九上尊聞録序

聖人之學，復其性而已。何以復性也？孟子曰：「盡其心者，知其性也。學問之道無他，求其放心而已矣。」是所由以復之道也。然而論語二十篇，不言心，第兩言之曰「其心三月不違仁」，曰「從心所欲不踰矩」，何以説也？是則固有違仁踰矩之心乎？噫，聖人之憂患後世至矣。由漢以來，儒者不言大學，言大學自二程夫子始。曰是孔氏遺書，而初學入德之門，故言大學在程門最詳。而章句、或問之作，朱子又因其説而推明之，莫或背也。至王陽明先生，始以爲是求理於事事物物之間，析心理爲二矣，率天下而義襲矣。蓋先生自以其得諸心者取證於大學，又以後世傳言失真之舛盡責諸先儒，而不察其實也。豐城見羅李先生之説大學也，曰「皆不其然，大學犂然，鼎立三綱，而止歸至善，秩然井分八目，而本歸脩身。知止要矣，而止何在？本末始終，教人止法也，而本何在？脩身爲本也。知脩身爲本，斯謂知本，斯謂知之至也。善在此，止在此矣。故自天子以至於庶人，壹是皆以脩身爲本。性，學也」。匪獨大學，先生之説論語也猶是，説思、孟、六經猶是，「壹是皆以脩身爲本」也。或曰：「聖人教人言而不離乎是，寧若是之拘拘乎？」曰：「不然。」先生之學主於明宗。自致良知之宗揭，學者遂認知爲性，一切隨知流轉，張皇恍惚，甚以恣情任欲亦附於作用變化之妙，而迷復久矣。不知大學教人復性，格致八目皆其工夫也。曰孩提之愛敬，乍見之怵惕，平旦之好惡，非性乎？致良知者，致此致之，非復之乎？曰：乃若其情則可謂善矣，請循其本，何以有乍見之怵惕，何以有平旦之好惡？前乎是者，遂淪於無乎？後乎是者，可執而有乎？則孟氏之指可知也。嗚呼，吾讀論語而後知聖人憂慮後世之遠也。知論語之宗，是故知止脩之宗。先生之説具存書要，其高第弟子陳君古池，侍先生於清漳，日以所聞於先生者開示來學，記其會語，名曰「尊聞」。甲午冬，攀龍過漳見先生，而古池出以示攀龍，而命爲之序。攀龍不敢辭，而謹書其端曰：昔者孔子之教七十子，非不習而聞也，子貢乃曰「夫子之言性與天道，不可得而聞」，何？居可思矣。然則吾曹之尊所聞於先生者，宜何如哉？先生之教，身教也，請反求之身，而毋徒以言。

高子遺書卷一〇　三時記節録

上略。十一月二日，致庵莊公以王文成年譜來，欲予敘而刊之。余觀文成之學，蓋有所從得，其初從鐵柱宫道士得養生之説，又聞地藏洞異人言周濂溪、程明道是儒家兩個好秀才，及婁一齋與言格物之學，求之不得其説，乃因一草一木之言格及官舍之竹而致病，旋即棄去，則其格致之旨未嘗求之，而於先儒之言，亦未嘗得其言之意也。後歸陽明洞，習静導引，自謂有前知之異，其心已静而明。及謫龍場，萬里孤游，深山夷境，静專澄默，功倍尋常，故胸中益灑灑，而一旦恍然有悟，是其舊學之益精，非於致知之有悟也。特以文成不甘自處於二氏，必欲篡位於儒宗，故據其所得拍合致知，又裝上格物，極費工力，所以左籠右罩，顛倒重復，定眼一覷，破綻百出也。後人不得文成之金針，而欲强繡其鴛鴦，其亦悮矣。余於序中亦未敢無狀便説破，姑記於此。中略。廿二日，至漳州，入署則李見老來，便留予過歲，余亦即過其寓隨榻焉。見老謂予心性之辨已自了然，所争條目耳。因爲申諭，明不可易，且云此來必令洞然無疑，方始去得。予所執者本自無疑，見老學已成家長者，亦不敢與深辨，故連日但巽心聽教，受益甚多。見老出，見客坐中有詆宋儒者，不免又起辨論。其人曰：「至善是性體，如何認作極功，都没用了。」余曰：「公自認作極功，朱子未嘗如此説。門人問曰：『至善是各造其極，然後爲至否？』朱子曰：『至善是自然的道理，如此説不得。』又曰：『至善是些子恰好處，天理人心之極致也。』公且看人心若純乎天理，而無一毫人欲之私，此何等境界，還算不得性體否？」曰：「一草一木皆要格，如何？」余曰：「公看上下文否？」「不知也。」余曰：「如此何以駁先儒、聖賢之言？隨人抑揚人欲，專求性情，故推而廣之曰性情固切。草木皆有理，不可不察，人欲泛觀物理，則又曰致知當知至善所在，若徒欲泛觀物理，恐如大軍之游騎，出太遠而無所歸也。一進一退，道理森然，何嘗教人去格草木？」曰：「今日格一物，明日格一物，如何？」曰：「自是問者疑一物格而萬物皆通，故云雖顏子亦未至此，惟今日而格，明日又格，積習多然後有貫通處耳。此於道理何疑，豈曾限定公一日只格得一物耶？」時適有泉友張子慎名維機者來，受業見羅，書其所見爲質問，雖尚有騎牆之見，而中間有云：「宋之諸儒求其彷佛孔顏者惟程明道，而集諸儒大成者獨有朱晦庵。大率程之學粹，朱之學博。程之學以誠爲主，以涵養爲功，以無將迎、無内外爲定性，其元氣之會，如瑞日祥雲，渾然天成。朱之學主敬以立本，窮理以致知，反躬以踐實，其表章之勤，如迴瀾揚波，浩然東注。故嘗謂道宗於宣父，顏、曾、思紹其傳，至孟子而始著；道章於孟子，濂溪、張、邵繼其絶，至程朱而始著。乃一再傳而不能不錮於見，局於域，墮於蹊而流於支，則後儒之咎也。吾黨未覩一斑，奈何輕評先輩？今人士有不誦習朱説者乎？青衿而遵之，係籍而變之，猶曰見有異同也，甚至病以楊墨，斥以夷狄，則豈免逢蒙之罪？王新建卓識宏才，疇得議之，乃其徒何紛紛也有憚於修詞而逃者矣，敗於名檢而逃者矣，羶於聲利而逃者矣，不知孔門四科果爾錯雜耶？大都晉、六朝之談，崇莊老而明擠之聖人之下，今學者之談斥佛氏，而陰奉之聖人之上，宋後儒之支離不過割裂於訓解，今學者之支離反至割裂於心體。當今之時邪而敢於害正，怪而敢於干常，毋亦關竅風聲，密與運會，而吾黨崇奉西天之教，爲之徵召歟？」此其□言，雖聖人復起，恐無以易也。余不勝快心，拜而納交。下略。

顧天埈

顧天埈（一五六二——一六二八），字升伯，崑山（今屬江蘇）人。萬曆二十年（一五九二）探花，授編修，以左諭德致仕。著有顧太史文集。傳見崑山人物傳卷一〇等。

顧太史文集卷七答莊遜之 宮詹沖虛公子。

不肖曩承令先公知愛之雅，倍踰常格，是時已聞門下賢而能文，心醉久矣，然竟無從一抒款款，詎謂今日廢棄之餘，而門下有意于不肖也，相去數千里，特枉華緘，傾所中藏，儼然尸祝不肖，而謙抑太過，其何敢當？大懼仰違高誼，細讀雄篇，謹僭一評。每篇搆思精深，措語新警，而逸度宛緻，又復色色絕人，自是遠到大受，以成令先公未竟之業，豈勝欣忭。計此札未至門下，已巍然冠三楚之英矣。至于不肖所欲言，想皆門下所素了者，兹漫商之。天下之至文，必有得于文章之外者也，姑置禪玄二家，只論吾儒。在宋惟陸象山、楊慈湖，本朝惟王陽明、陳白沙，俱直透心體，得孔子真脉。發而爲文，雖不以文名，實天下之至文在焉。然四先生又各各自得，未嘗相襲，所以大異，所以大同。世稱象山本于孟子，象山自云「因讀孟子而自得之」，則象山自有象山之學，非孟子之學也。得此而于文何有矣？次之文人，如韓、柳、歐、蘇諸大家，亦各有獨至。至今讀韓子之文，不知有柳子之文也；讀歐陽永叔之文，不知有蘇氏之文也，亦大異而大同焉。非同則爲立異，非異何以能同？即如近時舉業名家，亦非苟然者，須于聖賢微旨稍窺一二，而闡發抑揚，自成一局。每題面繁者約之，雜者貫之，促者舒之，散者整之，非故反題面也，正以照題旨也。吾文爲題面束縛，則吾之自得不顯；吾之自得不顯，則聖賢之旨隱矣。鄙見如此，不識高賢亦有當乎？臨楮依企。

蔡獻臣

蔡獻臣（一五六三—一六四一），字體國，號虚臺，别號直心居士，同安（今屬福建）人。萬曆十七年（一五八九）進士，授刑部主事，官至光禄少卿。蔡氏師從楊起元，教人以實踐爲先。著有清白堂稿等。閩中理學淵源考卷七〇有傳。

清白堂稿卷四理學宗旨序 辛酉

予友郭道憲既纂理學宗旨而序之曰：「南北部可言，牛李不可言。牛李可言，洛蜀朔不可言。洛蜀朔可言，朱陸不可言。」此道憲獨見之論。雖然，道憲其有憂乎？憂世也，憂道也。何也？道所以維世者也。夫道之宗何昉乎？虞廷危微，繼之精一。孔門戒懼，先以性道，本體、工夫合併無二，此非萬世論學之大宗歟？歷宋而明，理學中天，若濂溪、河南、新安、象山、河津、江門、姚江諸大儒，或主静，或居敬，或問學，或德性，或録讀書，或大總腦，或致良知，雖開關啓鑰，若人人殊，然言脩總不廢悟，言知總不廢行，言本體總不廢工夫。其餘諸君子，苦心密證，畢力分疏，無非所以發揮大儒之宗傳，而求不謬乎精一戒慎之本旨。辟之山宗岱，原其所起；水宗海，滙其所止。夫道有二乎，學有二乎？藉具在以心會焉，以身體焉，則千聖宗子不在儒先，而在我矣。不然而繭絲牛毛，頓悟直指，不俗則禅，毫釐千里。試思朱陸異同，紛紛争辨，而迄今並行宇宙間，若車兩輪，廢一不可，則道固自有大同在，奚分門別户爲哉？明此，則晚年定論，姚江固紫陽氏之忠巨。而談本體，不説工夫，使陽明復生，亦當攢眉，故嘗謂譚學之家，止辨真僞，不論異同。學苟爲己，雖異，同也；學苟爲人，雖同，異也。道憲講於南臯先生之門，稱上足，是書之行，其有功於斯道斯世甚大，予故樂爲引其端而質之。

陳懿典

陳懿典（一五六三——一六四七），字孟常，號如冈，秀水（今浙江嘉興）人。萬曆二十年（一五九二）榜眼，選庶吉士，授編修，官至詹事府少詹事。著有吏隱集（即陳學士先生初集）。嘉禾徵獻録卷二二有傳。

陳學士先生初集卷一七先考贈奉直大夫右春坊右諭德梅岡府君暨先妣王宜人盛宜人行略節録

上略。先府君府君諱一德，字子咸，梅岡其別號也。中略。見世儒朱陸之辨，每謂學不驗體身心日用，不得妄希妙悟，漸久悟入，自然更不滲漏。若求頓而不免疏脱，恐象山必以爲非。苟務漸而終無歸着，在晦庵必不謂是。故其學自經史而外，不廢博綜，陰陽卜筮、稗官小説、堪輿星曆，無不考鏡，扁曰「日格」，其大指可覩矣。下略。

孫慎行

孫慎行（一五六五—一六三六），字聞斯，號淇澳，武進（今屬江蘇）人。萬曆二十三年（一五九五）探花，授翰林院編修，官至禮部尚書，卒謚文介。其學從宗門入手，而以學問思辨行爲工夫，明儒學案謂：「東林之學，涇陽導其源，景逸始入細，至先生而集其成矣。」著有玄晏齋文抄等。明史卷二四三、明儒學案卷五九有傳。

玄晏齋文抄卷一　讀宋儒語録記又二章 其一

朱子云：「悟之一字，聖門殊未嘗言。」予思夫子默識，蓋别之學與誨也。凡事物見其當然，即知其爲當然，故默識即多見而識也，非悟之謂也。近世賢達多從悟入，陸子之直言大道，蓋亦天質之然，真聖人之體，而非從悟入者也。朱子師延平，而未嘗述静坐爲教，以爲指訣。自龜山至老，若存若亡，終無一的寔見也。蓋朱子力肩聖學，專以聖門多聞多見用力，而未嘗以悟爲學如此。

玄晏齋文抄卷一　讀象山先生語録 節録

上略。若宋儒中最高者，無如象山先生。其言：「常惡人杜撰，又病人説閑言語。杜撰者不本大道，閑言語者無可見于行事，兩者既絶，方可謂之善言。」説：「除『先立乎其大』一句外，吾無他伎倆。」説「攻乎異端」：「只先理會得同底一端，則凡異此者皆異端。」説：「不知尊德性，又焉有所謂道問學。」説：「孔門惟顔、曾得道，顔、曾從裏面出來，外人從外面入去，子夏、子張之徒外入之學。」此皆確然之見，百世之可師者也。語録略志梗概，不盡其精神，然肯循之玩味，則所謂精神者當不出是。若朱子辨説最詳，無有隻言斷簡似語録者；

陽明子傳習録並門人撰記，其問處多有不必問，故其答處多有不消答者。余于兩家乃略。

丁紹軾

丁紹軾（？—一六二六），字文遠，一字默存，貴池（今屬安徽）人。萬曆三十五年（一六〇七）進士，改庶吉士，授翰林院檢討。天啓五年（一五二五）入閣，官至禮部尚書、武英殿大學士，卒謚文恪。著有丁文遠集等。事迹見國榷。

丁文遠集外集卷三第三問儒學禪宗

問：戰國以降至于宋，千數百年矣，叙道統者曰，軻之死不得其傳，直至濂洛關閩而後接續，是果然乎？宋儒稱得傳矣，而朱陸同異，紛紛致辨，至今以爲門户口實，豈遂無得失於其間乎？秦漢去古未遠，爾時豪傑代不乏人，而皆曰「不聞道」，豈豪傑之士概不可與于聖人之道耶？毋其口不談道，遂爲觀場之見而少之耶？仲超悟者，動貶考亭，考亭之學果與心性不相干涉者耶？而二家之儒並爲得傳，豈孔孟之傳無一定之司南耶？儒與儒角矣，而又增設一禪教，因與禪角，禪且勿辨，乃併儒之超悟者皆斥之爲禪，此何以説也？是説倡于宋，附和于明，至以江門、姚江皆議其爲禪，呶呶矣，亡何又並祀于聖人宫墻，何也？豈禪亦有不礙于儒者耶？毋二子之學之非禪耶？爾鄉爲海濱，鄒魯諸儒所自出，試爲我究言其指歸，毋若人童習而白紛也。

道不可以世代隔也，而好爲標榜者，則斷續之議興。道不可以知行岐也，而好爲門户者，則是非之見成。道亦不可以儒釋限也，而過爲攻擊者，則轉説轉眯，至驅吾道予之而莫可辨。甚矣，言道者之多敝也，而道未始有敝也。道一而已矣，善學道者亦貞夫一而已矣。譬之於水，止此一源，掘井者第求至其源。此源亘古亘今，流衍宇宙，而謂有涸而不盈者謬。此源隨人挹取，各充其量，而謂此是彼非者謬。此源掘地得泉，隨處可見，異地皆然，而迷之于此，認之爲彼，則益謬。請就明問所及而臆陳之。人之譚道者，有不尊信「軻之死不得其傳」之言乎？此尊吾軻夫子則可，而謂直至宋人濂、洛、關、閩始接孟氏之傳，宋以前闃其無聞，吾不信也。此宋人標榜之過也。何也？自秦而漢，而唐而宋，中間歷晋，以至于五代，無慮千數百年，若謂地盡不泉，詎有是理？謂人盡不知道，則此心此理豈不絶滅矣乎？以上下千百載之久，而曰不知道，將其君何君，其臣何臣，其民何民，是皆無道之世乎？而又曰直至宋而道續，吾不知宋之爲宋，果有愈於漢焉否耶？且今天下論人者，惟聖賢、豪傑兩品，語云豪傑而不聖賢有矣，未有聖賢而不豪傑者，然則聖賢者即豪傑之聖賢，豪傑者未至聖賢之豪傑，不可以二之，明矣。孔子有云：「不得中行與之，必也狂狷。」其云中行，聖賢是已，其云狂狷，詎不可以豪傑當之？夷考狂狷之異於鄉愿，止爲其不擬足而行，不隨俗而和，不斤斤於廉潔退讓謹默掩護之迹，而直心白意，一往輒詣云耳。豪傑之士，政復如是，舍漢更誰勝之？說者謂漢高狂之神，文帝狂之聖，子房狂而智，武侯狂而忠，而曹相國、汲長孺則所謂狷者，皆能刑措於不用，己不勞而民安之，故謂之狷也。夫子房猶近儒，武侯素知學，若數君者，皆口不譚道，噫嘻，譚道者道耶，不譚道者遂非道耶？儻有其氣骨神髓，詎必曾原乃稱狂狷耶？由此推之，則東方朔、陶淵明、阮嗣宗、劉伯倫之徒，謂古之狂也肆，可也。而伍員之孝，屈平之憤，藺相如之勇，魯仲連之俠，東漢諸君子之節義，皆謂之狷，可也。又推而言之，其不學無術者曰博陸，吾未知天下之絕有學術者，果有加于公否也。其他經儒，姑勿論。孰謂宋以前之不得與於斯道耶？噫，自兹說倡，而儒始有專門。即宋諸名臣表表者，皆不得與，此門户所繇起也。夫不立有儒之門，謂無異同可矣。一有儒之門，則同之中又有異矣。故尊德性、道問學兩言爲朱陸「葵丘」，後之祖是說者呶呶，遂若東西諸侯不帝齊秦者然，可笑也。夫顏子默識，何嘗廢博文之功；子貢多學，亦自有一貫之妙。可以相參，不可以相詆也。嘗觀子静之言曰「六經注我，我注六經」，可謂子静遂廢六經乎？曰「堯舜以前何書可讀」，可謂其遂不讀堯舜以後之書乎？考亭之辨固相矛盾，然觀其所與事君者，自正心誠意外，平生別無所學，寧宗嘉納「惟在求放心」之言，翁可謂學無本原者耶？象山講義利，翁云汗背交下，此德性耶，問學耶？嘗讀翁中和舊説序，有云：「余先年從事李延平先生，受中庸之書，求喜怒哀樂未發之旨」，則翁之所嚮慕可知。至末年乃歎，師門嘗以爲教，顧已狃於訓詁文義，而未及求，卒發咏于源頭活水。今觀晚年定論，則翁固有淘沙而見金，剖石而得玉者矣。大都學有本體有工夫，以本體爲工夫即悟即修，以工夫合本體，從修得悟，頓漸有分，及泉則一。善學陸者不可執辭以害意，善學朱者尤當原始以要終。善乎先正之稱王汝止者，有曰「越中良知，淮南格物，如車兩輪，實貫一轂」，如是則不必入室而操戈，争門而競户矣。至于佛，世所目爲異端者也，又胡容置喙？噫，此皆起于門户，因畫爲疆域者也。佛之所以爲佛，吾不得而知之，世之所以信佛與其所爲闢佛，吾亦不得而知之。然撮其大指，不過謂佛明心見性，説空説無，多虚明了悟上乘之見。而儒者一作是解，便争詫爲禪，遂以悟門爲禪宗，以心性爲彼道也。噫，謬矣。此格物者求伸其説而不得，遂自處于卑陋而不顧矣。夫心性在人，如魚之有水，聖人舍是何以爲教，而舍明悟又何以爲心爲性？若大易、魯論、學、庸諸書，舉之不勝舉也，豈皆得之釋耶？如以虚明了悟歸之佛，則必不虚明、不了悟而後謂之儒，天下有是儒乎？如以言悟不言修是佛，則必悟與修截然爲二，而舍修更何悟，舍悟有何修，天下豈有此道乎？愚請得評之。謂佛明心見性，可也；謂明心見性爲佛教，不可也。闢佛，可也，以明心見性闢佛，不可也。於佛荒唐悠謬之言闢之，可也；於儒虛明洞解之言亦以爲類佛而闢之，不可也。迷于方者，不知東西，既乃指東以爲西；眩于音者，不辨朴璞，既乃認璞以爲朴。宋儒勿論已，以明江門、姚江而人皆以禪學目之，是果爲定論乎？夫所惡于禪者，謂其棄事絶物，無關于天下國家之故也。以江門、姚江而謂之禪，不爲禪立赤幟乎，而世多以交游語言文字求之。噫，孔子莊事老聃，孔之所以成其大；元公從游鶴林寺僧壽崖，元公所以就其高。河圖洛書取之龜馬，滄浪蒭蕘不可忽爲邇言。如以交臂衲子通内典而謂之禪，則世之口不道十地，足不踐葱嶺者，人人而儒矣。故致知而薄格物者過，格物而目致知爲禪學則尤過。吾于是而有感于本朝道學之盛也。高皇神聖統天，聰智絶世，不由師傳，暗合道妙。遡之堯舜同符，擬之高文不啻過之。而一時名臣，道德經濟，爲狂爲狷，如良如參者，何可指數？儻以取漢儒者取我明諸儒，則今俎豆宫墻，四人猶隘之矣。其以考亭之學著爲功令，廣厲學宫，蓋不敢繩天下以上知之資，而示斯人以筌筏梯航之便，乃於江門、姚江並示褒崇，登之俎豆，則德性問學明寔兼之，所云集大成之日矣。至于儒主孔子，佛主釋迦，其曰用孔之教以經世，用佛之教以陰助王化。大哉王言，非曲防遏糴鄰國不通往來者。至江門、姚江人詆爲禪，聖與爲正，廷議一定，百喙皆息。如我明者，真範圍道術之宗，而歷漢、唐、宋以來未有其盛者也。其在學者，將何所取衷？曰：道一而已矣，學道者求致其一而已。江、淮、河、漢皆水也，忠、質、文皆治也，尚功、尚親皆道也，清、任、和皆聖也。所惡者模擬刻畫，效顰學步，暖暖姝姝，執一以爲是，是德之賊也。何者？聖人所取于善人，不踐迹而已矣。道不屬之古人，當盡掃古人之芻狗。道不離乎自性，當從自性内闢，取一乾坤。蓋古之豪傑，不必爲今之所爲；今之豪傑，亦何必效古人之所爲？昔香嚴問溈山西來意，溈山曰「我説自我底，不干汝事」，終不加答。後因擊竹有悟，始禮謝溈山。此禪家不踐禪家之迹也。伯淳曰：「吾學雖有所受，『天理』二字，卻從自己體貼出來。」李愿中有云：「學者病在未有灑然冰解凍釋處。孔門諸子，得孔子爲之依歸，感化雖多，至於融釋脱落處，非言説所能及。」此儒家不踐儒家之迹也。不踐迹則始乎善，成乎信，終之美大聖神，謂美大聖神從迹得之，可乎？故秦漢以前之儒非無駁者，而取之自性，瑜不掩瑕，則駁爲真駁。秦漢以後之儒非無醇者，而依傍影響，飾瑜掩瑕，則醇多僞醇。夫學不務其所以真，而飾其所爲僞，則格物非也，致知亦非也。即之乎禪，固非也。脱離乎禪，亦非也。吾且不與其爲善人，尚安稱聖賢豪傑，而關斯道之絶續者哉？

沈長卿

沈長卿（一五七三—？），字幼宰，號灰庵，又號錢江逸民，錢塘（今浙江杭州）人。司馬朝軍續修四庫全書雜家類提要云：「今考沈氏日旦卷六己巳識語云：『予行年五十七，書此自箴，非敢箴世也。』己巳爲崇禎二年（一六二九），其生平據此推定焉。」著有沈氏日旦等。

沈氏日旦卷一〇

朱陸是非，辨者多矣。予謂紫陽但從事下學而遺上達，人遂以腐儒目之；象山但從事尊德性而遺道問學，人遂以異端揣之，皆偏致也。朱有見于人，無見于天；陸有見于内，無見于外，皆與精一之旨睽。以故二家之徒交相非，亦各相矯，竟不自覈其所以失，而支離寂滅，不獲受師益，反受師損也。噫！

費元禄

費元禄（一五七六—一六四〇），字學卿，一字無學，鉛山（今屬江西）人。家世顯貴，折節讀書，有詩名。著有甲秀園集。西江詩話卷九有傳。

甲秀園集卷六衕南祠朱陸先生有述

巋然五畝宮，二賢精爽俱。蘋藻祀千秋，寥寥數株樹。振肅望羹墻，葢葍集環堵。同異抉靈機，微言恢往古。六經遂中天，一脉開南土。翔鸞翼丹楹，喬木覆周廡。冥然嘆望洋，於世何足數。

甲秀園集卷二五陽明先生文集序

陽明先生既已究心於老釋者二十餘年，因有所覺，始乃沿周程之説求孔孟之傳，禪寂員定，一旦悟出焉，吾道中行，超然自得矣。則謂聖人既没，心學晦，而人僞行。功利訓詁記誦詞章之徒紛沓而起，支離决裂，歲益日新，相爲沿襲，而競於是非，曾不覺其紕繆。而反求本原，始爲揭致良知一語，以覺世之憒憒。考歷宋元而我明五百年間，孔孟之道復大明中天，先生功偉矣。禄既推本先生之學，而取其序大學古本、或問等篇及傳習録答問諸君子論學諸書，時披閲莊誦，見先生心體躬行，因時立法，直吐胸中所見，砭人膏肓，啓人錮蔽，發千古聖賢不傳之秘，即士有志學孔孟之道，舍此無適矣。夫自堯舜禪授精一執中明心之學，開蒙萬古，而禹、成湯、文、武、周公又各因世闡道立教，書册以來，載籍可考也。周衰，聖人心學大壞，吾道亡統，異端肆行，吾夫子於洙泗始與弟子講明正學，而孟氏直接其傳，障海東瀾，吾道得赤幟而樹之。孔門以求仁爲至，天地萬物合爲一體，己立立人，己達達人，直謂心之本體，如此空空如也。「吾有知乎哉」，「我叩其兩端而竭焉」。孟氏曰：「道在仁義而已矣」，「我知言，我善養吾浩然之氣」。不學不慮，直養亡害，則吾夫子之道也。今考先後遞承，脩道立教，其談説不無異同，乃指歸若出一印，抑何符節合也。孟軻没千五百年無真傳，而宋周、程大儒始一振響，握正印而麾群邪，廓如也。朱子後出，遂集大成。承學之士，謬其師説，辯析日詳，決裂日甚，不復求其晚年定論。然後高明奇偉，往往厭薄，傳習紛囂，取證佛老，墮坑落塹，自以爲勝於罹湯火者之爲，乃後知章句繪琢，詭心色取於聖人之學，勞苦無功，固不如老釋之清浄自守，究心性命之簡約，猶之求以自得也。夫求以自得，違聖不遠，安得謂二氏盡非而反攻之也？禄猶讀往者陸氏與朱子鵝湖會講德性之説，雖其造詣不逮周程，而簡易直截，直接孟氏所謂學求放心之旨也。先生之致良知，固超然自得，有覺於老釋究心之後，第亦於象山似有暗合，但議論開闢，造詣純粹。良知即在吾心，致吾心之良知於事物，則事物得其理，而意誠心正身脩，家國天下一以貫之，德性問學不分爲二。先生之學蓋亦求仁義之旨，所謂獨超千載，沿朱、陸、周、程而上直接孟氏之統矣。嗚呼，苟不固聰明聖知達天德者，其孰能知之？而世之議者以其與朱抵牾，遂詆以爲禪。大抵亦猶之以初年究心老釋，不知其有所悟，入於孔孟之道也。夫禪之説，豈非遺棄人倫、物理，無裨於家國天下萬一哉？今禪之書與先生之書具在，學者試合而觀之，其爲禪也者，其不爲禪而孔孟也者，是非同異，斷如指掌矣。藉令勝心舊習之爲見，而一倡群和，勦説雷同，糠粃精鑿之美惡，入口不辯，寧詎能家置一喙哉？余烏乎知之。

甲秀園集卷三七李見羅先生

不肖垂髫之年，嘗伏讀古聖賢遺言大訓，私心嚮往，不敢菲薄自待，而猥守章句，未獲指南。吾江右多名賢，如敬齋胡先生、近溪羅先生數公，比肩越中陽明先生，道翊千載，功偉百世。乃今始於通家年誼之中知有先生矣，揭止修之學，示統宗之路，與良知互相發明，上接洙泗，下開來兹。不肖即未謁先生壇坫，業已泰山北斗仰之。聞先生無行不與，竊願附於門牆之末，謹質所疑，幸先生役畜之而開示焉。夫自孔孟道喪，千五百年，秦火之餘，漢儒近古，頗守師説，惟董子爲最，學人皆賴其力。魏晋崇佛老，江左煽禍爲烈。文中子存微言於如綫，而後儒皆極彈譏，豈非寢處其室，而操戈反向耶？宋沿漢儒，紹明闡繹，遂遡孔孟真傳。朱元晦先生集其成大，啓我明之盛。傳習既久，或溺訓詁。越中倡良知而發之藥，豈非辭而闢之廓如耶？而今日釋老塞路，人詑明心見性，流之弊也。先生止脩之旨，豈非挽虚反實一證耶？竊以爲大學親民止至善，論語學習知命二章，始終其説耳。子思、孟子各從所入。子思明善誠身，説明德居多。孟子仁義性善，説親民居多。兩傳而兩不偏廢，止至善一脉也。越中之良知，豈非孟子之「夜氣」耶？止修大旨，本體、工夫並提不悖，然與，否與？良知舉其一，止修舉其全與？第止至善則言止，脩身爲本則言脩，兩者合言宗旨，末學未能參究，或有聖賢補綴學問之説與？大抵爲道不在多言，脩之身心爲要。即脩矣，即致良知可，格物可，無不可與？仁義性善無不可與？明善誠身何不得止至善也？入門一法，下手用工，如餘干先生居敬之説，然與，非與？江右之學宗陸，閩中之學宗朱，尊德性、道問學，千載所辨，亦千載所疑，江、閩乃有定派耶？先生處閩中，學者雲從，一止修之統，大討朱陸之踪，而孔孟之道麗日中天。不肖生也晚，豈敢當吾世而失吾師？聊以臆見質所疑義，願先生不吝徽惠而賜之誨言，兼請諸刻，奉以指南。不肖本當負笈埽門，以家大人暮年，朝夕杖屨，不敢少離，敢因紹介拜使，附啓如此，臨風不勝翹企之至。

沈德符

沈德符（一五七八——一六四二），字景倩，一字虎臣，秀水（今浙江嘉興）人。萬曆四十六年（一六一八）舉人。著有萬曆野獲編。生平見雍正浙江通志及錢大昕疑年録卷四。

萬曆野獲編卷二七紫柏評晦庵

董思白太史嘗云：「程、蘇之學角立于元祐，而蘇不能勝。至我明姚江出，以良知之説變動宇内，士人靡然從之，其説非出于蘇，而血脉則蘇也，程朱之學幾于不振。紫柏老人每言晦翁精神止可五百年，真知言哉。」董盖習聞其説而心服之。然姚江身後，其高足王龍溪輩傳羅近溪、李見羅，是爲江西一派；傳唐一庵、許敬庵，是爲浙江一派；最後楊復所自粤東起，則又用陳白沙緒餘，而演羅近溪一脉，與敬庵同爲南京卿貳，分曹講學，各立門户，以致並入彈章。而楚中耿天臺、淑臺伯仲，又以别派行南中，最後李卓吾出，又獨創特解，一掃而空之。今錫山諸公又祖楊龜山，特于朱陸異同辨晰精核，則二程淵源，又將顯著于中天矣。

劉宗周

劉宗周（一五七八——一六四五），字起東，號念臺，山陰（今浙江紹興）人。學者稱蕺山先生。萬曆二十九年（一六〇一）進士，授行人司行人，累通政司右通政，固辭不赴，内批「矯情厭世」，奪職爲民。崇禎時起復，官至左都御史，亦因忠正直諫而遭黜。南明時，復爲左都御史。明亡，浙江失守，遂絶食殉國。南明贈謚忠端、忠正，清乾隆時追謚忠介。宗周之學以慎獨、誠意爲宗旨，出於陽明一派，然能救正末流之偏，故四庫全書總目稱「故其生平造詣能盡得王學所長，而去其所短，卒之大節炳然，始終無玷，爲一代人倫之表，雖祖紫陽而攻金谿者，亦斷不能以門户之殊併詆宗周也」。著有周易古文鈔、論語學案、蕺山集等，今人輯爲劉宗周全集。事迹見明史卷二五五、明儒學案卷六二等。

劉宗周全集經術大學雜言

問：格物之説，朱王異同如何？曰：朱子格物之説，置身於此而窮物於彼，其知馳於外，故格致之後，又有誠正工夫。陽明格物之説，置身於此而窮物於此，其知返於內，故格致之時，即是誠正工夫。要之，格致工夫原爲誠正而設，誠正工夫即從格致而入，先後二字皆就一時看出，非有節候。是一是二，自可理會。

朱子格物之説，其大端從詩、書六藝窮討物理，原是學問正項工夫，士舍此無以入道者。但其工夫已做在小學時，至十五而入大學，則自小學之所得者，由身而達之天下國家，其第一義在格物，即就此身坐下言。通大學一書，何嘗有遊藝之説？

朱子曰：「窮理且令其有切己工夫。若只泛窮天下萬物之理，不務切己，即遺書所謂『遊騎無歸』矣。」又曰：「窮理如性中有箇仁、義、禮、智，其發爲惻隱、羞惡、辭讓、是非，只是這四者，任是世間萬事萬物，皆不出此。」此二條最得知本之意。又曰：「見得義當爲便必爲，利不當爲便必不爲，便是物格知致。」此即王文成格致之説。

朱子格物之説，雖一草一木，亦須格得十分透徹。文成初學其學，遂就亭前竹子，用力數日，而不得其説，至於病，因反求之心，漸有悟於知行合一之旨，而大學古本出焉。自今觀之，朱子言一草一木亦格其切於身者，如周子庭前草，謂其「與自家生意一般」便是。文成本欲詆其説，故專就一草一木上用工夫，安得不困！

文成云：「聞見非知，良知是知；踐履非行，致良知爲行。」言約義精，真足以砭後學支離之弊。然須知良知之知，正是不廢聞見；致良知之行，正是不廢踐履。文成專救弊一邊言耳。

高存之云：「誠正是格致實詣處，格致是誠正研究處。」看得此兩項一而二，二而一最分曉。

朱子云：「讀書是格物一事。」予謂：讀書便有讀書之物可格，句句讀在自身上，便是知本處。

格物之説，古今聚訟有七十二家，約之亦不過數説。「格」之爲義，有訓「至」者，程子、朱子也；有訓「改革」者，楊慈湖也；有訓「正」者，王文成也；有訓「格式」者，王心齋也；有訓「感通」者，羅念庵也。其義皆有所本，而其説各有可通，然從「至」爲近。「格物」不妨訓「窮理」。只是反躬窮理，則知本之意自在其中。朱子曰「人心之靈，莫不有知」，正文成所謂「良知」也；「因其已知之理而益窮之」，所謂「致良知」也。

問：文成良知之説何如？曰：孟子言「不慮而知」爲良知，大學言「知而能慮」，是學而知之也。學知之知，即良知之知而至焉者。專以良知言大學，落文成之見。

只是一個良知，正須從意根查考，心源體認，身上檢點，家庭印證，國與天下推廣。這便是格物工夫，恰便是致知工夫。

問：朱子補傳之説何如？曰：余向嘗以「邦畿」四節爲釋「格致」，今姑以朱子之意通之，無不一一脗合者。朱子曰「人心之靈，莫不有知」，即「緡蠻」節意，言人各知所止也。朱子曰「大學始教，即凡天下之物，莫不因其已知之理而益窮之，以求至乎其極」，即「穆穆文王」節意。言仁、敬、孝、慈、信皆人心已知之理，必如文王之敬止而後有以造其極也，即君臣、父子、國人之物而窮仁敬孝慈信之理。推之萬物，莫不皆然，所爲即物窮理也。朱子曰「至於用力之久，一旦豁然貫通焉，則衆物之表裏精粗無不到，而吾心之全體大用無不明矣」，即「聽訟」節意，言無訟而必由於畏志，此豈可以聲音笑貌爲哉！徹見吾至善之全體而明新一貫大用隨之，所得於知本之學深也。「此謂物格，此謂知之至也。」表裏精粗，即本末之謂，如聽訟物之粗者，而無訟其精也；無訟物之表，而使無訟其裏也。格物者格此而已，致知者知此而已。然則格致傳本是完也，以爲未完而補之者，贅也。朱子之補傳，善會之即古本之意也，以爲支離而斥之者，亦過也。

劉宗周全集語類人譜雜記二記警雌黄經傳第九十二

陸子静九淵嘗言：「顔子悟道，後於仲弓。」又曰：「易繫決非夫子所作。」又曰：「孟子也無奈高子何。」朱子甚不然之。

劉宗周全集語類人譜雜記二記警讀書無序第九十三

朱子曰：「讀書是格物一事。」余謂讀書不止是格物一事，讀書句句讀在自身上，便是格得讀書之物。先生每讀書，必以循序而致精，以爲窮理之要。嘗自言：「當讀其上句，則不知有下句；當讀其上章，則不知有下章。」此所謂讀書與存心，做一事了□只如此亦得矣。

劉宗周全集語類讀易圖説第三十一章

陸子之言本心也，幾於誠明矣。朱子之言主敬也，幾於明誠矣。合而言之，道在是矣。

劉宗周全集語類聖學喫緊三關迷悟關

或問：「格物致知之學與世之所謂博物洽聞者，奚以異？」曰：「此以反躬窮理爲主，而必究其本末是非之極致。彼以狥外誇多爲務，而不覈其表裏真妄之實。然必究其極，是以知愈博而心愈明。不覈其實，是以識愈多而心愈窒。此正爲己爲人之分，不可不察也。」

讀書是格物一事。

須是存心與讀書爲一事方得。何事不是一事？

讀書之法，在循序而漸進，熟讀而精思。又曰：字求其訓，句索其旨。未得於前，則不敢求於後；未通乎此，則不敢志乎彼。又曰：先須熟讀，使其言皆若出於吾之口；繼以精思，使其意皆若出於吾之心。

以吾觀書，出處得益；以書博我，釋卷而茫然。便是「六經注脚」之説。

讀書若有所見，未必便是，不可便執著，且放在一邊。若執著一邊，此心便被此遮蔽了。譬如一片潔白田地，若上面纔安一物，便有遮蔽處。

學問不考古，固不得。若一向去採摭故實，零碎湊合也無益。孟子慨然以天下自任，曰：「當今之世，捨我其誰？」説到制度處，曰：「諸侯之禮，吾未之學，嘗聞其略也。」要之，後世若有聖賢出來，如儀禮等書也不行便行得，只就中定其尊卑隆殺之數，使人可以通行，這便是禮。爲之去其淫哇鄙俚之辭，使不失中和歡悦之意，這便是樂。看來朱子實不支離。

劉宗周全集語類聖學宗要陽明王子良知答問

自有宋諸儒而後，學者專守紫陽氏家法爲入道之方，即江門崛起，直溯濂溪，猶曰：「吾道有宗主，千秋朱紫陽。」説敬不離口，示我入德方。」獨陽明子讀大學，至格致一解，謂朱子即物窮理之説爲支離，而求端於心。天下無心外之物，即本心以求物理，是爲致良知於事事物物之間，而意可得而誠也。遂揭「致良知」三字專教學者，而答陸元静數書，發明中庸之理甚奥，則其真接濂雒之傳者。其曰「未發之中即良知」，即「主静立極」之説也。其曰「良知無前後内外而渾然一體」，即「性無内外」之説也。其曰「能戒慎恐懼者是良知」，即「敬無動静」之説也。其曰「自私自利爲病根」，即「識仁」之微旨也。最後病瘧一喻，尤屬居要語，所云「服藥調理在未發時」者，又即朱子涵養一段工夫之意。朱子他日曰「涵養須用敬，進學在致知」，至陽明子則合言之耳。孰謂其果立異同於朱子乎？夫諸儒説極、説仁、説静、説敬，本是一條血脉，而學者溺於所聞，猶未免滯於一指而不能相通，或轉趨其弊者有之。「致良知」三字，直將上下千古一齊穿貫。言本體，則只此是極，極不墮於玄虚；只此是仁，仁不馳於博愛。言工夫，則只此是静，静不涉於偏枯；只此是敬，敬不失之把捉。洵乎其爲易簡直截之宗也。或疑子之學近於禪者，乃儒釋之辨直以自私自利爲彼家斷案，可爲推見至隱。學莫先於義利之辨，於此一差，無往而不異，不必禪也。於此不差，雖謂茂叔爲窮禪可也，於子何疑？

劉宗周全集語類聖學宗要陽明王子拔本塞源論

愚按，孔門之學，其精者見於中庸一書，而「慎獨」二字最爲居要，即太極圖説之張本也。乃知聖賢千言萬語，説本體，説工夫，總不離「慎獨」二字。獨即天命之性所藏精處，而慎獨即盡性之學。獨中具有喜怒哀樂四者，即仁義禮智之别名。在天爲春夏秋冬，在人爲喜怒哀樂，分明一氣之通復，無少差别。天無無春夏秋冬之時，故人無無喜怒哀樂之時，而終不得以寂然不動者爲未發，以感而遂通者爲已發，可知也。蓋止一喜怒哀樂，而自其所存者而言謂之中，如四時之有中氣，所謂「陽不亢，陰不涸」是也；自其所發者而言謂之和，如四時之有和氣，所謂「冬無愆陽，夏無伏陰」是也。由中達和，故謂之大本達道，只是一時事，所謂「動静一原，顯微無間」者也。中爲天下之大本，即隱即見，即微即顯；和爲天下之達道，即見即隱，即顯即微，故曰「莫見乎隱，莫顯乎微」，而獨之情狀於此爲最真。蓋獨雖不離中和，而實不依於中和，即太極不離陰陽，而實不依於陰陽也。中，陽之動也；和，陰之静也。然則宋儒專看未發氣象，未免落在邊際，無當於慎獨之義者。故朱子初不喜其説，退而求之已發，以察識端倪爲下手，久之又無所得，終歸之涵養一路。其曰「以心爲主，則性情之體、中和之妙，各有條理」，正指獨而言，而不明白説破，止因宋儒看得「獨」字太淺，「中」字太深，而誤以慎獨之功爲致和之功故也。陽明子曰「良知即未發之中」，仍落宋人之見。又云「無前後内外而渾然一體」，庶幾得之。第以質之中庸，往往似合似離，説中説和，無有定指。總之諸儒之學，行到水窮山盡，同歸一路，自有不言而契之妙。但恐中庸之教不明，將使學慎獨者以把捉意見爲工夫，而不覿性天之體。因使求中者以揣摩氣象爲極則，而反墮虚空之病。既置獨於中之下，又拒中於和之前，紛紛決裂，幾於無所適從，而聖學遂爲絶德。故雖以朱子之精微，而層摺且費辛勤；以文成之易簡，而辨難不遺餘力，況後之學聖人者乎？因稍爲之拈出，以示來者。

劉宗周全集語類讀書説 示兒

子路曰：「何必讀書，然後爲學？」信斯言也。孔門明以讀書爲學，而子路顧反言之云，特其所謂讀書者，蓋將因此以得吾之心，爲求道計耳。故曰：「博學而詳説之，將以反説約也。」粤自天地既判，萬物芸生，時則有三綱五常，萬事萬化以爲之錯，而約之不外吾心。聖人因而譜之，以教天下萬世，後之人佔畢而守之，始有以儒學名者。故讀書，儒者之業也。曾子曰：「所游必有方，所習必有業。」又曰：「其少不諷誦，其壯不議論，其老不教誨，亦可謂無業之人矣。」夫儒者甚無樂乎以文勝也。而太史公列九家，特謂儒者博而寡要，當年不能究其藴，累世不能殫其功，何也？堯、舜、禹、湯、文、武而既没矣，其間暴君汙吏，更相蹂躪，横政之所出，横民之所止，至春秋而極，典、謨微言，不絶如線，於是仲尼起而修明之，删詩、書，定禮、樂，修春秋，贊周易，以憲萬世，而尊之曰經，使天下後世，復知有唐、虞、三代之道。故語聖而儒以博鳴者，莫仲尼若也，而非仲尼之得已也。乃時有老聃出而譏之曰：「六經，聖人之陳跡也，而豈其所以跡哉？」審如其言，以之獨爲學可矣，以之爲天下萬世，則吾不知也。孔孟而既没矣，其間異端曲學，更相簧鼓，邪説之所淫，暴行之所壞，至五季而極，洙泗微言，不絶如線，於是朱子起而修明之，著集注、或問，補小學，修綱目，纂濂洛之説，以教萬世，而定之曰傳，使天下後世，復知有六經之道。故語賢而儒以博鳴者，莫朱子若也，而非朱子之得已也。乃象山出而譏之曰支離，又曰「六經注我，我注六經」。審如其言，以之獨爲學可矣，以之爲天下萬世，則吾不知也。然則生於孔、孟、程、朱之後者，舍孔、孟、程、朱之書不讀，又何以自達於道哉？夫人生蠢蠢耳，此心熒然，喜而笑，怒而啼，惟有此甘食悦色之性耳。迨夫習於言而言，習於服室居處而服室居處，而後儼然命之人，則其習於學而學，亦猶是也。人生而有不識父母者，邂逅於逆旅，亦逆旅而過之，一旦有人指之曰「此爾父母也，爾即子也」，則過而相持，悲喜交集，恨相見之晚也。吾有吾心也，而不自知也，有人指之曰若何而爲心，又若何而爲心之所以爲心，而吾心恍然。吾心恍以爲是矣，人復從而指之曰，此若何而是，則爲善也不亦勇乎？吾心恍以爲非矣，人復從而指之曰，此若何而非，則去惡也不益決乎？吾心習以爲是非矣，人又指之曰，此是而非，此非而是，則遷善而改過也，不益辨乎？由是而及於天下，其是是而非非也，不亦隨所指而劃然乎？夫書者，指點之最真者也，前言可聞也，往行可見也，「多聞擇其善者而從之，多見而識之」，所以牖吾心也。先之小學以立其基，進之大學以提其綱，次之中庸以究其藴，繼之論語以踐其實，終之孟子以約其旨，而所謂恍然於心者，隨在而有以得之矣。於是乎讀易，而得吾心之陰陽焉；讀詩，而得吾心之性情焉；讀書，而得吾心之政事焉；讀禮，而得吾心之節文焉；讀春秋，而得吾心之名分焉。又讀四子以沿其流，讀綱目以盡其變，而吾之心無不自得焉。其餘諸子百家泛涉焉，異端曲學誅斥之可也。於是乎博學以先之，審問以合之，慎思以入之，明辨以晰之，篤行以體之。審之性情隱微之地，致之家國天下之遠，通之天地萬物之大，而讀書之能事畢矣。儒者之學，盡於此矣，故曰，讀書儒者之業也。自後世有不善讀書者，專以記誦辭章爲學，而失之以口耳，且以爲濟惡之具有之，於是有志之士始去，而超然即心證聖，以聞見爲第二義。而佛老之徒，益從而昌熾其説，其究至於猖狂自恣，以亂天下。嗚呼，溺者挾一瓢而濟，一瓢千金也。蓋亦有不善挾者矣，乃登岸，人或遂因而靳與後溺者以瓢，懼其重之溺，不知率天下而溺也。

余嘗從陽明子之學，至拔本塞原論，乃以博古今事變爲亂天下之本，信有然乎？充其説，必束書不觀而後可。夫人心不敢爲惡，猶恃此舊册子爲尺寸之堤，若又束之高閣，則狂瀾何所不至！舊偶閲一書，江陵欲奪情，盡指言者爲宋人爛頭巾語，此事唯王新建足以知之。夫江陵欲奪情，不管新建不新建，何至以新建之賢而動爲亂臣賊子所藉口？則亦良知之説有以啓之。故君子立教不可不慎也，余因有感而著讀書説。

劉宗周全集語類中庸首章説節録

上略。昔周元公著太極圖説，實本之中庸，至「主静立人極」一語，尤爲「慎獨」兩字傳神。其後龜山門下一派，羅、李二先生相傳口訣，專教人看喜怒哀樂未發時作何氣象。朱子親受業於延平，固嘗聞此。而程子則以静字稍偏，不若專主於敬，又以敬字未盡，益之以窮理之説，而曰「涵養須用敬，進學在致知」。朱子從而信之，初學爲之少變，遂以之解大、中，謂慎獨之外，另有窮理功夫，以合於格致誠正之説。仍以慎獨爲動而省察邊事，前此另有一項静存功夫。近日陽明先生始目之爲支離，專提「致良知」三字爲教法，而曰「良知只是獨知時」，又曰「惟精是惟一工夫，博文是約禮工夫，致知是誠意工夫，明善是誠身工夫」，可謂心學獨窺一源。至他日答門人「慎獨是致知工夫」，而以中爲本體，無可著力。此卻疑是權教。天下未有大本之不立而可從事於道者，工夫到無可著力處，方是真工夫，故曰：勿忘勿助，未嘗致纖毫之力。此非真用力於獨體者，固不足以知之也。大抵諸儒之見，或同或異，多係轉相偏矯，因病立方，盡是權教。至於反身力踐之間，未嘗不同歸一路，不謬於慎獨之旨。後之學者，無復向語言文字上生葛藤，但反求之吾心，果何處是根本一著，從此得手，方窺進步，有欲罷不能者。學不知本，即動言本體，終無著落。學者但知窮理爲支離，而不知同一心耳。舍淵淵静深之地，而從事於思慮紛起之後，泛應曲當之間，正是尋枝摘葉之大者，其爲支離之病，亦一而已。將持此爲學，又何成乎，又何成乎！

劉宗周全集語類第一義説

朱夫子答梁文叔書曰：「近看孟子道性善，言必稱堯舜，此是第一義。若於此看得透，信得及，直下便是聖賢，便無一毫人欲之私做得病痛。若信不及，孟子又説箇第二節工夫，又只引成覸、顔淵、公明儀三段説話，教人如此發憤，勇猛向前，日用之間，不得存留一毫人欲之私在這裏，此外更無别法。」此朱子晚年見道語也。學者須占定第一義做工夫，方是有本領學問，此後自然歇手不得。如人行路，起脚便是長安道，不患不到京師。然性善堯舜，人人具有，學者何故一向看不透、信不及？正爲一點靈光都放在人欲之私上，直是十分看透，遂將本來面目盡成埋没。驟而語之以堯舜，不覺驚天動地，卻從何處下手來？學者只是克去人欲之私，欲克去人欲之私，且就靈光初放處討分曉，果認得是人欲之私，便即是克了。陽明先生「致良知」三字，正要此處用也。孟子他日又説箇「道二，仁與不仁」。不爲堯舜，則爲桀紂，中間更無一髮可容混處。學者上之不敢爲堯舜，下之不屑爲桀紂，卻於兩下中擇箇中庸自便之途，以爲至當，豈知此身早已落桀紂一途乎？故曰：紂之不善，不如是之甚也。學者惟有中立病難醫。凡一切悠悠忽忽，不激不昂，漫無長進者皆是。看來全是一團人欲之私，自封自固，牢不可破。今既捉住病根在，便合信手下藥。學者從成覸、顏淵、公明儀説話激發不起，且急推向桀紂一路上，果能自供自認否？若供認時，便是瞑眩時。「若藥不瞑眩，厥疾不瘳」，正爲此等人説法。倘下之不爲桀紂，上之又安得不爲堯舜？

劉宗周全集語類讀書説

朱夫子嘗言：「學者半日静坐，半日讀書，如是三五年，必有進步可觀。」今當取以爲法，然除卻静坐工夫，亦無以爲讀書地，則其實亦非有兩程候也。學者誠於静坐得力時，徐取古人書讀之，便覺古人真在目前，一切引翼提撕匡救之法，皆能一一得之於我，而其爲讀書之益，有不待言者矣。昔賢詩云：「萬徑千蹊吾道害，四書六籍聖賢心。」學者欲窺聖賢之心，遵吾道之正，舍四書、六籍無由。夫聖賢之心，即吾心也，善讀書者，第求之吾心而已矣。舍吾心而求聖賢之心，即千言萬語，無有是處。陽明先生不喜人讀書，令學者直證本心，正爲不善讀書者，舍吾心而求聖賢之心，一似沿門持鉢，無益貧兒，非謂讀書果可廢也。

先生又謂「博學只是學此理，審問只是問此理，愼思只是思此理，明辨只是辨此理，篤行只是行此理」，而曰「心即理也」，若是乎此心此理之難明，而必假途於學問思辨，則又將何以學之、問之、思之、辨之，而且行之乎？曰：古人詔我矣。讀書一事，非其導師乎？即世有不善讀書者，舍吾心而求聖賢之心，一似沿門持鉢，苟持鉢而有得也，亦何惜不爲貧兒？昔人云：「士大夫三日不讀書，即覺面目可憎，言語無味。」彼求之見聞者猶然，況有進於此者乎？惟爲舉業而讀書，不免病道。然有志之士卒不能舍此以用世，何可廢也？吾更惡夫業舉子而不讀書者。

劉宗周全集語類向外馳求説

今爲學者下一頂門針，即「向外馳求」四字，便做成一生病痛，吾儕試以之自反，無不悚然汗浹者。凡人自有生以後，耳濡目染，動與一切外物作緣，以是營營逐逐，將全副精神都用在外，其來舊矣。學者既有志於道，且將自來一切向外精神，盡與之反復身來，此後方有下手工夫可説。須知道不是外物，反求即是，故曰：「我欲仁，斯仁至矣。」無奈積習既久，如浪子亡家，失其歸路，即一面回頭，一面仍作舊時緣，終不知在我爲何物。方且自以爲我矣，曰「吾求之身矣」，不知其爲軀殼也；又自以爲我矣，曰「吾求之心矣」，不知其爲口耳也；又自以爲我矣，曰「吾求之性與命矣」，不知其爲名物象數也。求之於軀殼，外矣；求之於耳目，愈外矣；求之於名物象數，外之外矣，所謂一路向外馳求也。所向是外，無往非外，一起居焉外，一飲食焉外，一動静語默焉外，時而存養焉外，時而省察焉外，時而遷善改過焉亦外，此又與於不學之甚者也。是故讀書則以事科舉，仕宦則以肥身家，勳業則以望公卿，氣節則以激聲譽，文章則以諛聽聞，何莫而非向外之病乎？學者須發真實爲我心，每日孜孜急急，只幹辦在我家當。身是我身，非關軀殼；心是我心，非關口耳；性命是我性命，非關名物象數。正目而視之，不可得而見；傾耳而聽之，不可得而聞。非唯人不可得而見聞，雖吾亦不可得而見聞也。於此體認親切來，自起居食息以往，無非求在我者。及其求之而得，天地萬物，無非我有，絶不是功名富貴，氣節文章，所謂自得也。總之，道體本無内外，而學者自以所向分内外。所向在内，愈尋求愈歸宿，亦愈發皇，故曰：「君子之道，闇然而日章。」所向在外，愈尋求愈決裂，亦愈消亡，故曰：「小人之道，的然而日亡。」學者幸蚤辨諸。

劉宗周全集語類與王右仲問答

問：「見天不全，便有不同。」指晦庵、象山。

鄙語指二先生之學，曰「所見不同」，而所見之天不同，所以不害其爲同。如必有見而後謂之同，無乃得之蒼蒼，轉失之穆穆。

問：「如游、夏親炙夫子而茫然，則道豈終不可聞邪？我輩益無可望矣。大抵夫子不輕許人，以阻人之進。」

游、夏親炙夫子，恐亦未必覿面覷破，在葉公一問，子路便無從置對。及夫子殁，而門人欲以有若生存夫子而事之，到底不識夫子何如人。向微「江漢秋陽」數語道破，真令萬古長夜。甚矣，聞道之難也。然游、夏得處，只是終身服膺夫子不倦之教，想其精神結撰不囿於文學，故視德行不爲庸，視言語不爲佞，視政事不爲麤，寬然游於大冶之中，以相爲麗澤，則其中固不可謂爲無所見矣。若朱子不能用陸子，陸子不能用朱子，便是不及古人處。朱子曰：「去兩短，取兩長。」陸子曰：「建安亦無朱元晦，青田亦無陸子靜。」

問：「晦庵亦從禪學勘過來，其精微處未嘗不採取，而不講，故妙，所謂之者不言也。象山、陽明終不出其範圍，晚年定論可見。」

虞廷之訓曰：「道心惟微。」佛氏者，微吾儒之微而離道者也。又必先之曰：「人心惟危。」禪宗者，危吾儒之危而遠人者也。此儒、釋異同之大較也。宋儒自程門而後，楊、游之徒浸深禪趣，朱子豈能不惑其說？故其言曰：「佛法煞有高妙處。」而第謂「可以治心不可以治天下國家」，遂辭而闢之，將吾道中静定虚無之説，一並歸之禪門，惟恐一托足焉。因讀大學而有得，謂：「必於天下事物之理，件件格過，以幾一旦豁然貫通之地，而後求之於誠正。」故一面有存心之説，一面有致知之説。又曰：「非存心無以致知，而存心者又不可以不致知。」兩平遞相君臣，迄無一手握定把柄之勢，既已失之支離矣。至於存心之中，又復分爲兩便，曰：「静而存養，動而省察。」致知之中，又復岐爲兩途，曰：「生而可知，義理耳。若夫禮樂名物，亦必待學而後有以驗其是非之實。」安往而不支離？蓋亦禪學有以誤之也。象山直信本心，謂「一心可以了當天下國家」，庶幾提綱挈領之見，而猶未知心之所以爲心也。故其於窮理一路，姑置第二義。雖嘗議朱子爲支離，而亦不非議朱子格致之説。格致自格致耳。惟其學不本於窮理，而驟言本心，是以知有本心，不知有習心，即古人「正心」、「洗心」等語皆信不過，竊其意旨，委犯朱子「心行路絶」、「語言道斷」之譏。文成篤信象山，又於本心中指出「良知」二字，謂「爲千聖滴骨血」，亦既知心之所以爲心矣。天下無心外之理，故無心外之知。而其教人，獨惓惓於去人欲、存天理，以爲致良知之實功，凡以發明象山未盡之意。特其説得良知高妙，有「妄心亦照，無照無妄」等語，頗近於不思善惡之説，而畢竟以自私自利爲彼家斷案，可爲卓見。合而觀之，朱子惑於禪而闢禪，故其失也支；陸子出入於禪而避禪，故其失也龘；文成似禪非禪，故不妨用禪，其失也玄。至朱子晚年定論，文成謂「未必盡出於晚年，而得之晚年者居多」，亦確論也。若朱子可謂善變矣，由支離而易簡，庶幾孔門聞道之地，其爲卓立天天下萬世之儒矩奚疑，而文成者殆其功臣與！

問：「畢竟朱子之學已到至處，後來儒者俱不出範圍。只是朱子講問學多，故談德性者不無議論。不知性命原無可説，夫子止有『一貫』一語，餘皆説學問也，何以無可訾邪？竊意朱子政先師家法。」

學問不嫌多，政爲尊德性而多也。夫子語語道問學，卻語語是尊德性，若謂「一貫」是德性注脚，早已不識「一貫」了。

劉宗周全集語類學言上

陽明先生言良知，即物以言知也。若早知有格物義在，即止言致知亦得。朱子言獨知，對睹聞以言獨也。若早知有不睹不聞義在，即止言慎獨亦得。

劉宗周全集語類學言下

「致知在格物」，則物必是「物有本末」之「物」，知必是「知所先後」之「知」。石本于兩節互易先後，尤見分曉。乃後儒解者，在朱子則以物爲泛言事物之理，竟失知本之旨；在王門則以知爲直指德性之旨，轉駕明德之上，豈大學訓物有二物，知有二知邪？

格物之説，相傳有七十二家，其最著者，爲以「至」訓「格」，朱子是也。以「去」訓「格」，慈湖及許恭簡師是也。以「式」訓「格」，陽明是也。以「感通」訓「格」，念庵是也。念庵與朱子相近，慈湖與陽明相近。然就大學前後本文熟玩之，終以朱子之説爲長。物有本末，將從何項格去？從誠正來，何必增格式？起手在此，將從何地感通？但朱子泛求物理，不免如游騎之無歸，少疏知本之義耳。然如補傳所云，莫不因其已知之理而益窮之，以求至乎其極，何嘗非陽明「格物之極，止至善而已矣」之意？陽明云「致良知於事事物物之間」，全是朱子之説。而又云「格其不正，以歸於正」，則又兜攬正心項下矣。豈欲正其心者，究竟只在去其心之不正，以歸於正乎？

朱子之意，蓋欲人預先討論物理，而以讀書爲大端，反而正之吾心，乃得反約之地。由是進而繼之以誠正之功，沛如也。然其如講明後，臨到手一著，全用不著也。曷不將此項工夫一一用在到手時？如讀書而求讀書之理，則此心明於讀書之下矣。讀書之知致，而讀書之意誠；讀書之意誠，讀書之心正矣。處事而求處事之理，則此心明於處事之下矣。處事之知致，而處事之意誠；處事之意誠，處事之心正矣。又推之事親、敬長，隨處用力，莫不皆然。如此分疏，更較親切。但此隨事省察之端，畢竟當鋪張在誠正以上款項，而於經文所謂「物有本末」，「此謂知本」之説，全無分曉，則推之誠正以往，隨處是架屋疊床，而無從見其爲一貫之血脉，反不若朱注之有條理矣。即如陽明意在於事親，則致吾良知於事親之物，去其事親之不正者，以歸於正。事親之物格，而後事親之知至；事親之知至，而後事親之意誠；事親之意誠，而後事親之心並無孝之可言，則正矣。亦微有商量，只意在於事親，便犯箇私意了。落根在稊稗，安望五穀之熟？談學而求精者，即云爲子必於孝且不許，況可意在於事親！即當晨昏則定省，當冬夏則溫凊，何處容得意在於事親邪？此其辨甚長，不細從坐下體勘，則不知其弊。

王門矯朱子之説，言良知復以四事立教，言無、言有、言致、言格，自謂儘可舞弊。然宗旨本定於無，已是一了百當，故龍溪直説出意中事，但恐無之一字不足以起教也，故就有善有惡以窮之。仍恐一無一有對待而不相謀也，故又指知善知惡以統之。終病其爲虛知虛見也，又即爲善去惡以合之，可謂費盡苦心。然其如言心而心病，言意而意傷，言知而知岐，言物而物龐。四事不相爲謀，動成矛盾。本欲易簡，反涉支離。蓋陽明先生偶一言之，而實未嘗筆之於書爲教人定本，龍溪輒欲以己説籠罩前人，遂有天泉一段話柄。甚矣，陽明之不幸也。

「太極本無極」，是直截語。如後人參解，乃曰「太極本於無極」耳，信如此，豈不加一重障礙？宜象山之斷斷而訟也。

劉宗周全集語類學言 補遺

象山先生曰：「孔門多有無頭柄語，如言『學而時習之』，不知習箇恁麽？又言『知及之，仁能守之』，不知所及、所守者又是何物？」程子亦云：「大凡有題目事易做。今且説學是學其進爲之事，則自灑掃應對，以至事親從兄，禮樂射御書數之屬盡之矣。士童而習之，質美者當舞象入塾，已能通之。若謂學其理，則理之散見於天下者，又安能一一而學之？」據象山之見，將謂學其本心而已乎？心又何可學也。夫仁智非心體乎？則所及、所守者又何物耶？宋儒見道莫如程子，所謂無題目事果安在？仁義禮智孰非犯題事？舍此而言此心、此理，果逃之空虚者耶？程子又言：「吾學雖有所受，然天理二字卻是自家體認得來。」則濂溪太極一圖已土苴擲之，而所謂天理二字，果二帝、三王以來不傳之秘乎？須知體認之功又從何處起，得非吾夫子所謂時習者非耶？後之君子繇象山之言，而約之以程子之説，則知聖學之必有要歸，而從事於支離恍惚者，皆學其所學，而非聖人之所謂學矣。

劉宗周全集語類會録

朱子之學，孔子之教也。陽明先生之學，孟子之教也。

象山不差，差於慈湖；陽明不差，差於龍谿。

象山見道甚真，朱子學力甚苦。

世言：「上等資稟人宜從陸子之學，下等資稟人宜從朱子之學。」吾謂不然。上等資稟人方可從事朱子之學，以其胸中已是有箇本領，去做零碎工夫，條分縷析，亦自無礙。若下等資稟人尤宜從事朱子之學，下學而上達，始能識得道在吾心，不去外求。不然，只去懸空想象，求吾道於虛無寂滅之鄉，寧不率天下而爲禪乎？曰：「然則重知者非乎？」曰：「知行何可偏廢，亦不可作兩項看。知之至，纔能行之至；行之至，方是知之至。後人言即知即行，不必於知外更求行，重本體不重工夫，所以致吾道之大壞也。」

朱子曰：「人心之靈，莫不有知。」即所謂良知也。但朱子則欲自此而一一致之於外，陽明則欲自此而一一致之於中，不是知處異，乃是致處異。

劉宗周全集語類證人社語録

或問：「學果不廢聞見否？」先生曰：「從古學統，唐虞而上不可考，然特取虞舜於孔子爲宗的，何也？虞舜不自用而用人，好問好察，皆就聞見處得來，孔子一生好古敏求，問官問禮亦然。但古人多聞多見，原爲反約地，不似後儒專騖耳目。看來亦緣古人心虚，盡奪得有我自是之見，所以學有進步。吾輩專談本心，以聞見爲第二義，多屬私心自是邊伎倆，此又是因藥發病了。學者不可不知。」

劉宗周全集文編與以建三

以建有歸并一路之説。

人有議子静之學專歸管一路者，子静曰：「吾學只有一路。」子静之學專内而略外，信本心而遺形器，未嘗不是，卻未免落在一路。僕謂人心最初止有天理一路，其紛然而岐者皆人欲也。下愚者流，縱欲惟危，無論矣。我輩學道人雖亦當下分曉，但形生神發以來，默默受制，彼此相持，姑與中立，及至調停不得，全體墮落，反生一種似是之理，就中脱出。如説經便有權，説天理便有人情，説枉尺便有直尋，凡辭受出處生死，以及日用云爲之際，無不皆然。此又所謂岐中之岐，謬以千里者也。子輿氏曰：「舍正路而弗繇，哀哉！」學者纔看破時，會須立判清初，永辭夾從，只剩得赤條條一路，超然上達，又何内外精粗之足云？易曰：「一致而百慮，殊途而同歸。」此歸并一路之説也。

劉宗周全集文編與陸以建二 萬曆癸丑。

「好學近乎知，力行近乎仁」，二者作何分解？又曰「博學而篤志，切問而近思，仁在其中矣」，其旨異同何如？及觀學、問、思、辨、篤行五者，一齊臚列，分明知行並進，而大學又以誠意先致知，致知外更無誠意之功，何與？弟謂聖學要旨攝入在克己，即大、中之旨攝入在慎獨，更不説知説行。周子「學聖有要」一段亦是簡截，與克己、慎獨相印證。文成每言「博學者，學此者也」，庶幾此意。然象山、陽明之學皆直信本心以證聖，不喜談克己功夫，則更不用學、問、思、辨之事矣。其所言博學等語，乃爲經傳解釋，非陽明本旨。要之，象山、陽明授受終是有上截無下截，其旨險痛絶人，與龍溪四無之説相似。苟即其説而一再傳，終必弊矣。觀於龍溪、慈湖可見，何況後之人乎？

劉宗周全集文編答李生明初崇禎辛未。節録

上略。古人言善，都從源頭上無思無爲處看來，故曰「性善道亦善」。後人言善，都從末流上有造有作處看來，故曰「有性善有性不善，有道善有道不善」。有造有作之善，原無定名，惡亦無定名，是故孟子以楊墨爲異端，韓子則以墨子爲孔子，荀子非孟子於十二子之中。近世李卓吾以秦皇、武曌爲大聖人，而學者又以李卓吾爲孔子。即陸象山以朱子爲僞，朱子又以陸象山爲禪。此等善惡名目，皆從私意私識輾轉卜度，總不是定理。若論源頭，武曌未始非聖人，所以亦是堯舜而非桀紂。學者須從源頭上尋出本來人果是何等面目，一切性道教是善是惡，必知端的。學者千差萬錯，只是不識性，不是不識率性。

劉宗周全集文編答右仲三丁丑八月六日。

向病中接大教，久之乃得展誦。其於儒者之學可謂斤斤矩矱。循朱而顔，循顔而孔，階級雖分，同歸一路，遞而進之，庶幾弗叛於道。而門下大意，乃爲班駁龍溪之書而發，則僕固嘗見及此矣。龍溪之於文成，所謂固朱而紫，倫於似者也，天泉證道記尤其顯然左驗也。「顔子歿而聖人之學亡」，龍溪數稱之，而其言本之象山，蓋喜其專用心於内也。喟然

一嘆、仰鑽瞻忽、卓爾末繇，全似禪家參悟一門，而象山喜之。一似顔子工夫，猶然落空落幻，未有實際在，則亦可爲不知顔子矣。豈知顔子從博返約以後，其工夫儘是摭實，而不免苦孔之卓，只爲此心此理未曾渾合一片，其境地猶在天人之間，故不禁其絶塵，一往而無從。此際苦心，真似啞子嘗瓜，其滋味向人道不得。可見顔子仍是漸修一法工夫，豈所謂繇不啓之扃，達無轍之境云云乎？門下誦言而闢之，良是也。

至於德性、聞見本無二知，心一而已，聰明、睿智出焉，豈可以睿智者爲心，而委聰明於耳目乎？今欲廢聞見而言德性，非德性也；轉欲合聞見而全德性，尤未足以語德性之真也。世疑朱子支離，亦爲其將尊德性、道問學分兩事耳。夫道一而已矣，學亦一而已矣。一，故無内外，無精粗。與其是内而非外，終不若兩忘而化於道之爲得也。至謂古來聖賢間出，皆急急幹辦一事，不知所幹者何事，此處若不求下落，不免逐響尋聲，躋吾道於尋常日用之外矣。

劉宗周全集文編答王金如三 朝式，戊寅十一月。

前者草率作答，區區之衷，宜有不盡亮于足下者，兹敢進而請益焉。

竊惟斯道之傳，至吾夫子而集大成矣。其微言載在四書、六經，可考而信也。學者童而習之，白首而不得其解，遂於此中猶存乎見少，而求助于外，何異盲者處大明之下，覓微燈以索照乎？或曰：「取善貴廣學，不諱博也。」正謂有得於孔孟之道，而因以折衷於諸子百家，定其瑕瑜，存其去取，亦無往非證道之地耳。若其苟存一不足之見，博討旁稽，竊竊焉取而附益之，未有不操戈還向者也。嗟乎，孔孟而既往矣，微言日泯，求其能讀聖人之書者幾人！惟時老莊之徒，首蔽於長生之見，崇尚虛無，絶仁棄義，各著書以垂後世，其爲叛道之言顯著，不足辯也。獨楊墨言仁義，而孔子之道蝕，故孟子辭而闢之，不遺餘力，七篇出而二氏廢，學者遂專言老莊，若堅白異同之類，皆寓言之支流也。漢魏以來，一變而言黄老，又曰易老，合羲皇於老氏，不勝其畔援之情。然祖其説者，亦不過競標名理以資談柄，其旨淺陋易窮。此時有聖人者出，而一倡吾道以正之，何物清談，摧枯拉朽耳。惜乎崇有之論，不足以厭，而徒以相譏，卒無補於天下之亂。於是，西方之教乘虛而起，儼然雄據其上矣。

猶是虛無之説也，而益反其本，破尊生之見，超於無生。無生亦無死，其究不離尊生，乃其功行，歸之明心見性，時有通於吾儒之説者。讀儒書者又從而附會之，出入變化，莫可端倪。當此聖遠言湮，學絶道喪之日，學者驟聞之而喜，以爲此吾聖人之所未嘗言及者也。又有進者曰：「非禪也，即吾聖人之精言也。」安得不掉首相率而趨之乎？

天不殄吾道，特起有宋諸儒，後先犄角，相與修明孔子之學，炳如也。遂惓惓以闢佛老爲己任，比於孟子之闢楊墨，其功偉矣。然當此之時，佛教大行，求其粹然獨出於儒者，濂溪、明道而外無聞焉。其他或始就而終去，或陰茹而陽吐，則其於吾聖人與佛氏毫釐似是之辨，容亦晰之有所未精矣。以故解經之際，或失之支離，舉吾聖人之真者而歸之禪，不敢一置喙；間有置喙者，即距之爲禪，不復置辨。故雖以師友淵源，而羅、李不能驟得之晦翁；雖以一堂契晤，而鵝湖不能盡化其我見。則一彼一此之間，固已開門而揖盜矣，況末流益復弊焉者乎？夫闢佛老，美名也，辭之不勝，至貶吾聖人之道以殉之，寧不益受以柄？於是爲佛氏之徒者，私聞之而喜曰：「彼之爲儒者如是如是，何以闢吾爲哉？」即學聖人之學者，私聞之而恚曰：「此之爲儒者如是如是，何以闢佛爲哉？」此禪學之所以日新月盛而未有已也。

又三百餘年而陽明子出，始固嘗求之二氏之説矣，久而無所得，始反而求之六經，特舉前日所讓棄於佛氏者而恢復之。且周旋於宋儒之説，相與彌縫其隙，兩收朱陸，以求至是。良知之説，有功後學，斯文賴以一光。繇今讀其恢復之辭，如曰：「佛氏本來面目，即吾聖人所謂良知。」又曰：「工夫本體，大略相似，只佛氏有箇自私自利之心，所以不同。」又曰：「佛氏外人倫，遺物理，固不得謂之明心。」可謂良工苦心。吾意後之學聖人者，繇陽明子而朱子，及於明道、濂溪，溯之孔孟，如是而已矣。

然學陽明之學者，意不止陽明也。讀龍溪、近溪之書，時時不滿其師説，而益啓瞿曇之秘，舉而歸之師，漸躋陽明而禪矣。則生于二溪之後者，又可知矣。至是而禪之與儒是一是二，永不可問矣。雖使子輿氏復生，且奈之何？而其爲斯道晦明絶續之關，益有不可言者矣。

僕嘗私慨，以爲居今之世，誠欲學者學聖人之道，而不聽其出入於佛老，是欲其入而閉之門也。譬之溺者，與之以一瓠而濟，一瓠亦津梁也。學者患不真讀佛氏書耳，苟其真讀佛氏書，將必有不安於佛氏之説者，而後乃始喟然於聖人之道，直取一間而達也。審如是，佛亦何病於儒？治病者，輕則正治，甚乃從攻；熱因熱用，寒因寒用，不亦可乎？

僕生也晚，不及事前輩老師大儒，幸私淑諸人焉。於吾鄉得陶先生，學有淵源，養深自得，不難尊爲壇坫，與二三子共繹所聞。每一與講席，輒開吾積痼，退而惘然失所據也。一時聞者興起，新建微傳，庶幾有託。其他若求如之斬截，霞標之篤實，子虛之明快，僕自視欿然，以爲不可及，因而往還論道，十餘年如一日，不問其爲儒與禪也。

至僕之於足下，私心期望，更有不同於泛泛者。足下志願之大，骨力之堅，血性之熱，往往度越後進，繇其所至，成就正未可量，不敢遽問其爲儒與禪也，其餘諸子可知矣。然而世眼悠悠，不能無疑矣，曰：「諸君子言禪言，行禪行，律禪律，游禪游，何以道學爲哉？且子而與其從學佛之士，寧若從吾流俗士？」僕聞之，笑而不答。諸君子自信愈堅，其教亦愈行，而其爲世眼之悠悠愈甚。噫嘻，今而後將永拒人於流俗之外，不得一聞聖人之道者，是亦諸君子之過也。傳有之：「中道而立，能者從之。」又曰：「魯人獵較，孔子亦獵較。」諸君子而誠畏天命、憫人窮，有溥濟一世之襟期，盡一世之流俗歸之大道，上接孔孟之傳，下闢陽明之室，則心迹去就之際，宜必有以自處矣。若止就一身衡量，諸君子行履儘足自信，亦安往而不可乎？然僕有以知足下之必爲彼而不爲此也。

僕資性不逮人，老而未聞道，猶竊願學焉，斤斤救過之不遑。苟足以匡吾之過，而進吾之不及，皆吾師也，請從而終事焉。小學之訂，願足下勿疑，亦并無致疑於僕，願足下終亦教我。

劉宗周全集文編答胡嵩高嶽朱緜之昌祚張奠夫應鰲諸生戊寅十一月。

比辱手教，纚纚數千言，具見衛道苦心。於今之世，殆亦空谷之足音。而況以不佞之汶汶寡昧者當之，又不啻大聲之呼，而疾雷之破耳也，敢不拜嘉？僕於此復竊有請焉。夫道一也，而釋氏二之；教本分也，而託於釋氏者混之。則其爲世道之病，信有如足下所言者，固已不煩更端而請矣。

今之言佛氏之學者，皆其有意於聖人之道者也。不幸當聖遠言湮之日，又無老師大儒以爲之依歸，遂不覺惑於二氏，而禪尤其甚者耳，則亦聖人所謂賢知之過也。彼其於聖人之道，既嘗童而習之矣，彝倫日用，託於耳目之近者概可知也，稍讀佛氏書而異之，其言單提性宗，離四句、絶百非，層層折入，亦復層層掃除，以視吾儒言天載，尚隔幾重階級，而自詫爲妙道，自嘆爲希有，安得不去而從之乎？此厭常喜新之惑也。

夫聖人之道，不落虛無，事事有可持循，宜乎學之之易矣。乃以吾夫子之聖，竭一生功力，至七十年而幾幾乎從心之説；及門之徒三千七十，傳道者不過一二人，亦僅具體焉，況聞而知之者乎？蓋求道之難，而學爲聖人如此其尤不易也。孰似彼佛氏者，以悟性爲則，一念回機，即同本得。嘗言：「旬日不會，便當截取老僧頭。」以故傳燈若干人，無不人人證聖、諦諦傳宗，吾寧不舍難而就易乎？此欲速助長之惑也。

且所貴乎學聖人之道者，爲其有利於吾耳，不然亦利於天下。而儒者首禁人以功利之説，動云「無所爲而爲」，至推之天下中和、位育，只是道理如此。倘實求施濟，堯舜猶病，總不得位，蓬累而行耳，鄉鄰有鬭者閉户云耳。若佛氏性宗既透，起願即是道場，懺悔即離苦厄，滅度盡六道，冥報通三生，而身復超於三生、六道之外，以了生死一大事，胡於自利利人無量乎？則尚俟一切有爲法乎？此計功謀利之惑也。

凡此三惑者，一言以蔽之：「儒門淡泊，收拾不住。」彼家所爲自供自認者也，而不知聖人之道本如是其淡而不厭也，進必以漸，且逾進而逾無窮也，出乎義而不出乎利也。此所謂惑之甚也。

子曰：「素隱行怪，後世有述焉。」殆謂是與？其中儘不乏雄深警敏之士，見地往往有過人者，就其所至，舉足自成片段，自占地步，以視一輩流俗之士，藉口於聖人之道，而悠悠忽忽，漫無所據者，亦有間矣。且今之號爲學聖人之道者，即幸而偶有所見，能讀古人書，反之性地，仍自茫然，曾不敢望彼家聲聞一乘，而況問其所爲，卓然有志於聖人之道，而升堂而入室者乎？則一彼一此之間，固未有以相勝也。不相勝而相譏，猥欲以語言文字，挽其一往不返之深情，亦祇以重其惑已耳。然則奈之何哉？

僕於此有説焉。今之言佛氏之學者，大都盛言陽明子，止因良知之説於性覺爲近，故不得不服膺其説，以廣其教門，而衲子之徒亦浸假而良知矣。嗚呼，古之爲儒者，孔孟而已矣，一傳而爲程朱，再傳而爲陽明子，人或以爲近於禪。即古之爲佛者，釋迦而已矣，一變而爲五宗禪，再變而爲陽明禪，人又以爲近于儒，則亦玄黄渾合之一會乎？而識者曰：「此殆佛法將亡之候，而儒教反始之機乎？」孟子曰：「逃墨必歸於楊，逃楊必歸於儒。」今之言佛氏學者，既莫不言陽明子，吾亦言陽明子而已矣。譬之出亡之子，猶識有父母，一面時時動其痛癢，則父母固得而招之，自禰而上，益恍惚矣。陽明子者，吾道之禰也。今之言佛氏之學者，招之以孔孟而不得，招之以程朱而又不得，請即以陽明子招之。佛氏言宗也，而吾以陽明子之宗宗之；佛氏喜頓也，而吾以陽明子之頓頓之；佛氏喜言功德也，而吾以陽明子之德德之，亦曰良知而已矣。孟子曰：「無是非之心，非人也。」夫學者而不知有良知之説則已，使知有良知之説，而稍稍求之，久之而或有見焉。則雖口不離佛氏之説，足不離佛氏之堂，而心已醒而爲吾儒之心，從前種種迷惑一朝而破，又何患其不爲吾儒之徒乎？此僕之所以誦言陽明子而不容已也。

夫道者，天下之達道，而言道之言，亦天下之公言也。孔孟言之而不足，則程朱言之；程朱言之而不足，則陽明子言之；陽明子言之而不足，則後之人又有言之者。但不許爲佛氏之徒所借言，而苟其借之而足以爲反正之機，則吾亦安得不因其借者而借之，以一伸吾道之是乎？孟子曰：「楊墨之道不息，孔子之道不著。」僕亦曰：「陽明子之道不著，佛老之道不息。」道陽明之道，言陽明之言，且獨言其異同於朱子之言，殆亦以發明朱子之藴，善繼朱子之心，以求不得罪於孔孟焉止耳。

僕聞之，春秋之法，先自治而後治人，故曰「君子反經」。僕亦與二三子共學陽明子而已矣。今而後，願足下偃旗息鼓，反其分别異同之見，而告自邑焉，於以尊所聞而行所知，日進於高明廣大之地，則天下之士必有聞風而興起者，吾道之明且行，庶有日乎？僕旦暮跂之。

劉宗周全集文編與履思十七 戊寅十二月。

吾輩只是埋頭向切身處痛切鞭策，莫管異同不異同。即偶見以爲異爲同也，亦足以相證而相劘，無往非受益之地。如是者，日有就而月有將，久之而意見盡融，藩籬盡化，行到水窮山盡，點點滴滴，消歸當下，何處是異，何處是同？近來朋友中稍稍有作異同見者，弟深病務外好名，每爲切切言之，亦有聞之而知警策者矣。兄幸無慮焉。王士美諸兄，初發心向道，政當嘉與而獎借之，亦不必先慮其異同而阻之也。目下機括，正此學絶續之關，願諸君子仔細培養，如育嬰兒，作多方照顧想，方是也。

劉宗周全集文編與管霞標 宗聖，己卯六月。

昨承教愛，具仰與人爲善之盛心，佩服無已。儒釋之辨，各各取證於心，不害其爲大同小異，況足下之教，則全以儒宗詮佛乘，并求所爲小異處不可得矣。

僕每念如來法是西方教法，至達摩入震旦，便將震旦教法和合其中，此佛法一變也。至今日所講，則又一變也。子韶、慈湖其再生乎？子韶、慈湖亦儒者流，而家風自成，多與程朱別，故後人目爲禪。至象山則又與二子不同，後人亦目爲禪，誠可異也。

僕嘗病儒者之學不傳，自純公而後，學者苦將孔孟頭地壓下，無可立站處，遂將此事一并送出於佛氏。而佛氏亦沾沾自喜，益土苴吾儒，其爲世道病亦不小。僕向嘗以此意微與朋友言，而聞者似終欲處佛氏於吾儒之上，頗以鄙言爲不然，不知足下終以爲何如也？

學問説到宗心處，亦已至矣。但善言心者，一語可了；不善言心者，累千萬言，説得天花亂墜，亦不了。譬如富人説金、説黄、説白，已是剩語；貧子説金，終日贊嘆不已，雖亦不離黄白之旨，而聞者反多眩鶩矣。前遇方外人，極口談宗語不了，僕應之曰：「大易『神無方而易無體』，便是聖人分上，甚是簡淡家風。」如此，高明以爲然否？

劉宗周全集文編答韓參夫位，庚辰四月十六日。

別道範，不禁離索之思。竟冬抱痾，入春少安，乃得爲先公完宿諾，媿散人出之拙筆，無當千秋耳。接執事閏正月二日書，殊爲慰浣，兼承教言，惓惓以正學相切劘，唯恐瞽人之没足榛荆坑塹也，而亟納之康莊，甚大惠也，且感且佩！

陽明先生良知之説，執事既許其爲孟子之言矣，又嫌其少箇「致」字，一似有本體而無工夫。豈知陽明立言之病，正是以大學合孟子，終屬牽强，而執事反病其不合乎？良知之説，本不足諱，即聞見遮迷之説，亦是因病發藥。但其解大學處，不但失之牽强，而於知止一關全未勘入，只教人在念起念滅時用箇「爲善去惡」之力，終非究竟一著，與所謂「只於根本求生死，莫向支流辨濁清」之句，不免自相矛盾。故其答門人，有「即用求體」之説，又有「致和乃以致中」之説，又何其與龜山門下相傳一派顯相矛盾乎？

然則陽明之學，謂其失之粗且淺，不見道則有之，未可病其爲禪也。陽明而禪，何以處豫章、延平乎？只爲後人將「無善無惡」四字播弄得天花亂墜，一頓攙入禪乘，於其平日所謂「良知即天理」、「良知即至善」等處全然抹殺，安得不起後世之惑乎？陽明不幸而有龍溪，猶之象山不幸而有慈湖，皆斯文之阨也。大抵讀古人之書，全在以意逆志，披牝牡驪黄而直窺其神駿，則其分合異同之際，無不足以備尚論之資，而一脉大中至正、純粹不雜之聖真，必有恍然自得於深造之餘者。若或界限太嚴，拘泥太甚，至於因噎而廢食，則斯道終無可明之日矣。僕願參夫且擴開心胸，高抬眼鏡，上下古今一齊穿貫，直勘到此心此理、吾性吾命絶無閃躲處，必有進步也。

總之，「禪」之一字，中人日久，以故逃之者既明以佛氏之説納之吾儒之中，而攻之者轉又明以吾聖人之精微處推而讓之佛氏之地，亦安見其有以相勝？古有慈湖，今之有忠憲先生，皆半雜禪門，故其説往往支離或深奥，又向何處開攻禪之口乎？嗚呼，吾道日晦矣，惟參夫留意。

劉宗周全集文編與陳紀常壬午三月。

竊念學會一事，以陶先生主盟，固將偕同志諸君子共衍文成公良知一脉也。先生之意，豈及身遽已乎？九原有靈，其屬望吾輩，當何如者？今法堂草深，每月間會文成祠，少存餼羊，而諸君皆裹足不至。公私起見乎，異同起見乎，賢否相形起意乎？

異同之見，自古而然，陸子不必化朱子，文成不必化涇野。諸君子但自講自學，人講人學，是堯舜而非桀紂，何必同！若曰流俗難混，講學原爲化俗而設，若人人是聖賢路上，亦何必借此作揖打恭爲正項事？「可者與，不可者拒」，古人嘗見譏於同列，如之何其明蹈也？

惟是公私一關，則所係學術甚大，諸君不可不察。冷眼看世人，初無大惡，只是私己一念，造成無限藩籬，做起無限罪過。故「克己」二字，顔子猶用得著，雖大賢亦是頂門針，何況吾輩！僕深不願諸君子有此矣。往者，僕嘗發「同人于宗于郊」之説，金如深感動，未幾爲一場閒話而罷，豈諸君子之見不及金如乎？私己之見一萌，因而有異同；異同之見一起，因而有賢否，則所傷於吾道大矣。諸君子即口口言學，無乃聚沙蒸飯，此意一化，宇宙太和氣象即在，吾黨人人志聖而聖，希賢而賢矣。

願諸君子深紹前哲惓惓之心，來月之三，齊赴文成祠，再訂初盟，胡越一家，幸甚！是日聞自庵先生主盟，張先生年八十，而每會必赴，又絕不開口一字，亦絕不聽得一字，卻爲何事？豈非吾師乎吾師乎！諸君但學張先生可也。

劉宗周全集文編復李二河翰編士淳，癸未二月十二日。

格物雖格盡天下之物，然其要只是知本，蓋物有萬而本則一也。即朱子云「表裏精粗，全體大用」，正逗此中消息，可爲分明。世以爲支離者，誤也。若陽明先生言格去物欲，反有礙。格去物欲，是禪門語徑，吾儒用不著。若只説「爲善去惡是格物」亦不妨。兩先生是同、是異，須善理會。夫所謂知本者，依舊只是誠意之爲本而本之，不是懸空尋箇至善也。知止而後有定、靜、安、慮、得，所謂「知至而後意誠」也。前後非兩件事，亦並非架屋疊牀，但亦須看得意字分曉，方有下落。匆匆作答，殊媿率爾。

劉宗周全集文編答史子復孝復，癸未十月。

昨小語幸蒙批示，匆匆略讀一過，蓋亦有與鄙意互相發明者，如謂僕之所云意，蓋言知是也，則其他可以類推。

知意之與知分不得兩事，則知心與意分不得兩事矣。分晰之見，後儒之誤也。意爲心之所發，古來已有是疏，僕何爲獨不然？第思人心之體，必有所存而後有所發，如意爲心之所發，則孰爲心之所存乎？如心以所存言，而意以所發言，則心與意是對偶之物矣，而惡乎可？總之，存發只是一幾，故可以所存該所發，而終不可以所發遺所存，則大學誠正一關，終是千古不了之公案，未可便以朱程之言爲定本也。陽明先生曰「有善有惡者意之動」，僕則曰「好善惡惡者意之動」，此誠意章本文語也。如以善惡屬意，則好之惡之者誰乎？如云心去好之，心去惡之，則又與無善無惡之旨相戾。今據本文，果好惡是意，則意以所存言，而不專屬所發言，明矣。好惡云者，好必於善，惡必於惡，正言此心之體有善而無惡也。做好惡兩在而一機，所以謂之獨。如曰有善有惡，則二三甚矣。獨即意也，知獨之謂意，則意以所存言，而不專以所發言，明矣。

總之，一心耳，以其存主而言謂之意，以其存主之精明而言謂之知，以其精明之地有善無惡歸之至善謂之物。識得此，方見心學一原之妙，不然未有不墮於支離者。但此等分解，亦只是訓詁伎倆，與坐下了無干涉。吾輩能切己反觀於生身立命之原，時時有把柄，不復墮落影響，則此心此理，自有不言而相喻於同然者矣。

劉宗周全集文編答史子復二 附來書，乙酉五月。

來書云：「細繹大學參疑，具仰衛道苦心。竊謂大學一書，既無的證可據，即位置精確，總屬臆説。説既無徵，何如姑置勿論！「從來聖學正傳，畢竟知先而行後。經傳中有析言之者，大學以致知先誠意，中庸以明善先誠身，論語以知及先仁守，而孟氏有始終條理及巧力之説，尤爲明確。有專言知而不更贅一行字者，大學首揭『明明德』，他如孔子之『朝聞夕死』，孟氏之『見知聞知』，程子所謂『未有真知而不能力行者』是也。大學三綱領既首明明德矣，八目遞爲先後之辭，而復以致知先誠意，亦猶中庸之不明乎善，不誠乎身，其示人下手緩急，若是其鑿鑿也。「而後乃專以誠言，而不更及致知、明善者，則先生所謂誠爲專義、了義，致知、明善爲誠意誠身而設者是已。顧既爲誠而設，則舍致知、明善決無能誠之理。蓋誠之爲言無妄也，無妄豈易言哉？天下惟合下至誠之聖人，不必更言致知、明善，其次則未有不自明而誠者。第致知之知，初非聰明情識之卜度。兹以尊言誠意，而猥欲抹殺其所自，因抑按致知知止之知，僅爲知修身爲齊治平之本，知誠意爲修身之本，而并以中庸明善爲證云云，則凡粗完大學訓詁者，舉造定静安慮等境界乎？蓋必真知未發本體，而後謂之致知、明善；亦必致知、明善之誠，而後可爲專義、了義。不然，則如射者不先中的之巧，而徒從事於貫革之力，正使登峰造極，不過爲清、任、和之三子，下此則涑水、元城輩而已，非了義，并失專義矣。

「以是竊謂功夫喫緊，不必争辯於已發未發，而要在致力於真見未發是何面目。與其繇敬入誠，爲伊雒正脉，固不如繇致知入誠意，繇明善入誠身，先識仁體而以誠敬存之，之尤爲洙泗正宗也。

「至謂陽明古本序中欲遷就其致良知之旨，與首二語自相矛盾，且以『已發』解『意』字，與中庸矛盾，尚欠一番玄會。以此判讞前人，似尚未是釋之、定國奏當，恐前人不任受此冤抑耳。仰恃知愛，輒敢罄其狂瞽，少效他山之助，惟先生有以教之。」

承示格致之義，三復之餘，已徵同調。第其間不無手輕手重之勢，亦一時成見使然，非果相矛盾也。夫學者覺也，纔言學，已從知字爲領路，豈惟學此知、困此知？即生知之知亦是此知，則誠意之必先格致也，與誠身之必先明善也，夫人而知之，僕亦嘗竊聞之矣。一日，有感於陽明子知行合一之說，曰「知之真切篤實處即是行」。夫「真切篤實」非徒行字之合體，實即誠字之別名，固知知行是一，誠明亦是一。所以中庸一則互言「道之不明、不行」，一則合言誠明、明誠，可爲深切著明。惟是立教之旨，必先明而後誠，先致知而後誠意，凡以言乎下手得力之法，若因此而及彼者，而非果有一先一後之可言也。

至於所以致知之方，不離誠之之目五者，而陽明子更加詮注，則曰：「博學者學此者也，審問者問此者也，慎思者思此者也，明辨者辨此者也，篤行者行此者也。」可見舍此之外，更無學、問、思、辨可言。他日，又曰：「約禮是主意，博文是工夫。」又總言之曰：「道問學是尊德性工夫，惟精是惟一工夫，明善是誠身工夫，格致是誠意工夫。」將古來一切劈開兩項工夫盡合作一事，真大有功於學者。猶恐其不能合也，直於大學工夫邊事輕輕加一「良」字，以合於明德之說，以見即工夫即本體，可爲費盡苦心。凡此皆丈妙契有日，而僕亦嘗口耳而聞之，頗見一二於參疑中，已蒙丈稍稍印可，此僕所謂自附於同調者也。

至所謂「手輕手重」云者，丈有見於工夫邊事重，舍工夫別無主意可覓，以自附於一先一後之本文；僕竊有見於主意邊事重，離卻主意，亦安得有工夫可下？以自附於古本諸傳首誠意，與「所謂誠其意者」，直指單提之本文，政如射者先操弓挾矢而後命中，與欲命中而始操弓挾矢，不能無少異，然其實同於一射而已；又如道長安者先辨出門路程，而後入京師，與必有欲入京師之意，而始出門以取路程，不能無少異，其實同是長安道上人，則亦何害其爲大同而小異乎？

此外略有可商者，丈言致知之知非聰明情識之知，而謂徒知修身爲齊治平之本，不足以言知至，似矣，無奈經文明言物有本末，修身爲本，此謂知本，此謂知至，明白直截。前人衍之，而陽明子復之。衍之者是乎，復之者是乎？復之者而誠是也，則知本之知可易言乎？學必知止乃能知本，知止之知可易言乎？知止則止矣，止至善可易言乎？繇知止而定、靜、安、慮、得，所謂致知者也，即所謂誠意者也。是以謂之知本，是以謂之知至，故曰「知至而後意誠」。知止之知，合下求之至善之地，正所謂德性之良知也，故言知止則不必更言良知。

陽明子之言良知，從「明德」二字換出，亦從「知止」二字落根，蓋悟後喝語也。而不必以之解大學，以大學原有明德知止字義也。今於一章之中，必分「格物」之「物」非「物有本末」之「物」，必分「致知」之「知」非「知本」、「知止」之「知」，且以爲猶有所不足也，必撰一「良」字以附益之，豈不畫蛇而添足乎？若曰「以良知之知知止，以良知之知知本」，則又架屋疊床之尤甚矣。大學言致知，原以工夫言，不特「致」字以工夫言，并「知」字亦以工夫言，乃「明明德」一句中，上「明」字脱出，非下「明」字脱出。今若加個「良」字，則「知」字似以本體言，全是下「明」字脱出矣。所以又有「知良知」、「悟良知」之説，則又架屋疊床之尤甚矣。夫曰「知良知」、「悟良知」，則本體工夫一齊俱到，此外更有何事？宜乎誠意一關不免受後人之揶揄矣。

竊嘗論之，據僕所窺大學之道，誠意而已矣。陽明子之學，致良知而已矣。而陽明子亦曰：「大學之道，誠意而已矣。」凡以亟復古本，以破朱子之支離，則不得不遵古本以誠意爲首傳之意而提倡之。至篇終乃曰：「致知焉盡之矣。」又鄭重之曰：「致知存乎心悟。」亦何怪後人有矛盾之疑乎？前之既重正心，而曰「眼中著不得金玉屑」，後之又尊致良知，而以知是知非爲極則，於學問宗旨已是一了百當，又何取此黍稗雙行之種子而姑存之，而且力矯而誠之？誠其有善，固可斷然爲君子；誠其有惡，豈不斷然爲小人？卒乃授之知善知惡，而又爲善而去惡，將置「大學之道，誠意而已矣」一語於何地乎？僕不敏，不足以窺王門宗旨，抑聊以存所疑，竊附于整庵、東橋二君子之後，倘陽明子而在，未必不有以告我也，豈敢以倡論冤抑前人？一日，讀龜山先生之言曰：「古人修身齊家治國平天下，本於誠吾意而已。詩、書所稱，莫非明此者。故于觀曰，『盥而不薦，有孚顒若。』」夫不以薦言誠意，而以盥言誠意，其義可思也。又一日，讀象山先生之言曰：「如惡惡臭，如好好色，是性所好惡，非有出於勉强也。」夫以性言好惡，而其爲好惡可知也，而并其性之爲性可知也。又一日，讀陽明子之言曰：「人于尋常好惡亦有不真切處，惟于惡惡臭好好色，則皆發于真心。大學就易見處指示人，大學盡於誠意，而意之所以誠，見在如此而已。」夫以如惡如好爲僅是指點語，則指點著落處果安在？大學既盡于誠意，則所爲格致處尤自可思。僕乃竊自幸其説之不謬于前人，而從前著論，真可付之一炬矣。誠意之説明，而其他可以類推。

未發之中委是難言，姑請以「誠」字求之。朱子曰：「中庸言中又言誠，何也？曰：『横看成嶺側成峰。』」至宋人看氣象之説，蓋不得已而誘人入路之法，姑當别論。陶周望曰「虚空中大蹬一實地」，殊可思也。

道者天下之達道，學者天下之公言，前人呶呶而争久矣，辨異致同，端在今日。如果同也，借寸莛之叩以發洪鐘；如其異也，道無異，學無異。願丈指其同者而同之，僕敢獨爲異乎？然丈之啓我亦已多矣。

劉宗周全集文編重刊荷亭文集序 辛未

六經，聖人之書也。古聖人往矣，獨吾夫子爲聖之至，稱萬世師者，以其表章六經之功大也。六經之道，幾息於戰國而焚棄於秦。漢、唐以後，儒説繁興，然皆雜駁而不知統要之所歸，賴考亭朱子箋釋古文，折衷諸儒之言而歸之一。今之尊朱子亦不下於古之聖人，以其能章明孔子之教，而合於六經之道也。古聖人之書，當焚餘殘脱，穿鑿附會之後，拾其亡佚，正其訛舛，而發明其遺義，其在朱子，似爲差備，然傳之久而失其真是者，終未能無也。夫子曰：「述而不作，信而好古。」夫子之於古也，信且好之而已。夫既信且好之，而又删之、定之，益損而筆削之，何居？凡以求得之於心而不敢苟同於古人也，故敏敏焉學問思辯終其身，至忘食忘憂乃已。蓋善致疑者莫如孔子矣。學惟大疑而後能大信，後儒不及前人，亦其果於自信之意多而存疑者寡也。東陽陸正夫先生，純孝篤行君子也，其先與吾鄉王海日公稱莫逆交，既同榜舉進士，令貴溪，多惠政，召拜侍御史，以母老乞歸。築荷亭三楹，鍵户不出，自奉養外，日取古聖人書讀之，所著荷亭辯論八卷，蓋皆詳古文之緒論，質之聖人而不能無疑，因反覆其説，以求當乎本心之所安，至與朱子相異同，亦且十居六七。若先生可爲真能疑者矣。古人云：「讀書如辯獄。」善辯獄者，必真見理之曲直，而後可折其是非。即前人已成鐵案，吾反指於心有所不安，不妨再存一疑案，以俟後人，亦死中求生意也。若先生可爲真求自信者與？嗚呼，斯道之傳久矣，先聖作之，後聖述之，前儒訓詁之，後儒又從而發明之，此其一脉心源所在，前乎千古，後乎萬古，亦已曠世合符。而至於義理無窮，新新故故，經一番剖擊，必露一番精彩。故孔孟之後，不可無朱子；朱子之後，不可無後儒。蓋自象山氏、陽明氏已先得先生之所同然，而又何疑於先生乎？則先生乃爲朱子功臣無疑矣。他著詩文數卷，莫不各有理趣。集刻於弘治庚申，蓋先生鐫以代繕寫之勞，就正有道意也，久而被燬。後之信其言者日益衆，求其書者日益多，裔孫叔惠氏重鐫而行之，走數百里外，問序於予，以予同誦法孔子、宗六經，而不區區拘箋釋之言者也。

劉宗周全集文編張慎甫四書解序

歲戊辰，慎甫先生辱予家塾，授經豚子，間出其平日所著四書解示予，予爲之擊節不置。又時時向予商訂所未到。既別去數年，其書始出，其門人徐上生輩相與梓之，與其舊所著易解並行於世云。先生易解一編，予嘗僭爲之序，至是先生復問序於予，則益謝不敏，罷去。一日，先生慨然謂予曰：「昔人有好財與好屐者，雖所好不同，而用心於外物則一。予之顓顓守一編迄於老也，無乃爲好屐者流乎？」予曰：「唯唯，否否。先生之所好者道也，進乎技矣。昔者夫子以天縱之聖爲萬世師，而獨發憤於六經，至三絶韋編，故其自道也，一則曰『好古』，再則曰『好古』。所好者道也，而古人其階梯云。後儒之言曰：『古人往矣，六經注我耳，吾將反而求之吾心。』夫吾之心未始非聖人之心也，而未嘗學問之心，容有不合於聖人之心者，將遂以之自信，曰『道在是』，不已過乎？夫求心之過，未有不流爲猖狂而賊道者也。先生博雅端介，造次言動，不詭儒者。其平生絶無他嗜好，而惟用心於五經、四書，如布帛菽粟之不離昕夕。沉酣藴藉，需之以數十年之久，而後乃恍然有見，始一一筆之於書，以授學者。獨四書晚出，宜其所得尤深。讀所謂解義，奥而不玄，該而有體，字櫛句比，鮮不合古人之意旨。此豈猶托之辭章訓詁以自見者哉？好古人之好，心古人之心，因此而遂至於古人，亦復何疑？乃先生於此猶嗛然若不敢自信者，何耶？君子之於道也，博取而約守之，非徒能言之，實允蹈之，允蹈之不已，而後得之於心。不知吾之非古人，與古人之非吾也，斯其至已矣。夫學自以爲未至，日遑遑焉，若將終身者，其日至者也。甚矣，先生之善學也。若遂以語言文字爲支離，欲别求一解，以神明乎其間，則向者信心之故智，固不足爲先生道。」先生聞而首肯者久之，因命其門人書之，以冠於篇端。

劉宗周全集文編慥慥齋集序 甲戌正月。

弘正間，吾鄉理學之儒蔚起，婺有章楓山先生，赤城有陳克庵先生。二先生學術相似，而楓山最著。平生一意躬行，不事著述，嘗曰：「儒先之言至矣，删其繁蕪可也。」又曰：「程朱後學術又大壞，必有真聖賢起而救之。」蓋亦有感於箋注之繁，學者或漸離其本。而是時，越有陽明先生者起而乘之，遂以朱子爲支離，一反其居敬窮理之説，而約之致良知。此豈楓山所謂真聖賢其徒與？乃一時尤不乏異同之見，爲朱者或詆以爲禪，如吾越則有陶庸齋先生。先生固學宗紫陽者也，獨服膺楓山不置，曰：「九原如可作也，舍先生其誰與歸？」因不滿於良知之説，特著正學衍説，以自附於孟子能言距楊墨之意，其用心可謂勤矣。其後良知之説大昌，而先生此書竟罷爲一家言。夫先生服膺楓山以及紫陽，其於後人支離繁蕪之習，必有所不安於心久矣，乃復無取於良知之説，何也？箋注之弊，還當以躬行救之。今曰「良知」，聞其説者猶然箋注也，而其旨甚峻，耳食者求其説而不得，將使人轉增眩鶩，或幻而入於禪，反不若儒先繁蕪之説猶爲斤斤也。是故以箋注救箋注而不得也，先生救以躬行而得之，他日，別有論著曰慥慥齋集，其喻意蓋如此云。先生起官師儒，恥爲詞章之學，所著詩文，自講學明道外，凡以紀其平日行履，而辭旨平淡簡樸，時時見有餘不盡之意，洵乎其爲慥慥也。予乃卒業而嘆曰：先生其不愧孔氏之徒與？何言之近也。夫學至孔氏止矣。其家法不出慥慥君子，而顧猶以爲未能，則後之學聖人者斷可識矣。先生之後，有文簡公及君奭，伯仲間並以理學師模當世，大抵篤信文成之説而直達之，非復弓冶之遺矣。然二君子終不愧先生聞孫，無乃反躬不言之地，有適得吾良知者與？夫使世之爲良知之學者，而皆如二君子之以躬至焉，雖正學一編不作，於先生可也。嗚呼，吾是以知學術之終歸於一也。紫陽之後有文成可也，文成之後有先生可也。請以質之楓山。予不敏，嘗後先辱交二君子，而於仲氏切劘尤深。一日，以先生之集問序於予，敬爲之述其淵源如此。

劉宗周全集文編宋儒五子合刻序 丙子六月。

京師，首善之地，道化之所自起也，而士大夫談學者絶少，間有之，便指爲不祥。以是益懸厲禁，而談宗門則否，士乃往往去彼取此。今年處京師，見宗風頗盛，嘉會駢填，時標勝義。其一二有志者，直借爲儒門進步，謂向上一機，非此不徹，似吾原有欠缺在。於是友人金子伯玉、錢子沃心，獨刻宋儒五子合編，以惠都人士，若曰：「道在是耳，何事旁求已？」乃紹余門人陳敬伯問序於余，而余爲序之曰：昔者孔孟既没，學失統宗，異端蜂起，其蕩者爲莊周、列禦寇之徒，其厖者爲管、商、申、韓，而其最黠者爲佛、老，則竊吾之宗而叛焉者也。而佛氏有尤甚，惑人滋深。故諸家頗廢，佛氏獨傳於後世。於是有宋周、程諸大儒，遞起而收之，以直接孔孟之傳，斯道賴以不墜。若周子所著，有太極圖説，有通書；張子有東、西銘，有正蒙；程子有程氏遺書，而朱子時見於集注、或問及往來門人問答諸書，其類尤夥。乃朱子於周，特表章太極圖説；於張，特表章西銘，至手爲之注解，以傳於世。而近世陽明先生撮朱子諸書之最要者爲晚年定論。周海門先生又取程氏遺書類爲節略，曰程門微旨。二先生之勤勤懇懇，不啻朱子之於周、張也。余請得而尚論之。董子曰：「道之大原出於天。」似之而未盡也。夫天即吾心，而天之託命處即吾心之獨體也。率此之謂率性，修此之謂修道，故君子慎獨，而曰：「戒慎乎其所不睹，恐懼乎其所不聞。」此聖學之宗也。子思子所謂喫緊於中庸者如此。周子圖説大抵本之中庸，而「主静」二字直是戒慎恐懼真消息，故程子遂有「主敬」之説，張子有「知禮成性」、「變化氣質」之説，朱子尊信程子，有「格物致知」之説，合之凡以發明濂溪之説。然海門標微旨，不詳及敬處；陽明標定論，直以良知之意概之，疑非朱子全副精神，而不知乃所以善發二子之蘊也。西銘規模本從天高地下、萬物散殊中來；是爲禮意，然不合之東銘，則下手無力。數百年委棄塵土，一朝光復，則二君子之功也。嗚呼，吾讀圖説而識道之要歸焉。雖言人人殊，合之皆慎獨之學也。美哉，洋洋乎，道在是矣，又何旁求乎！或曰：「周子言無極，無乃太極之上更有無極否？」余曰：非然也。易大傳曰：「形而上者謂之道，形而下者謂之器。」器非道也，而即以載道。周子本謂陰陽之上更無太極耳，後人不察，轉從「無」字索解，遂爲異學立幟。佛氏者，惑於無之深者也。横之無際，則絶類遺倫；縱之無朕，則墮智去故。故其言性也以覺，而遺其所覺之理之爲天；其言心也以空，而昧其宰空之神之爲獨。無本體，并無工夫，其究歸於無忌憚，余所爲竊吾宗而叛焉者也。嗚呼，有能明於無極之説者，乃可以讀五子之書，而學佛之徒亦將廢然而返矣。余媿末學，未能窺五子藩籬，姑就二君子命刻之意而推言之如此。二君子亦庶有以風也夫。

劉宗周全集文編重刻王陽明先生傳習録序

良知之教，如日中天。昔人謂「天不生仲尼，萬古如長夜」，然使三千年而後，不復生先生，又誰與取日虞淵，洙光咸池乎？蓋人皆有是心也，天之所以與我者本如是。其虚靈不昧，以具衆理而應萬事，而不能不蔽於物欲之私，學則所以去蔽而已矣，故大學首揭「明明德」爲復性之本，而其功要之知止。又曰「致知在格物」，致知之知不離本，明格物之至祗是知止，即本體，即工夫，故孟子遂言良知云。孔孟既殁，心學不傳，浸淫爲佛、老、荀、楊之説，雖經程、朱諸大儒講明救正，不遺餘力，而其後復束於訓詁，轉入支離，往往析心與理而二之。求道愈難，去道愈遠，於是先生特本程朱之説而求之，以直接孔孟之傳，曰「致良知」，可謂良工苦心。自此，人皆知吾之心即聖人之心，吾心之知即聖人之無不知，而作聖之功，初非有加於此心、此知之毫末也，則先生恢復本心之功，豈在孟子道性善後與？傳習録一書，得於門人之所覩睹記，語與三字符也。學者亦既家傳而户誦之，以迄於今，百有餘年，宗風漸替，宗周妄不自揣，竊嘗掇拾緒言，日與鄉之學先生之道者群居而講求之，亦既有年所矣。裔孫士美鋭志繩武，爰取舊本，稍爲訂正，而以親經先生裁定者四卷爲正録，先生没後，錢洪甫增入一卷爲附録，重梓之以惠吾黨。且以請於余曰：「良知之説以救宋人之訓詁，亦因病立方耳。及其弊也，往往看良知太見成，用良知太活變，高者玄虛，卑者誕妄，其病反甚於訓詁，則前輩已開此逗漏。附録一卷，僭有删削，如蘇、張得良知妙用等語，詎可重令後人見乎？總之，不執方而善用藥，期於中病而止，惟君子有賜言。」予聞其説而韙之，果若所云，請即藥之以先生之教。蓋先生所病於宋人者，以其求理於心之外也，故先生言理曰「天理」，一則曰「天理」，再則曰「存天理而遏人欲」，且累言之而不足，實爲此篇真骨脉。而後之言良知者，或指理爲障，幾欲求心於理之外矣。夫既求心於理之外，則見成活變之弊，亦將何所不至乎？夫良知本是見成，而先生自謂從萬死中得來，何也？亦本是變動不居，而先生云能戒慎恐懼者，是又何也？先生蓋曰「吾學以存天理而遏人欲」云爾。故又曰「良知即天理」，其於學者直下頂門處，可爲深切著明。程伯子曰：「吾學雖有所受，然『天理』二字，卻是自家體認出來。」至朱子解至善，亦云「盡乎天理之極，而無一毫人欲之私」者，先生於此亟首肯。則先生之言固孔孟之言、程朱之言也。而一時株守舊聞者，驟詆之曰禪。後人因其禪也而禪之，轉借先生立幟。自此，大道中分門别户，反成燕越。而至於人禽之幾，輒喜混作一團，不容分疏，以爲良知中本無一切對待，由其説，將不率天下而禽獸食人不已。甚矣，先生之不幸也。斯編出，而吾黨之學先生者，當不難曉然自得其心，以求進於聖人之道，果非異端曲學之可幾，則道術亦終歸於一。而先生之教，所謂亘萬古而常新也。遂書之簡末，并以告之同志。媿斤斤不脱訓詁之見，有負先生苦心，姑藉手爲就正有道地云。

劉宗周全集文編張含宇先生遺稿序 辛巳

予辱與孔時友，因得論世，張氏有浮峰先生，知其爲文成高第弟子也。已而又示余含宇先生遺言若干篇，讀之可爲世濟厥美。正嘉以還，文成倡良知之學，一反宋儒以來支離訓詁之習。入其門者，推流揚波，惟恐不盡，天下遂不復言朱氏學。獨浮峰先生惓惓於戒懼、謹獨之説，大都不離宋派，亦云讀契王門。至含宇先生，則全以紫陽之家法格王門之異同，雖猶是浮峰遺旨，而語加峻切，劘益加嚴，其自許爲文成功臣逾甚。先生之言曰：「文成之良知，已非孟氏之良知，而今日學者所言之良知，益非文成所言之良知矣。」苦心哉，知心哉。又因文成以及前輩敬仲氏，批駁不遺餘力，自擬孟氏之闢楊墨云。「心之精神是爲聖」，未嘗非孔子之言，而不可以是盡概孔子之言。敬仲知不可以是盡概孔子之言，故不得不取孔子之言，而一一操戈以相向，以自伸其一家之言。甚矣，其無忌憚也。大抵象山之後，不能無敬仲，文成之後，不能無龍溪。蓋亦吾道盛衰離合之款會與？而後之人，必欲推尊兩家弟子以并叛其師，不盡決吾道之藩而歸之異不止，則亦其師與有過與？宜先生之闡闇以諍也。先生篤信聖人，近於卜子夏，其言文成亦時有過者，終不可謂非文成功臣。惟是斯文未喪，賢聖代興，朱、陸、楊、王遞相承，亦遞相勝，而猶不無互相得失，遞留不盡之見，以俟後之人。我知其未有涘也，後之君子有志於道者，盍爲之先去其勝心浮氣，而一一取衷於聖人之言，久之必有自得其在我者，又何朱、陸、楊、王之足云。宗周生也晚，猶及一二奉先生顔色，坐間不輕發一語，而氣宇敦重，使人望而莫測其際，以爲先生天下長者乎！時余未知學，遂不及侍先生，等致知之堂，乃今始得讀先生遺書，如太璞未雕，渾乎質有其文，益以想見先生之爲人，深媿請事之晚矣。嗚呼，言之不可已也如是夫！而其不可以徒有言也又如是夫！

劉宗周全集文編開心劄記序

范司馬公僑寓留都，讀書之暇，輒有記述。久之，以一編寄余，題曰開心劄記。記凡四綱，曰爲人、曰爲學、曰爲政、曰爲教。而綱復有目，凡各若干則。宗周受而讀之，犁然有當於心也。宗周請進而商我以公心。夫人固莫靈於心矣，然有時而通塞焉。其通也，可以塞；而其塞也，又可以通。曷故哉？心之所以爲心者，理也。心無通塞，理有通塞也。理雖具於一原，而用實散於天下。其有時而通也，天地萬物即與之俱通；其有時而塞也，天地萬物即與之俱塞。夫合天地萬物，以妙此心此理通塞之機，而事心之功，又可易言乎？必也一處通，隨處求通；處處通，還於一處求塞。即偶以爲通矣，又有通焉者；即偶以爲塞矣，又有塞焉者。此君子之學必務窮理以爲宗，而出之所以無窮，乃其入之所以無盡歟？昔賢有池面浮萍之喻，謂人心受蔽，全係來處無源。源頭活水正指良知言，以見天下無心外之理，亦既知所本矣。乃朱子之學，全得力於讀書，爲格物致知之大端，而究竟與徒事記誦者迥異，所謂以此反身窮理爲主，而必得其本末是非之辨也。則其指詎可少歟？他日，又著近思録，爲入道階梯，於修己治人之法略備焉。公之爲是編也，借河東讀書之説，而求端於紫陽。故其所讀者古人書，頗得循序致精之法，至規矩次第，多本之近思，出以新裁，文加謹嚴，上下千古，曠然見吾心焉。蓋曰：「心之所以爲心，即人之所以爲人也。知人之所以爲人，斯知學矣。知學之所以爲學，斯知政與教矣。」學者得是説而求之，心之自塞而通也，真如掘井者必及泉，而不覺其周流四應無窮也。又何心之非天地萬物，天地萬物之非心乎？則公之嘉惠後人，於是遠也已。嗟乎，聖遠言湮，斯文不絕如線，舉世昏昏，如百尺浮雲往來於太清之下，幾無曦馭可窺，坐令世道陸沉無已，君子於此問昭昭焉。公即不手挾風雷，挽虞淵而旦晝，賴有是編，庶幾一當夜行燭，宗周其餘輝之先及者與？因書之簡端，以當請事。

劉宗周全集文編明儒四先生語録序

宗周，東越鄙士也，生於越，長於越，知有越人。越人之言道者，無如陽明先生，其所謂良知之説，亦已家傳而户誦之，雖宗周不敏，亦竊有聞其概，沾沾喜也。一日，括松嬰中毛子來司訓吾會稽，出尋樂編商訂，復以其所纂四先生語録示余。由陽明而進之，爲白沙先生、敬齋先生、敬軒先生，題曰明儒心訣。自皇明啓運，世教休明垂三百年，士之號爲知道者不止四先生，而四先生首祀宫牆，尤爲一代斯文嚆矢，故海内學士大夫盛稱四先生，獨越人私陽明先生，予乃今得讀四先生纂言而旨焉。薛先生布帛菽粟，不離日用踐履，而直窺性天之妙。胡先生推本其旨，更加謹嚴，歸之慎獨。陳先生自然爲宗，頗循無欲作聖之説，漸啓良知一脉。而王先生遂暢言之，發薛先生以來未發之藴。懿哉，洋洋乎！一時群言之統會乎！雖謂四先生掩映本朝，前無古人亦可。學者繇四先生而達於孔孟，是入室而由户也。蓋嘗論之，舜、文上下千載，又東西夷不相及，而孟夫子斷之曰：「先聖後聖，其揆一也。」一者，心也，道之所以爲道也。在薛先生謂之性與天，在胡先生謂之獨，在陳先生謂之自然，在王先生謂之良知，一也。善學者亦求之心而已矣。求吾之心以求四先生之心，即四先生之心以求四先生之言，無往而不一也。道之不明也有繇然矣，「智者過之，愚者不及」。學一先生之言，而求所謂道，高之蕩於玄虚，卑之滯於形器，皆過不及之見也。善學者求之心而已矣。雖然，學一先生之言，而求所謂心，高之或蕩於玄虚，卑之或滯於形器，猶然過不及之見也。夫求心有道焉，心一而已，而攻取昏塞之途百出，故濂溪亦曰：「學聖之道一爲要。」必也以良知啓鑰而進之持守，進之踐履，乃徐而幾自然，斯可與言一也已。纂言之意，其在是乎？毛子振鐸未幾，遂以原稿付梓，嘉惠多士，而問序於予，予乃爲推本其意如此。今而後，誠自愧吾越人之沾沾矣。

劉宗周全集補遺陽明傳信録小引

暇日讀陽明先生集，摘其要語，得三卷。首語録，録先生與門弟子論學諸書，存學則也；次文録，録先生贈遺雜著，存教法也；又次傳習録，録諸門弟子所口授於先生之爲言學、言教者，存宗旨也。先生之學，始出詞章，繼逃佛老，終乃求之六經，而一變至道，世未有善學如先生者也，是謂學則。先生教人吃緊在去人欲而存天理，進之以知行合一之所，其要歸於致良知，雖累千百言，不出此三言爲轉注，凡以使學者截去繞尋向上去而已，世未有善教如先生者也，是謂教法。而先生之言良知也，近本之孔孟之説，遠溯之精一之傳，蓋自程朱一線中絶，而後補偏救弊，契聖歸宗，未有若先生之深切著明者也，是謂宗旨。則後之學先生者，從可知已。不學其所悟，而學其所悔；舍天理而求良知，陰以叛孔孟之道而不顧，又其弊也。説知説行，先後兩截，言悟言參，轉增學慮，吾不知於先生之道爲何如？間嘗求其故而不得，意者先生因病立方，時時權實互用，後人不得其解，未免轉增離歧乎？宗周因於手抄之餘，有可以發明先生之藴者，僭存一二管窺，以質所疑，冀得藉手以就正於有道，庶幾有善學先生者出，而先生之道，傳之久而無弊也，因題之曰「傳信」云。時崇禎歲在己卯秋七月望後二日，後學劉宗周書於朱氏山房之解吟軒。

陳龍正

陳龍正（一五八五—一六四五），字惕龍，號幾亭，嘉善（今屬浙江）人。崇禎七年（一六三四）進士，授中書舍人，遷南京國子監丞。南明福王召爲禮部祠祭員外郎，不就。師事高攀龍，留心當世之務，以萬物一體爲宗，於王學末流「教人廢學問」、「教人不做工夫」多所擊彈。有幾亭全書、幾亭外書等。明史卷二五八、明儒學案卷六一有傳。

幾亭外書卷一問學德性同歸

朱子知行竝進，何嘗不重覺悟，只似多却推駁象山一番，然非自爲，爲後世也。象山立身實無可議，陽明大類之，無忝躬行君子，只多却推駁朱子一番。顔、曾、木、卜同在聖門，親領德旨，其用功得力處何嘗不小異，使當時必欲相同，亦成聚訟矣。大抵學問只怕差，不怕異。入門不妨異，朝聞夕可，歸宿必同；用力不妨異，設誠致行，起念必同。

幾亭外書卷一陽明學似伯功

王文成一出，雖初學者皆藐然有輕朱之心。其雄傑者，自以玄解捷徑超然獨得，實沿文成之習，而忘其所從來，一毫初非自得也。文成有詩云：「影響尚疑朱仲晦，支離羞作鄭康成。」躋鄭于朱，加以「影響」二字，排詆已甚。至比其弊于楊墨，曾見遵守矩矱之士，反蹈無父無君之罪乎？又云：「溺于見聞，導奸滋僞。」吾觀陽明門下，與今百年來流弊，則口舌機鋒，而踐履多慚者，往往有之。若伊川、晦翁之徒，或有拘守矜莊之過，正無奸僞之弊也。先生存日，曾覺門弟子有空談玄悟病端，頗爲致戒，乃以此過譏前賢，殊非前賢所應受，則毋乃微挾勝心，良知猶有或掩之處歟？謂之異端則不敢，謂之正學又未安。頃處士鄧元錫撰皇明書，列薛文清輩爲道學，别王門爲心學。心學，先生自謂也。然謂吾乃心學，而非禪學，其居心學者，致良知也，其不居禪學者，不遺人倫，不捐事物也。夫所謂致良知者，非創見也，不過「明明德」之别名。堯典言「明峻德」，言峻恐未見虚靈之即爲德性，夫子易「峻」以「明」，使驍然知此德不過吾心之知覺也。其功則言致，良知即明德，致即明之耳。不言良，良可知矣。孟子以不慮爲良知，而未及于致，陽明就致知之中補一「良」字，于良知之上加一「致」字，融孔孟之意而爲言，非創見也，不過明明德之别名也。救弊而發，于喁唱和，汛掃訓詁，無伊周之澤，有夷吾、舅犯之功。其不居禪學者，誠知人倫不可遺，事物不可捐也。然云「心無善惡，物無善惡」，非平等之説而何？良知者，是非之心也。無善惡，又何是非？無是非，又何好惡？無好惡，又何黜陟勸威？無好惡，何以誠身？無黜陟勸威，何以治天下？欲不謂禪，得乎？然而先生真能治天下者也，才則然也。豪傑之才，亦豪傑之學。自漢以來，道學之有用，彰著奇偉，莫如先生。蓋其精明堅定，因不動心之故，愈能展舒其才智，得力于學者良多，足以救董生，而續濂溪、明道，使後世鑿鑿乎信學之不可以不講，而心之不可以不操，斯又孔孟之大功臣矣。儒以少用爲後世輕，自董生始；儒以大有用爲天下重，自先生而復。

幾亭外書卷一良知家原重篤行

陽明之學最重篤行，全本人倫，彼惡世學之襲取于外，故專反事于内，乃以求自慊之意輕見聞，非反以口舌見解篾躬行也。特因創爲心得，駭之者衆，遇信向者，即津津引掖稱許，不暇觀行，曾未幾而其及門之士往往議論機鋒，自負聞道，稽其踐履，有媿中人。陽明蓋亦尋悔其立教之不能無病矣，病不在致良知，病不在知行合一，病在無善無惡。如云欲觀花則以花爲善，欲用艸時復以艸爲善，豈知此獨可言花艸耳？若禾之與莠，便實有善惡，豈有愛莠而厭禾者耶？偏而不通，近于遁矣。世間實有君子，實有小人，何可謂從吾分別心起？其徒自得此説，遂有混同清濁、輕忽操修之見，試思陽明中年以後，何等立身？人倫取與，秋毫無玷，所以忌其功。疾其學者，亦莫得以他事訾之。獨以立教之謬，流弊不小，以彼英雄，若使天假之年，所謂「無善無惡」、「即心即理」等説，未必不自改正，所以覺病而未及速改者，亦因微有好勝意。若化盡我見，即如朱子晚年，往往自非，適以見重于百世也。

幾亭外書卷一尊德性自有工夫

向認尊德性是主意，道問學乃其工夫，今知不然。尊自有尊之工夫，在默坐澄心，體認天理，便是尊德性實事。如人心本自廓然大通，止爲增立意見，便有畛域，任是道理上意見，亦有隔出在我道理之外者矣，安得廣大致虛？主静不設一解便是致的工夫。人心本自超然物表，止被嗜慾牽纏，掃除得潔潔浄浄，便是極的工夫。中庸設此數條，字字有着落。向來都認作道問學以尊德性，盡精微以致廣大，道中庸以極高明，竟將實工夫當虛主意，自謂步步踏實，不知蚤遺却上半。

幾亭外書卷二宗教不能一貫

宗教果異否？曰：此釋氏不能一貫處，若在孔孟則同。下學而上達，教亦何嘗非宗，求其放心而已矣。宗亦何嘗非教，心存則言行自無畔矣。非置言行而虛言心也。借釋言儒，而儒教之一貫，釋教之離岐，昭然可見。至于朱陸異同，陸自涉禪心耳，然其立言制行，皎皎如白月澄泉，又豈後世口談禪理、躬爲非僻者所敢擬議？

黄道周

黄道周（一五八五—一六四六），字幼玄，一字螭若，號石齋，漳浦（今屬福建）人。天啓二年(一六二二)進士,改庶吉士,授編修,崇禎時官詹事府少詹事。南明時歷官禮部尚書、武英殿大學士,督師被執而死。清乾隆中,追謚忠端。黄氏論學,大抵以程朱爲宗,又矯王學末流虚談心性之弊,重躬行踐履。著有榕壇問業、黄漳浦文集等。明史卷二五五、明儒學案卷五六有傳。

榕壇問業卷一

甲戌五月十有六日,榕壇諸友會於芝山之正學堂,坐定,發端便以格物致知、物格知至爲第一要義,云:「此義明時,雖仲尼、子淵坐晤非遠;此義不明,雖祖朱禰陸到底不親。」諸賢寂然,未有問難。仰視屏間,有李見羅講義一章,顧問諸賢云:「此章講義盡未?」諸賢又寂然,意似未盡者。某云:「千古聖賢學問只是致知,此『知』字只是知止,試問『止』字的是何物?象山諸家説向空去,從不聞空中有箇止宿。考亭諸家説逐物去,從不見即事即物止宿得來。此『止』字只是至善,至善説不得物,畢竟在人身中,繼天成性,包裹天下,共明共新;不説物不得,此物粹精周流,時乘在吾身中,獨覺獨知,是心是意,在吾身對照過,共覺共知,是家國天下。世人只于此處不明,看得吾身内外有幾種事物,著有著無,愈去愈遠。聖人看得世上只是一物,極明極親,無一毫障礙。以此心意澈地光明,纔有動處,更無邪曲，如日月一般，故曰『明明德于天下』。學問到此處，天地皇王都於此處受名受象，不消走作，亦更無復走作那移去處，故謂之止。自宇宙内外，有形有聲，至聲臭斷處，都是此物貫澈。如南北極作定盤針，不繇人安排得住，繼之成之，誠之明之，擇之執之，都是此物指明出來，則直曰性，細貼出來則爲心、爲意、爲才、爲情。從未有此物不明可經理世界、可通透照耀。説此話尋常，此物竟無着落。試問諸賢，家國天下與吾一身，可是一物，可是兩物？又問吾身有心、有意、有知，夢覺形神可是一物，兩物？自然、窈然，摸索未明，只此是萬物同原，推格不透處。格得透時，麟鳳蟲魚一齊拜舞；格不透時，四面牆壁無處藏身。此是古今第一本義，舍是本義更無要説，亦更不消讀書做文章也。」諸賢釋然，各有所得。時日已可中，諸賢各濡墨，自就課義，晚刻徵完，急共辯論。廿三人中，半依朱義，無爲陸氏之説者，私喜晦翁實詣之效，一遂至此。自關諸賢悟性，厭薄鑿空，非爲功令所懾。坐間紬繹，謝有懷、趙與蓮、吴雲赤、鄭孟儲、洪尊光、唐伯玉、盧君復、黄太文、尹孟賓各作有本之物、知止之知，楊玉宸直指誠身明善，盧孝登、尤詹茹、張勗之、德聲、唐君璋、君瓚參酌明善窮理之間，黄共爾、魏伉侯、王豊功、王元槐、戴石星、張鎮樸、元屏各依朱義，以即物窮理爲最實詣意，欣然各得。坐後且別，乃訂諸賢翼日各質所疑。既翼日，再補强恕一義，謂前義已明，無復以格致精微一再推勘者，唯唐伯玉、趙與蓮、鄭孟儲再申此意，遂以諸賢辯質略載於後。

唐伯玉問云：「格物致知，紫陽、文成兩家互觭，紫陽亦有參合内外底説，晚年亦説象山底是，今日已盡破諸紛紛了，但如此『知』字與知止、知先後是一是二，與『慮』字亦頗有層次異同不？」某云：「是問得好。明是知之晶光，慮是知之照耀，同一日光從地出來，透暑透寒，是他格物；從天穿過，有晦有朔，是他能慮；從天外看日，只是一片光明；從地中看日，要是容光必照。即此物是有本的物，即此物是不遷的止，即此物是先天獨存，不落後著。」唐云：「如此則前日課中吴兄説先天之知極是，又如何嫌他？」某云：「實會的人且不要高聲。」

趙與蓮問云：「博約兼該，孔門正印，鵝湖横分德性、問學爲二，離德性既無處尋學問，抛學問又把德性如何尊？今日説事物歸原，不知德性、問學可是一物？尊之、道之可是一事不」？某云：「物既不分，事又何别，如説德性無物，便使學問無事，既有源瀾，正好觀看，須信尊是至善寶座，道是格致威儀。」

是日，唐君瓚推拓此義于象山、涑水、近代姚江異同，上下對得甚明，大要宗主紫陽，以窮至物理爲有體有用。某但云：「如賢説，都是不須辨折。」末後又問云：「如下章峻德格上下，中庸云中和成位育，此格致又決不從事物上尋求？」某亦云：「不須辨折，如賢都説得是。」是日開駁已透意，諸賢中必有舉聽訟一章爲問者，久之，了不復及意。此事不過是身心中一事，蚤年亦常講過，遂可付之無言。

元屏又問：「聖賢所得各自不同，顔以開悟入門，曾以真積下手，顔稱四勿，曾稱一貫。後人不以曾學太精，顔學太淺，今人紛紛爲朱陸異同，想亦不是。」某云：「此説得好，都是胸中有物不透，看得東西大小白黑耳。」下略。

楊玉宸當日已信格物是箇明善，再不復疑。某曰：「且問看。」玉宸云：「朱陸異同勿論，格致只如一學字。晦翁謂明善復初，陸説是自然有覺。將覺先於學，抑學後乃覺耶？有學便有習，將覺果是性，學果是習耶？」某曰：「此則不曉格物是知去格他，抑知至是物通至此耶？聖賢只是如此，學問猶天上日月，東西相起，決不是舊歲星辰覺今年風雨，亦不是今歲晦朔覺去歲光明。吾人只此一段精魄，上天下地，無有停期。温故便知千歲，知新便損益百代，切勿爲時師故紙蔽此晶光。」

榕壇問業卷五

上略。元屏又問：「介甫作詩罵昌黎，晦庵亦以爲是，他日又録爲名臣，躋於韓、范之列。」某云：「此是伊本朝前輩，文章勛業著於一代，如何貶他？」元屏云：「君子是非自有公案，豈爲前輩壓倒。且如象山與晦庵，意微不同，便生許多議論。撫州荆公祠，象山又爲作記頌他，反與晦翁同意。不知介甫當時何等才學，壓倒時賢？」某云：「介甫文才自是精堅，蘇子瞻最不服人，過潯陽，見介甫壁上詩，爲他瞻詠，信宿乃去。如今人只是橫生詆毁耳。君子只要虛心採善集義，切勿恃己見貶駁前賢。」

黄道周集卷二一王文成公集序 節録

洪思曰：「黄子學善朱子，素不喜文成良知之説者。一日，在榕壇作平和文成碑，謂文成獨於文字散落之餘，豁然神務，今其學被於天下，高者嗣於鵝湖，卑者溷於鹿苑，天下争辯又四五十年矣，然於文成所以得此，未之或知也。門人因問：『文成良知之説著於海内，今謂其所以得此，未之或知者，何也？』黄子曰：『文成自説從踐履來，世儒皆説從妙悟來，所以差耳。』明烈皇八年，施忠介公邦曜來守漳，乃出是集，請黄子而折中焉。」

上略。孟軻而後可二千年，有陸文安。文安原本孟子，别白義利，震悚一時。其立教以易簡覺悟爲主，亦有耕莘遺意。然當其時，南宗盛行，單傳直授，遍於巖谷。當世所藉，意非爲此也。善哉施四明先生之言曰：「天下病虛，救之以實；天下病實，救之以虛。」晦庵當五季之後，禪喜繁興，豪傑皆溺於異説，故宗程氏之學，窮理居敬，以使人知所持循。文成當宋人之後，辭章訓詁汩没人心，雖賢者亦安於帖括，故明陸氏之學，易簡覺悟，以使人知所返本。雖然，晦庵學孔，才不及孔，以止於程，故其文章經濟，亦不能逾程以至於孔。文成學孟，才與孟等，而進於伊，故其德業事功，皆近於伊而進於孟。洪思曰：「黄子之學，大則周孔，小則伊孟，亦不盡宗考亭。往在浙江講堂時，與諸生復談易象、詩、書、春秋、禮、樂新故異同之致，不能不與元晦牴牾。黄子曰：『然而元晦醇粹矣。由子静之言，可省諸探索之苦，其弊也易；由僕之言，静觀微悟，可以開物成務，其弊也支；由元晦之言，高者不造頂無歸，深者不眩厓驚墜，由其道百世無弊，則必元晦也。』故世謂文明之學宗考亭。」

夫自孔、顔授受，至宋明道之間，主臣明聖，人才輩生，蓋二千年矣。又五百年而文成始出。陸文安不值其時，雖修伊尹之志，負孟氏之學，而樹建邈然，無復足稱。今讀四明先生所爲集要三部，反覆於理學、經濟、文章之際，喟然興嘆於伊、孟、朱、陸相距之遠也。子曰：「才難，不其然乎？不其然乎？」

黄道周集卷二四大滌書院三記節録

上略。又兩日，諸友先後間至，剖析鵝、鹿疑義，稍稍與子静開滌，諸友亦欣然無異。漸復汎濫易、詩、書、禮、樂新故異同之致，不能不與元晦牴牾，然而元晦醇邃矣。繇子静之言，簡確直捷，可以省諸探索之苦，然而弊也易；谿僕之言，静觀微悟，可以開物成務，然而弊也支；谿元晦之言，拾級循墻，可至堂室，高者不造頂無歸，深者不眩崖驚墜，由其道百世無弊，則必元晦也。下略。

黄道周集卷二五王文成公碑 節録

上略。文成之初涉江也，從武夷出龍場，樵蘇自給，蛇豕與居，召僕自誓，此時即得山城斗大，南面鳴琴其中，豈下於中都之宰？然文成廓然不以此貳念，獨於文字散落之餘，豁然神悟，以爲聲華刊落，靈晃自出。今其學被於天下，高者嗣鵝湖，卑者溷鹿苑，天下争辨又四五十年，要於文成原本所以得此，未之或知也。吾漳自紫陽蒞治以來，垂五百年，人爲詩書，家成鄒魯，然已久浸淫佛老之徑。平和獨以偏處敦樸，無詖邪相靡，其士夫篤於經論，尊師取友，坊肆貿書，不過舉業傳注而已，是豈庚桑所謂「建德之國」，抑若昌黎所云「民醇易于道古」者乎？憶余舞象時，嘗游邑中，時時出釁西，過瞻舊祠，疑其庭徑湫側，意世有達人，溯源嶓岷，必有起而更事者。距今五十餘年，而當道偉識，果爲更卜奕起。嗚呼！人學與治亦何常？各致所應致，治所應治者，皆治矣。即使山川效靈，以其雄駿苞鬱者暢其清淑，令譽髦來彦泝文成之業，以上正鵝湖，下鉏鹿苑，使天下之小慧聞説者無以自託，是則文成之發軔藉爲收實也，於紫陽祖禰，又何間焉？於時主縣治者爲天台王公，諱立準，莅任甫數月，舉百廢，以保甲治諸盜有聲。四明施公莅吾漳八九年矣，漳郡之於四明，猶虔、吉之於姚江也。王公既選勝東郊，負郭臨流，爲堂宇甚壯。施公從姚江得文成像，遂貌之，并爲祠費具備，屬余紀事。下略。

黄道周集卷三〇朱陸刊疑

何羲兆云：「朱、陸初來止是一家，自晦翁至鵝湖後，生許多辭説，還是何處關繫？」某云：「伊兩家辨論不自鵝湖而始，卻是陸子美開端，明刺濂溪不是，晦翁尊崇濂溪，見子美詆濂溪無極、太極爲老氏之學，遂生異同。其後，子壽、子静原本伯兄，與晦翁格物致知之説争源分流，學者從之，遂分徑路。其實陸氏淵源本自不錯，子静識見太朗，氣岸未融，每於廣坐中説晦翁，又是一意見，又是一議論，又是一定本。晦翁亦消受不過，所以前面與子美争論無極，止説各尊所聞，各行所知，足矣。此極和平，中間又露出淺狹、邪詖字面，三陸亦如何消受？所以讀書止宜涵泳，如大海分丘，何所不有？興雲致雨，吐納萬流，豈必與衆峰百源角其深秀哉？子静説聖賢淵源止在愛敬二字，體貼分明，用之不盡，知之爲致知，格之爲格物，此處豈有病痛？夫子説一部孝經，無一處著學問，無一處是天質，了得如自不敢惡於人，不敢慢於人，推到郊祀上帝、尊祖配天，中間周孔多少學問，一部禮記貫串不盡。陸家淵源，家庭之中有禮有法，施於州郡，築險賑饑，隨方立濟，極不是禪家作用，而晦翁詆之爲禪，宜子静之不服也。凡讀書，看古人争難處，止是借來發端，開吾痞痳，不得隨它訶墻駡壁。如晦翁之格致，子静之良知，皆有瑕疊，亦皆不遠於聖門之學。非如今人，一向走空，遂落西竺雲霧，須用藥方，一一呼名，看其答應也。必如高明柔克，沉潛剛克，兩克之功，隨人變化。用子静以救晦翁，用晦翁以劑子静，使子静不失於高明，晦翁不滯於沉潛，雖思、孟復生，何間之有？」

朱士美云：「此莫近於調停否？」

某云：「天下事唯邪正兩家調停不得，既是一家，何必苦自同異？」

翁吕宗云：「先儒不同異，吾輩何處著眼？」

某云：「見水火而知甘苦，見甘苦而知鹽梅，此處服食，雖萬病回春，亦可不看也。」

黄道周集卷三〇子静直指 節録

翁吕宗云：「濂溪説『無極而太極』，與陸子静良知之説本自脗合。晦翁既尊濂溪，則不必攻子静，何爲又有異同？」

某云："無極之話，更不消説。以老子名目冠於繫辭之上，尚是小處，即使後人不辨，亦是理路難行。但如夫子説：『有知乎哉？無知也。』陸家亦云：『無知是有知，此是良知之説。』後來海門、龍谿皆從此落脚，卻自紛紛難明。可惜當時晦翁强護濂溪一面，使子静知愛知敬之説不甚昌明耳。"

吕宗云："子静説耳自能聰，目自能明，鼻自知香臭，此處更無學問，豈不是墜了禪地也？"

某云："此處子静原有病痛，伊於形色天性處尋卻向上一路，其實於君子不爲性、不爲命處少卻權衡。宋儒於『性』字不十分理會，所理會者止是孟子『口之於味』一章，誤入食色雲霧，所以明道亦謂氣質之性，濂溪亦分善惡剛柔，皆於此中看得混雜。如就知愛知敬徹地分明，則子静之説與龍谿、艮齋亦無差别也。"

吕宗云："龍谿、艮齋亦説『知善知惡是良知，爲善去惡是格物』，此二句都不是，何得與子静同歸？"

某云："陽明全是濂溪學問，做出子静事功。"下略。

曾異撰

曾異撰(一五九一——一六四四),字弗人,晋江(今屬福建)人。崇禎十二年(一六三九)舉人。著有紡受堂集。閩中理學淵源考卷七七有傳,明史卷二九五附其傳於曹學佺傳。

紡授堂文集卷一　送長樂諭劉漢中先生教授廣信序

吴航介在海濱,雖絃誦相聞,然其地瘠貧而士朴,諸長吏廣文,凡爲賄與贄來者,類非其所好。而漢中夫子願欣然樂之,蓋雖彈丸僻處,嘗爲晦庵先生聚徒講學之地,宜爲有道者所樂居也。今先生移絳信州,信州當吴、楚、閩、越交會,爲文人墨士之都居,而其溪山之勝,自葛洪、鬼谷、許遜、陸羽、張道陵諸福地洞天在焉,斯固不得志而拙於宦者所樂隱於是,然而先生非其人也。先生以高賢躓公車,優游臯比於魯衛間,一行作吏,遽謝病去,迨今自吾地歷信州,青氊舊物,世稍有知公者,不宜輾轉至是,顧苜蓿啜水,四易地而甘之。然公一爲楚宰,三代閩庖,所至有清幹子惠之聲,竹馬迎來,畏壘送往,時抱膝一氊,與諸門士抵掌當世，慷慨而歌梁父，卓然有斯世斯民之志，而所司者作人之事。又身履大儒倡學之鄉，信州鵝湖，古朱陸辨論同異處也。自孔子之世，教學大明，而及門不免有本末之訟，是以或支或簡，雖大儒亦互諍其所是。朱陸固訟於道中，所謂不失和氣而相争如虎者，其於聖門則亦師、商之互爲嚌啜，而游與夏之相商也。其角立起於門士篤信其師説，深溝高壘，而不肯相下，而流至於尋聲之徒，目不辨朱陸何人，鬨然而佐鬬，而腐儒里師，狥傳注而反之者，執而問之，亦不知作何語，無自衛之力，而適足以招侮。蓋自弘、正以前則朱勝，隆、萬以後則陸勝，嘉、隆之間，朱陸争而勝負半，然其下流，莫甚於萬曆之季。至於今日之後生小子，發蒙於傳注，齎之糧而倒戈，實則非有所深然於陸，并未能有所疑於朱者也。第以爲世既群然而排朱氏，吾亦從衆而擠之擊之，不如是則無以悦衆從俗焉耳。蓋昔之争者，起於過信其師學；而今之附和而詬先儒者，求一能疑之士且不可得，所爲愈争而愈下者也。今先生敷教於古獻訟學之鄉，其人士沐浴於大儒之膏澤，所謂食耳吠聲者萬萬無之，諸二家子弟得無篤信之士，深溝高壘如昔日之建鼓而争者乎？先生則何以平其訟也。吾鄉有蔡介夫氏者，昔嘗典學江右。王子伯安者，公之鄉先正，亦嘗建節秉鉞，倡道學於章、貢之間者也。介夫執經引繩爲朱墨守，伯安跌宕意似左袒象山，二公以倡學相後先，言人人殊。然而宸濠之變，介夫拂衣於前，伯安戡定於後，斯二君子者，一則幾先立節，一則談笑建功。蓋先正之談道倡學者，不務爲口舌之争，卓然皆有以經世而砥俗如此。而朱、陸二公荆、閩、江右之政，巨儒治蹟，去今數百年所磊，磊與道脉並行。今先生雖不樹道學之幟，然自實庵公三世言易，居恒與弟子言，循循依于孝悌，無頃刻忘其家學，而又有清惠之政於閩、楚，今又司鐸於閩南、江右之交，其游宦所至，錯趾四先生間，而行能近之，所需者晦翁經筵、文莊成均之召與文成公新建事業耳。天子方勵精思治，幸學臨雍，載色載笑，儒臣更直入侍講，誦無曠日，坐而論道，前席以須，而頃自疆場弗靖，惆然拊髀，夢思不次，而推轂壯猷，當吾世則必有建文成之業，桓桓爲天子使者，是在漢中先生。夫先生固非拙於宦而陸沉吏隱者也。

蔣德璟

蔣德璟（一五九三——一六四六），字申葆，號八公，晋江（今屬福建）人。天啓二年（一六二二）進士，改庶吉士，授編修，累遷禮部右侍郎。崇禎十五年（一六四二）以禮部尚書、東閣大學士入閣，十七年罷相。南明唐王立，應召，次年以疾辭歸。著有敬日堂集等。明史卷二五一、閩中理學淵源考卷七七有傳。

理學經緯十書序

吾泉黄季弢先生，手著道南一脉及兩孝經行世，復出經緯十書示余。其人自羲、堯至明，其書自六經至語録、訓詁，其字自三十三母外，凡涉學者，派分縷析，蒐採靡漏，而於朱、陸、王之辨尤洞暢。璟讀而三歎曰：「富哉書乎。」蓋余少而疑講學也。學自傅説發之，而夫子繫易兑曰「講習」。三代時比屋皆學，不待講。即夫子時不盡講，然無他學也。若二氏則自爲别門，亦不待闢。而至鵝湖以後，或標德性，或標問學。格致一訓，幾成訟府。皆爲羲、堯諸聖人，而其相詬厲甚於二氏，何哉？且夫二氏之精者，皆吾儒緒也。竊其緒而遺其全則有之，顧以闢二氏之故，取聖賢言無、言空、言覺之微，皆以爲鄰於佛，推而不受，而强掇其粗以與之角，則亦與於佛之甚矣。故今世士大夫無不禮楞嚴，諷法華，皈依浄土。若以其理精於儒，無復異議，非佛能也，儒不自有其精，而推以予之之故也。使知儒之精原無不有，則凡佛書高者，恐猶在曾、思範圍，而其洸洋奇恣者，亦僅埒儒家之莊周、騶衍而已。一洙泗攝之而有餘，何以闢爲？舉天下習經義，應舉名，若尊朱，而自姚江一派，則皆爲陸爲王。即或以禪疑王、陸，而晦翁晚年已自有章句支離、不求己而求書之論，且曰天命之性，本無儒佛，則并佛亦囿天命中，而真晦翁出，真羲、堯、孔子亦出矣。故姚江定論一書，足爲考亭功臣。彼株守其章句者，未得晦翁之深也。善乎黄先生之言曰：「禪學亦有南北宗，神秀『時勤拂拭』之偈似朱學，慧能『本來無物』之偈似陸學。然禪家未嘗争勝，而朱、陸之徒争之不衰。釋身心而鶩齒牙，居廊廡而評堂奥，嗟乎，其亦可以退然反矣。」閩學自將樂龜山始，蓋親得二程爲之師，而晦翁其門孫也。當時延建間名儒輩出，入明而四書、詩、易純用朱，書用蔡沈，春秋用胡安國，四海之内皆稟閩學。而吾泉虚齋、紫峰、紫溪、九我數先生，復自爲温陵開山賢聖。蓋泉學於斯爲盛，而先生又能網羅前聞，斷以獨解，使四子、六經更無賸義，豈不難且偉哉。吾師匪莪何公嘗疏薦先生於朝，而余從弟爲其家倩，悉先生内行澹穆静遠，居然有道君子。嘻，講學若先生者可也。故余直以先生爲可繼道南一脉之後，而序其書之大指若此。明文海卷二二九

鄭鄤

鄭鄤（一五九四—一六三九），字謙止，號峚陽，武進（今屬江蘇）人。天啓二年（一六二二）進士，改庶吉士。崇禎時，爲大學士温體仁所構，誣以杖母不孝，磔於市。著有峚陽草堂詩文集。傳見文集卷一六天山自叙年譜。

峚陽草堂詩文集文集卷六鵝湖問渡序

鵝湖問渡者，送石匏吴子遷任西江而作也。先是，吴子司理毘陵，績成，晋南銓，既來備兵常、鎮，值東省之警，江南震鄰，公所劈畫甚具。頃東氛少熄，而西江之警洊聞，上左顧焦勞，乃簡公往。士民遮道留公，不可，曰：「人臣之義，事不避難。且吾官衙無經宿之儲，一琴一鶴，亦自累人，兩腋清風，灑然行耳。」乃角巾而顧鄭子之廬，蓬翟滿徑，攝衣而前，執手言别，曰：「吾子何以贈我？凡今之摛辭祖道者，語甚稱，陳義至厚。雖然，非我志也。聞之蓋世功名，不如一言之幾于道也。鵝湖朱、陸之論，千古道脉存焉。子生考亭之鄉，而我將宦于象山之里，盍爲我繭絲其義，而我且裼襲而衣被之。」不敏再拜稽首，乃言曰：「大哉！公之問也。今之宦者有知道與政之相因者乎？有知一言之義可以衣被無窮者乎？鵝湖之會，陸子發『君子喻義，小人喻利』之旨，一時聞者，至爲泣下。今陸子之説具在，其言平正直截而無他由。陸子而後，析義利者愈精，而不能發聞者之一慨，將人心冥頑不古若歟？抑傳習者失其旨歟？夫人心之靈，以真相感也。夫子之言可以發天下萬世之真，陸子之言可以動一時之真，而後世之心不是以對聖賢之真，故其言在而感發殊也。義利之旨，若開拳見掌，三尺童子能知之，雖有善辨，不必求辨于童子所知之外，而至乎不言而信，存乎德行，此雖終身于道，有未易幾者。儒之言曰，功名富貴皆利，惟道德爲義，是則然矣。然功名富貴享其成者有幾，則亦何利之有，抑亦爲利之徒自利功名富貴耳。若聖賢之鵠于天下後世者，皆非必游枯槁之淵者也。至爲夸侈于道德，則其喻利或有甚焉，故真與不真，咸其自取也。孟子曰『歸潔其身而已』，後武侯亦曰『非澹泊無以明志』。夫明志，君子之始事也；潔身，君子之終事也。明其志如揭日月而行，而後能有爲于天下。潔其身不著塵埃之點，而後可無礙于其心。如是之爲義。子曰：『不義而富且貴，于我如浮雲。』使義而富且貴，聖人不敢以浮雲視之也，而況于功名乎？輓近以富貴爲功名，以功名爲道德，頭出頭没于錙銖熙攘之末，義利之辨，徒騰其口説，而真安屬焉？真者，其必有試；其試也，必于利害毁譽之途□□利害毁譽既入其中而奪之，則其人可以無所不至，斯亦懸照義利之大鏡也。孔樂疏水，顔樂簞瓢，曾子居衛緼袍行歌，孟子七篇開卷便破一利字，蓋道脉皎然如此。陽明子曰：『象山之學，孟子之後一人。』夫陽明其亦有得而言者也。終日治兵，終日講學，平藩定變，而寂然無動乎其中，吾謂陽明之學，陸子之後一人也。今吴子將爲陽明後之一人乎？夫爲陽明後之一人，則進而與千古聖賢之真相對無疑也。」于是吴子矍然而興曰：「所不終身于此義者，有如息壤。」不敏乃次第其語，而授之簡，題曰鵝湖問渡，公所命也。

黄景昉

黄景昉(一五九六—一六六二),字太穉,號東厓,晋江(今屬福建)人。天啓五年(一六二五)進士,改庶吉士,授編修。崇禎時,官至户部尚書、文淵閣大學士。明亡後,家居不出。著有國史唯疑等。明史卷二五一有傳。

國史唯疑卷六

朱子晚年定論書出,余祐特緩證折之,謂此入門工夫,非晚定。祐娶胡敬齋女,夙尚程朱,宜有異同。余謂姚江學深造,未易驟窺。惟知董羅老人徐昌穀,少俊並工詩賦,自喜必澆以見聞,抑令投拜,且津津道之,未免有廣生徒、降伏異己之意,疇昔勝心還在。

國史唯疑卷八

海剛峰論治道,尚富强,謂霸以速道悞天下,儒以遲道悞天下,害等耳。天下寧有迂腐聖人耶?見與張江陵合,江陵推轂海,以是海論學每右陸左朱,有朱陸辨,所行事亦半在是非間。如海性直往直來，却正受陸學累。

劉城

劉城（一五九八——一六五〇），字伯宗，一作存宗，貴池（今屬安徽）人。歲貢生。崇禎時，薦爲知州，以疾辭歸。入清，隱居不仕。著有嶧桐集等。事迹詳見劉世珩編劉伯宗先生年譜。

嶧桐文集卷七答巡江御史王雪園 朱子晚年定論

夫朱陸之異也，人謂終未始同矣，陽明欲爲之合，非徒謂二家之説離則兩傷也。王資之所近，學之所主實大同陸，而見後世盡右朱而左陸也，故爲書如此。然羅公欽順已擇中間數書爲朱子盛年之筆，非晚年論也，意以章句之滋蕪本原之欲徹朱，豈待悟于末路，又豈誠舍所學而從陸者哉？顧陸鵝湖塗中詩云「易簡功夫終久大，支離事業竟浮沉」，是其生平得力，亦是紫陽針砭。文成之學實所從出，當時席公書亦有鳴冤録，謂子静非禪，而人輒冤之。席與王一本之學，故應有此。然先是，程公敏政已有道一編，其序略云「人不當以早年末定之論，而致疑于終身不同。兩家之學，初則若冰炭之相及，中則覺疑信之相半，終則且若輔車之相保。而朱子晚年推重陸子，有出于南軒、東萊之右」云云。是其説又不始于陽明矣。

嶧桐文集卷七答巡江御史王雪園 陽明致良知之説

大學曰「致知」，孟子曰「良知」，陽明致良知乍聽似合，而陽明之所謂「致知」，非程朱之所云「致知」也，則以所見格物先不同耳。程朱以格爲至，在窮盡事物之理；陽明訓格爲正，如「格去非心」之「格」。蓋皆先其本與内，而不逐末與外，故單提良知而致之。傳習録中論此頗悉。王于大學亦止從古本，不從程朱分章更定者，蓋其所謂致知格物，全非向外功夫也。

朱之瑜

朱之瑜（一六〇〇——一六八二），字楚嶼，改字魯嶼，號舜水，餘姚（今屬浙江）人。明諸生。崇禎時及南明弘光時，奉詔特徵，不就。明亡，參與鄭成功抗清鬥争，後移居日本。朱氏論學，於程、朱、陸、王皆有批評，主張「實理實學」，又云「學問之道，貴在實行」。所著有朱舜水集等。事迹見海東逸史朱之瑜别傳，又今井弘濟、安積覺舜水先生行實（以上並見朱之謙編朱舜水集），又清史稿卷五〇〇有傳。

朱舜水集卷五答佐野回翁書

辱惠書問，遂如素交。風土不同，語言難曉，誠所患矣。破窗不禦氣寒，敝廬不蔽風雨，使令不供，百具不足，貧士之宜然，無足怪者。惟父母墳墓荒蕪，未知爲何人牧馬之地，胞兄戚友在遠，未知爲何人魚肉之資，不得不魂夢爲傷耳！其他更有痛心疾首之事，初交未便深言。台臺爲加賀公推許，僑寓其州，雖北堂在遠，幸有尊閫賢郎代供甘旨，未足興流離之歎。以僕方之，不啻天淵也。

來問朱王之異，不當決於後人之臆斷，寒暖之向背，即當以孔子斷之。生知之資，自文王、周公而後，惟孔子、顔淵而已。孔子曰：「我非生而知之者，好古敏以求之者也。」又曰：「十室之邑，必有忠信如某者焉，不如某之好學也。」他如「學而不厭」，「下學上達」，不一而足。其於顔淵也，不稱其「聞一知十」，而亟道其「不遷怒，不貳過」爲「好學」，是可見矣。

朱子道問學、格物致知，於聖人未有所戾。王文成即有高才，何得輕詆之？不過沿陸象山之習氣耳！王文成固染於佛氏，其欲排朱子而無可排也，故舉其格物窮理，以爲訾議爾已。愚謂此當爭其本源，不當爭其末流。孟子於伯夷、伊尹、柳下惠尚曰「不同道」。周公、召公分陝而治，德教相似，治效相方，猶且不相悅。此豈有所是非耶？

孔子之道，宜可萬世無弊已。何以學者各得其性之所近，分處諸侯之國，遂有異同？子夏之教行於西河，一再傳而遂有吳起、莊周之禍，豈孔子之道非耶？若使從其善者，改其不善者，闕其疑而𨈐虒者，三人行，尚有我師。若愚不肖，必不可化。陳子禽、叔孫武叔尚毀孔子，二人固及門之徒也，又何有於考亭耶？

王文成爲僕里人，然燈相炤，鳴雞相聞。其擒宸濠，平峒蠻，功烈誠有可嘉，官大司馬，封新建伯。後厄於張璁、桂萼、方獻夫，牢騷不平之氣，故託之於講學。若不立異，不足以表見於世，故專主良知，不得不與朱子相水火，孰知其反以僞學爲累耶？愚故曰：「文成多此講學一事耳。」

是故古今人惟無私而後可以觀天下之理，無所爲而爲而後可以爲天下之法。今貴國紛紛於其末流，而急於標榜，愚誠未見其是也，又何論朱與王哉！

蠡測如斯，僅塞來問，未知有當於采擇否也？連日積念，日不得息，夜不得眠。率復不次，統希崇炤。

朱舜水集卷五答某書

發來書，糾摘前序之謬，讀之驚顫錯愕，不知所云。或者彼時病困心煩，稍涉謬戾，容或有之，必不應乖戾至此極也。雖自信甚真，然必得原文考證，而後即安，一時求之無有。久苦寓中碩鼠爲秏，是稿慮爲鼠竊，累日行坐惝怳。自念不佞既以辭章吟詠，鏤冰刻棘非學，復以明興制義，塵飯土羹非學，乃一旦背繆於濂、洛、關、閩，且又不自誤於惑世誣民之説，不佞將安所託其足乎？數日後忽於故紙中得其草，於是拭目凝神，徹首徹尾讀之，又反覆再四讀之，不禁訝然失笑矣。足下何一誤至此耶？

文中大意謂聖賢之道止是中庸，當求之於心性氣志之微，體之於家庭日用之際，不但索之跡象之粗者，總是糟粕，即過於推敲刻覆者，亦不足以引掖後生。跡象摹擬，既足使人厭棄，而理窮渺忽，亦易令人沮喪。既已厭棄，又復沮喪，最易入於異端邪説。一入於異端邪説，豈尚復有出頭日子！故不若君臣、父子、夫婦、昆弟、朋友之間，平平常常做去，自有一段油然發生、手舞足蹈之妙。豈有君臣、父子、夫婦、昆弟、朋友之道，而與濂、洛、關、閩之學有異焉者？濂、洛、關、閩五先生研精窮理，寧有疑貳？晦庵先生得力於「道問學」，尚與「尊德性」者分別頓漸，朱、陸之徒遂爾互相牴牾。凡此皆實理實學，與浮夸虛僞豈不風馬牛不相及乎？浮夸虛僞以文其奸，以售其術，此小人無行之尤者，而謂君子爲之乎？足下何一誤至此？浮夸虛三者，固不辨而自明矣。至若指之爲僞，惟有王淮、鄭丙、韓侂胄、陳賈、林栗、沈繼祖之流，齷齪姦邪，無君無父，營私植黨，排陷名賢，所謂桀犬吠堯者也。不佞今日舍置故園妻子，漂泊異鄉，古人所謂舉目言笑，無與爲歡者；又且食蔬衣敝，伶仃憔悴，廿年於外，百折不撓。自苦者何心！所爲者何事！更未嘗高自標榜，口舌動人。即使終留貴國，止求數畝之地，抱甕灌園，纔自給足即止，初無意於人間世。足下乃以王淮、鄭丙目之耶？所謂浮夸虛僞者，明明白白，自有立言之旨。足下即不能融會一篇大意，乃并不看上下文乎？足下既不知古今原委，又不知國朝典故，宜乎一聞此言，遂囂囂不自禁也。但未嘗求其説而不得，而遽囂囂然辯駁如是，是又一刻舟求劍者矣，可笑之甚也。

文中云：「足下但取其精意而已矣，慎毋於聲音笑貌之間，淈其泥而揚其波。」所指本自真切，若使周、程、張、朱諸夫子而既浮夸虛僞矣，又何有所爲精意者，而令吾子取之耶？末言「子慎毋於章甫縫掖之間求孔子」，然則孔子亦浮夸虛僞乎？辭旨迥不相涉，無俟明者而後知之也。即言洛、閩之徒，失其先王本意，以致紛然聚訟，痛憤明室道學之禍，喪敗國家，委銅駝於荆棘，淪神器於犬羊，無限低徊感慨故耳，未嘗自叛於周、程、張、朱也。即使其中指摘一二，亦未爲過。不聞「君子和而不同」乎？伊尹自佐成湯，以成王業，殷湯崇之爲元聖，而尹亦自言曰：「惟尹躬暨湯，咸有一德。」顔子不遷不貳，孔子亦歎其庶乎。曾子獨得其宗，而未能彷彿其好學。孟子學業成就，已不能及於顔子之渾然，假令其道大行，而王業所成，亦不能過於伊尹之光大。而一則曰「姑舍是」，一則曰「不同道」，然則孟子亦非與？

晦庵先生之於程氏兩夫子，雖曰私淑諸人，然崇奉而著蔡之者，莫過於此矣。及其著書立言，未嘗率由無改，且有直糾其失者。熙寧、淳熙，先後百年，其間未甚相懸也。及今世遠事殊，而必於葫蘆畫樣，吾恐其謬於聖賢者不啻千里矣。不佞初爲此序，本謂足下未必能曉；然聞尊公鴻才宿學，而貴州又多英賢譽髦，故慨然爲之，然其罪多矣。失言，罪一也。辭不能達意，而使足下迷誤，罪二也。立不相信之地，多言而盡，罪三也。又且異邦孤孑，足下雖刻畫無鹽，良不爲過。但於文義不能解，又不謀之父兄，遂爾大肆譏評，不深得罪於貴州之先生長者乎？

「取法乎上，僅得乎中」，古有是言矣。愚以爲學仲尼而不得其要，不若學鄉國之君子；學鄉國之君子而未得其真，不若學比閭族黨之善人。何也？其事父事兄，道得其要，意得其真。吾迺相觀爲善，涵育深而薰陶久，則親炙切而引掖伸。迨既及於善人，於以進於君子，又進而希於仲尼，斯循序而有漸矣。若後生小子，未知灑掃進退之節，未達愛親敬長之方，而遽於天人、理欲、義利、公私之際，與之辨析毫芒，彼不蹶然而去，則有嗒然而喪爾。

其曰「所論益精，所就益寡者，爲不用世」，及「天地泰否」等，其言果何謂也？不佞徒以避難苟全，本非倡明道學而來，亦不以「良知赤白」自立門户。足下幸勿再生葛藤，以滋煩擾。論議既不相合，必無復受餽遺之理。來儀藉手敬璧，惟希炤入，萬勿以日本之禮責我也。

朱舜水集卷七與安東守約書 十九

孔子生知之聖，其一生並不言生知，所言者學知而已。如曰「好古敏求」，「我學不厭」，「不如丘之好學也」等語，可見聖人教人之法矣。陸象山、王陽明之非，自然可見矣。不論中國與貴國，皆不當以之爲法也。伊藤誠修止之爲妙。昔者劉惔與王濛遠遊而餒，有一人設盛饌招之。王濛亟欲往，劉真長不肯，曰：「小人未可輕與作緣。」前書所問，以此而已。

朱舜水集卷一〇答野節安東守約問

問：注解。

答：書理只在本文，涵泳深思，自然有會。注脚離他不得，靠他不得。如魚之筌，兔之蹄，筌與蹄却不便是魚兔，然欲得魚得兔，亦須稍藉筌蹄。闕。太繫太多，到究竟處，止在至約之地，所謂「博學而詳説之，將以反説約也」。若義理融會貫通，真有「活潑潑地」之妙，此時六經皆我注脚，又何注脚之有？程子云：「學者於論語、孟子熟讀精思，則六經不待讀而自明矣。」六經豈有不讀自明之理？此等議論極好，甚須尋味。蓋天下文字千頭萬緒，道理只是一箇。若能明得此理，引而伸之，觸類而長之，無往非是。若執何書以爲鵠的，猶非絶頂議論。

朱舜水集卷一一答加藤明友問

問：僕素宗宋儒，故平生之説話，往往傚之，請莫訝。至若陽明之學，陸氏之裔，我黨之所不雅言。

答：宋儒之學可爲也，宋儒之習氣不可師也。至若陽明之事，偶舉其説「良知是赤的」，以爲笑談耳。故曰「良知豈是赤的來」，非僕宗陽明也，幸勿深疑。

朱舜水集卷一一答野節問

問：前日以來，欲談性理之事，淺學不免躐等之罪，故不及此。聞昨吉水太守問「格物」之義。格物者，先儒所説多多，至晦翁説出「窮理」來，其所行以「居敬」爲本。窮理居敬工夫，雖非旦暮容易説出之事，日用之工夫，先生之意如何？

答：前答吉水太守問格物致知，粗及朱王異同耳。太守以臨民爲業，以平治爲功，若欲窮盡事事物物之理，而後致知以及治國平天下，則人壽幾何，河清難竢。故不若隨時格物致知，猶爲近之。至若居敬工夫，是君子一生本等，何時何事可以少得？僕謂治民之官與經生大異，有一分好處，則民受一分之惠，而朝廷享其功，不專在理學研窮也。晦翁先生以陳同甫爲異端，恐免過當。

朱舜水集卷一一答安東守約問

問：朱陸同異，不待辨説明矣。近世程篁墩道一編、席元山鳴寃録，其誣甚矣。然尊德性、道問學，陸説亦似親切，奈何？

答：尊德性、道問學，不足爲病，便不必論其同異。生知、學知，安行、利行，到究竟總是一般。是朱者非陸，是陸者非朱，所以玄黄水火，其戰不息，譬如人在長崎往京，或從陸，或從水。從陸者須一步一步走去，由水程者一得順風，迅速可到。從陸者計程可達，從舟非得風，累日坐守。只以到京爲期，豈得曰從水非，從陸非乎？然陸自不能及朱，非在德性問學上異也。

問：陽明之學近異端，近世多爲宗主，如何？

答：王文成亦有病處，然好處極多。講良知，創書院，天下翕然有道學之名；高視濶步，優孟衣冠，是其病也。出撫江西，早知寧王必反。彼時宸濠勢燄薰天，滿朝皆其黨羽，文成獨能與兵部尚書王瓊先事綢繆，一發即擒之。其勳横水、桶岡、浰頭之方略，與安岑之書，折衝樽俎，亦英雄也。其徒王龍溪有語録，與今和尚一般。其書時雜佛書語，所以當時斥爲異端。

附：安東守約上朱先生書七

嘗怪生于中國，捨聖賢之教，學釋氏之教；慢吾國之神，崇夷狄之神；甚者以身毒爲中國，不知何謂？愚者之惑固然，雖程門高第，陷溺不返，正學不至叛滅者幾希！其後或學彼以爲博學，或取彼之説以爲吾道之助。雜學之徒，翕然附和，是皆以聖教爲不備，大可怪也。近世一種陽儒陰佛之輩，塗人之耳目者，不暇枚舉。先生慨然以正學爲己任，敬想天使先生繼斯道之統，故守節不死，將及中興之時也，寧不自愛乎？守約無他長，只好聖賢之學，未至者也。然知愚儒可怪，異端可排，伏乞書自上古聖賢至明儒道統圖以賜之，豈不後生之幸乎！

祝淵

祝淵（一六一四——一六四五），字開美，海寧（今屬浙江）人。崇禎六年（一六三三）舉人。十五年，赴會試，逢劉宗周以劾周延削籍。祝氏雖不識宗周，然上疏爲之抗辯，遂被罷會試。後從宗周問學。清軍下杭州，守節殉國。所著有祝子遺書六卷。事迹詳見明史劉宗周傳後，東林列傳卷一二亦有傳。

祝子遺書卷三傳習録

世言上等資稟人宜從陸子之學，下等資稟人宜從朱子之學。吾謂不然，惟上等資氣底人，然後可從事朱子之學，以其胸中已是有個本領去做零碎工夫，條分縷析亦自無礙。若下等資氣底人，必須先識得道在吾心，不假外求，有了本領，方去爲學。不然只是向外馳求，鮮不誤盡一生。

太極二字，夫子只就二四八與六十四中看出，非實有一物踞於其上也。故濂溪曰「無極而太極」，又曰「太極本無極」，言實無這個也。無字是實落語，非玄妙語。陸子曰：「陰陽已是形而上者，況太極乎？」至此始見伏羲面，方幸吾道有大明之機。又被朱子一口咬住，遂使斯文萬古長夜。嗚呼，豈不痛哉！余嘗謂孔孟而後亘古數千年，不惑於佛氏之説者，子靜一人而已。

讀道一編，亦可識二先生指歸。論太極圖説，彼此勝心未除，然是非所在，亦不得不然。陸子曰「陰陽已是形而上者」，此語至當不易。易曰：「立天之道曰陰與陽，立地之道曰柔與剛，立人之道曰仁與義。」陰陽不可謂道，將仁義亦不可謂道乎？而朱子一味以禪詆之，如何甘服！朱子之學從楊龜山、李延平、羅豫章一派來。龜山教人看喜怒哀樂未發時氣象，未免近禪。朱子陰墮其窠臼，而不知逢此良友覿面，錯過一時，門弟子又爲分别門户，待到晚年知悔已遲了。如朱子用心，大是可惜！

象山見道甚真，朱子學力甚苦。

徵引文獻

備忘集　（明）海瑞　上海古籍出版社影印文淵閣四庫全書本

别本洹詞　（明）崔銑　齊魯書社四庫全書存目叢書本

不二齋文選　（明）張元忭　齊魯書社四庫全書存目叢書本

采薇集　（明）董傳策　齊魯書社四庫全書存目叢書本

蔡文莊公集　（明）蔡清　齊魯書社四庫全書存目叢書本

長水先生文鈔　（明）沈懋孝　北京出版社四庫禁毁書叢刊本

陳學士先生初集　（明）陳懿典　齊魯書社四庫全書存目叢書本

重編瓊臺稿　（明）丘濬　上海古籍出版社影印文淵閣四庫全書本

翠渠摘稿　（明）周瑛　上海古籍出版社影印文淵閣四庫全書本

大學稽中傳　（明）李經綸　齊魯書社四庫全書存目叢書本

呆齋前稿　（明）劉定之　齊魯書社四庫全書存目叢書本

丹鉛總録　（明）楊慎　上海古籍出版社影印文淵閣四庫全書本

丁文遠集　（明）丁紹軾　北京出版社四庫未收書輯刊本

定山集　（明）莊昶　上海古籍出版社影印文淵閣四庫全書本

東溪日談録　（明）周琦　上海古籍出版社影印文淵閣四庫全書本

東巖集　（明）夏尚樸　上海古籍出版社影印文淵閣四庫全書本

東洲初稿　（明）夏良勝　上海古籍出版社影印文淵閣四庫全書本

洞麓堂集　（明）尹臺　上海古籍出版社影印文淵閣四庫全書本

讀書録　（明）薛瑄　上海古籍出版社影印文淵閣四庫全書本

讀書劄記　（明）徐問　上海古籍出版社影印文淵閣四庫全書本

方山先生文録　（明）薛應旂　齊魯書社四庫全書存目叢書本

紡授堂文集　（明）曾異撰　北京出版社四庫禁毁書叢刊本

楓山語録　（明）章懋　上海古籍出版社影印文淵閣四庫全書本

覆瓿集　（明）朱同　上海古籍出版社影印文淵閣四庫全書本

改亭存稿　（明）方鳳　上海古籍出版社續修四庫全書本

高文襄公集　（明）高拱　齊魯書社四庫全書存目叢書本
高子遺書（明）高攀龍　上海古籍出版社影印文淵閣四庫全書本
格物通（明）湛若水　上海古籍出版社影印文淵閣四庫全書本
耿定向集　（明）耿定向　華東師範大學出版社二〇一五年版
古城集　（明）張吉　上海古籍出版社影印文淵閣四庫全書本
谷平先生文集　（明）李中　齊魯書社四庫全書存目叢書本
古言　（明）鄭曉　上海古籍出版社續修四庫全書本
顧端文公遺書　（明）顧憲成　上海古籍出版社續修四庫全書本
顧太史文集　（明）顧天埈　北京出版社四庫禁毁書叢刊本
國朝獻徵録　（明）焦竑　上海古籍出版社續修四庫全書本
國史唯疑　（明）黄景昉　上海古籍出版社續修四庫全書本
海門周先生文録　（明）周汝登　齊魯書社四庫全書存目叢書本
衡廬精舍藏稿　（明）胡直　上海古籍出版社影印文淵閣四庫全書本
胡文敬集　（明）胡居仁　上海古籍出版社影印文淵閣四庫全書本
胡仲子集　（明）胡翰　上海古籍出版社影印文淵閣四庫全書本

華陽館文集　（明）宋儀望　齊魯書社四庫全書存目叢書本
洹詞　（明）崔銑　上海古籍出版社影印文淵閣四庫全書本
篁墩文集　（明）程敏政　上海古籍出版社影印文淵閣四庫全書本
皇明從信録　（明）陳建　上海古籍出版社續修四庫全書本
黄道周集　（明）黄道周　中華書局二〇一七年版
黄綰集　（明）黄綰　上海古籍出版社二〇一四年版
幾亭外書　（明）陳龍正　上海古籍出版社續修四庫全書本
甲秀園集　（明）費元禄　北京出版社四庫禁毁書叢刊本
焦氏四書講録　（明）焦竑　上海古籍出版社續修四庫全書本
椒丘文集　（明）何喬新　上海古籍出版社影印文淵閣四庫全書本
今獻備遺　（明）項篤壽　上海古籍出版社影印文淵閣四庫全書本
堇山文集　（明）李堂　齊魯書社四庫全書存目叢書本
近溪羅先生一貫編　（明）羅汝芳　上海古籍出版社續修四庫全書本
近溪子明道録　（明）羅汝芳　齊魯書社四庫全書存目叢書本
涇皋藏稿　（明）顧憲成　上海古籍出版社影印文淵閣四庫全書本

涇野先生文集　（明）吕柟　上海古籍出版社續修四庫全書本
涇野子内篇　（明）吕柟　上海古籍出版社影印文淵閣四庫全書本
敬和堂集　（明）許孚遠　齊魯書社四庫全書存目叢書本
敬所王先生文集　（明）王宗沐　齊魯書社四庫全書存目叢書本
静軒先生文集　（明）汪舜民　上海古籍出版社續修四庫全書本
居業録　（明）胡居仁　上海古籍出版社影印文淵閣四庫全書本
覺山先生緒言　（明）洪垣　上海古籍出版社續修四庫全書本
考功集　（明）薛蕙　上海古籍出版社影印文淵閣四庫全書本
考亭淵源録　（明）薛應旂　上海古籍出版社續修四庫全書本
柯子答問　（明）柯維騏　上海古籍出版社續修四庫全書本
孔文谷集　（明）孔天胤　齊魯書社四庫全書存目叢書本
困知記　（明）羅欽順　中華書局二〇一三年版
來恩堂草　（明）姚舜牧　北京出版社四庫禁毁叢刊本
來瞿塘先生日録　（明）來知德　齊魯書社四庫全書存目叢書本
李温陵集　（明）李贄　齊魯書社四庫全書存目叢書本

李中麓閒居集　（明）李開先　齊魯書社四庫全書存目叢書本
林次崖文集（明）林希元　齊魯書社四庫全書存目叢書本
劉元卿集　（明）劉元卿　上海古籍出版社二〇一四年版
劉宗周全集　（明）劉宗周　浙江古籍出版社二〇〇七年版
羅整庵先生存稿　（明）羅欽順　商務印書館叢書集成初編本
崟陽草堂詩文集　（明）鄭鄤　北京出版社四庫禁毁書叢刊本
明儒學案　（清）黄宗羲　中華書局二〇〇八年版
明儒言行録　（清）沈佳　上海古籍出版社影印文淵閣四庫全書本
明水陳先生文集　（明）陳九川　齊魯書社四庫全書存目叢書本
明文海　（清）黄宗羲　中華書局一九八七年版
木鐘臺集　（明）唐樞　齊魯書社四庫全書存目叢書本
念庵文集　（明）羅洪先　上海古籍出版社影印文淵閣四庫全書本
鳥鼠山人小集　（明）胡纘宗　齊魯書社四庫全書存目叢書本
聶豹集　（明）聶豹　鳳凰出版社二〇〇七年版
歐陽德集　（明）歐陽德　鳳凰出版社二〇〇七年版

類宫禮樂疏　（明）李之藻　上海古籍出版社影印文淵閣四庫全書本
陭堂摘稿　（明）許應元　上海古籍出版社續修四庫全書本
千一録　（明）方弘静　上海古籍出版社續修四庫全書本
清白堂稿　（明）蔡獻臣　北京出版社四庫未收書輯刊本
仁峰文集　（明）汪循　齊魯書社四庫全書存目叢書本
榕壇問業　（明）黄道周　上海古籍出版社影印文淵閣四庫全書本
山堂續稿　（明）徐問　齊魯書社四庫全書存目叢書本
山齋文集　（明）鄭岳　上海古籍出版社影印文淵閣四庫全書本
少谷集　（明）鄭善夫　上海古籍出版社影印文淵閣四庫全書本
少墟集　（明）馮從吾　上海古籍出版社影印文淵閣四庫全書本
沈氏日旦　（明）沈長卿　上海古籍出版社續修四庫全書本
慎修堂集　（明）亢思謙　北京出版社四庫未收書輯刊本
升庵集　（明）楊慎　上海古籍出版社影印文淵閣四庫全書本
世經堂集　（明）徐階　齊魯書社四庫全書存目叢書本
士翼　（明）崔銑　上海古籍出版社影印文淵閣四庫全書本

數馬集　（明）黄克纘　北京出版社四庫禁毁書叢刊本

説理會編　（明）季本　齊魯書社四庫全書存目叢書本

説學齋稿　（明）危素　上海古籍出版社影印文淵閣四庫全書本

四友齋叢説　（明）何良俊　中華書局一九五九年版

蘇平仲文集　（明）蘇伯衡　上海古籍出版社影印文淵閣四庫全書本

孫應鰲集　（明）孫應鰲　人民文學出版社二〇一七年版

台學源流　（明）金賁亨　上海古籍出版社續修四庫全書本

塘南王先生友慶堂合稿　（明）王時槐　齊魯書社四庫全書存目叢書本

圖書編　（明）章潢　上海古籍出版社影印文淵閣四庫全書本

萬曆疏鈔　（明）吴亮　上海古籍出版社續修四庫全書本

萬曆野獲編　（明）沈德符　中華書局一九五九年版

萬一樓集　（明）駱問禮　北京出版社四庫禁毁書叢刊本

王龍溪全集　（明）王畿　華文書局叢書彙編第一編本

王氏家藏集　（明）王廷相　齊魯書社四庫全書存目叢書本

王文成全書　（明）王守仁　上海古籍出版社影印文淵閣四庫全書本

王陽明全集　（明）王守仁　浙江古籍出版社二〇一一年版
王忠文集　（明）王禕　上海古籍出版社影印文淵閣四庫全書本
文憲集　（明）宋濂　上海古籍出版社影印文淵閣四庫全書本
吴文恪公文集　（明）吴道南　北京出版社四庫禁毁書叢刊本
危學士全集　（明）危素　齊魯書社四庫全書存目叢書本
畏齋薛先生緒言　（明）薛甲　上海古籍出版社續修四庫全書本
熙朝名臣實録　（明）焦竑　上海古籍出版社續修四庫全書本
西園聞見録　（明）張萱　上海古籍出版社續修四庫全書本
峴泉集　（明）張宇初　上海古籍出版社影印文淵閣四庫全書本
憲世編　（明）唐鶴徵　齊魯書社四庫全書存目叢書本
湘皋集　（明）蔣冕　齊魯書社四庫全書存目叢書本
宵練匣　（明）朱得之　齊魯書社四庫全書存目叢書本
小辨齋偶存　（明）顧允成　上海古籍出版社影印文淵閣四庫全書本
小山類稿　（明）張岳　上海古籍出版社影印文淵閣四庫全書本
小心齋劄記　（明）顧憲成　上海古籍出版社續修四庫全書本

心學宗　（明）方學漸　齊魯書社四庫全書存目叢書本
虛齋集　（明）蔡清　上海古籍出版社影印文淵閣四庫全書本
玄晏齋文抄　（明）孫慎行　北京出版社四庫禁毁書叢刊本
薛侃集　（明）薛侃　上海古籍出版社二〇一四年版
薛子庸語　（明）薛應旂　上海古籍出版社續修四庫全書本
巽隱集　（明）程本立　上海古籍出版社影印文淵閣四庫全書本
楊端潔公文集　（明）楊時喬　齊魯書社四庫全書存目叢書本
楊文恪公文集　（明）楊廉　上海古籍出版社續修四庫全書本
仰節堂集　（明）曹于汴　上海古籍出版社影印文淵閣四庫全書本
嶧桐文集　（明）劉城　北京出版社四庫禁毁書叢刊本
藝文類稿　（明）薛甲　上海古籍出版社續修四庫全書本
藝文類稿續集　（明）薛甲　上海古籍出版社續修四庫全書本
庸言　（明）黄佐　上海古籍出版社續修四庫全書本
邕歈稿　（明）董傳策　齊魯書社四庫全書存目叢書本
願學編　（明）胡纘宗　上海古籍出版社續修四庫全書本

湛甘泉先生文集　（明）湛若水　齊魯書社四庫全書存目叢書本
張水南文集　（明）張衮　齊魯書社四庫全書存目叢書本
震川先生集　（明）歸有光　上海古籍出版社一九八一年版
整庵存稿　（明）羅欽順　上海古籍出版社影印文淵閣四庫全書本
直洲先生文集　（明）劉文卿　齊魯書社四庫全書存目叢書本
執齋先生文集　（明）劉玉　上海古籍出版社續修四庫全書本
諸儒語要　（明）唐順之　齊魯書社四庫全書存目叢書本
朱舜水集　（明）朱之瑜　中華書局一九八一年版
祝子遺書　（明）祝淵　齊魯書社四庫全書存目叢書本
莊渠遺書　（明）魏校　上海古籍出版社影印文淵閣四庫全書本
濯舊集　（明）汪俊　齊魯書社四庫全書存目叢書本
紫原文集　（明）羅大紘　北京出版社四庫禁毁書叢刊本
自知堂集　（明）蔡汝楠　齊魯書社四庫全書存目叢書本
鄒守益集　（明）鄒守益　鳳凰出版社二〇〇七年版
醉經樓集　（明）唐伯元　中華書局二〇一四年版